U0947357

百科學術文庫

百科全书编纂研究

胡人瑞 著

中国大百科全書出版社

图书在版编目（CIP数据）

百科全书编纂研究/胡人瑞著.—北京：中国大百科全书出版社，2021.2

（百科学术文库）

ISBN 978-7-5202-0896-3

Ⅰ.①百… Ⅱ.①胡… Ⅲ.①百科全书-编辑-研究 Ⅳ.①G237.4

中国版本图书馆CIP数据核字（2021）第013155号

策 划 人　杨牧之
责任编辑　张若楷
责任校对　齐　敏
责任印制　李　鹏
出版发行　中国大百科全书出版社
地　　址　北京市阜成门北大街17号　　邮政编码　100037
电　　话　010-88390625
网　　址　http://www.ecph.com.cn
印　　刷　北京汇瑞嘉合文化发展有限公司
开　　本　710毫米×1000毫米　1/16
印　　张　34.25
印　　次　2021年1月第1版　2021年1月第1次印刷
书　　号　ISBN 978-7-5202-0896-3
定　　价　98.00元

《百科学术文库》编委会

总　序

杨牧之

《百科学术文库》是关于百科全书编纂的理论与实践的学术性、知识性、资料性文库。其编纂宗旨在于收集和整理有关百科全书编纂的文章和著作，特别是围绕《中国大百科全书》编纂的文章和著作，从理论与实践的结合上探讨百科全书的编纂理论，总结百科全书的编纂经验，同时进一步探讨在数字化网络化条件下百科全书的编纂模式和编纂规律，为实现百科全书从传统到现代的转型做出贡献。

资料的收集和整理是学术研究的初步和基础，也是本文库的主要任务。

作为后学，我在阅读前贤著作的过程中，得到如同耳提面命般的教益。关于百科全书的渊源，似可从中西两方面去谈。一般认为，西方百科全书式的书籍始于公元前 4 世纪前后的古代希腊。之后，百科全书大体上经历了三个阶段：以教科书为基本性质的古代百科全书，以教育作用为主、兼顾查检功用的中世纪百科全书和以工具书作用为主的近现代百科全书。这样三个演变阶段，前后大约经过了 2000 多年。在这 2000 多年的发展过程中，西方出现过林林总总的百科全书，但直到 1772 年以狄德罗为首的百科全书派编纂的法国百科全书（《百科全书，或科学、艺术与手工艺大词典》）28 卷出齐，才从根本意义上奠定了现代百科全书的基石，被公认为百科全书编纂史上的重要里程碑，而狄德罗则被誉为现代百科全书的奠基人。在此同时及之后，世界上著名的百科全书陆续出版。如代表了西方知识体系的、历经250年编纂的《不列颠百科全书》（总共出版纸版15版），以及随后出版的《布罗克豪斯百科全书》《美国百科全书》《迈耶百科全书》《钱伯斯百科全书》《拉鲁斯百科全书》《苏联大百科全书》《俄罗斯大百科全书》等等，形成了一个庞大的丰富多彩的西方百科全书大家族。说到中国的百科全书，在漫长的古代历史中，也出现过许许多多百科全书性质的类书。世界著名的《不列颠百科全书》就认为中国古代类书已具有百科全书性质；认为中国第一部类书《皇览》成于三国时期，即公元220年前后，至今有一千七八百年历史了；还认为明初《永乐大典》"是有史以来世界上最大的百科全书"。不过，从严格的百科全书概念去衡量，应该说，直到20世纪80年代《中国大百科全书》编纂之前，中国一直没有真正意义上的现代百科全书出现。20世纪的最后20年，是中国现代百科全书的创世纪。从那时开始到现在40年过去，《中国大百科全书》第一版、第二版先后问世，伴随其间的是各种类型的百科全书百花齐放、硕果累累。进入21世纪的最初20年，《中国大百科全书》第三版则开启了中国网络百科全书的崭新时代。从事第三版策划、编纂的同志们接过一版、二版专家学者和编辑们开创的现代百科事业大旗，积极探索，继续前进。

回望百科全书编纂发展的漫长过程，我们似乎看到，不同时代不同国家的百科编纂者，一直不屈不挠地探索百科全书编纂的奥秘，积累了丰富的经验，给我们留下了厚重而又宝贵的百科全书编纂的财富，等待着我们去叩门，去发掘，去继承。

2011 年末，《中国大百科全书》第三版经国务院批准正式立项。一个新的追求与探索的征程开始了。

《中国大百科全书》第二版编纂完成，筹划进行编纂第三版的时候，中央领导明确指出要不断前进，不断创新，特别提出“传播力决定影响力”的观点，要求我们改进传播方式，不但要搞纸质版，还要数字化，搞网络版，要跟上世界的潮流。特别要提出的是，在文化出版领域，《中国大百科全书》第三版这样的项目，可以说是近 10 年仅有的一个由国务院立项的工程。这个工程是中办和国办印发的《国家“十三五”时期文化发展改革规划纲要》中仅有的三个“国家重大出版工程”之一，而且是名列第一位的工程。可见，党中央国务院对这项工程的重视和期待。

2017 年，第一次在中国科学院的科学网上披露三版编纂工作情况，迅即引起海内外媒体的广泛关注。国内的《参考消息》《中国新闻出版广电报》《中华读书报》《环球时报》《南华早报》（香港），国外的美联社北京分社、新加坡的《联合早报》、英国的 BBC、《新西兰先驱报》等纷纷发表消息和评论，可见世界对中国编制新一版“中国大百科全书”的特别关注。

在这样一个幸运、兴奋与艰难前行、苦苦探索相交织的过程中，我们越来越明显地感受到，总结世界各国百科全书编纂经验，尤其是中国百科全书 40 年来的编纂经验，对探索百科全书编纂理论，对编纂一部高质量高水平的百科全书是多么必要；在实际的编纂实践中，我们越来越清晰地认识到，集中、全面、深度地整理与描写百科全书的编纂理论和实践，是百科全书编纂研究的基础性工作，此项工作不到位，继承和发展百科全书编纂理论就缺少材料基础。为此，2018 年下半年，我们开始了《百科学术文库》的选题设计和基本资料的收集整理工作。在将近一年的编选过程中，我们感觉百科全书编纂研究需要补做两个基础性的工作：一是摸清百科全书编纂研究的理论家底，梳理出符合中国特色的百科全书编纂理论体系；二是在百科全书编纂人才的培养方面，需要有一套实用的百科全书编纂指导工具书，以帮助新的百科人从中提炼出适用的编纂理论和编纂方法，对百科全书的编纂工作起导向和指引作用。这是《百科学术文库》的目的和任务，也是《百科学术文库》的价值和意义所在。

百科全书的编纂是一项实践性很强的规模巨大的系统工程，这决定了百科全书编纂研究也是一项繁复的学术研究工程。百科全书作为一种包括一切门类知识或全面介绍某一门类知识的工具书，如何汇集人类知识并对之作出明白易懂的叙述，中外百科人进行了长期地探索，不同类型、不同系列的百科全书性质不同、作用不同，编纂方法也不同。百科全书与普通图书、与字典词典、与年鉴志书、与教材专著等等，异同何在？无论什么类型、什么系列的百科全书都有一个从总体设计开始的编纂过程，都必须经过确定编纂方针、制订编写体例，设计框架（知识分类）、选收条目，组织作者、统一撰稿，培训编辑、审稿加工，专项核实、统编成书，维护更新、修订再版、版权保护等等繁复细致的编纂流程。进入网络化时代，则让百科全书的面貌焕然一新，出现了知识传承的更多可能。这其中的每一个环节和变化，都是百科全书编纂研究的对象。古今百科全书编纂的演变，中外百科全书编纂的异同，未来百科全书编纂发展的趋势，也都是百科全书编纂研究的课题。

如上所述，《百科学术文库》的编选和出版是中国百科全书编纂研究最为初步的工作，我们希望以此构筑百科全书编纂研究的基础。为此，文库遴选了20世纪末中国第一代百科人筚路蓝缕，在编纂《中国大百科全书》第一版，填补中国百科全书空白，铸造中国文化丰碑的过程中留下来的艰辛探索和编纂实践的宝贵论著；同时也遴选了21世纪最初10年中国第二代百科人继往开来，编纂《中国大百科全书》第二版，与世界百科全书编纂模式接轨，再造中华文化丰碑的研究成果；此外，还将遴选国内外关于各类百科全书的编纂理论和实践的研究成果，并希望由此伴随《中国大百科全书》第三版网络版和纸质版的编纂，收获到数字化网络化条件下百科全书编纂理论和编纂实践的新发现、新理论和新成果，以推进中国百科全书编纂研究的发展。

《百科学术文库》将分批陆续出版，计划每种（册）大体30万字。目前第一批陆续出版的有：姜椿芳先生的百科全书文集《〈中国大百科全书〉的编纂缘起与研究》，梅益先生的《百科全书编纂实践》，金常政先生的《百科全书编纂学》，黄鸿森先生的《百科全书编纂纵横》，孙关龙先生的《百科全书编纂是一门学问》，胡人瑞先生的《百科全书编纂研究》，以及文库编委会编辑的《马克思 恩格斯 列宁与百科全书》等。此后，将视资料收集整理和作者的写作情况陆续推出。

由于文库所收的文章和著作时间跨度很大，在整理编辑过程中，我们大致掌握以下几个原则：一是所收文章和著作，尽量保持原貌，各卷的结构不作硬性统一；对不同作者的语言文字习惯，给予最大程度的尊重。二是所收文章和著作，除作者已去世外，皆请原编著者编选过目和订正，并选用较为完备的底本，或经作者修订的新本。三是所收文章和著作，皆保留原文或原著的注释。四是所收文章皆保留或注明文章原始出处和发表日期，以便读者查阅。

为了做好本文库的编纂出版工作，我们组建了“百科学术文库编辑委员会”。在收集整理和编辑出版过程中，编委会同仁做了大量艰苦细致的工作，调研、访谈、核对、校勘、版权和文字编辑、排版，不敢有丝毫怠慢。我们希望文库的出版能发挥它应有的作用，达到我们的目的，实现我们的初心。

由于《百科学术文库》编纂出版的工程规划追求完美，所收文章和著作力求有用，诚请各位专家、学者惠予支持，热情荐稿。在编选整理过程中，疏漏或不妥之处恐也难免，敬请读者批评指正。

2019 年 7 月 10 日

胡人瑞

1941 年生。浙江桐乡人。北京大学原历史系考古专业研究生毕业。中国大百科全书出版社编审，中国辞书学会会员，中国考古学会会员，《中国大百科全书》第二版编纂学术咨询委员会委员，中国大百科全书编辑部百科全书编辑工作指导老师。曾参加《中国大百科全书》第一版、第二版、简明版及其他多部百科全书的编纂，担任学科责编、主任编辑、全书顾问、特约编审等职，并承担《中国大百科全书》第一版总结调研和第二版总体设计。从事百科全书及词典的编纂研究，撰写论文数十篇。多次担任全国报纸编校质量评审委员。担任 1998 年国家社科基金项目“大型综合性百科全书编纂的理论与运作”主持人，成果编为论文集出版。所编图书和所撰论文数次获全国性奖项。

序　言

本书作者胡人瑞先生是一位百科全书学家。他曾是学有根底、业有成就的考古工作者，主持过邯郸战国赵城遗址的勘察和汉代大型诸侯王墓的发掘。但他更大的学术成就，是在百科全书编纂实践和理论研究方面，这是他来到中国大百科全书出版社以后取得的。他在这方面迈出的第一步，恰是把这两门学问结合起来的《中国大百科全书·考古学》卷的编纂。我和人瑞先生相识相知，也正是从这里开始的。记得，那是1981年1月的事情。我应邀参加考古学卷编委会会议，讲讲天文学卷的编辑经验。人瑞担任考古学卷的责任编辑。他是一位很谦逊的人，这可能是他的主意。

学科专家与百科全书编辑相结合，学科知识与百科全书编辑学问相结合，是百科全书事业中最不可少的两个结合，而人瑞先生正是实现这两个结合最具优势的学者。我一向主张编辑不应成为"匠"，特别是百科全书编辑，而应是"学者—编辑"或是"编辑—学者"，还以此为题写过文章在报端鼓吹。无论是前者还是后者，人瑞先生可说是我心目中之一人。在《中国大百科全书》第一版15年编纂历程中，我和人瑞先生有机会切磋琢磨百科全书学问，在百科事业中凝结下同道者的战友情谊。人瑞先生令人钦佩之处，是他勤于积攒和整理学问的习惯，无论是在编纂《中国大百科全书》第一版和第二版的过程中，还是参与第一版总结调研和第二版总体设计期间，甚或晚年退休以后，他都一直在百科全书研究领域里不断探索。自从投身于百科全书编纂事业以来，他已将自己的命运同这个事业紧紧地连在了一起。30多年来，我曾在《辞书研究》等学术刊物上，怀着喜悦的心情拜读过不少他论述百科全书编纂实践和理论的大作，受益匪浅。如今他又理成一部更系统的文集，里面既有理论研究和工作研究文章，又有调研报告，还兼有探索词典编纂的论文。他整理学问的态度严肃认真，文章的论述严谨，研究具有深度。

人瑞先生从事百科全书编纂研究，涉及的课题广泛。不论是理论研究还是工作研究，都紧密联系编纂实际。有的论文还同国外的百科全书编纂进行了比较研究。百科全书编纂中的框架设计和选条，是一项事关全书编纂顺利与否，甚或关乎全书成败的关键步骤，本书就收有多篇涉及百科全书选条的论文，其中既有对选条一般规则的研讨，也有对《中国大百科全书》第一版选条得失的总结和第二版选条问题的探讨。关于百科全书的体例工作，关于百科全书条目释文的撰写要求，关于百科全书编纂的调控管理，关于百科全书编纂中交叉重复问题的处理，本书中也都有极富见地和创意的论文。这些文章值得百科全书的撰稿人、编委会成员、学科主编和百科全书编辑们仔细一读。

中国现代百科全书事业创始人姜椿芳先生离开我们已经30年了，他为之呕心沥血的《中国大百科全书》第一版于25年前已经出齐，第二版也已问世。当年他在给我的《百科全书编纂概论》所作序言中，曾提出希望在百科全书研究领域能写出更多的专著。如今他的号召再一次得到响应：在纪念我国现代百科全书事业创建40周年之际，胡人瑞先生的论文集《百科全书编纂研究》出版。这既是对这一喜庆日子的有分量的献礼，也是对姜椿芳先生的一种纪念。我愿向人瑞先生致以祝贺，并借以为序！

金常政

2018年11月

目　　录

综合研究

专题研究

学科编纂研究

调研报告

附：词典编纂研究

综合研究

试论百科全书的功能

百科全书已有2000多年的历史，关于它的功能，人们有过各种表述。但总起来看，可以归结为记录和传播知识，充作“思想统治”或“思想教育”的工具等几个基本方面。在具备这些功能的同时，百科全书也就成为一种珍贵的知识档案和历史文献。本文试对百科全书的上述功能进行初步的论述。

一、记录和传播知识的功能

百科全书首先是知识信息库，为记录和传播知识而编纂。欧洲古代的百科全书是汇集当时知识并用以传授的教科书，后世演化为工具书的百科全书，传播知识的效用更为显著。中国古代的类书则具有文献摘编性质，荟萃记录文献知识，供封建统治者和文人学士临事检索之需。随着人类知识的积累和社会对知识需求的增长，百科全书自18世纪以来日益繁荣兴盛，在当代已成为传播科学知识强有力的手段。具体来说，在传播知识方面现代百科全书具有下述功能：

（一）高档和用途广泛的知识工具书功能

百科全书是高档知识工具书，它全面概述一切门类或某一门类的知识，从知识的体系（而不是专业词汇的体系）出发选条，收有词典中一般所不容纳的以非固定词组标引的综述性主题，且条目的信息量大，从而在知识的广度、深度和容量方面，均超过单纯收取术语、专名作词典式简单解释的百科词典和专科词典（就总体比较而言）。如果说收词多和提示简要是词典的优势，那么寻检者若需查检综述性专题，或希望获得比较详细的答案，就只有向百科全书求教。例如：《中国大百科全书·法学》卷的“中国法制史”条，提供了关于中国古代法制发展的系统知识，而在《法学词典》中，却找不到这种综述性专题；《中国大百科全书·考古学》卷的“北京人”（即“北京猿人”）条，包容了这一主题的详备基本知识，而《辞海》中的“北京猿人”条不足700字，只能让读者得到最初步的了解。百科全书这种满足高层次知识检索需求的功能，是词典类知识工具书所代替不了的。

在国外百科全书编纂史上，有所谓“大条目主义”和“小条目主义”。“小条目主义”的百科全书过于强调工具书的检索特性，忽略系统介绍知识的必要性。它们的条目简略，知识容量小，尤其是缺少对群体事物、发展过程或时代断面的综述性介绍，从而降低了百科全书区别于词典的特殊价值。“大条目主义”的百科全书虽然无此缺陷，却因不适当地强调系统性而造成检索不便。实际上并不需要以削弱高档知识工具书的功能为代价来求得检索的便利，也不必以损害检索功能为代价来实现系统性方面的追求，系统性和检索性在一定程度上是可以兼顾的。《不列颠百科全书》第15版用小条目的“简编”和大条目的“详编”互补，不失为一种解决问题的方式；另外一些百科全书，如《中国大百科全书》、日本平凡社《世界大百科事典》，则在系统性和检索性两种要求之间寻找适度的结合点，让大、中、小条目互相配合，条目在总体上大小适宜，同样收到了效果。这些做法既保持了百科全书作为高档知识工具书的特性，又兼顾了工具书在检索性方面的要求。

百科全书又是用途比较广泛的知识工具书。它像百科词典、专科词典那样，给概念和事物下定义，解释词源，它的条目标引词有相当一部分也是各学科的术语和专名。它的人物、地名条目，同人名词典、地名词典中的同类条目相似。因此它在某种程度上，可以代替这些种类的知识工具书使用。百科全书也为读者提供资料。当然，“百科全书不是参考资料卡”[1]，它的资料大多数是知识内容的组成部分，附属于说明和阐释的体系，从本身积累的角度来看也不够完备。但由于百科全书包含有年鉴、手册、表谱、书目、图集等多种工具书的成分，除释文包含的资料外配有表格、参考书目、图片、地图等各类资料，因此在满足资料性检索方面，具有其他种类的知识工具书所不具备的多重功效。

（二）系统读物的功能

百科全书是可供系统阅读的读物，常被当作课堂教学的辅助教材，也用于自学。百科全书由教科书变为工具书后，保留了若干系统性因素，例如它的条目系列反映出知识的系统，一些种类的百科全书设有篇幅较长的综述性条目进行系统性的知识介绍等，这就使百科全书具备了可供系统阅读的条件。有些现代百科全书还以“百科类目”“分类目录”一类形式展示分类体系，帮助学习者了解知识的体系结构，从整体上对知识进行把握，并指导学习者连贯阅读，从而弥补了知识被条目分割，且条目按条头音序而不是分类系统编排所带来的阅读不便。好的现代百科全书还屏弃封闭式的教授方法，以巧妙设置的文内参见，指引读者获得可供补充、释疑和对照的材料；以精心选择的参考书目，为学习者提供进一步求知的线索。而条目中关于某个专题研究简史的概述，又可帮助人们了解对这一问题逐步认识的过程；不同学术见解的列举，可供人们对比和思考；研究趋势和有待解决问题的陈述，则使人们注意到发展。读者从百科全书中汲取的，不是从来如此、永远如此的凝固僵化的“经院教条”，而是促人思想活跃和有内在活力及流动感的生动知

〔1〕普罗霍罗夫，《百科全书反映什么》，苏联《真理报》1979年1月2日，引自中国大百科全书出版社《百科全书参考资料》第8期。

识。现代百科全书作为一种提供系统知识的良好读物，在科学知识的传播中发挥着显著的功效。

（三）高集成度信息库的功能

综合性百科全书是高集成度的信息库，能起到某种“浓缩的图书馆”的作用。人类的知识日积月累，学科的分化越来越细，书籍资料浩如烟海，对于需要涉猎本专业或本行业以外领域知识的人来说，寻找和选择书籍并非易事。综合性百科全书门类齐全，面向专业和行业以外的一般读者，对所收的每一门学科和每一个重要知识主题都有完整的介绍，它既可供检索，又可用于系统阅读，为人们克服上述困难，获取广博的知识，带来极大的方便。这在书刊文献以几何级数剧增的当代尤其具有重要意义。综合性百科全书的这种特殊功能，是任何其他书籍所不具备的。

专业性百科全书门类狭窄，但同样可在专业范围内起到某种“图书馆”的作用。

（四）普及科学知识的“桥梁”功能

综合性百科全书把科学对客观世界的认识传递给一般读者，提高他们的知识素养及改造自然和社会的能力，是读者通往科学神殿的桥梁。

综合性百科全书同其他种类的百科全书一样，书中收录有大量的事实（时间、地点、人物、过程、种类、状态、数据等），它们来自科学观察、试验的记录。事实展现了具体事物的一般情况，还作为“资料”的重要组成部分供读者使用；如果没有事实，百科全书的条目就成了一堆空话。但作为知识的经验层次，事实只能再现事物的表象，不能使读者达到对客观事物的深入认识。为此百科全书还提供从经验知识上升得出的理论知识。它解释概念和范畴，介绍定律，阐释原理，依据事实作出论断，对客观世界进行科学的说明，从而引导读者深入事物内部，洞察客观世界的底蕴和奥秘。

一些著名的百科全书都很重视理论解释，有的强调“百科全书并不是简单地记录或拍摄”，必须“正确解释各种事件和事实”〔1〕；有的声明它“回答双重的咨询 —— 一般情况和经过推理的学识”，不但要有“丰富而精确的资料”，而且要“使读者更好地掌握时代的智慧”〔2〕。人类具有一种康德所说的“形而上学天性”，一种热切地探求感性直观所达不到的“彼岸世界”的愿望。百科全书把科学对“彼岸”的答案告诉人们，能满足他们渴望了解客观世界奥秘的需求。

科学是理性的事业，科学凭借它的理性而不是单纯的经验记录，使自己成为推动人类进步的强大力量。综合性百科全书汇总全部科学领域的成果，特别是提供对于世界的理论解释，在科学和一般读者之间架起桥梁，使更多的人增长智慧，获得改造世界的力量，从而对人类文明的进步起到促进作用。

面向专业读者的专业性百科全书同时可供相关学科的读者使用，从某种意义上说也具有这种桥梁作用。

二、“思想统治”或“思想教育”的功能

百科全书除传播知识外，还在思想领域发挥着重要影响。它在压迫者手中是对人民进行思想统治的工具，欧洲中世纪的百科全书便充满了神学观点，中国古代的类书也无不充斥着封建伦理纲常。而在革命者手里，它是“思想教育”的武器。法国大革命前夕，狄德罗的百科全书点

---

〔1〕普罗霍罗夫，《百科全书反映什么》，苏联《真理报》1979年1月2日，引自中国大百科全书出版社《百科全书参考资料》第8期。

〔2〕法国拉鲁斯《大百科全书入门》，引自中国大百科全书出版社《百科全书参考资料》第8期。

燃了启蒙火炬，宣称要“改变人们思想方法”，“使人们从祖先遗留给他们的锁链中解放出来”[1]；列宁则期待有一天，能够出版苏联自己的“用马克思主义观点编写的百科全书”[2]。

百科全书能够具有“思想统治”或“思想教育”的功能，是由以下情况所决定的：百科全书介绍的知识，是科学对客观世界认识的总结，而人们对客观世界的认识，总是在一定时代所形成的理论思维形式指导下进行的，因而不但受那一时代科学已有的概念、范畴、原理、学说等的制约，而且不可避免地渗透着一定的哲学观点。人们对客观世界的认识是否正确，并不取决于主观愿望，但社会科学的研究却不可能同人们的社会理想截然分开，从而使研究的结论往往带有时代特点和阶级的色彩。因此，荟萃人类知识的百科全书，便常常成为某种世界观和价值观的集中反映。此外，介绍先进的科学思想可以扫除愚昧，而在传授知识的旗号下塞进宗教教义或伪科学的货色，又可以蒙蔽群众。由于这种种因素，百科全书自然就成为一种可被利用的“工具”或“武器”。

西方百科全书主张介绍知识要“客观”“公允”，要有“哲学上、政治上和宗教上的客观性”[3]。事实上“客观介绍”只可能在一定的前提条件下进行，不同的百科全书总是有各自不同的思想和政治标准。就连《不列颠百科全书》的“百科全书”条也承认，“几乎没有一部百科全书能完全不偏不倚”，“一部优秀的百科全书必然是国家成熟的一个标志，因而必将颂扬那个国家和那个时代的理想”[4]。

---

〔1〕金常政，《百科全书编纂概论》，山西人民出版社，1985年。

〔2〕叶•阿•列瓦绍夫等，《列宁与词典》，商务印书馆，1978年。

〔3〕法国拉鲁斯《大百科全书入门》，引自中国大百科全书出版社《百科全书参考资料》第8期。

〔4〕周忠杰译，《百科全书〔上〕（英国百科全书条目选译）》，《辞书研究》1979年第1辑。

百科全书在思想领域所具有的功能，要求我们以马列主义为指导编撰我们自己的百科全书。但这并不意味着要让百科全书变成一种宣传工具。欧洲中世纪的百科全书掺入了宗教教义，是对科学的亵渎。狄德罗的百科全书虽然建立了不朽的历史功绩，但它那种用论战代替知识介绍的风格，显然不应为我们今天所效法。苏联的百科全书曾用马列主义对事物重新评价，但以观点代替事实和穿靴戴帽的不良作风，反映了教条主义的思维方式。作为一种知识性的书籍，百科全书中不允许存在游离于知识介绍之外的宣传和说教，它的“思想教育”作用是和传播知识紧密相连、不可分割的，即“思想教育”寓于介绍知识之中。例如：社会科学知识中贯穿着历史唯物主义观点，会使读者受到唯物史观的启迪和熏陶；介绍我国古代科技、文化成就，会加深读者对祖国光辉历史的了解，激发起爱国主义的热情。我们只要坚持用马列主义指导编撰，在涉及反面事物和错误观点时，依据事实给予客观评价，在介绍社会科学知识时，给国内的研究成果以主导地位，同时介绍世界上一切先进的科学文化成就，我们的百科全书就不但传播了科学知识，而且传播了先进思想，发挥出“思想教育”功能，成为同错误、愚昧做斗争的强大武器。

原载《辞书研究》1988 年第 6 期

关于百科全书的选条

选条是百科全书编纂中的基础性工作，只有选条适宜，全书编纂才能成功。经选条产生的条目总表对全书面貌起着规定作用，因此百科全书的一般要求和一部具体百科全书的特殊目标，首先必须通过选条来贯彻实现。由于选条工作的重要地位和它所具有的编纂学方面的丰富内容，历来的百科全书编纂家无不对它十分重视，因而探讨百科全书的选条问题乃是一项十分有意义的工作。

一

百科全书选条以科学分类（或知识分类）和学科体系为基础。科学分类是根据科学研究对象之间的区别和联系，所进行的原级、门类或学科（包括分支学科）的划分和排列，它是对科学体系的一种描述，反映了科学的整体结构；学科体系是具体学科的知识构成及各部分的排列，反映的是一门学科的知识结构。选条以它们为基础，理由如下：

1. 科学知识在长期进化积累中，形成了自身总体和局部（学科）的体系结构，这种体系结构是客观世界所存在的系统联系的反映，也是科学内在逻辑结构的表现。百科全书作为全面概述人类一切学科知识或某一学科知识的工具书，理应如实地展现这种体系结构。

2. 百科全书必须有条理地概述知识，不仅它的“知识教育”功能有此要求，作为工具书，它的检索单元系列的构筑也必须合理和有序。英国小说家韦尔斯所说的百科全书不应该是“一种杂集，而应是一种精练而清晰的阐述，一种有机的综合”[1]，便包含了这方面的含义。为此，需借助于科学分类体系和学科体系对知识进行整理。

3. 只有依靠合理的科学分类体系和学科体系，百科全书才能做到完整介绍知识。《不列颠百科全书》的“百科全书”条中说，培根的科学分类思想，“不仅使百科全书内容的编排更加科学更加受人欢迎”，“还使人相信，百科全书的编纂者……可按这个大纲（按：指科学分类）来检查百科全书的内容，以免把人类思想和努力的某些方面遗漏掉”[2]，这是就宏观整体而言。具体到每一门学科，则需要依靠学科体系的帮助，来避免某些方面知识的缺漏。

由此可见，以科学分类和学科体系为选条基础，主要是由百科全书“全面概述”的性质决定的。

需要指出的是，过去习惯上仅把科学分类作为百科全书选条的基础，这不够完全。“科学分类”是科学学的专门术语，它特指科学的宏观总体分类，其划分止于分支学科一级。历来进行的科学分类，也都是只展示科学结构的宏观总体图式，并不对每一门具体学科或分支学科的结构作进一步描述。学科内部的知识划分则属于另外的研究领域，由各学科自己去解决。百科全书选条如果只以科学分类为基础，显然难以完成，它同时必须依托于每一学科内部的结构划分来进行。这一点在《中国大百科全书》第一版的选条工作中表现得非常明显：当在科学分类的基础上划分了学科卷之后，各卷的选条均是借助于本学科的知识体系进行。所以谈百科全书选条的基础时应当包括科学分类和学科体系两个方面。

但百科全书不是消极被动地反映科学分类和学科体系。首先，学术界存在着多种科学分类法（如恩格斯的分类法、凯德洛夫的分类法、钱

---

〔1〕〔2〕周忠杰译，《百科全书〔上〕（英国百科全书条目选译）》，《辞书研究》1979年第1辑。

学森的分类法），学科内部不同的学派往往有着不同的学科体系模式，这就必须根据需要进行选择。其次，百科全书的选条是一种“再创造”，要按照各部书自身的编纂目标对所选用的科学分类体系和学科体系进行调整和改造。这包括：依照部头和特定的编排要求（按音序编排或分类编排，全书统编、大类分卷或学科分卷）对所采用的分类体系进行调整，根据不同的概观性要求舍弃知识的某些细部结构成分，为系统介绍或便于检索对知识的某些结构性部分作归并或切分，消除因学科之间或学科内部知识内容交叉所造成的结构性重复以求简洁，依据自身其他目标（如弘扬民族文化、介绍国外先进成果、照顾读者对象、实现某种思想性或政治性的要求等）调整结构和各部分比例关系，在必要的情况下参照已有的科学分类体系和学科体系进行重新设计等。这就是说，百科全书反映科学分类体系和学科体系包含着选择和改造的因素。

百科全书选条有时是借用原有百科全书的条目分类体系或图书分类体系（如杜威的十进分类法）。这些体系虽不等同于科学分类和学科体系，但都是以它们为基础派生出来的，所以这种借用并不意味着选条可以脱离科学分类和学科体系。当然，这种借用同样需要包含“再创造”因素。

从《中国大百科全书》一些学科卷的编纂过程来看，因具体情况有差别，不同部分选条的途径往往不一样。国内研究比较充分的部分在选条时多直接参照学科的体系（体现于学科的大型权威性专著），如《考古学》卷的中国考古部分；国内的研究比较薄弱的部分则多借鉴国外百科全书的条目分类体系，间接地以学科体系为基础进行选条，如《建筑·园林·城市规划》卷的国外园林部分。

另外，因为《中国大百科全书》第一版按学科分卷出书，选条主要在各学科卷进行，所以选条中的“再创造”更多地表现在各学科卷的工作之中。又由于我国编纂出版大型百科全书刚刚起步，无本国相应的百科全书条目分类体系可供参考，加上一些学科的研究基础尚较薄弱，缺少本学科成熟的体系，因此《中国大百科全书》选条中的“再创造”因素显得尤为突出。而这正是造成这部书的各学科卷选条工作难度大的一个重要原因。

二

为实现“全面概述”的目标，百科全书从所介绍范围内知识的整体出发，采取框架设计的方法选条（即先构建起选条的框架，再确定选收的条目），选出知识主题后再用词加以标引；不同于百科辞典和专科辞典之仅从科学的术语和专名中产生词目。术语、专名属于词和固定词组，它们涵盖不了科学知识的全部内容，因此百科辞典和专科辞典不可能全面概述知识。为克服术语、专名在这方面的局限性，百科全书的标引词不受词和固定词组的限制，在它们（如《中国大百科全书•天文学》卷所用条目标引词“银河系”、《法学》卷所用条目标引词“法国民法典”）之外，允许使用没有凝固定型的自由词组（如《中国大百科全书•中国文学》卷所用条目标引词“先秦文学”、《考古学》卷所用条目标引词“中国考古学史”）进行条目标引，以容纳大量为术语、专名所包容不了的复杂知识主题。百科全书条头词的这一特点，使它的条目系列得以覆盖所介绍知识的总体。

国外某些百科全书在条头词的使用上未同辞典完全区别开来，如《苏联大百科全书》便是这种情况。此书第 3 版的《编辑工作条例》在谈到“选条表”时，根本没有提到选择知识主题和用词标引的问题，而是把编制选条表和选择科学“术语”相等同；所列举的条名，也都是现成的术语和专名。从这部百科全书第 2 版的考古和经济条目来看，条头词同样不超出这一范围。因而尽管可以利用某些高层位术语进行综述（如“石器时代”），但毕竟受到术语、专名不能全面覆盖知识的制约，而导致知识的短缺。相比之下，西方一些百科全书（如《不列颠百科全书》）对条头词的掌握比较灵活，有利于百科全书“全面概述”目标的实现。

三

百科全书选条无疑要“全”，问题在于对“全”应作何理解。对于综合性百科全书来说，选条的“全”或“完备”，首先是指知识的整体结构完整，即主要学科齐备，学科分支和其他结构性部分没有缺失（因概观性要求而省略细部结构成分或为简洁而删除重复除外）；同时还包括非结构性的完整，即重要的知识主题不发生遗漏。二者中结构完整是应放在首位解决的问题。这就要求从宏观整体着眼，切实地构拟好框架，不匆匆忙忙地去注意个别条目的取舍。

《中国大百科全书•天文学》卷在构建学科整体框架时，在学科体系的基础上，把天文学知识概括为“研究对象”“观测手段”“研究方法”“天文学史”四个主要部分，每一部分再分为若干项，并绘制成天文学知识结构图。这种从总体上把握知识构成的方法，可有效地防止结构性遗漏。当然，对于非结构性的完整问题，也需要切实地加以解决。

必须指出的是，“全”并不等于包罗无遗，面向普通读者的综合性百科全书尤其应当力求概要，避免繁详。为此，设条要筛选重点，删去次要细节，着重勾画清主要脉络；对专业性过强、普通读者较少关注的内容可不收入。主次不分、臃肿庞杂是质量欠佳的表现。《不列颠百科全书》第 15 版编者序言中说：“条目应超越纯专业的细节，在较高的普遍性水平上来安排处理……压缩细节，去芜存菁，而不是硬将关于该课题已知的一切，全都塞进限定的篇幅内。”这虽然是针对撰写条目提出的要求，但它求“简洁”、求“概要”的精神，也完全适用于综合性百科全书的选条工作。至于概括到何种程度，并无统一标准，每一部百科全书可按照部头、读者对象、统编还是分编等具体确定。毫无疑问，

“概要”原则对于综合性百科全书的选条非常重要，“概”和“全”同为百科全书的属性，不可偏废。如果脱离“概”而去谈“全”，后果必然是篇幅的膨胀。

四

除内容齐备外，经选条产生的条目系列还应当正确反映知识的内在联系和结构关系。它的分支、组群（如是统编的百科全书，还应有大类、学科）和条目层次体现这种关系，要力求分项合理，从属关系和排列顺序正确无误，不同部分的层次关系互相照应而不发生错乱。这对于正确把握条目在框架中的位置，撰写好条目，无疑是一种保障。为此，对学科知识有总体上的深入了解绝对必要，此外，在制定条目表时还需严格遵从形式逻辑的法则。由于条目表在成书后要转化为分类目录供读者检索，对于选条的这种要求就显得更为重要。

知识内部的联系是多维的，条目系列应将它表现出来。《中国大百科全书·天文学》卷不但把学科知识分为前述的四个主要部分，而且进一步明确它们的相互交叉关系，目的就是建立起一个多维立体的框架结构，全方位多角度地介绍学科知识。“研究对象”是学科知识的主体部分，它内部的联系也不是单维的，条目系列的相应部分同样要把这种联系反映出来。《中国大百科全书》的《中国历史》卷和《考古学》卷在设立横向断代条目（如“秦”“西周铜器”）的同时，配置贯通性的纵向发展条目（如“科举制度”“中国古代墓葬制度”），主要建立起“共时”与“历时”两维的交叉，《生物学》卷以反映共性的“生物个体的结构和功能”“生物的发育、遗传和进化”等部分的条目，同反映个性的“生物世界”部分的条目相结合，主要建立起“同一”与“特殊”两维的交叉，便是在实现这一要求。研究对象内部多维联系的内容随学科而不同，有必要通过调查按学科类型作出归纳和总结。

五

系统性是知识固有的属性，作为全面概述一切学科或某一学科知识的工具书，百科全书对知识的介绍应当系统。可分性也是知识的属性，为便于检索，百科全书采取主题分割的形式设置条目，然而却使整体系统性受到削弱。为此在选条时需设置一部分覆盖面较大、对事物进行综述的条目，使知识的系统面貌在某种程度上得以保持。当然，条目的系列从整体上说也是系统的，不过这属于体系结构意义上的系统性。只有综述性条目，才是能够体现知识自身系统性要求的表述实体。

综述性条目的重要性是显而易见的。它们拥有一定的篇幅，可进行系统连缀的综述，可读性较强。如果像强调检索性的“小条目主义”百科全书那样，限制条目的篇幅，把综述性主题当作近乎解释概念的条目对待，可读性就会大大降低，复杂对象（如“中国”）、群体事物（如“哺乳动物纲”）、发展进程（如“冶金史”）和时代断面（如“汉”）这一类主题便得不到展开，它们所包含的众多事物之间的联系，以及从联系中反映出来的规律，将无法充分展现，科学领域中的综合研究成果也就无处介绍。另外，综述性条目在百科全书知识网络中处于网结地位，它们的设置可令网络更加强固和严密。

不过设置综述性条目并非多多益善。如果像强调系统性的“大条目主义”百科全书那样，以上层位大综述条包办对知识的介绍，就不但使大量中、小主题检索不便，而且给上层大主题本身的查阅也带来麻烦（因条目篇幅过长而无法快速查阅）。因此要控制大条目的数量和篇幅，凡属重要的中、下层知识主题，一般也应独立成条，以便于检索。这样便可形成一种母子、祖孙条目配套的合理结构。由于知识主题的数量按照层次自上而下自然递增，因此将不同层位的重要主题都立为条目，使大、中、小条目合理配置，条目结构在总体上当呈金字塔形。

六

掌握好门类、学科的比例关系，删除重复，防止学科边缘专题或跨学科专题的遗漏，是综合性百科全书选条中复杂困难的工作。《苏联大百科全书》第3版《编辑工作条例》中有关于编制“选条表”的流程，提出了解决这些问题的措施。具体步骤为：“初步确定全书各学科和各大特类的比例”，“拟制各学科选条表”，“编制跨编辑室的专题、特类选条表”，由相邻学科编辑室“交叉审阅”选条表以避免“遗漏”和“重复”等。这种把选条当作严格的科学工作，通过切实的步骤完成总条目表设计的做法，值得借鉴。在解决上述问题方面，分科出书的百科全书（如《中国大百科全书》第一版），同《苏联大百科全书》这种按条头音序统编的百科全书相比，应允许有一定的灵活性。例如各学科卷具有相对独立性，对卷和卷之间的重复就不能限制得过死。但事先制定标准，进行总体上的安排，同样是必由之途。

同分科出书的百科全书相比，按音序统编的综合性百科全书的条目系统具有明显的优点：

1. 能对整个人类知识作一体化编排。例如可按学科亲疏关系进行合理排列，归并关系密切的学科的共性部分作统一处置（如合并文学艺术各科的共性部分，安排“艺术总论”大项），为进一步体现知识的内在联系和实现知识的条理化而打散某些部分重新组合，以及较好地解决学科之间知识内容交叉重复的问题等。这无疑就消除了分科出书导致的人为割裂和杂乱无序，将人类知识作为一个有机统一的整体展现在读者面前，同时也更加近似地展示出客观世界作为一个统一整体的本来面貌。

2. 有助于更好地掌握不同学科和门类的比例关系，更有效地防止学科边缘知识和跨学科知识的遗漏。

3. 有利于更好地贯彻概要原则，消除因分科出书、从局部着眼而导致的设条过细和字数膨胀等弊端。

目前我国尚无编纂按音序统编的综合性百科全书的经验。但《中国大百科全书·生物学》卷脱去分支学科“外衣”，打散各部分知识重新组织，从中提取共性内容统一安置，以求更好地体现生物学知识的整体性、连续性和同一性，从而减少重复和避免遗漏的做法，实际上已局部地取得编制统编型综合性百科全书条目表的经验。统编型综合性百科全书条目系统所应具有的一些特征，在这卷书的条目表中已经有所显现。

当然，究竟出版什么样的综合性百科全书要由多方面的因素决定。也许《中国大百科全书》第二版实行双轨制，按音序统编和选择重点学科分编两种方式并举，更加符合我国国情（如读者购买力偏低，习惯于分科寻检等）。

七

本国内容和外国内容的比例，人文科学、社会科学部分和自然科学、工程技术部分的比例，是综合性百科全书选条中需要注意的两种最基本的比例关系。

1. 一部好的综合性百科全书不但要有世界性，而且必然突出本国特点，注重宣扬本国文化。表现在比例关系上，就是加大本国内容的比重。各国编纂综合性百科全书均采取此种方针。具体来讲对不同领域的知识又要有所区分。作为中国的百科全书，应对中国的历史、地理、文化、人物给予较多的篇幅。但在科学技术知识方面，除注意介绍中国重要的科学技术成果外，还应当重视介绍国外的成就。我国长期处于封闭状态，人们对国外科学技术发展的状况缺乏了解，因此注意介绍国外先进成果，在科学技术知识方面中外并重，应是合宜的。

2. 世界各国的综合性百科全书始终以人文科学、社会科学方面的内容为主，在工业化的时代也不例外。例如，人文科学、社会科学部分在《不列颠百科全书》第 15 版中占 60%，在《美国百科全书》中占 70% 弱，在《苏联大百科全书》第 3 版中占 56%[1]。这种情况是由人文科学、社会科学的特点和综合性百科全书的读者群所决定的。综合性百科全书以非专业读者为对象，对于想一般性增长知识的读者来说，人文科学、社会科学知识比自然科学、工程技术知识容易理解和接受。出于兴趣或民族心理，读者在本人专业以外普遍较为关注的，是文艺、体育知识和本国历史知识。另外一些人文科学、社会科学学科也为读者所关注，特别是其中有的学科同人们的利益息息相关（如法学、经济学），或同社会的改造紧密相连（如政治学、社会学），更成为人们关切的对象。因此人文科学、社会科学知识有着更高的检索率，增加它们的比重无疑会受读者的欢迎。在已经出版的《中国大百科全书》各卷中，人文科学、社会科学学科卷的销售量总的来说高于自然科学、工程技术学科卷，便证明了这一点。

八

百科全书有思想性、政治性标准，选条要坚持以马列主义为指导。这在人文科学、社会科学部分更为突出，不仅关系到条目的设置，有时还牵涉条目的框架。这方面的例子有：《中国大百科全书·法学》卷贯彻马克思主义的精神，为说明不同历史阶段存在代表不同统治阶级利益的法的不同类型，专门设立了条目“法的类型”，《哲学》卷为表明马克思主义哲学“是社会主义中国研究哲学问题的理论基础”，在框架中独立设置了马克思主义哲学史、辩证唯物主义、历史唯物主义几个分支，《外国历史》卷在国内的外国史研究基础薄弱，又不能照搬欧美、

〔1〕金常政，《百科全书及其编辑研究》，知识出版社，1987年。

苏联体系的情况下，以马列主义为指导重新组织知识，设计出自己的条目框架等。

选条中处理好同政策有关的问题，是实现政治性标准的一个重要方面。在民族、宗教、台湾、涉外等政策性较强的问题上，必须同党的方针政策保持一致。这涉及条目的设置、条名的确定和条目的归类等。例如，选设条目时不可忽略同国内少数民族问题有关的主题，要注意选列介绍我国台湾地区情况的条目，对国内少数民族和国外相关民族宜分别设条，以及慎重设计牵涉我国疆域问题的条名（如“蒙古人民共和国新石器时代”不可简称为“蒙古新石器时代”），谨慎划定国外归属有争议地区条目的归类（如不可将关于克什米尔的条目归入印度或巴基斯坦部分）等。在这方面，《中国大百科全书》第一版的许多学科卷都积累了宝贵的经验。

九

制定规范以保证各部分条目的均衡和统一，也是选条中不可或缺的工作。这大致包括：

1. 规定全书条目大约选收至第几层；

2. 对人物、书刊等具有可比性的条目，规定不同类型学科大致的选收指标；

3. 分别规定不同类型、不同级别条目的字数范围；

4. 区分情况设计出分支、组群以及条目的排列规则；

5. 确定全书条名在名称使用和统一方面的规则等。

执行规范不排除个别情况的特殊处理，但应坚持大统一、小灵活的原则。上述规范的制定不仅是“形式化”本身的要求，而且对于内容平衡、结构比例关系合理、条目排列正确，以及检索便利等均能起到保证作用。

本文所谈并非百科全书选条的全部内容，但已足以说明这项工作内容的丰富及其复杂性。如果说科学分类和学科体系是选条的基础，那么从百科全书的基本性质（“全面概述知识的工具书”）出发，认真贯彻百科全书选收条目的规则和要求，则是这项工作取得成功的要旨。

原载《辞书研究》1990 年第 2 期，获 1991 年首届中国出版科研优秀论文奖

百科全书选条的几个问题

百科全书选条的编纂学内容非常丰富。本文所涉及的有：选条立目中的条目化问题，条目层级分工问题，以及综合性百科全书选条面向非专业读者的问题。

一、选条立目中的条目化问题

在百科全书编纂术语中，“条目”一词既指包括条头、释文、插图、表格、推荐书目等在内的整个条目，也可以指在选条立目中产生，作为注释对象的条目。[1]本文谈选条问题，所说的条目化仅涉及作为注释对象的条目，其含意为：被选立者要真正具备百科全书条目的特征，而不应混同于文章的题目或书的章节。提出这一要求，是因为作为注释对象的条目在释文产生后转化为条头，是书中检索单元的门牌标记，它们必须具备便于检索的特定形态。为了做到这一点，条目的选题和标名均要有相应的标准。

———

〔1〕1995年实施的国家标准《辞书编纂基本术语·第一部分》中规定，“百科全书中由条头和对条头的阐述两部分组成的整体”称为“条目”，“条目中被阐述的对象”称作“条头”。这一规定在用于选条时似有困难。顾名思义，条头是相对于释文阐述而言。选条在先，释文产生在后，选条时所选的似应是“题”或“目”，而不是“头”。但在百科全书编纂中目前没有同词（辞）典中“词目”一名相当的术语。为了让用语不感到别扭，本文暂按原来《辞书学辞典》中提出的主张，把选条时选出的注释对象也称为“条目”。

（一）选题的标准

百科全书选条是选知识主题而非选词，条目名称服从于条目主题，条目化牵涉的首先是选题标准问题。一般而言，选题须遵从独立主题原则、客观形成原则和单一主题原则。

1. 独立主题原则

条目必须是独立主题，是因为独立主题属于结构性的知识单元，无论是一个类概念（如“国家”）、一个具体事物（如“蒙古族”）、一个事件（如“七七事变”），或一个领域（如“生物化学”）、一个专题（如“印度哲学”），都具有确定性和标记性，读者要了解有关的知识，很容易想到去这些主题中查找。而非独立主题是对独立主题的一种分割，不具备独立身份，有时分割甚至是随意的，以它们立条，读者难以想到，因而缺少可检索性。这就好比我们外出办公事，通常先想到的是同哪个机关或企事业单位联系，而不是所属的处室、车间等——前者是带标记性的独立机构，后者只是隐含于其中的下属部门。

非独立主题均为事物或概念的局部。例如，“百科聚焦”“科技视野”是刊物《百科知识》包含的栏目，“天主教教义”“天主教组织”“天主教教规”是天主教这一事物的各个方面，“西汉早期”“西汉中期”“西汉晚期”属于西汉历史发展的不同阶段，“图书采购”“图书登录”“图书排架”为图书馆馆藏工作的具体环节，“物理风化作用”“化学风化作用”“生物风化作用”为风化作用这一自然现象的不同机理。它们均不具有独立性和标记性，故不宜设立为条目。

当然，独立事物或概念下属的分项并非一定就是非独立主题，客观事物本来就是层层相叠，互有领属关系的。例如，在“文物”这一事物下，“文物分类”“文物价值”为非独立主题，而“文物保护”“文物鉴定”则属于专门的工作领域，已是有独立意义的事物。上举“图书采购”“图书排架”等为非独立主题，而“图书编目”有丰富的学术内容，是重要的研究专题，完全可视为独立主题。这就要求在贯彻独立主题原则时细加鉴别，予以区分。

2. 客观形成原则

作为百科全书的条目，仅仅是独立主题还不够，这个主题还必须是在人们认识、改造世界的过程中客观形成，为世人所习知，而不是人为拟定的。客观上形成，才具有公认的确定性；人为拟定，则他人并不了解，充当条目无法检索。例如，“创世神话”“狼外婆的故事”是客观存在的神话或童话的题材类型，“狗的神话”“母鸡妈妈的故事”却是人为概括的题材类型。“海湾战争”是客观存在的独立事件，“南斯拉夫分裂”则是一种无公认的规范名称指称，从而本身尚未能完全确立起来的事件划定。而“农业科学分支学科”“著作、刊物”等更是编者自己任意拟定的口袋式主题。客观存在的可以立作条目，反之便不适合选为条目。

3. 单一主题原则

条目主题还应当是单一而不是联合式的。联合式主题如“恒星和星际物质”“养蜂养蚕”“图书馆、博物馆、档案馆”等。它们的不合理处在于：百科全书的音序和笔画索引均按条名第一个字排列，读者也是按第一个字查找，几个主题合为一条，条名中位于后面的主题便被隐藏起来，以致造成检索的困难。这样的联合主题应当拆开分别设条，以方便查找。不过对于是否联合主题要作具体分析。有时形式上是联合的，却成双成对，密不可分，实际上是单一主题。如“相对与绝对”“有限与无限”“内容与形式”等为哲学范畴，即属于单一主题，故可立作条目。

（二）标名的标准

条目标名与检索的关系极大，怎样标名是条目化的重要内容。标名必须符合准确性原则、通用性原则、名词性原则和简要性原则。

1. 准确性原则

条名是“指物符号”，条目主题是“所指之物”，条名必须准确标示条目主题。

首先，条目的标名不应当是文不对题或似是而非的。例如，把数学内容的条目标名为“泥板的故事”，虽增加了趣味性，却会使读者产生误会。又如，把主题为“图书馆建筑”“博物馆建筑”的条目标名为“图书馆”“博物馆”，给读者的是不确切的指引。

其次，条名不能语义含混，让人捉摸不定。如“其他动力机械”“新武器原理”，因“其他”和“新”无明确界限，条名让人不明所指。假如条名在条目表中因有上层条目或层次标目的限定而意思清楚，离开条目表便含意不明，这种条名同样不合乎要求。如“战术”标题下主题为“战术协同动作”的军事条目不应标名为“协同动作”，否则在离开条目表按音序或笔画排列后读者会不知所指是哪方面的行为。

另外，当列为条目的几个事物有相同的名称时，最好加上括注，以利于区分。例如，肖邦和李斯特的第一钢琴协奏曲如果都被列为条目，可分别标名为“第一钢琴协奏曲（肖邦）”“第一钢琴协奏曲（李斯特）”。

2. 通用性原则

这里说的通用性有两层含义。一是条名应使用规范或约定俗成的名称，而不是杜撰的。例如：“考古学文化”是考古学中的规范术语，不可为求通俗，随意改为“文化（考古）”；“罗曼·罗兰”是约定俗成的译名，不宜为求规格化，改作“罗兰，R.”。任意变更会导致检索困难，改动规范术语更是失去了科学性。二是当一事物有两个或两个以上的名称时，应使用其中更为广大读者知晓的名称。例如：用广泛使用的名称“玉米”，而不用一般人较少使用的名称“玉蜀黍”；用常见的俗名“仰光大金塔”，而不用较生僻的正名“瑞德宫塔”；用广为读者所知的笔名“老舍”，而不用知者不多的本名“舒庆春”。假如两种叫法均广为人知，则一个用作正条条名，另一个可作为参见条条名。

3. 名词性原则

标名必须遵从名词性原则的原因在于，条目作为注释的对象，主题是静止态的。即使有些事物原本为动态，但立作条目收入百科全书，整体上不是要进行动态描述，而是说明科学内涵，它们也已经静态化。例如，“智力测验”“摔跤”“禁毒”“香港回归”，不是为了描述行为、动作和过程而立条，而是要介绍心理学方法、体育运动项目、社会工作范畴和历史事件。主题事物是静态的，名称自然是名词性的。

符合这项标准的条名可以是名词（如“法律”），也可以是中心词为名词的偏正词组（如“英国文学”），或中心词虽是动词，但整个词组的语法功能为名词性的偏正词组（可带谓语，不受副词修饰，如“智力测验”）。此外，动词和动宾词组如果已经成为术语，也可以用来标名，因为它们已经名词化。如“摔跤”和“击剑”为运动项目名称、体育术语，“拉洋片”和“跳加官”为民间游艺名称、民俗学术语，都可用作条名。已经定型化的句子同样可以用来标名。如“老鹰捉小鸡”和“瞎子捉跛子”为儿童游戏名称，已经定型和名词化，亦属于符合要求的条名。

没有定型的动词性词组和句子，如“解放海南岛”“德国肢解捷克斯洛伐克”，不宜用作条名。前者可改为“海南岛战役”；后者的主题如无合适的名称，可不设条，而作为和第二次世界大战有关的内容，并入“第二次世界大战”条。

4. 简要性原则

作为注释对象的条目，转化为条头后是知识单元的“标识”，形式上应当是凝练的，故条名宜力求简要。对自由词组一般可减省结构助词“的”，如不写成“唐代的文学”，而用“唐代文学”。宜尽量用凝固定型的紧缩词语，如用“唐诗”，而不用“唐代诗歌”。在不会产生误会的情况下可摘帽脱靴，如直称“大昭寺”，而不称“拉萨大昭寺”；

直称“物质微观结构”，而不称“物质微观结构探索”。当然，减少用词不应当背离准确性和可检索性标准，像前边提到的“图书馆建筑”，便不宜简化为“图书馆”；“明孝陵”为习惯叫法，从便于检索出发，不可简化为“孝陵”。

上述条目化原则在百科全书选条中属于基本要求。尽管在实行时，以阅读功能为主的百科全书，在标准上可稍宽于检索功能为主的百科全书（如在《不列颠百科全书》第15版中，突出阅读功能的《详编》在执行条目化原则方面宽于突出检索功能的《简编》），条目数量较少，相对来说检索难度较小的单科或专题百科全书，可稍宽于条目数量巨大的综合性百科全书，但这并不影响条目化原则对于百科全书选条的重要性。在当前国内的百科全书编纂中，倾向性的问题是对条目化原则理解得不够，贯彻得不到位，因此尤其不应当放松对这一原则的强调。

二、条目层级分工问题

作为知识具有层次结构的反映，百科全书的条目有着层级划分。这里所说的层级分工，指在选条中通过分别安排上、中层位的综述性条目和下层的具体人、地、事、物条目，去满足读者不同层次的检索需求，以功能有别的不同层级条目共同完成介绍知识的任务。

在百科全书编纂中，大条目主义和小条目主义均不要求层级分工：前者提倡把下层小主题包容到上层大条目中去，主要用上层大条目包揽对知识的介绍；后者主张把下层小主题从上层大条目中尽量分解出来，形成大量小条目，同时对上层大主题作类辞典式条目处理，从而使上、下层条目篇幅接近，在功能上无明显差别。针对这两种观点，有必要弄清楚条目层级分工的意义。

从《不列颠百科全书》第15版1974年版编者“序言”中，可以找到实行条目层级分工理由的答案。此“序言”把读者的检索分成 3 种类型：①读者想查明的知识范围相当有限；②读者查阅的知识范围较大（如想了解法国文学的全貌，而不是某部作品的出版年月或背景），但仍属于有限的课题；③读者想通过查阅，从文化素养的角度获得对“世界究竟意味着什么”的了解。据此，第 15 版的编者得出结论：《不列颠百科全书》必须针对这 3 种不同的检索要求，同时具有 3 种功能，相应地分成《简编》《详编》和《类目》3 个部分。其中用《类目》去满足第三种要求，同条目层级分工无关。但以小条目的《简编》和大条目的《详编》，去分别满足前两种检索要求，正是在实行条目的层级分工。15 版编者对这样做的理由的说明，无疑可给我们以启示。

条目层级分工的必要性，可以通过以下分析进一步认识。

读者有时需要检索人、地、事、物一类有限主题。而经验告诉我们，如果把这些小主题都包容到上层大条目之中，依靠内容索引解决它们的检索问题，不但检索起来比较麻烦，而且读者不容易获得完满的答案——因为必须服从大主题本身的介绍，小主题的内容往往支离破碎、残缺不全，无法保证内容要素齐备。众所周知，便于系统阅读曾经是奉行大条目主义的主要根据。然而随着现代社会的发展，百科全书担负的工具书任务正在加重。1995 年进行的《中国大百科全书》读者调查显示，约有 86% 的人是为了查阅而不是系统阅读才去使用这部书的有关卷册。[1] 而要满足现代读者在检索方面的需求，让百科全书充分具备工具书的性能，就必须把检索率高的小主题设为条目，使它们便于检索，保证它们内容的完整。

在另一些情况下读者需要查检范围较大的主题。但如果在选条时把大、中主题（如“北欧神话”“哺乳动物”“物理学史”）安排为类词典式条目，缩小它们的篇幅，规定仅作有限的内容展开，那么，以后读

——

〔1〕据《中国大百科全书》第一版读者调查资料。

者就可能无法从中查到他们所需要了解的知识，例如某一领域的全貌，某一复杂对象的方方面面，或某一发展进程的清晰脉络等，当然就更谈不上获知它们内部的各种联系，以及属于规律性的东西，从而导致对知识的需求得不到满足。赞成小条目主义的人往往以百科全书是用于检索的工具书来为自己的主张辩护。其实这是出于误解。百科全书虽然是工具书，但毕竟不是以词为出发点作简要释义的辞典。只有设置大、中型综述性条目进行展开介绍，才能充分发挥百科全书的特点和长处，使之具备辞典所没有的功能。

百科全书发展的历史，也证实了条目层级分工的必要性。《不列颠百科全书》曾经是大条目主义的典型，然而它的第 15 版改为通过《详编》和《简编》互补以实现条目层级分工，这意味着对大条目主义的否定。日本百科全书有小条目主义的传统，但后来改变了方向，在日本百科全书的代表——平凡社《世界大百科事典》1972 年版的“序言”中，便可见到“大、中、小条目并用”，建立一个“金字塔形的知识完整体系”的编纂目标，这表明在日本的百科全书中也有了条目层级分工的做法。在国外的百科全书编纂历史上，大条目主义和小条目主义争执了近二百年，上述情况却表明，目前出现了两者靠拢以寻求互相补充的趋势。这无疑有助于我们认识这两种主张的局限性和条目层级分工的合理性。

综上所述，安排条目层级分工是百科全书选条的一项重要原则。而怎样分工有着不同的具体形式。《不列颠百科全书》第 15 版所采取的，是《详编》大条目和《简编》小条目相结合的两极化的条目层级分工形式，平凡社《世界大百科事典》所采取的，是大、中、小条目并用的金字塔形的条目层级分工形式，它们代表了当今世界上百科全书条目层级分工的两种基本模式。两者相比，前一种模式应用起来比较费时费力，《详编》加《简编》，一部书几乎相当于两部书。《详编》和《简编》结合，意在使阅读功能和检索功能并重，这显然同当前读者的实际需要存在距离。而采用后一种模式，整部书为单一系统，编起来比较省时省力。构建金字塔形的条目结构，说明大、中、小条目从上至下依次递增，中、小条目在数量上占优势，因而明显是立足于检索，兼顾阅读，符合现代读者的需求。应当说，采用这种模式比较切合当前我国出版社财力、人力的实际，适应了现代读者的使用要求。我国在 20 世纪 70 年代末至 90 年代初编纂的《中国大百科全书》第一版，正是采用了大、中、小条目相结合而以中、小条目为主的条目层级分工形式。这种形式在当前重要百科全书的编纂中应可继续沿用下去。

三、综合性百科全书选条面向非专业读者的问题

综合性百科全书是非专业工具书，选条一定要面向普通读者。也许有人担心，立足于非专业性对知识主题进行取舍会影响所收条目的完整性。其实综合性百科全书所要求的完整，主要是知识覆盖面全，学科和知识门类无缺漏，在此前提下依据读者需要选条，同完整性并无矛盾。再有一个问题是对读者的需要能否把握。由于个体读者的检索是随机的，检索任何内容的可能性都存在，满足每一个读者的每一项需求永远无法办到。但完全可以根据读者对象的特点，判断出哪一类知识主题的检索率可能较高，哪一类知识主题的检索率可能较低，在选条时据以决定取舍。所谓满足读者的需要，正是指这种采取模糊性思维方式对读者需求从总体上的把握。就面向非专业读者而言，选条中总的要求是实行检索率标准；进行具体判断时，则可遵循非研究原则、非应用原则、基础性和概要原则、贴近生活和社会知名度原则。

（一）非研究原则

这是指从提供一般科学文化知识的角度选条，而不是为了给专业研

究工作提供参考设条。具体来说，就是对读者通常关心的学科研究成果和学科发展史方面的知识多列条，服务于研究的理论、方法、技术、设备，以及文献和考察或实验资料等相对少列条。例如，天文学中关于宇宙、天体的一般知识及天文学史知识可多设条，同观测和研究有关的内容可少列条。文学中的流派、作家、作品、体裁和题材等可多设条，文艺批评理论和文学研究史料等可少列条。

（二）非应用原则

这是指从提供知识的角度选条，而不是为了专业应用设条。此原则主要是针对工程技术学科，以及人文科学、社会科学中带有应用性的学科而规定。例如，在建筑学中，建筑类型、建筑实例及建筑史等可多设条，建筑设计和建筑施工等可少列条。军事门类中，军事理论、战略、军制、兵器、战争史和军事人物等可多设条，战术、指挥、训练和后勤保障等可少列条。

（三）基础性和概要原则

基础性指选条要立足于基本理论、基本概念和基本事实（三基），避免过专、过深、过僻。与此相联系的是概要原则，即选条要抓住大的脉络，避免追求细枝末节。在通常情况下，层次高的主题多是基本的、骨干的，适应面广，检索率高，可收全一些；层次低的主题常是派生概念和细琐事物，过多选收容易产生专、深、僻等弊端，宜择要收取。这两项原则角度不同，互相参照便于判断和选择。

例如，学科条目中，基本学科要全，分支学科不一定收全。像“图书馆学”要收，“宏观图书馆学”“比较图书馆学”“图书馆管理学”“文献分类学”“文献编目学”“公共图书馆学”“儿童图书馆学”等可只择要选收。古器物条目中，基本种类要有，细分的类型可视情况而定。像“石器”要收，“打制石器”“磨制石器”“细石器”“手斧”“尖状器”“刮削器”等可选择重点收。

（四）贴近生活和社会知名度原则

前者指凡同社会政治、经济、文化和日常生活贴近的事物要注意选收，反之则酌情少收。后者指要考虑知名的范围是否广泛，有社会知名度的人、事和物可多收，只在较小范围（如某一专业或行业）有知名度的人、事和物宜少收或不收。这两项原则不容易完全分开，贴近生活的事物如果重要，往往是有社会知名度的。一般来说，凡符合这两项原则的事物，读者需要了解它们的机会较多，选列为条目后读者查检的可能性较大，故应作为选收的重点。

例如，法学中可注意选收介绍法律机构、法律程序、宪法、刑法、民法、经济法、劳动法、专利法、版权法、继承法方面知识的条目，经济学中注意选收介绍金融、税收、债务、价格、商业、企业方面知识的条目，医学中注意选收常见病、常用药条目和介绍保健、养生方面知识的条目等。

又如，科学活动、科学发现、科学发明在社会上产生重大影响的要设条，如“南极考察”“雅鲁藏布大峡谷科学考察”“阿波罗登月计划”“哈勃空间望远镜”“和平号宇宙空间站”“黑洞”“夸克”“正负电子对撞机”“生物工程”“银河巨型计算机”等；仅在某一领域有影响，特别是其中内容过于专深的，宜少列或不列。

再如，同人类关系密切的动植物、重点保护的珍稀动植物、重要的常见中草药等要设条，一般读者很少有机会涉及的动植物和中草药等可少列或不列。公认的历史文化遗产，如全国重点文物保护单位、历史文化名城、联合国公布的世界文化遗产等要作为选条时重点考虑的对象，仅为少数研究者所关注的考古遗迹等可不选列。产生重要历史或社会影响的人物和事件要列条，仅见于专史的人物和事件宜少列或不列。

人物上条对于综合性百科全书来说是颇费斟酌的事。进行考量时不可放弃社会知名度原则。例如科学家立条，除依据学术成就外，还应当考虑是否具有社会知名度。在这方面，中国大百科全书出版社编纂《中华百科全书》时，所采取的中科院院士列表，其中社会知名度高的学者上条的办法，应得到肯定。此外，党史、军史人物上条不宜只依据职位、军衔，同样要遵循社会知名度原则。对于英雄模范人物，标准也不例外。基于这一原则，一些历史地位虽不重要，但因见诸历史传说或文学作品而名声较大的人物可设条，如西施、王昭君、杨贵妃、李莲英、赛金花等。

情况比较特殊的是当代的文学家、艺术家和运动员。相对而言，他们比较容易获得社会声誉。因而选列他们的条目，在注意有无社会知名度的同时，不可忽略稳定性原则。

以上关于选条中非专业化原则的说明，是就各学科和知识门类本身的范围而言。在学科、门类关系方面，如果以基础性原则衡量，则选条时应突出物理、化学、生物、地理等基础学科，增大它们在条目总体中所占的比例。如果贯彻贴近生活原则，就应加大经济、法律、历史、文学、体育、美术、影视、军事等学科的比重，并给公关、礼仪、家政、民俗、计算机、旅游、饮食服饰文化等以一定的地位。而对于非基础性或距离人们生活较远的专深、冷僻学科（例如不少工程技术学科），则应缩小它们的比重。这或可称为选条的学科间不平衡原则。这种处理问题的方法，在不少的综合性百科全书中可以见到。

以上 6 项选条的非专业化原则中，非研究原则、非应用原则是从知识的横向关系方面进行规范，基础性和概要原则是从知识的层次关系方面提出标准，贴近生活和社会知名度原则是从知识同社会的关系方面加以规定，在实际选条中必须结合起来运用。例如，“文物保护”“文物鉴定”本属于学科应用知识，不在重点选收之列。但前者已成为全社会重视的问题，后者因文物收藏热的出现而受到关注，它们已经变成贴近生活的主题，因此可作为优先选立的对象（与此相反，“文物修复”离生活较远，就不一定立为条目）。又如，按照概要原则，“优生学”属于层次偏低的学科，“财产保险”是“信用”之下“保险信用”的一个细分的种类，均不在重点选收的范围之内。但前者同人类自身发展关系密切，后者同人们的经济利益紧密相关，均贴近生活，受到关注，故亦应成为优先选立的主题。总之，几项原则结合起来运用，通盘权衡考虑，当可使选条面向非专业读者的任务完成得更好。

原载《中国辞书论集 1999》，转载于《编辑之友》2001 年第 4 期，曾辑入 1998 年国家社科基金项目成果《大型综合性百科全书编纂的理论与运作》

大型综合性百科全书的选条框架及选条中跨学科知识门类条目交叉重复问题的处理

大型综合性百科全书选收条目面向整个人类科学文化知识，制定科学、合理的选条框架以保证选收的成功至关重要。此类百科全书覆盖众多的学科和知识门类，选条过程中理顺学科门类之间的条目交叉重复关系是一项十分艰巨的工作。这项工作可采取不同的方法完成，其中从学科门类之间的结构性交叉关系入手进行清理不失为一条捷径。而按本体论分类原则制定整合条目关系的二次框架，借助框架并利用上述结构性交叉关系解决条目的交叉重复问题，则应是完成这项工作最为理想的途径。本文试图结合实际编纂工作，对上述看法从理论上加以说明。

一、大型综合性百科全书选条的必由之途
——制定以知识分类和各学科门类知识划分为基础的选条框架进行条目选收

先制定框架后选收条目，在百科全书编纂中是常用的方法，这或可称之为框架选条法。以下针对大型综合性百科全书（具体来说是《中国大百科全书》第二版）的选条工作，对采用框架选条法的必要性，以及应以何种性质的框架选条的问题，谈一谈看法。

（一）采用框架选条法的必要性

要弄清百科全书选收条目为什么采用框架选条法，就必须先了解什么是百科全书的选条框架，以及选条框架依据什么来制定。

百科全书的选条框架是一种参照知识的体系结构，按照百科全书编纂的要求构建起来的分类系统。而制定大型综合性百科全书的选条框架，要以知识分类和各学科、门类的知识划分为基础。关于后一点，人们在认识上曾经有一个逐步完善的过程。

在百科全书的编纂历史上，按照知识的分类结构整理知识古已有之。例如，西方古代的百科全书曾以原始的知识分类“自由七艺”为基础整理知识；中世纪编纂的百科全书一般都在“自由七艺”的基础上增加类别，以之作为分类的依据。到了17世纪，英国学者培根根据近代科学的发展创立了科学分类法，当时他把知识划分为三大部分、130个门类，并计划按这种分类体系编纂一部百科全书。这一计划虽然未能实现，但后来编纂大型综合性百科全书，基本上都是借助科学分类组织知识，构建框架，用以产生条目系统。因而人们认为，制定大型综合性百科全书的选条框架以科学分类为基础。

编纂《中国大百科全书》（以下简称《全书》）第一版同样沿用了这一方法，即依据科学分类确定此书选收的学科和知识门类，规划出全书框架的宏观整体结构（学科卷的划分和排列）。然而制定框架的工作并没有到此结束，此后各学科卷又依据本学科或门类内部的体系结构，进一步设计出学科或门类的选条框架，在这种细化的选条框架的指导下，才得以完成全书的选条工作。《全书》第一版选条工作的实践，加深了我们对大型综合性百科全书选条框架的认识，这就是，制定选条框架不仅要依靠科学分类，还必须依据学科和门类内部的知识划分，舍此无法完成学科和门类的选条工作。另外，通过编纂《全书》第一版我们还发现，人类知识中有一部分无法为科学的各个学科和门类所包容，以科学分类为基础制定框架难以覆盖全部人类知识，而以知识分类为基础制定框架则能避免这一缺陷。据调查，国外的一些大型综合性百科全书选收条目，也超出了科学分类的范围。有鉴于以上实践中的总结，因此我们今天认为，制定现代大型综合性百科全书的选条框架，要以知识分类和各学科、门类的知识划分为基础。

弄清了上述问题，便不难理解为什么大型综合性百科全书选收条目要采用框架选条法。这首先是因为采用这种方法能够有效地防止知识遗漏。众所周知，作为一种完备的工具书，百科全书最大的价值在于所选收的知识“全”，它能让读者方便地在一部书中查到自己所需要的各种重要知识，而不必花费力气去遍查大量的图书资料。因而对于一部大型综合性百科全书来说，学科和门类齐全，有检索价值的知识主题不发生遗漏，是必须达到的标准。而要实现这一点，如果离开科学、合理的知识分类，以及各学科、门类内部已经形成的结构划分，选收条目时到浩瀚的知识大海中去漫无边际地搜寻，是根本不可能办到的。正因为如此，选收条目时才采用框架选条法，先制定出严格、周密的选条框架，再在框架的指导下选收条目，以框架来防止内容的遗漏。

选收条目采用框架选条法的另外一个原因，就是利用框架能够对知识进行整理。百科全书无论是作为供查阅的工具书，还是供系统阅读或浏览的读物，提供的知识必须眉目清晰，条理分明。然而人类的知识千头万绪，错综复杂，因此收入百科全书时必须经过整理。这种整理工作如果离开框架的帮助根本不可能进行。《全书》第一版的选条实践表明，正是借助于框架的分类结构，才得以对学科、门类的知识进行梳理。这既包括让知识主题（条目）按照分类体系和逻辑关系作有序和合理的排列，也包括通过确定条目在框架中所处的位置，来划分每一个条目的内容范围，以及同其他条目衔接、分工和相互配合的关系。从而做到像《不列颠百科全书》第 15 版主编 W. E. 普里斯所说的那样，使杂乱无章的知识在百科全书中实现“条理化”。而如果脱离了建立在知识分类和学科、门类内部知识划分基础上的选条框架，百科全书的编者只能是眼前一抹黑，知识条理化的工作将根本无法进行。

从上可知，建立在知识分类和学科、门类知识划分基础上的选条框架，是大型综合性百科全书赖以选收条目的得力工具。如果放弃框架选条法而采用其他方法，例如放鸭式地到各种知识文献中去搜集知识主题，用以拟定条目，那么大型综合性百科全书的选条工作势必难以完成。

（二）传统形式选条框架的合理性

如前所述，依据科学分类（今天我们要求依据知识分类）拟定的选条框架，其应用在百科全书的编纂历史上由来已久。那么时至今日，这种传统的框架模式是否仍然具有生命力，我们在编纂大型综合性百科全书时是否应该继续采用。因为这一问题同《全书》第二版的选条工作密切相关，所以有必要作比较详细的阐述。

不难看出，这种选条框架的立足点在于学科和门类的划分，即把学科和门类作为汇聚人类知识的单元，把人类知识看作是学科和门类的组合，据此可把这种框架称之为“学科论框架”。学科论框架作为传统形式的选条框架，其合理性在于，它符合科学分化为众多学科、门类的客观实际。

众所周知，百科全书的任务是传播科学文化知识，科学文化知识的主体来自科学对客观世界的认识。而科学之认识世界，是通过不同学科和门类研究客观世界的不同领域进行的。因此可以说，学科和门类是科学认识世界的观察站，是科学积累知识的资料库。另外，科学文化知识中所包含的科学分类范围以外的知识，也是通过划分非学科性的知识门类（例如生活知识）汇集的。正因为如此，借助于学科、门类（包括非学科性门类）的划分和它们各自的体系结构拟定选条框架，把学科和门类作为选收条目的基本单位，就使百科全书汇集知识有了可靠的路径，为选条不发生遗漏提供了可靠的保证。也正是依赖于学科、门类的划分，以及它们自身的体系结构，才使得选条时实现知识的条理化成为可能。这就是在百科全书编纂历史上，学科论框架模式经久不衰，长期葆有生命力的原因。

然而随着科学的发展，目前出现了需要我们思考的问题。如前所述，学科论框架模式源于 17 世纪，当时处于科学分化的时代，科学从原来相对混沌的状态分化为众多专门的学科。后来一直被借用来编纂百科全书的科学分类法，正是培根对当时科学分化的状况所作的一种总结。而此前同科学的混沌状态相适应的，则是古代和中世纪百科全书所采用的原始的知识分类法。这就表明，百科全书组织知识的形式和科学的发展具有同步性。值得注意的是，19 世纪中叶以后，科学在日益分化的同时出现渐次综合的趋势；20 世纪中叶以来，综合趋势已占据了主导地位。和过去精细划分的意向不同，今天人们在努力从整体上把握客观世界。可以说，科学的发展进入了一个与培根所处不同的时代。这就向人们提出问题：立足于学科、门类划分的百科全书传统选条框架模式，在今天科学趋于综合的时代是否已经过时。

事实告诉我们，科学的这种进步并没有否定传统选条框架模式的合理性。当前，科学按学科、门类划分的状况并没有改变。科学中出现的综合，主要是通过新学科——交叉学科、边缘学科、综合学科和横断学科的不断产生来实现的。学科门类之间的合作，到目前仅限于共同开展跨界的综合课题的研究（例如南极考察、雅鲁藏布大峡谷科学考察），并未触及科学按学科、门类划分的格局。十分明显，把人类知识看作是学科、门类知识的组合的观点，以学科和门类作为选条框架基本结构单元的做法，在目前仍然具有现实意义。所不同的仅仅是，在制定框架时，需要根据情况补入代表了科学发展中综合趋势的新兴学科，并且设置能够包容重大跨学科、门类综合研究课题的框架结构性部分。这就是说，传统的学科论选条框架在今天并没有过时，它仍然是综合性百科全书选收条目的有效工具。

为了进一步澄清问题，在此需要提到《不列颠百科全书》第 15 版的《百科类目》。《类目》作为分类目录，显示了第 15 版的框架。这一框架没有采取按学科、门类排列的形式，它分为【物质和能】【地球】【地球上的生命】【人类生命】【人类社会】【艺术】【技术】【宗教】【人类历史】【知识的分科】十大部类，大体上是按照客观世界本体的构成，对框架进行结构上的划分。因而同学科论的框架相对，可把《类目》所展示的框架称为“本体论框架”。值得注意的是，《类目》的各个部类虽然分别涉及不同的学科和门类，但相互间不是简单的对应和包含关系。这主要表现在：①各个学科和门类的发展史、方法论，以及分支学科的划分等，被集中放在【知识的分科】部类，这使得其他部类所包含的，并不是一个个完整的学科和门类，而主要是它们的研究对象部分。②各艺术门类研究对象部分的共性知识，被放在【艺术】部类的开头作集中处理；军事技术（包括武器）从军事部分移出，归入了【技术】部类；卫星技术、通信技术、勘探技术、摄影技术等分别同几个学科、门类有关的技术种类，均从相关学科、门类中抽出，放在【技术】部类作集中统一处置——因而就研究对象部分而言，不少学科和门类也已经不再完整。由此可见，在这一框架中学科和门类在一定程度上被打散，知识经过重组被纳入了本体论框架的结构单元。所以《类目》所显示的，的确是不同于以往百科全书框架的一种新的框架模式。

然而必须区分的是，《类目》所显示的框架不属于条目框架。《类目》正如它的全称“《知识纲要和不列颠百科指南》（百科类目）”所表明的，是《不列颠百科全书》第 15 版的知识纲要。它不以条目排列的形式出现，不展现第 15 版《详编》的条目系统有着怎样的分类体系，而是通过不同层次的标题的排列，表明《详编》全部条目的内容有着怎样的知识构架。在《类目》中，不论是部类、分部和节，还是再往下的各级标题，都不是一般百科全书分类目录中那种显示条目分类体系的层次标目，而是一种以章节标题形式出现的内容提要。在这些标题式的提要后面，再列出同标题内容有对应关系的条目的名称——它们告诉读者，标题中所提示的内容，被安排在《详编》的哪些条目之中。而标题后面列出的供查阅的对象，则既有整个条目，也有条目的某些部分，还有条目中零散的可供参考的资料。所以非常明显，《类目》不是通常那种展示条目体系以帮助查阅的条目分类目录，而是一种分离于条目系统之外的内容提要式目录。《类目》所显示的框架，从性质来讲不是《详编》的条目框架而是它的知识框架。作为一种知识框架，它当然可以按照本体论的原则分类，因为这样分类最简洁，最少交叉重复，最便于不熟悉学科或门类的普通读者查找。但如果用本体论的原则去制定选条框架，那就会因学科、门类的划分不明确，甚至在一定程度上被打乱，而使框架不易起到防止遗漏的作用。同时，因为这种框架不是以学科、门类为基本单位，还会给选条操作带来不便。以上这些表明：《不列颠百科全书》第 15 版《百科类目》的问世，并不意味着传统的学科论选条框架模式开始被新的框架模式取代；按本体论原则制定的框架，不适合用于条目的选收；我们选收大型综合性百科全书的条目，仍然应该依靠传统形式的学科论选条框架。

综上所述，借助于科学或知识的分类对人类知识进行整理，在百科全书编纂历史上由来已久。适应近代以来科学分化而出现的学科论选条框架，最适合用于进行大型综合性百科全书的条目选收。这种框架模式在科学出现综合趋势的今天没有过时，《类目》式知识框架的出现并不表明传统的选条框架模式已被取代，制定学科论的框架以进行条目选收，仍然是大型综合性百科全书选条的必由之途。

二、大型综合性百科全书选条工作的难点
——处理好学科门类之间的条目交叉重复问题

利用学科论框架选条，有助于防止遗漏，且便于进行知识的整理，这已如前述。不过整理的成效主要见于各学科和门类的内部：在学科、门类内部，知识的结构清晰，各结构部分关系明确，交叉重复的问题容易被发现并得到解决，这一点已为按学科和门类分卷出书的《全书》第

一版的编纂工作所证实。而进行学科门类之间条目关系的处理则比较困难，因为在学科论选条框架中，各学科、门类自成系统，彼此处于分割状态，加上不同的学科、门类在研究客观世界时有不同的视角，遴选知识主题、设立条目有不同的路径，这些就使彼此之间条目的关系很不容易弄清。另外，大型综合性百科全书学科、门类众多，交叉重复关系错综复杂，这更是给整理工作增加了难度。从以往编纂统编型综合性百科全书（例如《全书（简明版）》）的情况来看，选条过程中要理顺跨学科门类的条目关系，处理好错综复杂的交叉重复问题，实现全书条目的一体化，需要进行艰苦细致的工作，耗费大量的时日，而且工作成效往往不能尽如人意。

目前已经开始编纂的《全书》第二版为统编型综合性百科全书，在编纂过程中理顺学科门类之间的条目交叉重复关系是一项必须进行的工作。为了给这项工作预作准备，笔者和中国大百科全书编辑部的另外几位先生，曾对《全书》第一版学科门类之间交叉重复的状况进行调查。《全书》第一版按学科和门类分卷出书，为方便读者使用，各卷具有很大的独立性。因而这部书卷与卷的条目交叉重复，大致可反映出各学科、门类在内容上的交叉重复情况。以下分项列举调查结果：

（一）学科门类之间条目交叉重复的数量

黄鸿森先生曾重点调查《中国大百科全书·宗教》卷和其他卷重复的情况。据不完全统计，重复条目共225条，占此卷1231个条目的18.3%。共有22个卷和《宗教》卷有重条，其中重复最多的为《哲学》卷，重条达109条，其次是《建筑·园林·城市规划》卷，重条有46条。

笔者曾对《全书》第一版人文科学、社会科学方面的条目进行调查。据不完全统计，除去人物、书刊、机构、团体条目之后，卷和卷之间有交叉重复关系的条目共3251条，其中重条为1231条。每个学科或门类均有条目和其他学科、门类交叉重复，重复数量接近百条或在百条以上的，有考古文物、中国历史、美术、建筑园林城市规划、军事、外国历史、政治学、民族、经济、宗教、语言文字、中国地理、法学、哲学、社会学等，占《全书》第一版所收人文科学、社会科学学科和门类的半数以上。

自然科学、工程技术部分的条目同样存在大量交叉重复。例如，据黄鸿森先生调查，《化学》卷收了 108 个化学元素条目，《矿冶》卷也有 89 个金属元素和非金属元素条目，彼此交叉重复相当严重。

在个别人物、事物条目方面，据孙关龙先生统计，“伽利略”条在《全书》第一版中的 4 个学科出现，“沈括”条在 9 个学科出现。据于瑞玺先生统计，在《全书》第一版的不同学科中，有 70 个人物的条目重复出现 5 次以上，71 个事物的条目重复出现 4 次以上。

以上所举并非全面调查统计的结果，但已能反映出学科门类之间的条目交叉重复十分普遍且数量惊人。可以想见，当不是按学科或门类分卷出书，而是把它们统一编排在一起时，假如不认真进行条目关系的处理，后果将不堪设想。然而如果进行处理，由于存在前文所谈的难度，以及有交叉重复关系的条目数量巨大，工作量将非常可观。

（二）学科门类之间条目交叉重复的种类及状况

从笔者对《全书》第一版人文科学、社会科学条目交叉重复情况的调查可知，学科门类之间有交叉重复关系的条目，既包括条目主题相同的重复条目，也包括主题不同但内容局部重叠的暗交叉条目。前者如《政治学》《法学》《哲学》等卷均设有“儒家”“道家”“墨家”“法家”等条，彼此重复。此种关系可称为同一型交叉。后者如《民族》卷有“中国少数民族戏剧”条，《戏曲•曲艺》卷有“壮剧”“侗戏”“白剧”“藏剧”等少数民族剧种条，彼此存在包容、从属关系；《美术》卷有“彩画”（画种）条，《建筑•园林•城市规划》卷有“彩画作”（工艺技术）条，彼此内容发生纠缠、渗透。两种交叉关系可分别称为总分型交叉和辐射型交叉。上述情况表明，学科门类之间交叉重复的情况很不单纯，交叉重复存在不同的类型。

调查的结果告诉我们，同一型交叉的各方，条目主题虽然相同，但有时因条名分别使用全称和简称，本名和别名，正名和俗名，不同的译名，或因不同的学科、门类从不同角度定名，某些学科、门类出现随意性定名，而使所用的条名出现不一致。例如：同一种运动会，有的称“中国人民解放军全军运动会”（全称），有的称“全军体育运动大会”（简称）；同一座佛塔，有的称“瑞德宫塔”（正名），有的称“仰光大金塔”（俗名）；同一种雕像，有的称“斯芬克斯”（音译），有的称“狮身人面像”（意译）；同一座古城，有的称“邺”（历史地理学科），有的称“邺城”（建筑学科），有的称“邺城遗址”（考古学科）；同一种文学现象，有的称“唐宋古文运动”（冠以时代），有的称“古文运动”（未冠时代）。这种条目主题相同但名称不同的情况可称为条目的名异实同现象。调查结果还告诉我们，由于种种原因，另外还存在虽然不是同一型交叉（非重条）但条名相同的情况。例如，《外国文学》卷和《美术》卷都有“现实主义”条，分别介绍各自领域的现实主义流派，两条属于辐射型交叉关系，却因条名相同，而使人误以为是重条。这种条目主题不同但名称相同的情况可称为条目的名同实异现象。毫无疑问，上述名异实同和名同实异现象的存在，大大增加了识别重条的难度，使得单纯依靠计算机难以完成消灭重条的任务，还必须组织人力，进行认真细致的人工核查工作。

调查结果还告诉我们，学科门类之间条目主题不同但内容局部重复的现象比重条更加普遍，且因不同学科、门类都要对条目进行完整的介绍，而使彼此间的重复量相当可观。例如，《建筑·园林·城市规划》卷的“哥特式建筑”条同《美术》卷的“哥特式美术”条彼此交叉，前一条的释文和后一条介绍建筑部分的释文在内容上大同小异。《图书馆学·情报学·档案学》卷的“金文文献”条，同《中国文学》卷的“铜器铭文”条，以及《考古学》卷的“商代铜器”“西周铜器”“东周铜器”条彼此交叉，分别用了约 900 字、1700 字和 1500 字去介绍大体上相同的知识。这种内容大量重复的局部交叉条目分处于不同卷时问题固然不大，但如果统编于一部书中，关系不经过理顺，则问题会相当严重。过去大家已经注意到学科门类之间重条的问题，但对不同主题的条目存在大量内容重复的现象重视不够。实际上找出这些暗交叉条目，明确它们彼此的分工关系，以减少重复量，同样是选条中必须完成的工作。然而正因为是暗交叉条目，发现起来比较困难，明确彼此怎样分工也需要花费精力，所以要完成这项工作，艰巨、复杂的程度甚至会超过消灭重条。

由于存在以上种种复杂的情况，使得清理学科门类之间交叉重复条目的工作，做起来十分困难。

综上所述，学科论选条框架不利于学科门类之间交叉重复关系的处理，学科、门类众多更增加了这项工作的难度。加上有交叉重复关系的条目数量巨大，交叉重复的情况十分复杂，从而使跨学科门类交叉重复条目的清理，成为大型综合性百科全书选条工作中的一个难点。

三、处理学科门类之间条目交叉重复问题的捷径

——从结构性交叉关系入手对交叉重复条目进行清理

虽然如前所述，学科门类之间交叉重复条目的数量巨大，交叉重复的情况异常复杂，给理顺条目关系的工作带来困难，但交叉重复现象并不是无规律可循。发现其中的规律，循此找出解决难题的办法，可有助于工作任务的完成。以下试图通过对《全书》第一版卷与卷交叉重复情况的分析，发现规律并从中找出解决问题的路径。

（一）学科门类之间的结构性交叉及其类型

通过笔者的调查可知，跨学科门类的交叉重复，存在于不同学科、

门类彼此有关联的部分。例如,《民族学》《社会学》《法学》三卷有“家庭”“婚姻”等条目彼此相重，这些条目分处于这几卷的【家庭婚姻】【家政学】【婚姻法】组群，这些组群在内容上有明显的对应关系，分别属于对家庭或婚姻进行研究或规范的不同领域。又如，《中国历史》卷的“抗日民主根据地”条同《军事》卷的“陕甘宁边区”“晋绥抗日民主根据地”等一组 18 个条目有总分型交叉关系，它们分别位于所在卷的【中国共产党】组群和【革命根据地】组群，两个组群在内容上存在明显的关联。以上情况告诉我们，学科门类之间有交叉重复条目并非偶然，它们的分布并不像初看起来那样散乱和无规则，它们是不同学科门类在内容上相通所造成的，发生交叉重复的条目通常处于不同学科门类互有对应关系的部分。这种彼此有条目交叉重复，内容上互相关联的部分，或可称之为结构性交叉部分。学科门类之间存在结构性交叉部分的原因其实很简单：各学科门类以不同的视角研究同一个客观世界，研究中常常会出现搭界地带。不同的学科和门类选条，会分别从搭界地带选出从不同角度介绍相同事物的条目，形成重条，以及选出彼此有包容关系，或在内容上纠缠、渗透的条目，形成总分型或辐射型的交叉关系。这种研究中的搭界地带，反映到百科全书的选条框架中来，就是不同学科、门类在内容上互有关联，彼此发生结构性交叉的部分。

通过调查还可以发现，学科门类之间不但存在结构性交叉，而且结构性交叉可以从不同的角度划分类型。

1. 从知识内容的角度划分有以下类型

一是覆盖型交叉。这包括学科门类之间包容关系造成的交叉和总述、分述之间的交叉。前者如物理学可包含力学，美术可包含建筑园林艺术，戏剧可包含戏曲，轻工可包含纺织，彼此有结构性交叉。后者如艺术总论和各艺术门类中与之有对应关系的分述部分发生交叉，生物学同医学中与之有关联的人体知识部分发生交叉，彼此存在结构性交叉。

二是派生性交叉。最典型的例子莫过于物理、化学基础理论部分和工程技术学科理论基础部分的交叉。如果一些新兴的交叉、综合、边缘学科作为独立的学科单位选条，那么原生学科同它们发生的结构性交叉，例如生物学、化学同生物化学的交叉，亦属于派生性交叉。

三是纵向历史性交叉。例如中外历史可包含社会各领域的发展史，而经济、政治、法律、军事、民族、宗教等学科、门类都研究本领域的专史，于是出现结构性交叉。考古、文物研究古代遗迹和遗物，而美术、建筑园林、宗教、地理、矿冶、土木工程、水利、轻工、纺织等学科和门类在研究各自的发展史时，都会牵涉到同本领域有关的古代遗迹和遗物，因而出现结构性交叉。

四是横向交叉。这既包括一些学科、门类同中外地理在空间意义上的结构性交叉，也包括相关学科门类之间互有平行关系的结构性交叉。前者如《军事》卷的【军事要地】组群，与《中国地理》《外国地理》卷的关隘、山口、半岛、岛屿、海洋、城市、港口部分的交叉。后者如几个学科分别包含的同类应用技术（如卫星技术、勘探技术、摄影技术）之间的平行交叉，以及各艺术门类在流派、思潮等方面的平行交叉。

2. 从学科门类关系的角度划分有以下类型

一是一学科或门类同一系列学科、门类以相同方式发生渗透关系的横断系列式交叉。典型的有，经济活动广泛存在于社会生活各领域，经济学同一系列学科、门类因相互渗透而出现结构性交叉。例如《经济学》卷和《教育》卷都包含【教育经济学】分支，《经济学》卷和《建筑•园林•城市规划》卷都有【建筑经济学】分支,《经济学》卷和《社会学》卷都包括【人口经济学】分支等。类似的情况还有，法学同一系列人文科学、社会科学学科和门类有结构性交叉（社会各领域一般都有部门法），物理和化学的基础理论部分同一系列工程技术学科的理论基础部分发生结构性交叉等。

二是两个或两个以上的学科、门类共同涉及某一方面内容而形成的双边或多边交叉。例如，《军事》卷的【军事测绘】组群和《地理学》卷的【地图学】组群都涉及军用地图，《图书馆学·情报学·档案学》卷的【文献】组群和《新闻·出版》卷的【出版物】组群大体上为同一组事物从不同角度所作的归类，相互间分别存在结构性交叉等。

3. 从外在表现形式划分有以下类型

一是整个分支交叉重叠。例如《心理学》卷和《社会学》卷都包含【社会心理学】分支，彼此重叠。在这种形式的结构性交叉中，互相重叠的部分在意义上基本相当。

二是整个小组群交叉重叠。例如《法学》卷的【国际法】分支【战争】组群，同《军事》卷的【战争法规】分支【战争状态】组群交叉重叠。在这种形式的结构性交叉中，互相重叠的部分在意义上也基本相当。

三是小组群之间局部交叉。例如《美术》卷的【美术种类】组群和《音乐·舞蹈》卷的【舞蹈美术】组群局部交叉。在这种形式的结构性交叉中，交叉各方在意义上不完全相当。

四是一方集中、一方分散或双方均为散点式的交叉。前者如《政治学》卷的【外国政治制度】分支同《外国历史》卷散在的国别政治制度条目有交叉；后者如，《美术》卷散在的外国古代美术文物，同《考古学》卷散在的外国古代美术遗存（遗迹、遗物）有交叉。两种情况分别属于半隐蔽和隐蔽的结构性交叉。

（二）从结构性交叉关系入手处理跨学科门类条目交叉重复问题的方法

了解了学科门类之间存在结构性交叉，以及结构性交叉可以区分为不同的类型，对于条目交叉重复问题的处理有重要意义。结构性交叉的存在启示我们，在大型综合性百科全书选条的过程中，不应当分散、孤立，就条目论条目地处理跨学科门类的交叉重复问题，而是要找出学科门类之间有结构性交叉关系的部分，从宏观着眼，从结构性交叉关系入手，对交叉重复条目进行清理。这既包括以结构性交叉为线索，找出和清理零散的交叉重复条目，也包括合并互有结构性交叉关系的重叠部分，大块、批量地解决交叉重复问题。而在合并有交叉关系的重叠部分时，还可以根据交叉的类型，以不同的方式进行处置。

1. 以结构性交叉关系为线索，对零散的交叉重复条目进行清理

如前所述，结构性交叉的各方，有些在意义上不完全相当，只具有局部重叠关系。从调查可知，有这种交叉关系的各方，彼此发生交叉重复的条目数量少，呈现零散分布的状态，显然不能用大块合并的方式解决交叉中存在的问题，而只能在通过结构性交叉关系查清零散的交叉重复条目之后分别处理。例如，《全书》第一版《语言·文字》卷的【世界古文字】组群，同《考古学》卷的【苏美尔—阿卡得时代考古】【埃及考古】两个组群，存在局部重叠的结构性交叉关系，彼此有少量条目交叉重复：【世界古文字】部分的“楔形字”和“埃及圣书字”条，分别同【苏美尔—阿卡得时代考古】部分的“苏美尔文字”“阿卡得文字”条，以及【埃及考古】部分的“古埃及象形文字”条，有总分型或同一型的交叉重复关系（“埃及圣书字”和“古埃及象形文字”为名异实同的重条）。如果将这两卷书的条目统编于一部书中，就可以在以结构性交叉关系为线索找出上述交叉重复条目后分别予以处置：或可将“苏美尔文字”和“阿卡得文字”条从考古部分移至语言文字部分，放在【世界古文字】组群，同“楔形字”条合为一组，明确相互的分工关系，以其中的“楔形字”为母条，定位为作简要释义的概念解释条，“苏美尔文字”和“阿卡得文字”为子条，定位为作展开具体介绍的事物种类条；另外将“古埃及象形文字”条也从考古部分移至语言文字部分，放在【世界古文字】组群，和“埃及圣书字”条合并，选择最恰当的名称作为条名。又如，《全书》第一版《考古学》卷的【唐代陵墓】组群，同《美术》卷的【隋唐墓室壁画】组群，存在局部重叠的结构性交叉关系：【唐代陵墓】组群的“永泰公主墓”“懿德太子墓”“章怀太子墓”3条，分别同【隋唐墓室壁画】组群的“李仙惠墓壁画”“李重润墓壁画”“李贤墓壁画”3条有总分型交叉关系（永泰公主名李仙惠，懿德太子名李重润，章怀太子名李贤），后3条所介绍的内容，分别是前3条内容的局部。如果把这两卷书的条目统编于一部书中，也可以在以结构性交叉关系为线索把它们找出来之后进行处置。从这些条目的内容来看，后3条没有必要分立，可把它们从美术部分移至考古部分，放在【唐代陵墓】组群，分别并入有对应关系的3个壁画墓条目。

需要注意的是，在以结构性交叉关系为线索清理零散的交叉重复条目时，如遇总述、分述之间的条目交叉问题，有时需采取在框架中加设总项的方法进行处置。即在学科门类分割，覆盖几个学科门类的总述性条目原来无法妥善安置的情况下，通过加设总项，把总述性条目集中为组群，然后找出它与各学科、门类分述部分相关组群的结构性交叉关系，以此为线索，对总述和分述之间零散分布、有交叉重复关系的条目进行清理。例如，清理艺术部分总述和分述之间的交叉重复条目时，可在艺术各门类之上加设【艺术总论】总项，用以安置介绍艺术方面总括性知识的条目。然后找出各艺术门类中同【艺术总论】总项有结构性交叉关系的分述部分，将其中零散分布、与总论条目有对应关系的分述性条目归入【艺术总论】部分，分别同包容它们的总括性条目合并。如把电影部分的“电影导演”条，电视剧部分的“电视剧导演”条，戏剧部分的“戏剧导演”条归入【艺术总论】，同其中的“导演”条合并等。与此相类似的是，或可在整个人文科学、社会科学部分加设【人类社会概说】总项，在工程技术部分加设【技术总论】总项，借助于它们的帮助，对这两个部分总述和分述之间零散分布的交叉重复条目，进行统一的处置。

2. 合并有结构性交叉关系的部分，批量化地解决交叉重复问题

如前所述，结构性交叉的各方，有些在意义上相当，具有完全重叠的关系。对于有这种结构性交叉关系的各方，可采取整块合并的方法处置。但不是简单地把一个部分并入另一个部分，而是要在合并后对原来的不同部分作一体化处理。即把所有的条目糅在一起重新排列，对条目关系进行通盘梳理，既合并重条，也要像前面所说的那样，找出非重条性质的暗交叉条目，明确交叉各方的分工和配合关系，对其中不需要分列的则予以合并。尽管在所有的结构性交叉中，意义完全相当的交叉并不占多数，但通过交叉部分的整块合并，能批量化地解决交叉重复问题，因此这是一种不容忽视的解决问题的方式。

在合并有结构性交叉关系的各方时，还可以根据交叉的类型，采取不同的方式进行处理。

其一是对相互有覆盖性交叉关系的学科和门类以合并的方式进行处置。例如，把力学并入物理学中的力学部分，纺织并入轻工中的纺织部分，建筑园林艺术并入美术中的建筑园林艺术部分等。

其二是对发生派生性交叉关系的各部分采取派生归入原生的方式处置。例如，把工程技术学科的理论基础部分，并入物理、化学的基础理论部分，把环境科学中同物理、化学、生物等学科交叉的部分，分别并入物理、化学、生物等学科的相关部分等。

其三是对发生纵向历史性交叉关系的各部分，主要采取集中归入历史性学科的方式处理。例如，把一部分人文科学、社会科学学科和门类中的“史”的部分，如经济史、政治制度史、法制史、军事史、民族史、宗教史等并入历史学科的对应部分，把美术史、宗教史、科技史中的古代遗址、墓葬、器物条目，并入考古、文物学科的相关部分等。

其四是对发生空间意义上横向交叉关系的各方，以并入地理学科的方式处理。例如把军事门类中的军事地理部分并入中外地理的各有关部分等。

其五是对横向交叉中发生一般平行交叉关系的各方，以双边或多边合并的方式处理。合并后归入哪一个学科或门类，视具体情况而定。例如，或可把心理学的社会心理学部分并入社会学的社会心理学部分等。

在合并有结构性交叉关系的各方时，对于其中的横断系列式交叉，可作系列化的处理。例如，把教育经济学、建筑经济学、人口经济学等统统并入经济学中的对应部分，把教育法、出版法、文物保护法、婚姻法、财政法、税收法、战争法规等一律并入法学中的相关部分等。前述将一部分学科、门类中“史”的部分并入历史学科作统一处置的做法，也属于对横断系列式交叉关系的一种系列化处理。

毫无疑问，上述从结构性交叉关系入手解决交叉重复问题的方法，优于分散、孤立，就条目论条目地解决问题的方法。采用后一种方法不但费时费力，而且交叉重复条目不容易清理得彻底。采取前一种方法则有明显的优越性：以结构性交叉关系为线索查找，使交叉重复条目容易被发现；合并有结构性交叉关系的重叠部分，使交叉重复问题能获得批量化的解决。因此，可以毫不夸张地说，从结构性交叉关系入手清理交叉重复条目，是理顺跨学科门类条目交叉重复关系的一条捷径。而区分出结构性交叉的类型，根据类型确定合并的方式，又能避免杂乱无序，做到处理问题时有一定的章法。

综上所述，学科门类之间的交叉重复现象有规律可循，交叉重复条目存在于不同学科门类有结构性交叉关系的相互对应部分。学科门类之间的结构性交叉，可以从不同角度划分类型。我们在处理跨学科门类的条目交叉重复问题时，从结构性交叉关系入手，区分情况采取不同的方式进行有序的清理，能够取得事半功倍的工作效果。

四、处理跨学科门类条目交叉重复问题最理想的方法

——借助本体论二次框架并利用结构性交叉关系对交叉重复条目进行清理

结构性交叉概念的提出，为学科、门类条目表产生之后，处理学科

门类之间的条目交叉重复问题，提供了一条便捷的路径。但因为在学科论选条框架中学科门类分割，所以即使是采取从结构性交叉关系入手进行清理的方法，仍然会有许多不足之处。故在此设想另外一种方法，即按本体论知识分类原则构建整合条目关系的二次框架，借助于框架并利用结构性交叉关系，处理跨学科门类的条目交叉重复问题。

（一）在学科论选条框架中处理跨学科门类条目交叉重复问题的缺陷

以往在学科论选条框架中处理跨学科门类条目交叉重复问题，采用过不同的方法。例如，从《苏联大百科全书》第 3 版（以下简称《苏百》）“编辑工作条例”可知，编纂此书，在“拟制各学科选条表”之后，要由相邻学科编辑室“交叉审阅”选条表，以防止“遗漏”和“重复”。这是典型的立足于学科、门类处理跨学科门类条目交叉重复问题的方式。又如，在编纂《中国大百科全书（简明版）》（以下简称《简明版》）时，曾运用多种方法解决这一问题。一是进行学科门类合并，如把力学并入物理学，纺织并入轻工，建筑园林艺术并入美术，以避免产生重复条目。二是以计算机和人力相结合，查找和消灭重条。三是在人文科学、社会科学范围内，制定一个把相邻学科和门类组合在一起的工作框架，用以查找和清理这些学科门类之间的重条，在各个组合之间，亦进行重条的清理。如把在考古和美术部分都有的石窟条目划归美术，两部分都涉及的古代遗址条目划归考古等。《简明版》的上述做法，同《苏百》相比无疑前进了一大步，其中的第一和第三两种，已是超越学科门类，以综合的方式解决交叉重复问题。除以上两种在实际工作中采用过的方法外，本文前面所提出的从结构性交叉关系入手进行清理的设想，亦属于在学科论选条框架中解决问题的方法。

然而上述几种方法均存在不足之处，从而表现出在学科论选条框架中处理跨学科门类条目交叉重复问题的局限性。

1. 无论是《苏百》那种由相邻学科交叉审阅条目表的方法，还是《简明版》那种经过改进的方法，或笔者构想的从结构性交叉关系入手处理问题的方法，都不是立足于整个人类知识，通过对知识各部分关系的整体把握，去解决交叉重复问题，而是以学科门类为立足点，双边、多边或系列化地进行局部性处理。也就是说，处理问题时缺乏一种从知识整体关系出发的通盘和全方位的考虑，因而难免顾此失彼，留下漏洞。这一点已为《简明版》在选条工作中出现反复所证明。

2. 在学科门类分割的学科论选条框架中，以学科和门类为本位对交叉重复条目进行清理，会同框架的体系结构相背离。具体来说就是，当对学科门类之间有交叉重复关系的条目作合并或转移，或将有结构性交叉关系的重叠部分合并，把交叉的一方（或几方）并入另一方时，会使移出方的学科门类在条目系统上出现残缺。这必然造成，经过条目交叉重复问题处理的全书总框架和总条目表，不可能成为一个逻辑上自谐，完全符合条理化要求，能够完满展现人类知识体系的总框架和总条目表。

3. 如果是采取从结构性交叉关系入手解决问题的方法，当两个（或两个以上）学科门类互有结构性交叉关系的重叠部分合并，被归在其中一个学科或门类的名下时，合并的部分必定主要交由归入方的学科或门类来处理，这就往往会使移出方的学科和门类在设条方面的要求不容易得到满足。这是因为不同的学科、门类有着不同的视角，即使是相互间有对应关系、完全重叠的结构性交叉部分，原来各自所选条目也会因不属于同一个学科或门类而不完全一样。《全书》第一版《教育》卷和《心理学》卷的【教育心理学】分支彼此所选条目存在差异，《中国历史》卷【社会经济】分支和《经济学》卷【中国经济史】分支所选条目大相径庭，就清楚地说明了这一点。因此，当归入方的学科或门类对合并后的所有条目进行一体化处理时，很可能会因为自身视角的缘故，把移出方学科或门类原来选列并且是应当保留的条目，不恰当地“处理”掉。

4. 不论是采取以上哪一种方法，当几个学科和门类之间互有交叉重复关系的条目或互有结构性交叉关系的部分归入一个学科或门类之后，在条目表上它们已划归此学科或门类所有，以后的撰写一般也由这个学科或门类负责，这就很容易使经过重条合并而包含几个学科门类内容的条目在撰写后变得内容单一。例如，经过重条合并的著名古代佛寺条目包含考古、文物、美术、建筑、宗教、旅游等多学科门类的内容，它们在条目表中归到一个学科或门类名下（例如美术），又由这个学科或门类安排撰写，很可能写出来以后会把本应包含的其他学科门类的内容遗漏掉。以综合性百科全书的标准衡量，这种情况是不允许出现的。而如果采取补救措施，在条目表上注明这些条目各自应当包含哪些学科和门类的内容，又会产生不和谐现象。即在归入方学科或门类的条目表中，层次标目将同归入后由它们统领的条目不相协调。例如，在【美术】这一层次标目之下，列有包含美术以外学科和门类知识的石窟条目和古代建筑条目，造成层次标目和下属条目在属性上不一致等。这种情况无疑会使条目表在逻辑上失去合理性。

综上所述，在学科论选条框架中处理跨学科门类条目交叉重复问题，不论采取何种方法，均不能得到让人完全满意的结果。

（二）借助本体论二次框架处理跨学科门类条目交叉重复问题的理论依据

同存在学科门类分割的学科论选条框架不一样，本体论二次框架具备一种能够帮助处理跨学科门类条目交叉重复问题的“天赋禀性”。这种框架的体系结构依据知识分类法中的本体论分类原则构建。所谓本体论分类原则，即脱离学科门类的划分，按照客观世界本体的结构去进行知识的分类。称这种框架为二次框架，是因为在它之前已经有过用于选条的学科论首次框架。当从学科论选条框架中产生出分学科门类的条目表之后，制定一个本体论性质的二次框架，通过框架的帮助处理学科门类之间的条目交叉重复问题，从理论上讲具有很大的优越性。

如前所述，科学分化为不同的学科门类，各学科门类从不同角度研究同一个客观世界，研究中必然出现搭界地带，学科门类之间自然也就会有内容的相互渗透。因此按学科和门类选条不可避免地会在学科门类之间产生交叉重复条目。而学科论选条框架以学科门类为本位，在这样的框架格局中处理学科门类之间的条目交叉重复问题，必然会因处理的目标与框架和条目系统本身的性质相背离，且具体处理时受到学科门类彼此隔离状态的阻碍，而难以产生让人完全满意的结果。然而与学科门类之间互相搭界、互有渗透不同，客观世界的本体在结构上是单一、和谐的。因此，按照客观世界本体的划分进行知识分类，依据这种分类体系制定框架，框架的各结构性部分从理论上讲不存在交叉重叠。借助于这样的框架对条目进行整理——把分学科门类选出的条目纳入框架，经过打乱重组，让条目的系统同框架的结构合为一体，在单一、和谐的框架格局中对交叉重复条目进行清理，自然就能够避免框架以学科、门类为结构性单元而产生的种种缺陷，从而使跨学科门类条目交叉重复问题的处理收到令人满意的效果。

正因为本体论框架具有上述优越性，所以本文提出借助于这种框架，利用它的本体论分类结构，去帮助理顺学科门类之间的条目交叉重复关系。

（三）本体论二次框架在分类结构上的要求

在利用学科论选条框架拟出分学科、门类的条目表之后，即可着手制定本体论二次框架。制定时或可参考《不列颠百科全书》第 15 版《百科类目》的本体论分类结构，以它为基础加以改进。具体的要求，试通过框架第一至第三层级的结构划分予以说明。

1. 框架第一层级结构的划分，设想在《百科类目》十大部类的基础上加以变更。或可分为【物质】【宇宙】【地球】【地球生命】【人类生命】【人类社会】【科学】【技术】【艺术】【人类历史】【区域地理】【著名人物】【抽象世界和横断领域】13 个部类。其中前 12 个部类属于客观世界的具体层次，第 13 个部类包括客观世界中的抽象层次和横断部分。前 12 个部类中，从【物质】到【人类社会】的排序，体现了客观世界的自然发生过程，从【科学】开始，为【人类社会】部分的衍生和补充。其中【科学】【技术】【艺术】为并列关系，是从【人类社会】中分列出来的特项；【人类历史】和【区域地理】为对应关系，分别从时间和空间角度对【人类社会】进行展开；【著名人物】则是人类社会运行中的人物活动。将第 13 个部类设为【抽象世界和横断领域】，是为了符合客观世界构成的实际——客观世界本来就是由具体层次和抽象层次构成，并且还包括具有横断性质的部分。具体来说，这一部类用以容纳哲学、逻辑学、美学、数学，以及系统科学、信息科学中的研究对象部分。总起来看，这 13 个部类大体上反映了客观世界的组成和结构，涵盖了客观世界的方方面面。以它们作为本体论框架第一层级的组成部分，当可保证按学科和门类选出的条目，在纳入框架，经过重组，同框架结构融为一体，同时处理完跨学科门类的条目交叉重复问题之后，在知识的总体构成方面具备完整性。

框架第一层级按照本体论分类原则进行结构划分，是整个框架具有本体论性质的基础。然而需要说明的是，从《百科类目》借鉴过来的这种知识分类体系，实际上并未同一般知识分类体系彻底划清界限：为了容纳和展示人类知识，在贯彻本体论分类原则的同时，它不得不兼顾与知识领域划分的对应关系，而且，其部类的划分还在某种程度上带有层次划分的意味。例如，【宇宙】和【地球】，【地球生命】和【人类生命】，【人类社会】和【科学】【技术】【艺术】【人类历史】【区域地理】等，就都同一定的知识领域相对应，并且部类之间还分别存在包容关系。这表明，这种分类体系实际上并不纯粹是各结构部分互不搭界的客观世界本体的展现，它或多或少带有一般知识分类体系所存在的缺点。不过我们大可不必用所谓彻底的本体论标准予以苛求。我们借用这种分类体系构建条目整理框架，是因为它在现有的各种知识分类体系中最远离学科门类分割，最接近客观世界本体，从而能使建立起来的框架，在处理跨学科门类条目交叉重复问题时，发挥相对而言最好的功效。

2. 框架第二、三层级结构的划分，同样应当体现本体论分类原则的要求。关键的一点是，要从客观世界不同的方面对框架第一层级的各结构部分进行划分和再划分，而不是按照学科、门类和分支学科的划分设置分部或所属的更小的类项。例如，在【地球】部类中，应据地球这一客观事物的不同方面对框架的第二层级进行结构划分，如分为【地球的起源和演化】【地球特性】【地球结构】【地球组分】【地球的运动】【地球表面形态】【大气圈和水圈】【地球资源】【地球灾害】等分部，而不是以研究地球的学科设项，如设为“地质学”“地球学”“地理学”“地球固体物理学”“空间科学”“海洋科学”“气象学”“水文学”等部分。又如，在对【大气圈和水圈】分部进行框架第三层级的划分时，可分为【大气及其物理化学特性】【大气运动】【天气和气候】【水的分布及水的物理化学特性】【水文循环和水文现象】等分部，而不是按分支学科的划分设项，如设为“大气物理学”“大气化学”“气候学”“天气学”“水文地理学”“水文地质学”“海洋物理学”“海洋化学”“海流水文学”“湖泊水文学”“冰川水文学”“地下水文学”等部分。需要说明的是，在框架的第二、三层级以这样的方式进行划分，而不按学科门类和分支学科设项，是因为，如果框架的第一层级依照客观世界本体的划分安排部类，第二、三层级改为以学科、门类和分支学科设分部和下一级类项，那么框架的第一层级就失去了作为本体论框架基础的作用，整个框架实际上就变成以一种不同于以往分类方式（例如按自然科学、工程技术、人文科学、社会科学四大块分类）的新的大类划分模式，去组合、排列学科门类和分支学科，构建起来的就不再是本体论性质的框架，而成为学科论性质的框架。

对框架第三层级以下的各层级进行划分，同样应当遵循上述要求。

（四）借助本体论二次框架并利用结构性交叉关系处理跨学科门类条目交叉重复问题的途径

以下对借助本体论二次框架，利用结构性交叉关系，去处理跨学科门类条目交叉重复问题的途径，分一般步骤和具体方式两部分进行说明。

1. 一般步骤

采取这种途径进行处理的一般步骤为：首先草拟出框架的大的分类结构，包括按照本体论要求确定框架第一层级的部类划分，并依据前述进行框架第一层级以下各层级结构划分须遵守的原则，以及全书需要收录哪些学科和门类，草拟出框架第二、三层级的分类结构。在此过程中要注意的是，在拟定第二、三层级的分类结构时，应尽可能把学科门类之间有完全重叠关系的结构性交叉部分合并掉。在框架大的分类结构拟出之后，就可把各学科门类已经选出的条目打散，按照框架的结构划分，对号入座地装进框架，同时也依据条目的实际情况，对框架第二、三层级的分类结构进行调整，并进而完成更低层级的结构划分。在将各学科和门类的条目填充进框架时，可利用框架的本体论结构，解决掉学科门类之间的一部分条目交叉重复问题；之后结合对框架调整和进行低层级结构划分的过程，继续归并有完全重叠关系的结构性交叉部分，并以结构性交叉关系为线索，找出和清理零散的交叉重复条目。当这些工作完成后，即可对框架的分类结构进行全盘检查，并把此前未发现的条目交叉重复问题全部清理掉。因为在上述过程中，合并学科门类之间有结构性交叉关系的重叠部分，以及利用这种关系清理零散的交叉重复条目，都离不开对结构性交叉关系的把握，所以在草拟框架之前便需预作调查，在各学科门类责任编辑提供线索的基础上，把学科门类之间有哪些结构性交叉关系全部查清楚。

2. 具体方式

采取这种途径进行处理的具体方式大致上有：

（1）借助本体论框架的结构对交叉重复条目进行清理

即在将各学科、门类的条目纳入框架时，借助本体论框架的分类结构对条目进行重组，在重组过程中理顺条目关系。处理时要把原来不属于同一个学科、门类，但重组后因彼此重叠而合并，从而处于框架同一个结构性部分的条目糅合在一起，进行前文所说的那种一体化处理。在各种交叉重复条目中，适合以这种方式进行处理的有：

①不同学科门类研究主体（不包括科学家、学者）之间的交叉重复条目

如前所述，在《不列颠百科全书》第15版《百科类目》里，学科研究主体有相当一部分和学科研究对象不放在一起——所有学科的学科史、方法论和分支学科划分等被分离出来，放在【知识的分科】部类作统一处置。而在我们的本体论二次框架中，也设有能够涵盖学科和门类研究主体条目的【科学】部类。因此，当我们把各学科、门类选出的条目纳入框架时，就可以将研究主体部分的条目同研究对象部分的条目分开，把前者当中除科学家、学者以外的条目统统放入【科学】部类，经过一体化处理，解决它们中间的交叉重复问题。在放入之前，研究主体部分的条目完全按学科和门类分列。放入之后，因为框架按本体论原则划分，就能够打通学科和门类去理顺条目关系。例如，一些学科具有相同的分支学科，因而就有分别对它们进行概述的相同分支学科条目。而在【科学】部类的【学科和分支学科】分部，设有【几个学科共有的分支学科】部分，于是就可以把这些重复的分支学科概述条放入其中，通过合并消除重复。如在地理学和气象学中都会设“气候学”条，在教育学和心理学中都会设“教育心理学”条，当把它们一起放入【几个学科

共有的分支学科】部分后，就理所当然地需要合并，只保留一个“气候学”条和一个“教育心理学”条。又例如，一些学科有相同的方法论，从而出现重复的方法论条目。而在【科学】部类的【科学研究及其方法】分部，同【学科方法论】相对，设有【科学研究的一般方法论】部分，于是就可把重复的方法论条目放入其中，以合并的方式去掉重复。如在《全书》第一版社会学部分有“个案研究”条，政治学部分有“案例分析法”条，两者为名异实同的重条。如果第二版分学科门类选条时仍然保留了这两个条目，就可以在纳入本体论二次框架时把它们一起放入【科学研究的一般方法论】部分合并，只留下一个“个案研究”条或“案例分析法”条。再例如，对科学著作、刊物也可以用相同的方法处置，即把几个学科、门类都有的重复的著作和刊物条目，一起放入【科学著作和刊物】分部下的【综合类著作和刊物】部分，经过合并去除重条。除处置重条外，对于学科门类研究主体之间有总分型和辐射型交叉关系的暗交叉条目，也可以在放入【科学】部类时作理顺相互关系的各种处理。毫无疑问，经过上述步骤，就能够把除科学家和学者之外的全部学科研究主体条目的关系理顺，解决好它们之间的交叉重复问题。

②不同学科门类人物部分之间的交叉重复条目

本体论二次框架中有【著名人物】部类。当把各学科、门类选出的条目纳入框架时，可把所有的人物条目放入其中。在这一部类里不存在学科门类分割，设有【跨学科、门类、行业、领域著名人物】分部，于是我们就可把在几个学科、门类重复出现的人物条目放进这一分部，通过合并消除重复。例如，文学、戏剧、历史、考古、语言文字等学科、门类都有“郭沫若”条，当把它们一起放进【跨学科、门类、行业、领域著名人物】分部后就可以合并，只留下一个“郭沫若”条。经过这种方式的处理，人物条目中的重条问题便可获得解决。

③研究对象部分总述和分述之间的交叉重复条目

对总述和分述之间有交叉重复关系的条目进行清理，要求在拟定本体论二次框架第二、三层级的分类结构时，在一些部类加设总述性的分部，借助于它们的帮助，来解决交叉重复问题。总述性分部的作用是容纳总括性条目，清理时可将各分述部分一些与之交叉的分述性条目并入总述性部分，进行一体化处理。例如可在【艺术】部类设【艺术总论】分部，当将各艺术门类的研究对象条目纳入【艺术】部类框架时，把一部分原来在各艺术门类分设，但同总论条目有交叉的分述性条目归入这一分部，同总论条目放在一起，理顺相互之间的关系。如把原来分列的“现实主义文学”“现实主义美术”“现实主义戏剧”“现实主义电影”等条归入【艺术总论】分部，并入其中总括性的“现实主义”条等。同这种情况相类似的还有，可在【人类社会】部类设【人类社会概说】分部，在【技术】部类设【技术总论】分部，借助于它们的帮助，解决人类社会部分和技术部分在总述和分述之间条目交叉重复的问题。

④不同学科门类研究对象之间有结构性交叉关系且完全重叠部分的交叉重复条目

解决这部分条目的交叉重复问题，需要在对框架的第二、三层级进行结构划分时，按照合并学科门类之间有完全重叠关系的结构性交叉部分的要求拟定分类结构。当做到这一点，把这些重叠部分的条目放入框架时，就可以借助单一、和谐、不存在结构性交叉重叠关系的框架结构，对条目作一体化处理。具体方式包括：

Ⅰ. 对有包容和被包容关系的学科门类的研究对象部分进行合并，据此划分框架结构。在把这些学科门类研究对象部分的条目放入框架时，依据消除了包容和被包容结构性交叉关系的框架进行条目整理。例如，把力学、纺织、建筑园林艺术的研究对象部分，分别并入包容它们的物理、轻工、美术的研究对象部分，据此拟定框架结构。再把需要合并部分的条目，对号入座放入框架中用以容纳它们的部分，在各部分内部打通作一体化处理，解决它们中间的交叉重复问题。

Ⅱ. 将各学科门类研究对象之间有派生性交叉关系的各结构性部

分，按派生归入原生的原则合并，据此对框架进行结构划分。例如把工程技术学科的理论基础部分并入理化学科的基础理论部分，据此拟定框架结构。即只在容纳物理、化学研究对象部分的【物质】部类设置分部，安放这部分条目，而不同时在容纳工程技术学科研究对象部分的【技术】部类，设置安放这些条目的分部。框架拟好后，把理论基础部分的条目和基础理论部分的条目一起放入【物质】部类的这一分部，经过一体化处理，解决它们中间的交叉重复问题。

Ⅲ.对各学科、门类研究对象之间有纵向历史性交叉关系的各结构性部分，按集中归入历史性学科研究对象部分的原则进行合并，据此对框架进行结构划分。例如，把经济、政治、法律、军事、民族、宗教部分的“经济史”“政治制度史”“法制史”“军事史”“民族史”“宗教史”分别并入历史学科的对应部分，按此拟定单一化的框架结构。即只在【人类历史】部类设置容纳这些部分的分部，而不再在【人类社会】部类的有关分部设置安放这些条目的小类。当把这些发生结构性交叉关系、互相重叠部分的条目，对号入座纳入【人类历史】部类各有关分部时，就能借助框架的这种结构进行一体化处理，从而理顺条目关系，解决交叉重复问题。

Ⅳ.对各学科门类研究对象之间有空间意义上横向结构性交叉关系的各方，按归入中外地理部分的原则进行合并，据此对框架作结构划分。例如，先对军事门类中的“军事要地”部分，依照“关隘”“山口”“半岛”“岛屿”“海洋”“城市”“港口”等小类进行划分，然后将它们分别并入中外地理与之相对应的部分，据此在框架的【区域地理】部类设置小类。再把“军事要地”部分和中外地理与之对应部分的条目合在一起，对号入座放入这些小类，经过一体化处理，理顺条目之间的关系。

Ⅴ.对各学科、门类研究对象之间有一般横向结构性交叉关系的各方，进行双边或多边的合并，合并时以哪一方为归入方视具体情况而定，然后按合并后的状况进行框架的结构划分。例如，把心理学中“社会心理学”的研究对象部分，并入社会学中“社会心理学”的研究对象部分，据此在框架的【人类社会】部类设【社会心理】分部。再把两学科“社会心理学”中需要合并部分的条目一起放入这一分部，经过统一处置，理顺条目关系。又如，采取系列化的处理方式，把教育、新闻出版、文物、经济学、军事中的“教育法”“出版法”“文物法”“财政法”“税收法”“战争法规”等研究对象部分，分别并入法学中同它们重叠的部分，据此在框架的【人类社会】部类【法律】分部设置相应的小类。再把上述各重叠部分的条目分别纳入这些小类，通过一体化处理，解决交叉重复问题。

在经过上述合并处理，拟定框架结构时，要尽量把学科门类之间有完全重叠关系的部分合并掉，目的是使框架结构最大程度地实现单一化，同时尽可能多地用批量化方式去清理交叉重复条目。需要说明的是，虽然在跨学科门类的结构性交叉中，有完全重叠关系的交叉不占多数，但包容在它们之中的交叉重复条目为数甚多。通过对《全书》第一版人文科学、社会科学条目的交叉重复情况的调查可知，在这一范围内，发生结构性交叉、有完全重叠关系的各个部分所包容的交叉重复条目，约占全部交叉重复条目数量的近 80%（此统计不包括人物、书刊、机构、团体条目）。在自然科学、工程技术学科范围内，情况当亦相仿。这就是说，在拟定框架结构时将这些内容重叠的部分合并，可使大部分交叉重复条目借助框架的帮助得到清理。

（2）不倚赖本体论框架结构对零散的交叉重复条目进行清理

如前所述，在跨学科门类的结构性交叉中，有更多的属于部分重叠关系，交叉各方意义不完全相当，只存在少量零散的交叉重复条目。在拟定本体论条目整理框架时，对于有这种交叉关系的结构性部分不能合并，换言之，即不能以合并它们的方式去拟定框架的结构。对于包含在其中的零散交叉重复条目，在以结构性交叉关系为线索查找出来以后，只能采取不倚赖框架结构，进行个别处理的方式予以清理。

例如，《全书》第一版《图书馆学•情报学•档案学》卷的【文献】部分和《地理学》卷【方志学】中的研究对象部分有局部重叠关系，大部分条目不发生交叉，只有“地方志”条和“方志”条相重。如果《全书》第二版分学科选条时这两个条目仍然分别入选，要对它们的交叉重复关系进行清理，显然不能在拟定本体论条目整理框架时合并这两个结构性部分，而只能将“地方志”条和“方志”条合并，归入其中的一个部分。又如，《全书》第一版《政治学》卷的【外国政治制度】部分和《外国历史》卷散在的国别政治制度条目有交叉重复，不但发生交叉重复的条目数量不多，而且属于半隐蔽的结构性交叉关系——在《外国历史》卷里，并没有出现同《政治学》卷【外国政治制度】部分发生交叉的显性结构性部分。假如《全书》第二版分学科选条时维持了这种状况，在其后进行彼此条目关系的整理时，同样只能在维持原来结构关系的情况下拟定条目整理框架，对有交叉重复关系的条目分散地进行清理。例如：将原来属于政治学的“古代罗马行省制度”条、“美利坚合众国宪法”条，分别同原来属于外国历史学科的名异实同条目“罗马行省”条、“美国 1787 年宪法”条合并，并按照发生历史性交叉时归入历史性学科的原则，把合并后的条目放进框架中【人类历史】部类的相应国别史部分。同时，明确原来属于政治学的“英国宪法”条同原来属于外国历史学科的“大宪章”条为母子条，彼此具有分工和配合的关系，把它们一起放在【人类历史】部类的【英国史】部分。

需要注意的是，在本体论框架中利用上述各种方式对交叉重复条目进行清理时，应当考虑同下一阶段工作相衔接的问题。因为大多数条目在以后仍需按学科和门类的系统组稿，所以当各学科门类选出的条目被打乱重组，结构性交叉部分以及零散的交叉重复条目被合并、移位时，需要留下详细的底账。例如，对于重条合并后应当包含哪些学科门类的知识，有总分型或辐射型交叉关系的条目彼此间应当有怎样的分工和配合关系等，均应在条目表上一一注明。重组后的每个条目由哪个学科或门类撰写，或由哪些学科门类共同撰写，也要记录在案。只有把这些做好，下一阶段的组稿工作才有可能顺利开展。

毫无疑问，在本体论框架中利用结构性交叉关系处理跨学科门类的交叉重复问题，是一项知识含量和技术含量很高的工作。无论是拟定框架，对学科门类之间有结构性交叉关系的重叠部分进行合并，还是在把条目填充进框架时对合并部分的条目作一体化处理，或是对零散的交叉重复条目逐一进行清理，都不是少数人所能够完成的工作。这项工作必须由具有广博知识、熟悉百科全书编纂业务的若干名同志牵头，集合各学科门类责任编辑的力量，依靠集体的智慧去完成。

（五）借助本体论二次框架并利用结构性交叉关系处理跨学科门类条目交叉重复问题的优越性

采取这种方法处理跨学科门类的条目交叉重复问题，具有以下优越性：

1. 因为条目交叉重复问题的处理绝大部分是依托框架的结构进行，所以在总的方面受到框架的规限。这包括：①框架是反映知识整体结构的，因而在框架中对交叉重复问题进行局部处理，不会脱离知识内部的整体关系，并且框架结构的整体性和严密性能够保证条目整理工作的周全性。②框架的分类结构体现了一定的逻辑关系，框架的网络式格局反映了知识的内在联系，这就使对交叉重复问题的处理得以避免杂乱无序。因此从总体上看，采取这种方法处理交叉重复问题不容易留下漏洞，可防止出现混乱。如果不借助于本体论的条目整理框架，而是在学科论框架中以学科、门类为本位，分散、局部地处理交叉重复问题，是不可能取得这样的效果的。

2. 因为学科门类之间有完全重叠关系的结构性交叉部分的合并，是结合本体论框架的建构进行，交叉重复条目的合并，也是在本体论框架的结构中完成，所以合并后结构性交叉部分重叠关系的消失，以及因合并而产生的条目的移位，从总的方面看不会同框架的体系结构相背离，造成条目系统出现某些局部的残缺。这就是说，经过交叉重复问题处理的总框架和总条目表，总体是一个逻辑上自谐，符合条理化要求，能够完满展现人类知识体系的总框架和总条目表。而在学科论框架中进行这项工作，是不可能做到这一点的。

3. 因为对学科门类之间有结构性交叉关系的部分进行合并，不是将它们归入其中的某一个学科或门类，而是归入不按学科门类划分的本体论框架的某一个结构性部分。所以，合并后的条目一体化工作，是按本体论框架这一结构性部分的主题的要求去进行，而不是像在学科论框架中那样，因为归到某一个学科或门类的名下，便主要按这个学科或门类的标准进行。这无疑有助于防止被归并掉的结构性部分的条目，在经过合并处理后发生缺失的情况。例如，当心理学的“社会心理”部分和社会学的“社会心理”部分合并后，并不是归入心理学或社会学学科，而是将条目放入框架中【人类社会】部类的【社会心理】分部。显而易见，条目一体化的工作，就不能按其中哪一个学科的标准来进行，而必须从人类社会的社会心理问题研究的全局着眼，按综合性的标准来完成。也就是说，必须对两个学科的要求兼顾。这自然就能够较好地防止其中一方的条目因合并而发生缺失。当然，以上仅是就框架和条目表的规限作用而言，在实际操作中，一体化的工作还需由合并各方的责任编辑共同协商完成，以求更好地产生各方都能够满意的结果。

4. 因为框架不是按学科门类划分，而是按本体论分类原则划分，所以当不同学科门类的重条合并，在条目表上注明合并的条目应当包含哪些学科门类的内容时，多数情况下将不会产生框架的层次标目和这些条目的实际内涵不相对应的问题。例如，合并后包含民族学、社会学、法学等方面知识的“婚姻”条，包含民族学、社会学、法学、哲学（历史唯物主义）等方面知识的“家庭”条，在学科论框架中无论归入哪一个学科或门类的名下均不够妥帖，而在本体论框架中放在【人类社会】部类的【人类社会总说】分部，就十分得体。这就是说，在本体论框架中合并学科门类之间的重条，使这些条目具有多学科、门类的性质，多数情况下不会像在学科论框架中进行相同的处理时那样，因必须将合并后的条目归到一个学科或门类的名下，而使条目表失去逻辑上的合理性。

综上所述，在学科论选条框架中处理学科门类之间的条目交叉重复问题，不论采取何种方式，均难获得让人十分满意的结果。而参照《不列颠百科全书》《百科类目》的分类结构，构建用以理顺条目关系的本体论二次框架，借助框架并利用学科门类之间的结构性交叉关系对条目进行清理，则可为我们提供一条最为理想的解决跨学科门类条目交叉重复问题的途径。

原载《探讨》（中国大百科全书出版社内部刊物）1999 年第 2 期，修改于 2007 年 8 月

大型综合性百科全书条目释文撰写要求种种
——为《中国大百科全书》第二版撰稿而写

释文研究是百科全书编纂研究的重要课题。笔者拟在《中国大百科全书》第二版进入撰稿阶段之时抛砖引玉，对大型综合性百科全书条目释文撰写要求提出粗浅的看法。这大致包括以下几个方面：

一、内容相对完整

百科全书条目释文的内容必须相对完整（概而全）。目的是提供关于条目主题的完备知识以满足读者释疑解惑的需求。这正是百科全书“知识总括”属性对于释文的要求。就大型综合性百科全书而言，在释文内容完整方面应注意以下两项要求：

（一）内容要素完备

即在读者对象需要的范围内让释文内容涵盖条目主题的各个方面。不但说明概念的内涵和外延、事物的状况和水平，而且追溯历史，交代源流；不但勾画对象的轮廓，讲清时间、地点和人物，还说明缘由，交代结果；不但介绍对象本身，而且交代背景，说明条件，讲清意义和作用，展现同周围世界的联系；必要时并介绍关于本主题的研究状况。在进行以上百科式释义的同时，有时还涉及语词，交代概念或事物名称的词源。而上述关于事物状况、水平的知识，又常常需要包含若干更加具体的内容，如机械包含构造、原理、外观、功能，著作包含内容、特色、写作出版情况等。由于读者的检索要求是千差万别的，上述种种，都有可能成为检索的目标——假如缺漏，无疑会使“释疑备查”功能受到损伤。毫无疑问，这方方面面的内容在撰写时都应当根据条目自身的情况写进释文中去。为了做到这一点，行之有效的方法是预先制定各类条目的编写提纲，确定它们各自所应包含的内容要素，用以规范条目的撰写。需要强调的是，虽然内容要素完备是撰写百科全书条目释文的共同要求，但大型综合性百科全书的读者对象层次高，相对而言，条目释文的内容要素通常应比一般综合性百科全书更加齐全。

（二）释文内容综合

即对于全书条目按条头音序统一编排的统编型百科全书来说，释文应综合介绍条目主题所涉及的不同学科和门类（知识门类）的知识。大型综合性百科全书总括人类知识，不少条目涉及几个学科和门类，以概而全的标准衡量，相关学科、门类的知识在这些条目的释文中不应当缺漏（学科门类之间可以区分主次、详略）。例如，“风筝”条既要从轻工角度介绍制作和种类，又要从民俗角度说明用途，还要从工艺美术角度介绍装饰图案。“铜”“铁”“铝”等金属条目既要从地质、理化角度介绍在自然界存在的状态和理化性质，又要从冶金角度简介制取和生产的方法，还要从材料科学角度说明用途和经济价值；如果不另设铜矿、铁矿、铝矿等条目，还要从地理角度介绍资源分布的状况。假如其中有的学科门类的内容在撰写时被漏掉，读者得到的就是残缺不全的知识。显而易见，内容方面的综合性指标是释文是否完整的一个重要标尺。因为综合性要求能够通过内容要素得到反映，这一指标同样可以借助条目分类编写提纲予以落实。在国内出版的外国综合性百科全书中，中国大百科全书出版社翻译出版的《简明不列颠百科全书》，有相当一部分条目反映多学科的要求比较成功，很值得我们借鉴。

二、知识丰富精粹

知识性是百科全书的重要属性，曾有人把知识性要求归结为辞书编纂的中心。一般而言，大型综合性百科全书提供比普通综合性百科全书更为丰富的知识；如果单薄、贫乏，书的价值必然大大降低。

内容丰富的释文给人以知识的享受，使人获得智慧。例如，需要时对事物的多样性可展开介绍。《中国大百科全书》第一版《轻工》卷“剪纸”条在谈到艺术风格时说：“江南剪纸典雅秀丽；陕西剪纸粗犷豪放；河北蔚县剪纸在白纸上渲染彩色，以戏曲人物题材为多；广东佛山剪纸贴以铜箔，并在铜箔上錾刻花纹，金碧辉煌，别具一格。”这种展现事物多样性的介绍能让读者开阔眼界，感知客观世界的丰富多彩。又如，对现象必要时应说明底里。同书《考古学》卷“欧洲旧石器时代艺术”条在介绍史前壁画时说：“法国诺克斯洞穴内1万多年前的野牛壁画……画出了刺入的矛头或带有长杆的箭。有的学者认为，这种绘画与巫术有关，目的是希望行猎时取得成功。”显然，这种对底蕴奥秘的揭示能使读者豁然开朗，深化对客观世界的认识。此外如：发展演变知识的介绍可给人以历史的丰厚感；外观状貌的形象描述让人获得感性直观的了解；关键性数据资料的提供，让人建立起数量概念；对疑似事物的剖析区分，使人在思想中界线分明；同其他事物关系的明白交代，让人体察到客观世界的内在联系性；对重要思想、理论的透辟阐述，使读者加深对事理的领悟，感受到人类智慧的价值；必要经典、名句的引据，能画龙点睛，加强说服力，有时还增添理论色彩。这些都是能丰富释文内涵的介绍知识的方式。总之，要以丰厚饱满的知识去满足读者的求知愿望，这是撰写大型综合性百科全书条目释文时不应忽略的重要标准。

需要指出的是，言词空泛同知识性要求绝不相容，套话、空话必须剔除。要做到内容丰富就必须给读者以实实在在的知识。

在追求内容丰富的同时，不应当忘记百科全书要为读者提供知识的精要。大型综合性百科全书汇集数万个条目，涵盖上百个学科和门类，知识密集度极高，释文绝不允许烦冗、庞杂。写入释文的，事实必须是最典型的，概念和理论只能是要点，过程只应当是梗概。要以整个自然史和社会史为坐标，以人类的全部知识为背景，考量内容的取舍，提取知识的精髓，切忌从局部出发求全求细，在内容的表述上则应做到要言不烦。

三、规范性与客观性相统一

百科全书提供可作为依据的标准知识，规范性是它必须具备的属性。对于代表国家水平的大型综合性百科全书来说，执行规范性要求无疑更加重要。在释文撰写中，规范性主要包括以下两层含义：

1. 释文在科学内容上正确无误，撰写时以马列主义、毛泽东思想、邓小平理论和“三个代表”重要思想为指导，内容与党的路线方针政策不相违背，同现行宪法、法律不发生抵触，涉及重大政治问题时同中央保持一致。此即常说的科学性、政治性、思想性，也就是徐惟诚同志所说的正确性。除此之外还要严格执行国家颁布的各项标准，如关于简化字和异体字的规定，标点符号和数字的用法等。对于出版社为本部百科全书制定的体例规范也要认真贯彻执行。

2. 据以撰写释文的学术观点是得到公认的，在没有公认观点的情况下至少是通行的。科学研究常常出现不同见解，百科全书在介绍知识时要加以选择，它的任务是把相对来说比较确定，从而可以作为标准答案的研究结论告诉读者。百科全书不是个人著作，在百科全书中宣扬未被普遍认同的个人主张不被允许。

在执行规范性要求的同时要有客观态度。这表现在：坚持政治性和思想性标准应以事实为依据，对错误观点和不符合我们价值观的事物不采取扣帽子、打棍子的批判做法。在以公认或通行的学术观点撰写释文时客观介绍不同的学术见解，几种观点并存时不在释文中进行学术论争等。客观态度体现在表述方式上，就是撰写时一般使用中性语言，寓观点于事实之中。有时需要表明事情的性质，亦仅采用一字褒贬的春秋笔法。例如介绍南京大屠杀使用“杀害”“暴行”一类词汇，谈及近代西方学者私挖中国文物运往国外，冠以“盗掘”字样等。

在百科全书编撰中，规范性与客观性是一对不可分割的概念，二者都是由百科全书的工具书性质所决定，共同形成一个范畴。撰写释文时必须把握好二者的关系，做到规范性与客观性相统一。

四、新与稳定相结合

百科全书介绍知识求“新”。国外著名大型综合性百科全书的编者常把立足于时代介绍新知识作为编纂宗旨。法国拉鲁斯《大百科全书》“入门”把这部书称作“我们时代文明的见证”。《苏联大百科全书》第3版和日本平凡社《世界大百科事典》1972年修订新版的编者，都把适时提供新知识作为编纂新版的理由和任务。

大型综合性百科全书介绍新知识应当是全面的。例如介绍科学新发现和技术新成果，文化、教育、体育和卫生事业新进展（如文学艺术新作品、教育新观念、体育新纪录、医疗卫生新发展等），政治、经济和日常生活新变化（大到党的指导理论的新发展、改革开放新进程、经济建设新成就、社会面貌新变化，小到人们衣食住行的改观、生活方式的改变），世界政治地图和国内行政区划新变更，国际关系新格局和各国新情况等。我们生活在一个瞬息万变的世界和知识爆炸的时代，在释文中适时地加以反映，是百科全书不可推卸的责任。

需要说明的是，“新”不仅包括事实材料新，还意味着用时代的新观点来回顾历史、解释当代，组织材料、勾画重点。例如，过去对西方经济学理论持批判态度，而在实行社会主义市场经济的今天，就不能再简单化地扣上“资产阶级经济学”的帽子，给以“庸俗化”的评价。又如，地理学科的行政区划条目，过去介绍经济发展，多只涉及工农业生产，兼及商业，工农业又主要是传统产业；而今天就必须突出金融业、服务业和高科技产业。再如，能源、环保在今天已成为全球性问题、人们关注的重点，因而在介绍有关的机械产品时，就不能不讲能耗指标，在有关的地理条目中，必须提及环保绿化，在土壤条目中，不可不涉及肥力保持、流失防治和土质改造，而这些在以往的条目中常属于缺项。

毫无疑问，反映发展变化，把握全新视角，贯穿时代精神，体现着一部大型综合性百科全书的编纂质量和时代价值，在撰写释文时绝对不可以忽视。

在注重介绍新知识的同时，不应当忽略所收知识的稳定性。重视稳定性是编纂百科类工具书的一项基本要求，大型综合性百科全书因编纂出版周期特别长，对于这一问题更加不可忽视。否则内容很快过时，书的使用价值就会降低。因此介绍新知识不能按照新闻报道的标准，对于新事物、新情况、新见解一般应等稳定下来再写入释文。碰到有争议的学术问题切忌代做结论，而是让数说并存。对经常变动的情况尽可能不予介绍，如果确实需要写入，应限定时间范围，如对机构、团体的领导人需说明是哪一届的，统计数字需说明是何时的。在释文表述方面，不论是阐述还是评价都要避免绝对化的语气。不注意这些，一旦情况发生变化就会陷入被动。当然，稳定性还要求在贯彻时代精神、把握全新视角时，同一时的风潮和少数人的标新立异划清界限。

在百科全书编撰中，“新”与“稳定”也是一对紧密结合的概念。“新”是大体上稳定下来的新，“稳定”是贴近社会、贴近生活、跟随时代、考虑到发展变化的稳定。二者都是相对的，不可绝对化。撰写释文时需要二者兼顾，妥善把握。

五、国家性与世界性兼顾

大型综合性百科全书具有国家性，国外的这类百科全书在收录知识时均注意突出本国，我国的也不应例外。表现在释文上，就是要把介绍中国历史、地理、文化和其他方面情况的条目，反映中国古今成就的条目，写得相对充分，将介绍中国传统文化精华和杰出人物、代表性事物的条目，写出水平。在内容涵盖中外的条目中，一般而言，对中国部分要写得比较展开。在涉及国内外重大问题时，要坚持和阐明中国自己的观点。

大型综合性百科全书又具有世界性。中国是一个世界大国，中国的大型综合性百科全书理所当然地要反映世界。在改革开放条件下，读者关注国门以外的情况，我们理应为他们提供信息。然而以往编纂的一些百科全书，往往不是没有突出中国，而是兼顾国外情况不够。例如，有些条目下定义只考虑到中国而忽略了外国，如“陵墓”条的定义为“中国帝王的坟墓”，兵器“刀”的定义为“中国古代一种用于劈砍的单面侧刃格斗兵器”，就好像外国的帝王不葬在陵墓里，外国的兵器中从来没有过刀。又如，对国外内容的介绍经常不到位，在有些主题涵盖中外的条目中，介绍国外的部分相当薄弱，少数条目甚至完全空缺。为了避免这种缺陷，我们在撰写释文时，从资料的收集，到内容的组织，都要把握好突出中国、涵盖世界的尺度。就如金常政先生所说的，要在世界的背景上介绍中国。即或对国外情况研究得不够，也应当采取编译方式，从国外的百科全书中获取资料。

在百科全书的编撰中，国家性与世界性是又一对紧密相连的概念。撰写释文时要处理好它们的关系，努力做到国家性与世界性兼顾。

六、选材和表述面向普通读者

大型综合性百科全书是高档工具书，但读者对象决定了它同其他综合性百科全书一样，介绍知识要防止专业化。这就要求释文在选材方面贴近普通读者的实际需要，表述方式有助于普通读者理解。对此，《不列颠百科全书》第 14 版总编辑 H.S. 阿什莫尔在他的“编辑札记”中曾有明确的论述。他说，这部百科全书“是为外行人而编的”，“如果外行人在这部书里找不到他所需要的资料，或虽然找到了，却看不懂，他当然有理由抱怨”。另一位百科全书专家，美国哥伦比亚大学学院院长 J. 巴森也有过类似的论述。他说，“百科全书对每一种专业的解释主要是回答这个专业对世界有什么意义和作用，而不去解释它对从事这项专业的人意味着什么”，“在这里，公众的兴趣应是我们取舍的标准”。

在释文撰写中，选材面向读者首先表现在简化甚至舍弃读者不需要的纯专业知识，其中包括难以理解的艰深内容，此外还应当充分提供读者需要和感兴趣的知识。这也就是《不列颠百科全书》第 15 版“编者序言”中所说的“超越纯专业的细节，在较高的普遍性水平上来安排处理”。例如撰写机械条目，对详细构造、技术参数、技术性能指标、工作过程、操作方式、安全事项等工程技术人员需要的专业化内容，可简化或舍弃，而对发明简史、工作原理、用途、应用情况等普通读者关注的知识，应重点介绍。撰写考古条目，对遗址地层堆积、出土物细部状貌、陶器之间的类型比较等烦琐乏味的专业化内容可省略，而对出土了哪些重要的遗迹、遗物，它们反映了什么问题，以及具有怎样的历史、艺术和科学价值等普通读者关注的问题，应作详细交代。此外，重视介绍带有实用性的知识也是贴近读者的一个方面。例如：在行星条目中，应写明在什么时间、什么方位能够看到这颗天体，以便天文爱好者进行实际观察；同人体有关的化学元素条目中，可说明所介绍的元素在动植物中的含量，对人体的生理作用及人体补充的渠道，以便读者参考。如果仅从专业角度考虑，这一类实用性知识往往会被忽略，撰写释文时需注意写入。

表述方式面向普通读者就是让释文深入浅出。根据过去的经验，具体方法至少有以下几种：

（一）减小术语密度并解释关键性的难点

前者要求在释文中尽量避免使用读者不容易理解的专业术语；后者即对实在无法避开的关键性术语，或术语以外的其他难点，采用括注、附加定语、穿插注释性短句等方法解释清楚。进行解释的例子如，介绍武威汉简中的王杖诏书令简，如果插入简短的文字，说明“王杖是汉代政府授给 70 岁以上老人的手杖”，“持有者可以享受官方对老人的优待”，便可消除读者对“王杖”一词的疑惑。除此之外，遇数学方程式和公式，假如像《不列颠百科全书》那样，既用字母和符号表示，也用文字表达，同样有助于读者看懂。

（二）介绍知识宜直观具体

撰写释文无疑要概括精练，但概括不等于概念化，求精练不应当放弃必要的展开说明，过于抽象不利于读者理解。例如，有一部百科全书的“印度教”条讲轮回，说“一个人转世的形态取决于他本人在世的行为”，“形态”一词就过于抽象。《美国百科全书》这一条讲得很具体，说“任何人死后，总会转世为畜生、人、天神或入地狱”，读者一看就明白。

（三）采用巧妙的方法组织释文

这同样能达到释文深入浅出的目的。例子如：为使读者便于理解，《中国大百科全书》第一版《现代医学》卷一些条目的释文采取由浅入深、循序渐进的方法逐步展开。如“胰腺炎”条从简述胰腺的生理基础知识入手，然后介绍胰腺炎的病因、病理、临床表现，以及诊断、治疗；“肺炎”条的定性叙述从容易理解的临床表现谈起，接着再说明这种病的病理和病因。[1]而同书《考古学》卷的一些条目，在介绍古人类体质特征，或以动物化石说明远古自然环境的变更，以遗迹、遗物说明古代的生产、生活和社会状况时，采用了材料和结论紧密结合的夹议夹叙的阐述方式。这些方法均能帮助外行读者理解不易读懂的专业性知识内容。

如果在撰写释文时将上述几种方法结合起来运用，则尤其能产生好的效果。

《不列颠百科全书》第15版“编者序言”中讲到，一位学者曾告诫这部书的编者说，“一部综合性百科全书，只有在找到一种能用以沟通一切人的共同语言时，方得以存在下去”。我们的大型综合性百科全书，如果注意选取贴近读者的知识内容，采用读者容易理解的表述方式，就会增强可读性，具有生命力。

七、文体和释文结构符合百科工具书的要求

大型综合性百科全书是介绍知识的工具书，撰写释文适于采用说明文体。即以说明为宗旨，展现事物，解释事理。语言表达要确切、严谨、明白、简练。在具体运用上，可根据需要使用陈述、描述、叙述、阐述、评述、解说等方式。要避免反复推理和烦琐考据，滔滔宏论和侃侃评说，铺陈罗列和堆砌辞藻，夸张手法或虚拟臆测，含蓄蕴藉或抒情感怀。释文应开门见山，言尽即止，不需要在起始、结尾处穿靴戴帽。[2]为了适合于普通读者，应使用现代汉语。在文体方面，大型综合性百科全书和一般百科全书并无区别。

作为供检索的工具书，大型综合性百科全书的释文应具有可检索

---

〔1〕刘正萍，《如何提高百科全书的可读性》，《辞书研究》1988年第6期。

〔2〕金常政，《百科全书学》，中国大百科全书出版社，2000年。

性，这在释文结构上主要有两点要求：

（一）释文起始处安排定性叙述

定性叙述通常由定义或定性语，以及它们的展开说明，必要时加上全条内容的要点或提示构成。释文不长的条目也可只有定义或定性语而不展开为定性叙述。无法写定义或定性语的综述性条目可安排引言式定性叙述。从检索角度看，有定性叙述的好处是便于速检——只需对条目主题求得简单了解的读者，通过查阅定性叙述便能够基本满足要求。

（二）释文内容实现格式化

即对条目所包含的内容分项撰写，把同一类型的条目通过归纳划分为大致相同的内容项目，并大体上按相同的次序排列。例如，在定义和词源以外，理论条目的内容分为创始人和创始年代、基本内容、应用范围、意义和影响等部分，会议条目的内容分为时间和地点、参加者、背景、过程、议题、决议、意义和影响等部分。这样做的好处，是各方面内容分别相对集中，在同类型条目中大体处于相同的位置，从而便于读者进行检索。例如，在事件条目中，事件发生的时间和地点一律放在定性叙述中交代，想获知它们的读者，只需查找释文开头部分就能便捷地找到。而想了解某位艺术家成就的读者，只需到介绍此艺术家的专条之中介绍成就的部分查找就能如愿。如果不分项撰写，而是内容混在一起或穿插叙述，那么想获取某个方面的知识就需遍查全文，这无疑费时费力。在采取上述格式化的方法的同时，对于篇幅稍长的条目（例如千字以上的条目），还可在释文中将所分的项目加上层次标题，遇到篇幅很长的条目，又可将层次标题当作目录在条目前边列出，这些导读式的方法无疑会让读者检索起来更加便利。根据以往的经验，在撰写之前便拟定出不同类型条目的编写提纲，确定它们各自所包含的内容项目以及排列顺序，是落实释文格式化要求的行之有效的途径。

八、相互关联的条目彼此分工和照应

百科全书由组织在框架系统中的众多条目组成，条目之间存在各种联系，每一个条目只具有相对独立性。因而在撰写释文时，要树立框架整体意识，不忘所撰条目在框架中所处的位置，把握住它们本身包括的内容范围（不跨疆越界），处理好同相关联条目的分工和照应关系。大型综合性百科全书条目众多，条目之间关系复杂（有些是跨学科、跨门类的），撰写时在相互分工和照应方面更应多加留意。一般来说，要注意协调好以下几种关系：

（一）上下层母子条之间的关系

百科全书的条目分层位排列，体现了知识内部的层次关系。上下层条目之间，有些具有统领和被统领关系，前者可称为母条，后者可称为子条。根据以往的经验，为处理好上下层母子条的分工，通常对处于上层的母条从总体或统观的角度写，而对于它们所统领的下层子条（多为人、地、事、物条目），从个别和具体的角度写。例如，上层的概念解释条（如“补益药”）主要是从总体上对概念进行解说，对于条中所涉及的下层具体事物（如补益类的各种药物）只需点到为止，或仅作提要式的三言两语介绍；而下层的事物条（如“人参”“黄芪”“甘草”“当归”等）就要把所介绍的对象展开来写具体。如果上层为综述性条目（如“英国文学”“新石器时代”），则一般不采取简单缀合下属主题的写法，而是进行统观式的综述：或按历史发展线索作纵向串联式综述，或按时代断面或国家地区作横向集纳式综述，或归纳出问题后分专题综述。对于它们下属的人物、事物条目（如某位作家、某部著作，或某个考古学文化），则是进行个案式的具体处理。采用上述方法，母子条的分工关系便可得到较为妥善的处置。另外，母条和子条还需彼此照应，在内容上相互衔接。

（二）横向交叉条目之间的关系

不同条目组群，或同一组群的同一层次条目之间，有时具有横向交叉关系。对于有这种关系的条目，主要是弄清各自的侧重点，以便撰写时彼此分好工。例如：“青铜器”条主要从青铜制造工艺和青铜器发展演变的角度介绍，“青铜时代”条主要从青铜器出现给人类社会带来的变化，以及这一时代历史概貌的角度介绍；“内阁”条侧重从机构角度介绍，“内阁制”条着重从政体角度介绍。值得注意的是，在横向交叉条目中另有一类实际上为母子关系。例如，建筑学科的“哥特式建筑”“文艺复兴建筑”，分别同美术门类的“哥特式美术”“文艺复兴美术”有横向交叉关系，但彼此又有包容和被包容的关系，前两条的内容分别为后两条的局部。如果它们都被列为条目，就可对后两条所包含的建筑内容略写（或像《苏联大百科全书》第 3 版那样只虚设层次标题），然后通过设置文内参见，分别指引去参见前两条。附带说明一下，把一条目的部分内容主要交给相关条目去写，再用文内参见把两个条目沟通起来，是处理条目分工关系时经常采用的一种方法。

（三）同型条目之间的关系

同型条目指条目所属类型相同，例如同为学科介绍条、理论方法条、概念条、事件条等。处理同型条目之间的关系，主要是在撰写时让它们的释文在结构形式上大体一致。对于其中的可比同型条目（人物条、书刊条、机构团体条等），最好还要让它们的篇幅保持一种平衡关系。

不论是处理上述哪一种关系，都必须做到相互关联的条目在内容上不发生矛盾，整体上具有逻辑的一致性。

（说明：本文所谈百科全书不包括少儿百科全书）

原载《辞书研究》2004年第6期，曾辑入1998年国家社科基金项目成果《大型综合性百科全书编纂的理论与运作》

大型综合性百科全书条目稿件的编辑加工

——2003年8月在全书编辑部青年编辑培训班上讲课的讲稿

编辑加工是百科全书编纂工作的重要一环。当前，《中国大百科全书》（以下简称《全书》）第二版的编纂工作即将进入学科、知识门类审稿和编辑加工阶段。为了预作准备，编辑部让我给大家讲一次关于编辑加工的专题。我今天所讲的题目，是“大型综合性百科全书条目稿件的编辑加工”，内容分为百科全书条目稿件编辑加工概说，大型综合性百科全书条目稿件编辑加工的项目两部分。所讲均结合《全书》编纂工作的实际，目的是尽量对大家今后的工作有所帮助。

一、百科全书条目稿件编辑加工概说

本部分的内容包括：什么是百科全书条目稿件的编辑加工，它同审稿是什么关系，这项工作具有什么样的特点，进行这项工作需要遵循哪些原则，着手这项工作需要预作哪些准备，以及进行这项工作应当采取怎样的步骤。

（一）什么是百科全书条目稿件的编辑加工

要了解百科全书条目稿件的编辑加工，首先必须弄清楚这项工作的内涵。新闻出版署专业系列教材重点项目《书籍编辑学》曾论述过一般书籍的编辑加工。参照此书的论述，结合百科全书编纂工作的实际，可对条目稿件的编辑加工下一个定义。即此项工作，是百科全书编辑按照百科全书出版的一般要求，以及本部百科全书编纂的宗旨，对作者原稿所进行的修改和整理。关于此项工作的进一步说明，则可表述为：它在审稿工作的基础上进行，任务是消除原稿在内容和形式上的缺陷和差错，力求提高原稿的科学性、思想性和文字水平，并使之符合体例规范，目的是确保出书的质量。

（二）百科全书条目稿件编辑加工同审稿的关系

审稿和编辑加工是百科全书编纂过程中相互区别又相互衔接的两个工作环节（阶段），弄清楚它们的关系，对于完成好编辑加工任务，提高稿件质量，甚有帮助。

1. 从工作程序和内容看，审稿和编辑加工是前后相接的两项不同的工作。审稿是编辑审查作者的初稿，对稿件质量作出判断，确定它们能否采用；对于可以采用但尚存在缺陷的稿件提出书面或口头的修改意见，返回给作者修改。编辑加工则是在审稿的基础上，由编辑对符合要求或经过作者修改达到要求的原稿进行修改和整理。在编纂过程中这两项工作不能互相替代，例如不允许不经过审稿直接对来稿加工，或在审稿或退改之后不再对稿件加工，让它们直接进入后面的工序。从工作的衔接关系看，只有把审稿工作做充分，防止质量不符合要求的稿件进入编辑加工工序，才能保证加工的顺利和稿件的高质量。换句话说，就是编辑加工的成功建立在高质量的审稿工作的基础上。

2. 从对稿件进行处理的角度看，两项工作有内在的联系，从审稿进入编辑加工，是稿件处理工作的继续和深入。编纂过百科全书的同志都知道，审稿是百科全书编纂程序中对稿件进行编辑处理的第一道工序。审稿时一般从大的方面着眼，例如，释文所写是否切题，内容有无明显的错误和遗漏，体例规则在大的方面是否已被遵守（如释文是否符合百科全书条目的体裁），释文有无严重的逻辑错误或其他不当，需设的图片、表格、推荐书目是否齐全等。基本达到要求，稿件即可留用；如果在这些方面存在不足，则提出请作者修改或弥补。对于那些编辑自己处理起来并不困难的问题，包括文字上的错误和细琐的技术规格方面的问题（如书写格式、数字写法、计量单位名称用法等），则不必提给作者，以便作者能集中力量去处理那些必须由他们解决的问题。而在进入编辑加工以后，则问题不论巨细都要处理解决：大至虽然经过退改，但作者仍然没有纠正的内容上的错误及结构性缺失等，小至语法修辞失当，有错别字和标点符号错误，技术性要求不合格等。另外，有些大的问题在审稿时未被发现，经过编辑加工深入稿件才暴露出来，对这些也要补作处理。从上可知，在提高稿件质量方面，编辑加工和审稿有着不完全相同的任务：审稿阶段是为以后稿件达到高质量打下基础，编辑加工阶段则是完成审稿阶段尚未涉及或虽然提出但没有完成的工作，全面提升稿件的水平。十分明显，在实际工作中应当按部就班、踏踏实实地进行这两项前后相继的工作，到编辑加工阶段要干净彻底地处理好稿件中所有的问题，这样才能完成好编辑对稿件把关的任务，使稿件达到出版标准。

（三）百科全书条目稿件编辑加工的特点

简单地说，就是百科全书条目稿件编辑加工的改动量，总起来看要大于普通书籍编辑加工的改动量。原因如下：

1. 百科全书是工具书，人们遇到问题时查阅，找到答案后用来作为依据，所以它提供的是知识的标准，标准的知识。正因为如此，著名学者于光远先生认为百科全书属于半经典著作。由于这一原因，对百科全书条目稿件进行编辑加工，比处理普通书籍稿件有更加严格的要求。一些在普通书籍稿件中也许允许存在的问题，在百科全书的条目稿件中可能就需要按高标准修改。经过编辑加工处理的百科全书的条目稿件，在知识内容、思想性和文字表达方面，都应当成为典范。特别是编纂《全书》这种代表国家水平的高档次百科全书，进行编辑加工就更应该精益求精。这是百科全书条目稿件编辑加工改动量大的第一个原因。

2. 作为工具书，百科全书有复杂并且严格的体例规定。根据以往的经验，作者写出的原稿在执行体例方面往往存在差距：或者是定义写得不符合要求，或者是释文的安排未达到格式化的标准，或者是所写同说明文体裁存在距离而带有论文的痕迹，或者是只写入作者的一家之言却不介绍重要的不同学术观点，一些条目还写得偏专偏深，让一般读者难以读懂。百科全书编辑的责任就是把这样的稿件改得合乎体例规范。而普通书籍的体例远没有这般复杂、严格。这是百科全书条目稿件编辑加工改动量大的第二个原因。

3. 百科全书的条目字数有严格的规定。例如《全书》第二版的条目分为 5 级：特长条 4000 字以上，长条 1500 ～ 4000 字，中条 500 ～ 1500 字，短条 500 字以下，参见条不超过 100 字。从编《全书》第一版的情况看，作者嫌字数少的居多数，写出来的条目特别是中、短条目常常字数超标。这一问题相当严重。试想，《全书》第二版有 6 万个条目，如果每条多 1 个字，全书就多 6 万字；每条多 10 个字，全书就多 60 万字；每条多 50 个字，全书就多 300 万字，这相当于 2 卷书的规模，全书 32 卷就变成了 34 卷的篇幅。这表明字数控制是一个非常重要的问题，百科全书的编辑必须执行篇幅纪律。也就是说，如果作者原稿的字数超标了，编辑就要千方百计把字数减下来。这是条目稿件编辑加工改动量大的又一个原因。

4. 百科全书是众多条目有机组织在一起的整体，条目之间存在多种联系，每一个条目只具有相对独立性。这就要求在进行编辑加工时处理好条目之间的关系。这主要包括：要使相关条目在内容上衔接；不允许条目之间内容不一致和术语、专名不统一；条目之间交叉重复的部分如果超量，要压缩删减；如无特殊情况，要尽量使同类型条目在结构、形式上保持一致。这种涉及条目相互关系的修改，同样增加了编辑加工的改动量。

百科全书条目稿件编辑加工的上述特殊要求，不但加大了稿件的改动量，而且需要百科全书编辑具备比一般书籍编辑更强的稿件处理能力。

（四）百科全书条目稿件编辑加工的原则

进行百科全书条目稿件编辑加工，应当遵循以下原则：

1. 是进行全面加工而不是只对某些项目加工

除加工释文外，还要检查、处理条头和推荐书目，前者包括条头汉语拼音、条头外文、人物条头后面括注的生卒年月日等。在加工文稿的同时，还要处理图稿，其中包括图题和图注。加工释文时需核查有疑问的资料，进行术语和专名的统一，并设置文内参见，选择索引主题。对于简化字的用法，数字的写法，标点符号的用法，计量单位名称的用法等，还要根据国家颁布的标准检查和落实。对于其他技术性问题，也要一一处理。以上除专名统一可能有名词统一编辑在全书范围进行外，其余项目都要由学科编辑完成，不能遗漏。经过加工的条目，应当在整体上达到出版标准。

2. 要完成条目组群加工而不限于单篇条目的加工

如前所述，百科全书条目之间存在各种联系，每一个条目只具有相对独立性。这就要求我们在加工稿件时，把条目按组群集中在一起（组群有不同的划分法，其中学科、知识门类下属的分支组群是基础性组群），进行组群的加工整理。即不但进行单篇条目的修改，而且通过组群中相关条目的对照检查，处理好条目之间的各种关系（见前）。

3. 要尊重原稿而不是由编辑任意改动

进行编辑加工要以原稿为基础，但国外有些百科全书出版社不是这样。例如原苏联大百科全书出版社要求编辑具有改写稿件的能力，只保留作者提供的各种资料，按照体例的要求改写条目。中国出版界具有尊重专家、尊重作者的传统，因此我们编纂百科全书是在尊重原稿的前提下进行修改，并不因为是编纂工具书而改变做法。这就要求对原稿进行改动必须有正当理由，不允许编辑借口百科全书的特殊性，按照个人的习惯和好恶随意增删、修改。进行体例和文字改动，要防止把原稿的内容改得走了样。遇到疑难问题，须听取专家意见。如果条件允许，最好把经过加工的稿件交给专家过目。百科全书由编辑和专家合作编撰，在稿件把关上编辑侧重于体例和文字，专家则因其专业学识而侧重于科学内容。因此尊重专家、尊重原稿，实际含义是对稿件的科学内容负责。当然，强调以原稿为基础并不是要束缚编辑的手脚，对于个别有较大缺陷的稿件，在找不到适合的专家修改的情况下，编辑如有把握可以进行“大手术”，必要时甚至完全改写。这在编纂《全书》第一版时已有先例。例如，《考古学》卷的“北京人”条，在专家撰写出来后，经过编辑部同意，曾由责任编辑作了大幅度修改;《政治学》卷的“人权”条，更是经过总编辑梅老同意，由此卷的责任编辑改写完成。

以上三项原则，在进行编辑加工时必须牢记。

（五）百科全书条目稿件编辑加工的准备

进行编辑加工要作好相应的准备，以避免仓促上阵，影响工作的质量和进度。

1. 了解学科或门类的准备

进入编辑加工前，首先要对你负责加工的学科或门类有一定的了解。如果你本来就是学习这个专业的，问题自然不大，不过在条件许可的情况下，最好能进一步熟悉同所收条目有关的资料，特别是重点条目方面的资料。如果所承担的是自己原来所不了解的学科或门类，那就需要找一两本学科“概论”一类的书，或《全书》第一版相应的卷册读一下，以求在脑子里建立起一些基本的概念。当然，这种准备在审稿之前就应当开始做；但因为编辑加工是直接下笔改稿，所以就更加需要把准备工作做充分。另外，为了工作时方便，还需要准备一些可供参考的工具书，像本学科或门类的专业辞典、《全书》第一版相应的卷册，乃至《辞海》等放在案头，以备随时翻查。有了以上准备，工作起来就会比较得心应手。

2. 熟悉体例的准备

百科全书条目有严格的体例规范，所以在加工前了解所编百科全书的体例规定非常重要。当前我们是参加《全书》第二版的编纂工作，因此要认真学习这部书的“编写体例”，它是我们加工条目稿件所依据的主要体例文件。为了使用起来方便，最好准备一份放在案头，以供改稿中随时查用。另外，出版物必须执行各种国家标准，所以还应找来刊载这些标准的册子，把它们也放在案头，以备使用。

3. 提高文字能力的准备

提升稿件文字水平是编辑加工的任务之一。初做编辑工作的同志大多需要学习有关的知识。不妨找一本简明的现代汉语读本，认真学习一下语法修辞知识。再找一本说明标点符号用法的书，结合例句好好读一读。为了改稿时弄清字、词的含义和用法，案头还需准备一部《现代汉语词典》，以方便随时查阅。

4. 熟悉条目表的准备

如前所述，百科全书的条目系统是有机统一的整体。因此，在编辑加工之前还应当阅读本学科或门类的条目表，熟悉框架体系和条目的设置，弄清楚每一个条目在框架中的位置，它们同哪些条目有内容上的关联，以便把握住条目的内容范围，以及它们同相关条目的分工、配合关系。掌握了这些情况，你就能对稿件中有关的问题作出正确判断，进行恰当的处理。另外，熟悉了条目表，还能够帮助你掌握条目的组群关系，做好组群加工的工作，并且帮助你对编辑加工的进度作出安排。当然，预先熟悉条目表，主要是针对新接手工作的同志讲的：这些同志没有参加条目表的制定，对本学科或门类的框架和条目不够了解。如果参加过这项工作，就可以免去这一步骤，只需把条目表置于案头，供编辑加工时查用即可。

5. 确定学科门类附加规则的准备

这里说的学科门类附加规则，主要是指各学科门类自用的条目分类编写提纲。在《全书》第二版“编写体例”中已有 14 类条目的编写提纲。但它们或者属于各学科门类共有的条目类型（如人物条目、著作条目、学科或分支学科概述条目），或者虽然能够涵盖各学科门类一部分特有的条目类型，但因是作跨学科门类的高度概括而使得内容过于抽象（如基本概念条目、事实和现象条目），不便于用来规范条目的撰写。为了弥补这一缺陷，有些学科门类在撰稿之前专门拟订了供本学科门类使用的条目分类编写提纲，例如考古、文物部分有 14 类条目的编写提纲，民俗部分有 29 类条目的编写提纲。这不但可为作者撰稿提供帮助，还可为编辑审稿和加工稿件提供依据。目前并非所有的学科门类都有这种提纲。假如你所负责的部分事先没有拟订，那么就需要翻查《全书》第一版相应的卷册，了解一下本学科或门类主要有哪些学科性条目的类型，每种类型大体上需要包括哪些内容项目，这些项目大致应有怎样的先后顺序。必要时还可参看《全书（简明版）》《大美百科全书》，以及《简明不列颠百科全书》中同样类型的条目。如果条件允许，最好能在经过上述调研后补拟出这些类型的编写提纲。假如没有条件拟订，由于你已经作了调研，在接下来的编辑加工中，就不会对本学科或门类不同类型条目的内容要求心中完全无数。

除此之外，还需要在调研基础上，对本学科或门类条目释文中一些常见问题的处理方式作出统一规定，这也可归入附加规则的范围。例如，在《全书》第一版中，考古部分的史前文化条目和遗址条目在介绍用现代科技方法测出的年代时，均说明是用哪一种方法测定。这次编第二版，经过同人类学部分的责任编辑协商，确定不再交代所采用的方法，而是直接介绍文化或遗址的年代。有了这一规则，就可在编辑加工中按统一的规格处理。再如，民俗部分的作者习惯于用引文，而按照全书体例规定应当尽可能不用引文。经过研究，觉得假如简单化地执行规定，将会失去民俗知识的特点，作者也难以接受（中国历史和中国哲学部分也存在类似问题）。于是决定在执行体例规定时适当放宽标准，把有些虽然超出规定所允许的范围，但确实有助于说明问题，又不太难懂，而且使用后能增添条目的中国传统文化色彩的精彩引文保留下来。事先确定这样一种方案（规则），加工稿件时就有了准则。

以上 5 项准备，在编辑加工开始之前要尽可能做好。

（六）百科全书条目稿件编辑加工的步骤

跟做任何复杂的工作一样，进行条目稿件编辑加工需要有一定的步骤。首先是在加工一个条目之前，要通读全文，以求对条目的内容、结构等获得基本的了解，并且对大致要作哪些修改做到心中有数。其次是在修改、整理时要有一个大体上的先后顺序：原则上是先整体性问题，后局部性问题；先实质性问题，后技术性问题。整体性和实质性问题中最突出的，是有没有写得文不对题，所写是否为百科全书条目（例如有的写成了论文），以及内容有没有大的缺失和错误等。但这些问题在审稿阶段已作为重点请作者解决，进入编辑加工阶段以后一般来说不会出现。因此对它们的处理，可不归入编辑加工的范围，万一遇见时，仍可请专家帮助解决。通常在加工过程中需要先行处理的问题有：条目内容方面一般性的遗漏和错误，局部内容的跨疆越界，释文的结构和层次安排不妥，大的逻辑关系失当，以及定义或定性语写得不够准确等。接着需要处理的是条目写得偏专偏深，带有某种程度的议论文或记叙文色彩，条目字数超标，条头和释文内容有小的失误等。解决了这些问题之后，就可对文字表述上的缺陷，推荐书目中的问题进行处理。至于书稿格式、条头中的外国人名格式、地名格式、年代写法、数字用法、计量单位名称用法等技术规格问题，以及设置文内参见、选择索引主题问题，则可在改稿过程中顺带解决，也可待其他问题处理完毕后，分项目一次性解决。对图稿的处理也要有合理的步骤。首先是确定图片内容是否有误，图文关系是否正确，如有错误需请作者换图，或由美术编辑另找图片。接下来再解决图题、图注中存在的问题。当然，上述加工的先后次序不是绝对的，在实际操作中可根据稿件情况灵活掌握。但它作为一种改稿的路径和处理稿件中问题的方法，在工作中还是需要大体上遵循的。不难想象，假如对稿件中写了什么尚不了解，对存在哪些问题心里无数，拿起稿件就急忙修改，说不定改完后会发现没有抓住症结。又假如先处理细节问题，花了不少的力气，回过头来再进行内容、篇章结构方面的大修改，很可能改过之后，发现前面对细部的改动大部分都白做了。而且如果是在纸稿上改，改来改去，稿面的整洁还会受到影响。

以上所讲是单篇条目加工的步骤。然而如前所述，百科全书条目稿件的加工处理离不开组群加工，对于一个条目组群（例如学科门类中的分支组群）来说，在完成单独条目的加工之后，还要进行组群内部条目之间关系的处理。当然，涉及条目之间关系的修改，有些在单篇稿件加工时已经进行，例如删除条目中明显跨疆越界的部分，消除条目之间明显的内容不一致等。但不少问题在单篇稿件加工时不容易发现，因此要把相关条目放在一起对照检查，找出问题后加以解决。为了避免多余的劳动，此时最好先处理掉条目之间过量的交叉重复内容，然后再对其他方面的问题作分项检查和处理。除此之外，在组群加工过程中，有时会发现有关联的条目在内容上可以互补，如有必要，就应补做文内参见，把有关联的条目连接起来，以便读者查阅时由此及彼，获得内容上的补充。另外，有时为了删除多余的交叉重复内容，也要设置文内参见，以确保从一条目中删减掉同另一条目相重的内容后，可借助参见另一条目来弥补本身内容的不足。以上两项，亦属于组群加工中需要完成的工作，其中前一项可在发现需要设置时随手加设，后一项应同删除多余的交叉重复内容结合起来完成。在此需要强调的是，学科门类内部的条目组群加工，是学科编辑必须承担的工作。要纠正那种把单篇条目的加工当成编辑加工工作全部的片面认识，为此百科全书编辑必须在头脑中树立起条目组群意识。另外还需要说明的是，我们正在编纂的《全书》第二版是统编型综合性百科全书，因此，当学科门类内部条目组群的编辑加工完成之后，还要进行跨学科门类条目关系的处理。按照目前的设想，到那时将以关系密切的相邻学科门类为组群进行加工整理。组群的范围虽然扩大，工作的内容大体上相仿。不过这属于学科门类审稿加工阶段以后的任务，具体的工作方式尚待编辑部研究确定，今天就不再多讲。

二、大型综合性百科全书条目稿件编辑加工的项目

以下结合《全书》第二版的编纂工作，讲一讲大型综合性百科全书条目稿件编辑加工的项目。因为目的是为《全书》第二版的编纂工作服务，所以讲述中涉及的修改标准，均以第二版“编写体例”为依据。讲编辑加工项目多半离不开实例，目前我接触的主要是《全书》第二版考古、文物和民俗部分的稿件，故所举以这几个部分的居多。另外，在举办这次培训班之前，编辑部曾委托我审阅哲学、美术、轻工等学科门类的试改稿，为了准备这次讲座，我还了解了中国文学部分几篇稿件的修改情况，因此所举也有属于这几个学科门类的实例。除此之外，出于讲述的需要，有时还以过去审稿、改稿中遇到的情况为例。关于编辑加工的项目，金常政先生在《百科全书学》中归纳为删、改、核、统、编五个方面；杨祖熙、徐庆凯先生所著《专科辞典学》虽然不是讲百科全书编纂的，但对象同属于辞书，内容可供参考，此书所作归纳，为删、补、改、核、统、交六个方面。今天所讲，同这两部书中的分法不完全相同，力求更加具体，不过大的方面并无冲突。在此要告诉大家的是，大型综合性百科全书条目稿件编辑加工的内容非常丰富，几乎每个项目

都可以再作为专题展开，但今天因为时间关系，只能给大家作粗线条的勾画。以下共分为 15 个项目讲述，它们的先后次序，同编辑加工的步骤并无关系，是按内容本身的逻辑关系进行排列。

（一）补充释文中遗漏的内容

这既包括按照体例的要求进行补充，也包括对知识内容作一般性的增补。前一种补充同百科全书的性质，综合性百科全书的综合性要求有关，在此作为重点讲述，它们大致包括以下几种情况：

1. 补充遗漏的内容要素

百科全书是详备的工具书，条目内容应当完整，要对主题范围内方方面面的知识进行介绍，用以满足读者多样化的检索需求。这方方面面的知识可以归纳为各种内容要素（项目），对它们通常以制定条目分类编写提纲的方式加以规定。前面曾经谈到，在《全书》第二版“编写体例”中列有 14 类条目的编写提纲。我们在加工这些类型条目的稿件时应以它们为依据，对内容项目有缺漏的进行补充。例如学派和流派条目的编写提纲是：

（1）定义或定性语；

（2）词源；

（3）创立的年代，产生的时代背景，所在的国家，形成和演变的过程（简史）；

（4）创始人和代表人物；

（5）主要观点和理论，代表性著作或作品；

（6）同其他学派或流派的关系；

（7）作用和影响。

很明显，有了这个提纲，就把学派和流派条目应当写入哪些方面的内容框定了，我们便可据以检查条目内容的项目是否已经写全，如有缺项则进行增补。例如，美术部分试改条目中有流派条目“巡回展览画派”，条中缺少同其他画派关系的介绍，便可据编写提纲补入，说明“19 世纪末此画派曾受到印象派的影响，在画作中注意表现外光色彩，并运用强烈的色彩对比”。又如轻工部分的试改条目“玻璃工艺品”中没有介绍起源和发展，亦需寻找资料补入。另外，如果是“编写体例”中没有列出编写提纲的条目类型，也要据本学科或门类拟订的编写提纲进行检查（或与调研中掌握的同类型条目的内容要求对照检查），对其中有缺项的进行增补。经验表明，作者撰写条目往往不习惯于百科全书式的内容完整，会把一些必须写的项目漏掉。我们在加工稿件时，要尽可能把项目补齐。

2. 补充遗漏的其他学科门类的知识

需要作这方面补充的仅限于几个学科门类共有的条目。这种补充是统编型综合性百科全书特有的要求。大家知道，《全书》第一版是按学科门类分卷的综合性百科全书，不同的卷里常见相同的条目，如《考古学》《美术》《文物•博物馆》和《中国地理》卷都有“敦煌石窟”“云冈石窟”条。而《全书》第二版已改为统编型综合性百科全书，它把 80 多个学科门类打通后放在一起，凡是见于几个学科门类的条目在书中只允许出现一次，如“敦煌石窟”“云冈石窟”就只能各有一条。于是这种条目便具有了综合性，需要把所涉及的学科门类的有关内容都包括进去（可以以一个学科门类的内容为主）。但这种条目一般是由一个学科或门类的作者撰写，难免遗漏掉本应包括的其他学科门类的内容。我们在加工稿件时如发现这方面的问题，就需要按照综合性的要求增补。例如，《全书》第一版《考古学》卷有“懿德太子墓”条，《美术》卷有“李重润墓壁画”条（李重润为懿德太子名），前一条侧重于墓中壁画的历史、考古价值的介绍，后一条注重壁画艺术价值的说明。编《全书》第二版时，两个条目被合并成“懿德太子墓”一条，内容本应兼收并蓄。但此条由考古部分的作者撰写，忽略了美术门类的要求，没有介绍壁画的艺术价值。在进行加工时，就需要把原“李重润墓壁画”条中有关的内容移植过来，补入原稿。或可加一段说明：“此墓的壁画构图宏伟，技艺精湛，显示了唐初人物画、山水画、宫室画的时代风貌。”假如这种内容有缺失的综合性条目是第二版中新设的，第一版的有关卷册中没有可移植的内容，加工稿件时就需要另外寻找资料进行补充。

3. 补充遗漏的国外部分的内容

有一些条目的主题涵盖中外，属于世界性条目，对它们要防止国外内容的缺失。例如，民俗部分有“嫡长继承制”条，作者原稿中只写了中国的嫡长继承制，实际上国外也有长子继承习俗。对于此条的内容缺失，可根据《全书》第一版《民族》卷的有关条目进行补充，在释文中增加一段话：“在东南亚，缅甸的王位由长子继承。到 19 世纪，新西兰的毛利人仍由长子继承酋长。”当然，如果从第一版里找不到可以移植的内容，也需要另外查找资料以作补充。

4. 补充漏写的定义或定性语

百科全书是知识类辞书，这一类辞书的释文通常在起始处以实质性定义揭示条目概念的内涵，说明所介绍的对象“是什么”，《全书》第二版的条目释文亦要求采取此种形式。如果该写定义而未写，便需要补上。例如文物部分的“虎门炮台”条原稿缺定义，一开始就介绍炮台的地点，就需要在前面加写定义：“鸦片战争中广东守军抗击英军入侵的炮台。”另外，有些个体的人、地、事、物条目很难下定义，需采取将对象归类的方式，加写定性语。例如，考古部分“新干商墓”条原稿从墓的发现经过写起，便需改为从定性语开始，说明此墓是“商代晚期墓葬”。需要注意的是，有时不是作者没有写，而是定义或定性语被隐藏在释文之中。遇此种情况，应把它们移至释文的起始处。定义或定性语是条目分类编写提纲的组成部分，前面所讲的补齐内容要素，实际上已经包括了补充漏写的定义或定性语。但因为定义和定性语对于百科全书条目具有特殊意义，所以单列一项举例说明。

5. 补充重要的不同学术见解

百科全书作为工具书，条目要按照通行的学术观点撰写，为读者提供规范的知识；同时客观介绍重要的不同学术见解，以便读者对相关情况获得全面的了解。然而有些作者写惯了论文、专著，常会忽略对不同学术见解的介绍（有时是有意回避），若遇此种情况需要补入。例如，哲学部分的试改条目“玄学”条在介绍玄学的发展阶段时，把第四阶段定为僧人以玄学解释佛学的“玄佛合流时期”，而《全书》第一版《中国历史》卷“玄学”条所介绍的却是另外一种见解，即以张湛的玄学思想作为第四阶段的代表，把玄佛合流归为佛学思想的范畴。这表明在玄学发展第四阶段性质的问题上，有重要的不同学术观点并存，因此就有必要对试改条目“玄学”条进行补充。或可把原来所写的观点作为主观点对待，然后再简要地提到另外一种见解。又如，考古部分的“龙骨坡遗址”条，在谈到遗址中出土的古人类化石时说，“国内有专家认为不属于直立人而属于猿类，国外有专家认为属于能人”，却漏掉了发掘者认为此化石属于直立人的见解，对此也需要补上。

除以上 5 类按照体例规定所作的内容补充外，对于知识内容的一般性缺失也要增补。例如，考古部分试写条目“仰韶文化”条原稿介绍此文化的原始艺术品时，只限于谈彩陶，实际上此文化的陶塑艺术品也很突出，改稿时作了补充。又如，当初《全书》第一版《中国传统医学》卷出修订版时，“切诊”条的原稿没有说明在临床上切诊必须同望诊、闻诊、问诊相参合，才能全面诊断出病情，发现后补入了这方面内容。

（二）改正释文中错误或不够准确的内容

内容有误（或不够准确）对于任何书籍来说都是硬伤，历来在编辑加工时作为重点问题对待。百科全书为读者提供标准的知识，内容不正确（或不够准确）会使一部百科全书丧失科学性和权威性，因此加工稿件时必须高度重视改正错误的工作。

1. 改正错误的事实性资料

例如考古部分“侯马晋城”条原稿中说，“牛村古城南和呈王古城东南发现数处大规模的祭祀遗址和盟誓遗址”。事实上牛村古城南并未发现祭祀遗址和盟誓遗址，只有铸铜作坊遗址。又如考古部分的“大洞遗址”条原稿中说，此遗址出土古人类牙齿化石 2 枚，而目前已出土 5 枚。对以上事实性错误均须加以改正。

2. 修改不准确的名称

例如考古部分“妇好墓”条原稿中说，“出土物现藏中国科学院考古研究所、中国历史博物馆和河南省博物馆”，所列 3 个机构使用的都是旧名。应分别将它们改为现名：“中国社会科学院考古研究所”“中国国家博物馆”和“河南省博物院”。又如在美术部分试改条目“巡回展览画派”和“俄罗斯博物馆”条中，地名“圣彼得堡”均被误写成“彼得堡”，这也需要改正过来。

3. 改正用错的概念

例如民俗部分的“服饰民俗”条原稿，把猿人、智人、现代人列为前后发展的不同阶段，也就是说，把现代人当作比智人晚的人类发展阶段。其实在古人类学上，智人包括早期智人（尼安德特人）和晚期智人（克罗马农人），其中晚期智人就是解剖结构上的现代人。故不能将现代人同猿人、智人放在一起排列，正确的排法是猿人、早期智人、晚期智人（现代人）。上述错误属于概念理解上的错误，改稿时需加以纠正。由于此条是为介绍服饰演变而划分发展阶段，似不一定套用古人类学上的人类进化阶段，或可采用其他划分方法，例如区分为旧石器时代和新石器时代的人类，史前时代和文明时代的人类，古代人和现代人等。

4. 纠正错误的结论

例如在编《全书（简明版）》时，考古部分“良渚文化”条的作者在所写原稿中，根据此文化多玉器的特点，得出此文化处于玉器时代的结论。然而考古学上划分时代，是以在生产中起主要作用的工具的质料为依据，在人类古代历史上，先后经历过旧石器时代、中石器时代、新石器时代、铜石并用时代、青铜时代和早期铁器时代。而玉料主要用于制作饰物和祭器，玉器在生产中从未发挥过重要作用，以玉器为标志划分时代在考古学上并不成立。因此在加工稿件时，经过向权威专家请教，将此不正确的结论删除，仍然维持了《全书》第一版关于此文化处于新石器时代晚期的结论。

5. 调整失当的归类

例如轻工部分的试改条目“服装绿色设计”中，介绍了此种设计包括的内容，其中第 5 项是“建立数据库”。然而建立数据库是设计准备工作，或对设计起支持作用的措施，不属于设计工作本身，把建立数据库归入服装设计的内容应属归类不当。加工稿件时或可把第 5 项移出，放到此条的其他部分讲述。

6. 修改不准确的定义

定义在释文中地位特殊，故将修改不准确定义的问题单列一项进行讲述。实例之一是“玄学”条，原稿中的定义为“中国魏晋时期出现的一种崇尚老庄的思潮”。这个定义的不准确处在于：玄学是以老庄思想解释儒家经典，把儒学和道学结合起来，不是单纯崇尚老庄。另外，玄学仅存在于魏晋时期，以后消失，定义中说魏晋时期出现，会使人误以为魏晋以后还存在。参照《全书》第一版《中国历史》卷“玄学”条的定义，可将此定义改为“魏晋时期以老庄思想为骨架糅合儒家经义的哲学思潮”。实例之二是“虎门炮台”条，此条在作者修改稿中写的定义为“鸦片战争中抗击英军入侵的炮台”，不够准确，因为当时并非只有虎门炮台守军抗击英军，在吴淞口炮台也发生过战事。此定义的不当处在于定义过宽，需要在“抗击”前面加限制语，故加工时改为“鸦片战争中广东守军抗击英军入侵的炮台”。需要告诉大家的是，为了保证定义内容的准确，下定义时要遵循许多规则。因时间关系在这里不能多讲，具体要求可参看黄鸿森先生的文章《百科全书的定义和定性叙述》（见黄先生论文集《百科全书编纂求索》，中国大百科全书出版社 1994 年出版）。

在此要强调的一点是，为了改正稿件中错误或不准确的内容，必须重视资料核对工作。编辑如果对稿件中所用的资料产生疑问就应当核查。核查所依据的必须是有权威性的专业书籍和工具书。不过因为百科全书对资料准确性的要求特别严格，仅仅进行这种方式的核查远远不够，还需要根据本学科或门类的具体情况，选择一些容易发生差错的项目进行普查，如年代、数据、名称、引文等，这将会大大降低稿件中事实性资料的差错率。在编《全书》第一版时，不少学科、门类都做了这项工作，建议大家在编第二版时也采取重点项目普查的方法。如果时间不允许，可把这种普查作为编辑加工的一种延伸，承包给专家进行。编第一版时，《考古学》卷的资料核对工作，主要即由此卷各分支学科的编写组成员负责完成。另外需要注意的是，事实和名称的错误有时是因资料陈旧而造成，前述“妇好墓”和“大洞遗址”条中的差错，便是资料陈旧所导致。这一情况应当引起我们的重视，因为《全书》第二版以第一版为基础，许多条目都是在第一版基础上改写，而第一版已出书多年，其中难免有过时的资料。因此在加工第二版条目时，要对沿用的第一版原有资料进行分辨，凡是过时的要予以更新。总而言之，为了保证第二版的科学性和权威性，请大家务必重视资料核对工作。

（三）调整不符合格式化要求的释文结构

百科全书条目的释文要求格式化：它以定性叙述为起始（其中包含定义或定性语），后面将不同方面的内容分别集中，区分为不同的内容项目；同一类型条目的内容项目大致相同，并且大体上按相同的先后次序排列（条目分类编写提纲反映出这种格式）。在篇幅较长的释文中，一些大的内容项目之前还设置层次标题。释文格式化的目的是为了便于检索——内容分项、结构分明、眉目清晰的条目释文，能让读者便捷地查到所需要的知识。在加工稿件时，对不符合格式化标准的释文要进行修改。

1. 调整释文结构

例如考古部分的“新干商墓”条，原稿中没有定性叙述，释文一开始就讲发现经过，本应包含在定性叙述中讲述的内容被分散在后面的释文中介绍。整条释文内容散乱，未按内容分项，不符合格式化要求。对这个条目进行加工，首先是要把定性叙述中应当包含的内容从释文中提取出来，集中到第一段。这包括先写定性语：“商代晚期墓葬。”继写墓葬地点：“位于江西省新干县大洋洲乡。”再写发现、发掘年代及出土物收藏地点：“1989 年发现并发掘，出土物收藏在江西省博物馆。”接着写墓葬的年代和考古、历史价值：“此墓的发现，首次表明长江以南地区早在 3000 多年前已存在发达的青铜文明。”对于定性叙述之后的释文部分，则可根据墓葬条目编写提纲的要求，以及释文里实际包含的内容，分作“墓葬形制”“随葬器物”两部分，把原来散乱的内容按此两个项目集中，以使整个释文条理化起来。经过这样的修改，释文结构便达到格式化标准。

2. 补设层次标题

如果释文在层次结构上符合要求，但篇幅较长，却未设层次标题，便需要在每个大的结构部分的开端加设。例如，民俗部分的“占卜”条和“梳妆”条原来没有层标，根据释文中所讲的内容和段落划分，可分别补设两个层标：前一条是“占卜的历史”和“占卜的种类”，后一条是“传统的梳妆”和“现代女性的梳妆”。又如，有些条目分中外两部分介绍，有些条目分古今介绍，如果需要加设层标，可分别标为“中国”“外国”，“古代”“现代”（或“近现代”）。加设了层标以后，读者对释文中内容的安排便可一目了然，需要了解哪方面的问题，可到相应的部分去查找。通常 1500 字以上的条目可设层次标题；有时出于特殊需要，千字以上的条目也可加设。另外，层次标题是释文中内容分项的标识，除必须准确外，还要求简明（尽量紧缩）。例如，“玄学”条原稿的4个层标为“玄学的产生”“基本特点”“发展的几个阶段”“历史地位”。学科编辑在加工时把第一个标题简化为“产生”，第三个标题简化为“发展阶段”，就改得很好。

（四）修改不符合百科全书文体要求的内容表述

百科全书的条目释文采用说明文体，以说明为宗旨，解说事物，阐明事理。但有些作者没有掌握好这种文体，撰写的条目在不同程度上带有议论文或记叙文色彩，加工稿件时要进行修改。

1. 纠正背离文体要求的议论文手法

出于表达的需要，释文中有时会局部、少量地使用判断、分析、评价一类议论笔法，这在《全书》第一版中可以见到。但不允许像写议论文体的学术论文那样作展开的考据和论证，更不允许对不同的学术观点进行驳论。

例如，在考古部分“陶寺文化”条原稿中，作者为了说明陶寺遗址地处夏墟中心区域，引用文献资料和考古材料，用100多字进行考据论证。这种写法明显背离百科文体，加工时作了修改，删去考据论证部分，直接将“陶寺遗址地处夏墟中心区域”这一结论告诉读者。又如，在《全书》第一版《考古学》卷“蓝田人”条原稿中，作者用自己的话语，以百余字篇幅对蓝田人原研究者的观点进行批驳，理由是这位研究者所说的蓝田人，包括了公王岭和陈家窝两个地点不属于同一时代的两块古人类化石。这种驳论手法不但超出说明文体范围，而且同百科全书客观介绍的原则相背离。加工稿件时作了修改，改后的文字如下：“经过古地磁法测定，公王岭地点的年代距今约100万年，陈家窝地点距今约65万年……公王岭头骨化石属于一个30多岁的女性……陈家窝的下颌骨属于一个老年女性。原研究者把它们归到一起，称为蓝田人。但不少学者认为，两个个体年龄有别，化石显示的原始性状不同，两个地点的时代又有先后之分，不应归到一起，建议把它们分别称为‘蓝田人’和‘陈家窝人’。”经过修改，既维持了作者原意，说清了问题，又不违背说明文体要求和客观介绍原则。

需要注意的是，在加工稿件时，除修改带有议论文色彩的语段外，还应注意在词语的使用上同议论文相区分。在议论文中，为了使文章有气势，有说服力，常常使用“毫无疑问”“必须强调”“应当说明”“需要指出”一类虚词虚语，这些在条目释文中不应当出现。对于同样可以增加气势的“不但……而且”“虽然……但是”等连接词，也要尽量少用。

2. 纠正背离文体要求的记叙文手法

记叙笔法在百科全书条目中有时也会用到，例如写人物经历、事件发展过程就离不开记叙。不过这种记叙不同于文艺作品中的记叙，它们概括、凝练、压缩，不铺陈细节，常常偏于抽象而不作形象描述。如果写得像文艺作品，就需要修改。例如文学部分的“格斯尔”条初稿，写格斯尔战胜巫婆的一段用了402个字，不但详述过程，而且作了许多形象的描画，完全像是在讲故事。如写巫婆“坐在高山顶上，口念咒语，右手挥动着黑旗，向格斯尔家乡送瘟神。瘟神一到，格斯尔草原上的草木连根倒下，成群的牛羊马驼死去，人们遭受了瘟疫和痛苦”。写格斯尔，说他“挺身而出”，“带着弓箭、宝刀，跳上了神驹枣骝马，出征讨伐妖婆。他一挥舞宝刀，便将瘟神赶回老巫婆处”。写两人搏斗同样使用这种手法，说“巫婆接连口念咒语不生效，她便抡起身旁的大黑铁棍，从神奇的小包里摔出大黑公驼，跳上驼背去与格斯尔可汗交锋”，“巫婆打不过格斯尔便逃窜……她变成雌雉飞去时，格斯尔变为凤凰追赶；雌雉变成毛驴跑，格斯尔变成灰狼追；毛驴在地上打滚变作老鼠钻进洞，格斯尔躲藏在远处，等她出洞上山时，他拉神弓一箭射死了妖婆”。这段释文无疑需要修改，或许可压缩为：“格斯尔可汗和蒙古族牧民一起过着和平富裕的生活。西北方山洞里的巫婆仇视格斯尔，企图毁灭他的家乡。她以咒语使那里的草木倒伏、牲畜死亡、人们患上瘟疫。格斯尔为民除害，讨伐妖婆，经过交锋，最后战胜了妖婆。”

另外，文艺笔法常常堆砌辞藻，而百科说明文体要求语言朴实、简洁。因此，即使在大的方面没有违背说明文体的要求，但表述时堆砌辞藻，又并非确有必要，就应当删改。例如“格斯尔”条讲述格斯尔的“事迹”，说他“深刻地揭露了形形色色的侵略者的罪恶行为”，其中状语“深刻地”和定语“形形色色的”就属于多余，全句可简化为“揭露了侵略者的罪行”。

（五）修改作者没有讲清楚的话语

我们请来为百科全书撰稿的作者，多是各学科和门类的专家，专业学识水平一般都在编辑之上。但有的作者文字表达能力欠佳，或写稿时下功夫不够，致使原稿中有的地方没有讲清楚，加工稿件时就需要帮助作者把意思讲明白。例如，考古部分“河南龙山文化”条的“社会发展状况”一段，原稿文字是：“从中小型聚落和城市的分化，大量出现单人墓和乱葬坑等现象看，当时的社会组织结构和社会成员已有了不同等级的划分，一些重要的文明因素，如城市、青铜器等也已产生。根据对文明程度的认识，有人认为河南龙山文化已进入文明时代，有的则认为河南龙山文化晚期才进入文明时代，还有的认为河南龙山文化是父系氏族社会末期。”在这段话中，作者把几种现象混杂在一起写，没有分别把它们交代清楚，使得内容有些含混。加工后把这段话改为：“河南龙山文化时期单人墓和乱葬坑并存，说明氏族成员之间已有等级分化。一批古城从普通聚落中分化出来，表明出现以城为核心的区域统治，可能已形成具有国家雏形的初期文明实体。根据青铜器、城市等文明因素的出现，有人认为此时已进入文明时代。但也有人认为当时还处于父系氏族社会末期，另有人则主张这一文化到晚期才进入文明时代。”经过替作者澄清思路，进行修改，再读起来就显得比较清晰、明白。

有的时候单从话语看似乎已经讲明白，但没有真正说到点子上，或意思没有讲透，也需要修改。例如，考古部分“瑶山遗址”条原稿中说，遗址中发现的墓地“是良渚文化中保存最好的祭坛墓地”，这句话没有把墓地的考古价值讲充分。改后为，“是迄今发现的中国新石器时代结构最规整，布局最严密，保存最完好的祭坛墓地”，也就是放在整个中国新石器时代考古的范围内进行评价。这样不但把墓地的考古价值讲得比较充分，而且由于眼界放宽，提升了结论的学术高度。又如，《全书》第一版《中国传统医学》卷修订版“四诊”条原稿中说：“四种诊法各有独特作用，必须综合运用。”乍一看似乎已讲明白，仔细推敲发现没有点透为什么要这么做，让人读后不能深刻领会。后改为:“四种诊法各有独特作用，只有综合运用，才能全面系统地掌握病情，对病征作出正确的判断。”这样才把意思讲清楚了。

要替作者修改没有讲清楚的话语，需要具有专业知识和一定的文字表达能力，这些是百科全书学科编辑必须具备的素养。

（六）增加释文的可读性

综合性百科全书面向非专业读者，编辑有责任让条目中的专业性内容能让读者看懂。对于作者写得偏专偏深的地方，加工时要作增加可读性方面的修改。

1. 压缩或删减偏专偏细的内容

过于专业化的内容通常不是非专业读者关注的重点，专业上的细节会增加阅读的难度，有时还降低读者阅读的兴趣。原稿中如有偏专偏细的地方，要尽量压缩或删除。例如，《全书》第一版《轻工》卷的“豆腐乳”条约 1200 字，其中用近 400 字介绍制作工艺，包括怎样以老豆腐为坯，接种装屉，保温培养，经过前发酵得到毛坯，再搓毛腌制装坛，加配料然后封坛，再经过后发酵得到成品。又怎样经过技术改进，将腌制和后发酵放在一个容器中进行。并介绍了红方、醉方、青方和桂花玫瑰一类别味腐乳，以及胡美玉腐乳、克山腐乳等不同种类的腐乳，在制作和配料上有什么不同。这样的介绍对于非专业读者显然偏专偏细，在加工《全书》第二版条目时，如果遇到这一类情况，需进行压缩。又例如，考古部分的“丁村遗址”条初稿中提到“双阳面石刀”，因这一名称过于专僻，编辑建议作者在文中进行解释。作者采纳了这一意见，用117字作了说明。原话为，当时“掌握了双阳面石刀打制技术，即以石片作为石核，由背面或台面向破裂面打片，打下来的石片背面为原石片的破裂面，背腹两面均为贝壳状特征的破裂阳面，因此，被称为‘双阳面石片’。其边沿由两个破裂面相交而成，一般适于切割，有的不加修整就可形成石刀”。不难看出，这段话用的是纯专业语言，专业术语密集，一般读者很不容易读懂。考虑到这种打制技术在石器工艺发展史上并无特殊重要意义，因此加工时作了删除，不再专门介绍“双阳面石刀”，而是将它同前面讲的“修背石刀”合并，简化为“石刀”。关于丁村石器的制作技术，则整个压缩成一句话：“石器的打制技术以锤击法为主，这一结论纠正了丁村石片多是以碰砧法产生的历史误解。”对于非专业读者来说，讲到这个程度应已经足够。

2. 减少生僻的专业术语和解释关键性的难词难点

作者写条目常常摆脱不了专业习惯，不善于用比较通俗的语言作深入浅出的介绍，其中包括喜欢罗列读者会感到生僻的专业术语。加工稿件时，如果专业术语能够用普通词语代替，不影响准确性，可以替换。例如考古部分的“观音洞文化”条原稿中说“打片采用锤击法”，其中“打片”为专业术语，让人费思索，具体含意为从石料上打下石片。加工稿件时考虑到这一文化在制作石器时，从石料上打下石片和对石片进行加工都使用锤击法，向普通读者介绍不需要分得那么细，便采取概括的方法，用普通用语“制作石器”替换了原来的“打片”，把这句话改为“制作石器主要采用锤击法”。

然而并不是所有的专业术语都能够用普通词语代替，出于科学性（准确、含义单一）的考虑，在许多情况下必须保留专业术语。这时，为了读者能够理解，就需要对关键性的难解术语作简单的解释。例如轻工部分的试改条目“服装”的原稿中讲到，“商周时期形成上衣下裳的服装形制，春秋战国之交形成深衣制”，其中的“深衣制”不大好懂。如果加一个注释性的定语，把这句话的后半部分改为“春秋战国之交形成上衣和下裳相连的深衣制”，就能帮助读者弄懂。又如考古部分的“客省庄文化”条原稿中说，出土物中有“陶纺轮”。如果作一简单解释，说出土物中有“用以捻线纺纱的陶纺轮”，读者就能了解陶纺轮的用途，解除心中的疑问。当然，如果生僻专业词汇所指称的事物另外设有专条，就可不进行解释，而是设置文内参见，让读者到对应的条目中去了解难词的含义。例如，有的考古条目谈到出土的青铜器中有“簋”“觚”，读者可能不知道它们是什么样的器物。而簋、觚另外设有条目，于是可把释文中提到的“簋”“觚”做成文内参见，指引读者通过参见释疑解惑。有时，释文中未出现同专条直接对应的名称，用的是又称或别名。这时可把又称或别名改成同专条条名一致的名称，然后做成文内参见。例如，哲学部分的试改条目“永嘉学派”的原稿中谈到，这个学派“至南宋，始与道学正统发生分歧”。读者或许不了解道学是什么，其实道学就是理学。哲学部分未设道学条，但有“理学”条。于是可把释文中的“道学”改为“理学”，再把“理学”做成文内参见。

3. 改抽象的介绍为直观具体的介绍

过于抽象的语言不容易理解，直观具体的介绍比较好懂，改抽象为具体能提高释文的可读性。例如，《全书》第一版《宗教》卷“印度教”条中说，“一个人转世的形态取决于他本人在世的行为”，其中的“形态”和“行为”过于抽象。如果参考《美国百科全书》的“印度教”条，将这句话改成“一个人死后，转世为人还是牲畜，升天堂还是下地狱，取决于他在世时做善事还是做恶事”，就浅显明白得多。另外，补充实例有时也能够增强可读性。例如考古部分的“水下考古”条中说，“迄今为止，水下考古工作取得不少成果”，这句话比较抽象。如果增加实例，接着说，“在瑞士发掘出沉没于湖底的新石器时代村落，在埃及的亚历山大城找到沉没于地中海底的古代海港，在美国佛罗里达州发掘出水下的古印第安人墓葬，在韩国海域打捞了中国元代沉船，获得大量龙泉窑和景德镇窑的瓷器”，就能吸引读者的注意力，给他们留下较深刻的印象。而增加释文的吸引力，提高读者阅读的兴趣，也是加强可读性方面的一项要求。当然，进行上述修改应有一个前提，即补充的实例确实是条目内容所需要的。

必须指出的是，我们的许多学科编辑都是学习本专业出身，这就需要在编纂综合性百科全书时注意角色的转换，做到以普通读者的眼光审视稿件，按贴近读者的标准进行修改。

（七）协调条目之间的关系

百科全书的条目系统是有机组合的整体，在加工稿件时要协调好条目之间的关系。

1. 删除条目中跨疆越界的部分

即根据一条目在框架中的位置，明确此条目释文的范围，以及同他条目的分工关系，据此删除超出本条目“疆域”，属于他条目范围的部分。例如，编《全书》第一版时，《考古学》卷一篇仰韶文化遗址条目的原稿，用不少篇幅去说明什么是仰韶文化。然而此条为“仰韶文化”条的下属条目，作为子条重复母条的内容显然是跨疆越界，重复部分必须删除。又如，《全书》第二版民俗部分“婚姻习俗”条的原稿，以500多字篇幅去解释什么是婚姻。而第二版在法律部分设有“婚姻”条，两条有明确的分工关系：前一条介绍不同时代、不同民族的婚姻习俗，后一条对婚姻概念进行诠释。因此“婚姻习俗”条中越界解释婚姻的部分也必须删掉。上述第二例已属于学科门类之间的条目分工问题，本可在以后的全书统编审改阶段处理。不过问题既然已经发现，当然以及时修改为妥。

2. 解决相关联条目彼此衔接的问题

相互关联的条目在内容上要彼此衔接，以体现知识内在的联系，并便于读者参见。例如，在《全书》第一版《中国传统医学》卷修订版中，“四诊”为母条，“望诊”“闻诊”“问诊”“切诊”为子条，相互关联。其中从母条（总项）及于子条（分项）的衔接在释文中已经存在，因为介绍四诊时，必然分别谈到 4 种诊法。而从子条及于母条的衔接，则需经过专门的处理。加工这几个条目时采取的方法是，参照《中国传统医学》卷原卷，在 4 个子条目定义的后面分别加一句话：“为四诊之一。”然后把句中出现的母条条名“四诊”做成文内参见。经过这种处理，4 个子条便同母条衔接了起来。

3. 统一条目之间不一致的内容

在同一部百科全书中，如果不同的条目对同一个问题说法不一，读者将无所适从，因此必须进行统一。例如，民俗部分的“发式”条原稿中说满族男子实行“髡发”（剃发），“辫子”条原稿中说满族男子“留辫子”，两条说法不一，使人产生疑惑。查《中国风俗辞典》，实际的情况是满族男子把头顶前半部剃光，后面留一条发辫。据此把前一条改为“满族男子头顶的前半部实行髡发”，后一条改为“满族男子在脑后留一条发辫”，这样两条的说法便协调了起来。从以往来稿的情况看，条目之间有不一致并不罕见，这当同百科全书条目由多位作者撰写有关。编辑加工中较常见到的是年代、数据等事实性资料有出入，假若遇到，可通过核实资料进行统一。

4. 统一条目之间用法不一致的学术名词

《全书》第二版专有名词统一的标准由名词统一编辑在全书范围内核定，对于释文中的专有名词，学科编辑只需以经过统一编制的全书专有名词用法表校核，把不规范的词改正过来即可。学术名词的统一则大多由学科、门类自己完成，如果不同的作者对同一事物使用了不同的名称，一般须按专业上的规范用法使其一致。不过学术名词统一的问题有时不那么单纯，需由编辑根据情况独立作出判断。例如，一事物有两种叫法，都属于规范名称，编辑就要选择。像“放射性碳素断代”和“碳14测年”是同一种年代测定技术的两种不同名称，在不同的条目里如果交替使用，读者会误认为是两种不同的测年技术，编辑就需选定其中的一种。由于前一种叫法更为常见，便可选择按这种名称统一。又如墓葬在地面上的土堆，有的考古条目称为“封土”，有的考古条目称为“坟丘”。按专业标准衡量，前一种叫法更加规范，后一种名称也可以使用；如果替读者考虑，显然是第二种叫法比较易懂。考虑到《全书》第二版的非专业性质，便可按“坟丘”进行统一。有时同一个名称有两种含义，也需要编辑选择。如中国传统医学中有“证候”一词，一般将它等同于“证”，即概括了整个病机，包括病因、病位、病性、病势等，例如有肾气虚证、痰迷心窍证。但也有人把它等同于具体“症状”，例如发烧、便血等。两种含义并存，在同一部百科全书中只能取一种含义。考虑到这个学术名词的通常用法是等同于“证”，在加工《中国传统医学》卷修订版条目时，便选择了按“证”的含义使用。对个别条目中用以指发烧、便血等具体症状的“证候”，则改以“症状”一词来表示。

5. 统一同类型条目的格式

同类型条目在格式上应力求一致。例如考古部分的考古学文化条目（如“大汶口文化”），第一段为定性叙述，通常包括定性语、名称来源、分布地域、年代范围、在考古和历史研究方面的价值等内容。其后的释文，一般分经济生活、聚落和建筑、埋葬和习俗、精神文化、社会组织和社会发展状况、同其他文化的关系等项目介绍。在编辑加工中如果遇到个别未按此格式撰写的考古学文化条目，只要不是因为条目的实际内容不适合这样安排，就应当按照统一的格式进行调整。

6. 统一可比同型条目的定义表述方式

可比同型条目在定义形式上应力求一致。例如，在《中国传统医学》卷修订版里，“望诊”“闻诊”“问诊”“切诊”为可比同型条目。在原稿中，“望诊”条的定义是“中医运用视觉，对病人的神、色、形、态进行观察，以获取与疾病有关的诊断资料的方法”；“切诊”条的定义是“中医对患者体表进行触摸、按压，以诊断疾病的方法”。同是四诊之一，一条说是“获取与疾病有关的资料的方法”，一条说是“诊断疾病的方法”，这就显得不够严谨，缺少章法。经过权衡，加工稿件时，按“切诊”条中的写法作了统一。

7. 删减过量的交叉重复内容

百科全书条目因相互内容交叉而出现局部重复属于正常现象，但重复过量需要删减。例如，考古部分有唐太宗陵墓“昭陵”条，美术部分有介绍此陵六骏石刻的“昭陵六骏”条，两条内容有部分交叉。从两条分工的角度看，具体介绍六骏石刻的任务应由“昭陵六骏”条完成，“昭陵”条对此石刻只需点到为止。因此加工“昭陵”条时，就可删去原稿中关于六骏石刻的大部分内容，只告诉读者，“玄武门内东西两庑中原有驰名中外的昭陵六骏石刻，后 2 件流落美国，4 件保存于陕西省博物馆”。为便于读者了解这一组石刻，删减后可设文内参见，指引读者去参阅“昭陵六骏”条。此两条关系的处理也超出一学科范围，但两条关系清楚，需要解决的问题明显，不必留到下一工作阶段再去完成。

（八）压缩超标的条目字数

百科全书条目有严格的字数规定，遇条目字数超标需进行压缩。压缩的途径很多，前述删除或精简不符合百科文体的表述，压缩偏专偏细的内容，删减超量的交叉重复部分，均可减少条目的字数，除此之外大体上还有：

1. 改变介绍的方式

例如“巡回展览画派”条，原稿以叙述过程的方式介绍画派的成立，共用了 130 个字。然而此条为短条，篇幅上限为 500 字，原稿字数已超标，达到 880 字，用这么多的字数对画派的成立作展开式介绍显然不合宜。学科编辑在加工这一部分时，将叙述改为说明，删掉大部分文字，只交代，此画派于“1870 年 11 月 2 日成立，发起人是莫斯科画家米亚索耶多夫等”，总共只用了 27 个字，改得就很成功。改变介绍方式的路径很多，除改叙述为说明外，还可将分项介绍改为总体介绍，展开描述改为只指出特征，原文照录改为点出主题或说明要点等，均能收到压缩条目篇幅的效果。

2. 删除不必要的细节

还是这一条“巡回展览画派”，原稿以 93 个字介绍画派的首次展览，内容包括开幕日期、展出地点、参展人数、作品件数，以及获得好评的作品等。作为短条，这样的介绍过于具体。此画派总共举办过 48 次展览，专门提一下首次画展虽有必要，讲得过细就有些不妥。何况此画派成功的画展不止这一次，最具有代表性的作品并非在这次画展上展出。简单地交代一下画展开幕的日期、展出的地点，指出这次展览获得成功已经足够。从以往改稿的情况看，删去不必要的细节，是压缩条目字数常用的方法。

3. 删除缺少实际内容或同条目主题关系不大的话语

仍以“巡回展览画派”条为例。原稿在详细介绍了巡回展览协会的纲领之后，评价说：“巡回展览协会提出了目标鲜明的奋斗纲领，此纲领具有解决实际问题的求实精神。”本来前文对纲领的内容讲得已很具体，实在没有必要再添加这种缺少实际内容的评价，因此可将其删去。条中接着讲：“同时规定了凡有志于繁荣俄国民主艺术的美术家，都可申请入会，为共同的目标而奋斗。”如果是协会、团体条目，介绍入会条件或许有必要。但此条是流派条目，介绍这些就显得多余，所以也可以删除。

4. 合并不需要分开的段落

有些辞书的条目完全不分段；像《全书》这种大型百科全书，释文字数较多，有必要划分段落。但不能像一般文章那种分法，而是段落尽量要少。一些短条目可只分成定性叙述和主体部分两段，甚至完全不分段。原稿如果段落分多了，可以合并。例如“服装绿色设计”条原稿约2600字，分14段，学科编辑将其合并为5段。仅此一项，便减少版面字数156字，可见合并段落是有效的压缩篇幅的途径。

5. 精炼释文语言

在压缩条目篇幅时，精炼语言也是一种常用的方法。例如：

（1）用代词替换人物、事物的名称。如“玄学”条原稿中，在“玄学的兴起”层次标题下，“魏晋玄学”这一名称先后出现了3次。学科编辑在修改时，一律改用“它”来指代，总共减少9个字。这种方法可以普遍采用，但应以不造成语意混乱为前提。

（2）省略主语。首先是在释文起始接近条头的部分，可不重复条头词而省略主语直述（其中的定义还可省略谓语）。如民俗部分的“兜肚”条，加工时即采用了这种方式，紧接条头的释文为：“束挂在胸腹前的贴身小衣。又名肚兜、暖肚。明清时出现，为汉族传统服饰。常以柔软的布帛为料，略呈菱形，或扇形、葫芦形等。一般将上端平裁，形成两角，缀以带子，穿着时系套在颈间。”这种省略主语的方式，在百科全书和词典的释文中普遍应用。但不少作者因不熟悉这种形式，常在可以省略主语的地方重复条头词，加工条目时可予以删除。其次是一般主语的省略。如哲学部分试改条目“程颐”条中说：“他以形而上与形而下论述理与气的关系，他认为，理是形而上的，阴阳之气是形而下的……”其中的第二个“他”字即可删去（“认为”后面的逗点亦可省略）。

（3）以简化的语句代替字数多的原句。例如“永嘉学派”条在定义之后介绍词源说："因其代表人物多为浙江永嘉人，所以称永嘉学派。"这句话距离条头很近，完全不必重复出现"永嘉学派"一名，可把后一个分句"所以称永嘉学派"改为"故名"，这样就能节省5个字。

（4）删去多余的词语。如前所述，释文中应尽量不使用"不但……而且""虽然……但是"一类连接词。假如原稿中出现，省略后不影响文字表达即可删去。有时对连接词"因为……所以"也可删。另外，如非必要，结构助词"的"亦可省略。例如，"战国晚期的墓葬"同"战国晚期墓葬"在意思上并无区别，多数情况下可将"的"字删除。有时还可省略时态助词"了"。"了"字放在动词后面表示终止、完成，但并非终止、完成均需加"了"表示，因为有些动词本身即有完成的意思。例如"得到了人们的高度评价"（"巡回展览画派"条），其中"得到"已经表示完成，后面再加"了"字便是多余。上述各项以外，如遇原稿中出现废词、废语，则更加不应该保留，其中包括不必要的修饰词，以及同义重复的词等。例如"玄学"条中有一段话："自西晋短暂的统一之后，从永嘉之乱开始至东晋时代，社会处于动荡和分裂之中，给佛教的发展提供了良好的土壤，两晋时期佛教得到了很大的发展。"这段话可删之处就很多。或许可改成："自西晋永嘉之乱至东晋，社会动荡分裂，给佛教的传播提供了土壤，佛教得到很大的发展。"原话包括标点共66字，删减后为40字，减少了26个字。

从上可知，通过精炼语言减少字数有时效果明显。精炼语言不但有助于解决条目字数超标问题，而且语言精练本身就是百科全书文体的要求。加工稿件时在这方面需要多加用心。

（九）改正文字表达方面的错误

作为半经典著作，百科全书在文字表达方面应该成为典范。然而因为作者表达水平的原因，或抄录稿件、录入电脑时发生差错，部分原稿在文字上会出现错误，加工稿件时要进行修改。

1. 改正错字漏字和颠倒的字

例如：在有的考古条目中，把“玉璧”错写成“玉壁”；“巡回展览画派”条中，把俄国画家“米亚索耶多夫”写成“米索耶多夫”；“程颐”条中，把程颐在南宋时被追谥为“正公”，颠倒成追谥为“公正”。加工稿件时对这一类细微的差错切不可忽略，要以校对的眼光去发现和纠正。此外，还要注意在应当使用简化字时是否误用了繁体字，以及所写的简化字是否规范，检查和修改应以1986–06–24国务院批准重新发表的《简化字总表》为据。

2. 改正语法修辞上的错误

语法修辞错误的种类很多，以下据最近看稿中所见，举例说明对错误的修改：

（1）修改残句。例如“程颐”条原稿中说：“由于他割裂了事物之间的联系，把自生独化说成各自独立的毫无联系的东西，得出了独化于玄冥之境的思想。”这句话因为在句首“他”字前加了介词“由于”，使第一个分句成为介词结构，“他”字不再起主语作用，从而造成整个句子缺少主语。修改时可删去“由于”二字，使“他”字成为主语。又如“龙骨坡遗址”条原稿中说：“巫山人生活时期，庙宇盆地一带可能以阔叶林为主，兼有许多河沼的亚热带气候环境。”这句话缺少谓语，应在第二个分句的“可能”后面增加谓语“属于”，把全句改为：“巫山人生活时期，庙宇盆地一带可能属于以阔叶林为主，兼有许多河沼的亚热带气候环境。”

（2）纠正不当的用词。例如“绿色服装设计”条原稿中说，“选用各种不同程度和角度的绿色纤维和面料”，其中“程度”和“角度”二词使用不当。修改时可将“不同程度和角度”改为“不同种类”，或索性将“程度和角度”删去，直接说“不同的绿色纤维和面料”。又如“巡回展览画派”条原稿中说，“展览会除在圣彼得堡和莫斯科以外，还到俄国的其他城市展出”。这句话的不当之处在于“展览会”是不能“展出”的（作品可以展出），句中的主语和谓语不搭配。修改时，可把全句变为无主语句，改为：“除在圣彼得堡和莫斯科举办展览会以外，还到俄国的其他城市展出。”再如“格斯尔”条原稿中说，“他以行动体现了自己的诺言”。其中谓语“体现”和宾语“诺言”不搭配，应将“体现”改为“实现”，全句改成“他以行动实现了自己的诺言”。

（3）调整不当的词序。词序颠倒有时不仅影响文字本身，还会造成对内容的不正确理解。例如“绿色服装设计”条原稿中说：“要不断建立和充实绿色服装产品设计的数据库和知识库。”按照原话得出的意思，是为了进行绿色服装设计，要不断建立数据库和知识库。这显然不合常理。应当将句中的“不断”移后，放在“充实”前面，把全句改为“要建立和不断充实绿色服装产品设计的数据库和知识库”。

3. 改正逻辑关系上的错误

逻辑关系错误的一个典型例子，是考古部分“小孤山遗址”条原稿中的一段话：“发现哺乳动物化石 38 种，其中有适应寒冷环境的披毛犀和猛犸象，也有适合在温暖环境中生活的梅花鹿、中华貉和水牛，反映出人类在小孤山生活的时期，这一带有大片森林和草地，气候比较温和、湿润。”非常明显，从这一带既有适应寒冷环境的动物，又有适应温暖环境的动物，是不可能得出气候比较温和、湿润的结论的。经过核查资料，将“气候比较温和、湿润”，改为“气候冷暖相间”，这样逻辑关系就正确了。

4. 改正标点符号方面的错误

对于标点符号中的错误，应依照国家标准 GB/T15834—1995《标点符号用法》加以纠正。以下列举最近看过的稿件中带有普遍性的 3 种错误进行说明：

（1）不区分层次，一律使用顿号。例如“格斯尔”条中说：“史诗对反面人物形象的刻画也很成功：穷凶极恶的侵略者锡拉依高勒三汗、卑鄙、阴险的叛徒晁同、背叛丈夫投靠掠夺者的妃子茹格慕高娃等都个性突出。”句中三组人物的间隔和卑鄙、阴险二词的间隔不属于同一层次，却都使用了顿号，需要纠正。修改时，可只保留卑鄙、阴险二词之间的顿号，将其余两处顿号改为逗号。

（2）逗号同引号的关系不正确。例如“永嘉学派”条中说：“三是欧阳建的‘言尽意论’……认为‘理得于心，非言不畅；物定于彼，非名不辨，’主张言能尽意。”在这段话中，不是独立地引欧阳建的原话，而是作者在表述，引文只是表述话语中的非独立组成部分。所以‘非名不辨’后的逗号应当放在引号外面。假如是独立的引一句完整的话，后面的句号才放在引号里面，这时引号之前要用冒号。

（3）被分号分隔的部分没有夹着逗号。逗号和分号所分隔的是两个不同的层次，通常只有在已经使用了逗号的情况下，才可用分号进行上面一个层次的语句划分。例如：“贵族一般把房屋建造在石基上；文身亦用特殊图案；颈上佩带鲸须项圈。”这句话中只有一个需要划分的层次，分号隔开的部分没有再被逗号分隔，两处分号均可改为逗号。

（十）检查和处理条头中的问题

条头不仅是条目的标题，还是读者经由检索渠道进入条目的大门，所以对条头中的问题要认真对待。《全书》第二版“编写体例”规定，条头由汉语条名及其汉语拼音以及对应的外文组成，加工条目时大致应从以下几方面检查和处理：

1. 改正写错的汉语条名

加工时要通过对照条目表，检查条名有没有写错，如有错误务必改正过来。这不但是为了条目有正确的标题，还是为了防止在书编成之后，因索引表中的条名同正文条头不一致，而使检索发生障碍。有时稿件中的条头同条目表中的条名仅差一个字，例如编《全书》第一版时，条名“商代墓葬”在稿件中被写成“商代的墓葬”，意思并无区别，只是多了“的”字。对于这种差错也必须纠正，为的是确保百科全书的规范性，以及检索渠道百分之百的畅通。

2. 更改不恰当的条名

条目名称在拟定条目表的阶段就应当确定下来。不过这并不排除在编辑加工过程中对个别不恰当的条名进行更改。例如，在考古学上，墓葬的集中地被称为墓地。但在《全书》第一版《考古学》卷选条后产生的条目表中，个别墓地被称为“遗址”。加工稿件深入释文后，发现此处的遗迹仅有墓葬一种，如称为遗址过于宽泛，于是更改条名，把“遗址”改为“墓地”。当然，对编辑加工中的条头改动必须从严掌握，要注意保持条目表的稳定性。另外不应该忘记的是，如果在稿件上更改了，须及时把条目表中对应的条名也改过来。

3. 处理汉语拼音和外文条头方面的问题

条头中的汉语拼音和外文条头不单纯是汉语条头的附注，它们同样是读者通过检索渠道（书眉汉语拼音和外文索引）进入条目的大门。在加工条目时必须认真检查，如有缺漏要予以增补，发现差错则加以改正。关于外文条头的规格，“编写体例”中有许多具体规定，我们应严格执行，不放过任何细微的差错。例如，对于外国人物条目的条头外文先后顺序，“编写体例”从便于检索出发，要求采取姓前名后的形式。但有的作者把括附的外文仅仅理解成是汉语条头的附注，所以按照外文书写习惯，采用名前姓后的写法。遇到此种情况不能认为是无关紧要的小问题而放过，要严格按照体例规定改正过来。除此之外，人物条目的条头后面还要括附生卒年月日，对此也需检查核定。

（十一）检查和处理图片和表格方面的问题

图片和表格是百科全书条目的组成部分。对图片和表格的处理要结合释文内容进行。

1. 更换或舍弃有问题的图片

更换或舍弃有问题的图片，在编辑加工之前的审稿阶段便应该进行。不过到编辑加工阶段往往会有问题遗留下来，这时需要继续进行处理。其中首先是改换或舍弃内容有错误的图片，例如考古条目所配建筑遗迹图、古器物图或美术条目所配作品图出现张冠李戴，考古条目所配遗迹分布图、墓室结构图同实际情况不符等。如发生这种情况可请作者或图片编辑更换，或者舍弃不用。其次是如果图片所展示的对象，对于条目内容来说不具有代表性，那么在条件许可的情况下最好换图。例如考古部分的古城条目没有配平面布局图，却配了一幅并无代表意义的陶器图，美术部分的画家条目，所配作品图不是画家有代表性的画作，这些都要尽可能更换。再有就是换掉内容不适合读者对象的图片。例如在考古墓葬条目中，假如墓的结构没有值得特别关注之处，那么配置墓葬平剖面图对于读者便意义不大（专业性过强），而选配墓中出土的有价值古器物的图片，像精美的青铜器、玉器、漆器、三彩器的图片等，对读者来说就比较适合。最后是要检查同其他条目所配图片有无重复。重复往往出现于一些有典型意义的图片，假如发现，只能选择在一处使用。例如考古部分的“舞蹈纹彩陶盆”图被“彩陶”条和“马家窑文化”条同时选用，因这件陶器出自马家窑文化，而“彩陶”条的内容是世界性的，可供选择的其他彩陶图片很多，故可将此图片归于“马家窑文化”条使用。上述 4 种情况中的后两种，分别是增加条目可读性和协调条目之间关系两项工作在图片处理方面的延伸。

2. 检查和处理图题图注

作者交来的原图有时缺少图题，需要补上；假如图题不妥，则应修改。后一种情况如考古部分试改条目“中山王墓”原稿中的图题“错金银铜虎噬鹿器座”。其中“错”字的含义是镶嵌，将“金银铜”连用，会使人误以为是在器座上镶嵌金、银、铜。实际情况是在铜器座上镶嵌金银。修改时可把“铜”字移后，改为“错金银虎噬鹿铜器座”。《全书》第二版“编写体例”规定图片要有图注（简单的文字说明），但原稿未写图注是普遍现象。凡缺图注的要补写，虽有图注但写得不理想的要修改。后一种情况如“中山王墓”条“山字形铜器”图的图注，原稿中写得比较含糊，说它“是独具特色的仪仗类器物”。修改后改为，“此器可能安放在悬挂旗类的干柱顶端，是中山国具有特色的仪仗类器物”——既交代出它的用途，又指出具有中山国的特色。需要注意的是，在补写或改写图注时，要使它同释文中的介绍有所分工，避免出现雷同。

3. 写明图号并交代清楚图片和释文的对应关系

有些条目同时配有几幅图，这就需要给图片编号。凡没有写明图号的要补上，例如分别标注“图 1”“图 2”“图 3”。与此同时还要在释文中同图片内容对应的地方括注应见图片的序号，以告诉读者，在读到释文的这一部分时，可对照参看图片中的哪一幅。如果条目中只配了一幅图，就不必标注图号，在释文中对应的部位标出“（见图）”即可。

4. 检查处理表格中的问题

条目中的随文表格是释文内容的资料性补充。在编辑加工时要检查表格有无差错，纠正其中的错误；还要检查同释文有无矛盾，遇不一致处要进行统一。表格如有表题，对内容和文字要作斟酌。一个条目中如果不止一个表格，应写明序号，如“表 1”“表 2”。还要注意表格同释文的对应关系，在释文中需要参阅表格的地方括注应见表格的序号。条目中如果只有一个表格，不需标出表号，只需在释文中对应的部位注明“（见表）”。

从以往编纂百科全书的情况看，学科编辑一般不会忘记对表格的检查处理，但因为另有图片编辑，有的学科编辑会忽略图片方面的工作。因此有必要明确，检查和处理图片也是学科编辑的任务。在这方面，学科编辑同图片编辑的分工是：图片内容、图文关系、图题图注等由学科编辑负责，图片的技术处理及版面效果等由图片编辑负责。

（十二）检查和处理推荐书目中的问题

推荐书目为读者提供进一步了解条目主题的图书线索，是百科全书条目的有机组成部分。加工稿件时不可忘记对书目部分的检查处理。

1. 增设推荐书目

按照《全书》第二版“编写体例”的规定，中条及中条以上的条目可以开列推荐书目。有时作者原稿中没有书目，但从条目的长短和内容考虑又需要开列，此时宜尽可能增补。例如“服装”条，原稿未列书目。但此条篇幅在中条以上，主题内容非常丰富，条目为字数所限未能将内容充分展开，而有关服装的知识在当前又受到人们的关注，因此建议学科编辑尽可能补设。

2. 更换或删除不合宜的推荐书

《全书》第二版“编写体例”对推荐书目的选用标准作了许多规定，包括必须有权威性，适合普通读者阅读，而且是最佳和容易得到的版本等。这就要求我们仔细斟酌，更换或删去不合宜的推荐书。例如，有的外文书在国内无法找到，需要更换或删除。又如，有的推荐书偏于专深，应尽可能找相对易读，适合于非专业读者的书来替换。如编《全书》第一版时，考古条目“北京人”最初所列书目（当时称作参考书目）均为中外学者的学术性论文。为了面向普通读者，后来作了部分更换，另选了比较易懂的两篇：一篇是贾兰坡的《中国猿人及其文化》，一篇是郭沫若的《中国人类化石的发现和研究》。

3. 检查并处理推荐书目的著录项目

根据《全书》第二版“编写体例”的规定，推荐书的著录项目包括作者、译者、书名、版次、出版单位、出版地点和出版年份等，推荐文章的著录项目为作者、文章名、期刊名、期刊年号期号、出版单位和出版地点等。在处理书目时，对著录项目要仔细检查，如有遗漏需将其补齐，出现差错应予以纠正，顺序颠倒要进行调整。

（十三）设置文内参见

文内参见是隐含在条目释文中的检索渠道，作用在于把一个条目同另外的条目联系起来，帮助读者由此及彼进行参阅。有时通过设置文内参见，还可以帮助消除条目之间不必要的重复。从前一段来稿的情况看，多数作者在撰稿时未做设置文内参见的工作，这就要求学科编辑在加工稿件时补设。关于设置文内参见的规则，《全书》第二版“编写体例”中有具体规定。例如：依参见设置的位置，分为随文参见、段末参见和条末参见；按参见的表达形式，分为以文中楷体字显示的参见，括注参见，以及释文之末另起一行不加括号的参见。在加工条目时，可根据实际需要确定使用的种类。以下从大家交来的试改条目中选取实例，说明在何种情况下可以设置文内参见。

实例之一、之二是美术部分的试改条目“俄罗斯博物馆”中，提到世界名画《伏尔加河纤夫》，考古部分的“中山王墓”条中，谈到中国古代的器类“礼器”，这两个事物另外都有专条，均可安排参见，指引读者去查看。其中前者为俄罗斯博物馆重要藏品，设置参见，能让读者通过查看，获得关于俄罗斯博物馆藏品知识的补充；后者名称为读者可能会感到陌生的专业术语，设置参见，能使读者通过查看，扫除查阅“中山王墓”条时遇到的术语障碍。两处设参见的具体方法，是在两个名称下画绿色横线，表明它们是文内参见，在出书时应排成楷体字。实例之三是美术部分有“巡回展览画派”条和“俄罗斯美术”条，前一条可以参见后一条。参见的理由，是前一条虽然对画派作了介绍，但篇幅有限，不可能像大综述条“俄罗斯美术”那样，去介绍19世纪俄国美术发展的历史背景和整体面貌，而读者如果不了解这些，就不可能加深对这一画派的了解，例如它在怎样的历史背景下产生，在19世纪俄国美术的发展中起了怎样的作用等。在“巡回展览画派”条中设参见的方法，是在这一条的文末，另起一行设条末参见，直书“见俄罗斯美术”，并在“俄罗斯美术”几个字下画绿色横线。

以上三例，包括了“编写体例”中规定的需要设置文内参见的3种情况，即：设置参见后有助于给本条目补充内容，可扫除参阅本条目的术语障碍，可加深对本条目的理解。凡不属于这3种情况的，一般可不予设置。

下面根据“编写体例”的规定，谈一下设文内参见时应注意的问题：

1. 防止参见词同所参见条目的条名不一致

例如在“巡回展览画派”条中，俄国画家“H.H.格”的名字被做成文内参见。但在条目表中，这位画家姓的译法不是“格”而是“盖依”，于是出现了不统一。假如“盖依”的译法正确，便需要把“格”改成“盖依”，然后再画参见，否则读者将无法找到被参见的条目。为了避免这一类问题的发生，设参见时一定要查看条目表。

2. 防止设置扑空的文内参见

例如在“巡回展览画派”条中，俄国画家“米亚索耶多夫”的名字被做成文内参见。但这位画家在《全书》第一版里有条目，第二版里没有条目，如果设了参见，读者查找便会扑空。避免出现这种情况的办法，也是在设参见时查看条目表。除此之外还有另一种扑空，那就是在被参见条目中找不到供参见的内容。要防止这种情况发生，最有效的方法是在设参见时查看被参见条目的释文。如果其中没有可供参见的内容，这个参见就不能设。

3. 防止设参见时割裂有固定组合关系的词或词组

例如“程颐”条中说，他“提出了自己的格物致知说”，其中的“格物致知”被做成文内参见。然而“格物致知说”是有固定组合关系、结构紧密的复合词，不允许割裂开来设文内参见。因此此处的“格物致知”不能直接画作参见。解决的办法是设括注参见，即在“格物致知说”后面加括注“（见格物致知）”，再在括号中的“格物致知”下画绿色横线。

除以上 3 种需要避免的情况外，“编写体例”中还规定了设置文内参见的另外一些禁忌。大家若想了解，可以去查看。另外，如果有人对有关文内参见的问题感兴趣，可去阅读黄鸿森先生的论文《百科全书的参见系统》，此文亦收载于黄先生的论文集《百科全书编纂求索》（出版单位、出版年代见前）。

（十四）选择索引条

《全书》第二版设内容索引，它由全书条目及从释文中选出的索引条混合编排而成。索引条是释文中有检索价值的隐含知识主题，当释文基本改定后即可从中挑选。挑选索引条有一定的标准，即所选主题应能从释文中找到两项或两项以上有价值的内容要素。例如“服装”条的释文中讲到希顿服，说它是古希腊的一种服装，用别针连接布片制作而成。因提供的信息包含了两项实质性的内容，有检索价值，故可将“希顿服”选为索引条。索引条在书稿中的标记，是将索引词用绿色完全涂抹，以供索引编辑识别处理。

不过选择索引条不是简单、机械的工作，为了选出索引条，有时需要对稿件作一些处理。

1. 补充信息

如果选为索引条的知识主题在释文以外另有可作为补充的重要信息，可酌情进行增补。例如“中山王墓”条中讲到“中山王陵兆域图铜板”，说它出土于中山王陵 1 号墓，上面有以金银镶错的中山王陵平面图。因已包含了两项有价值的信息，这一主题可以入选为索引条。但除此之外，中山王陵兆域图还是中国已知最早的建筑规划设计图，这一信息也很重要。于是可在释文中补入，以使此索引条的知识含量更加丰富。另外，如果有的知识主题比较重要，但释文中提供的信息不充分，还可通过补充信息，使它达到入选标准。

2. 更改索引条主题词

如果入选的索引条主题词不够恰当，可进行更改。例如“中山王墓”条里讲到的王墓所在地灵寿故址被选为索引条，但“故址”的叫法未明确表达出此处是一处古城，目前更多是把这一考古发现称为“灵寿古城”。因此可将文中的“灵寿故址”改为“灵寿古城”，然后再以绿色涂抹。又如考古条目“长台关楚墓”中的木雕髹漆镇墓兽被选为索引条，但所用名称“木雕髹漆镇墓兽”缺少限定，使这件器物不易同其他同类器物相区分。为此可另拟专指此件器物的索引主题词：“长台关楚墓木雕髹漆镇墓兽”，将它写在稿纸边框，以绿色涂抹。需要变更索引词的通常还有外国人物，因为释文中的外国人名采用名前姓后的形式，而选为索引条，必须写成姓前名后。

另外，在一个条目中选择索引条，最好能结合相关条目的内容进行考虑。例如，在“巡回展览画派”条中讲到这一画派的经济支持人和收藏家“П.М.特列恰可夫”，从所包含的信息来看，此人已达到入选索引条的标准。但美术部分另有“特列恰可夫画廊”条，条中有对此人更为详细的介绍，“巡回展览画派”条中所讲没有超出它的范围。因此在加工“巡回展览画派”条时不必将此人选为索引条，可到加工“特列恰可夫画廊”条时再入选。也就是说，关于此人的信息，让读者到“特列恰可夫画廊”条中去获取。

同设置文内参见的工作一样，选择索引条的工作在组稿阶段曾向作者布置。但在原稿中选出索引条的是少数，故这项工作基本上也需由学科编辑来完成。

（十五）落实技术规格

条目稿件的技术规格虽然属于形式方面的细琐问题，但在编辑加工中必须留意。因为一部百科全书应当具有规范、统一的表现形式，这在出版工作中是起码的要求。何况其中有些规格或者属于国家标准，或者牵涉到百科全书的检索性问题，对它们就更加需要严格落实。技术规格的问题实际上在前面已经有所涉及，例如人物条目条头中拉丁文字外文的排列方式，推荐书目著录项目的先后顺序，文内参见的表达形式等。除此之外，《全书》第二版“编写体例”还对书写格式，书写要求，地名格式，年代用法，数字用法，计量单位名称用法，符号和代号用法，公式书写的格式，公式中符号解释的表述方式，繁体字、异体字和俗体字的使用规则，分列事项的表达形式等作了详细具体的规定。例如，中国古地名若与今地名不同，在一个条目中首次出现时，要括注今地名。世纪、年代、年份、月、日用阿拉伯数字表示，中国历史上的王朝纪年用汉字表示，同时用阿拉伯数字括注公历。释文中表达非物理量，一般情况下使用阿拉伯数字，但整数一至十，如果不是出现在具有统计意义的一组数字中，可以用汉字。在计量单位中，“公里”应改为用“千米”，“公斤”应改为用“千克”。上述规定中的数字用法，原则上以国家标准 GB/T5838—1995《出版物上数字用法的规定》为标准；计量单位名称的用法，以国家标准 GB/3100—93 ～ GB/3102—93 有关量和单位的若干方面的规定为依据。请大家在编辑加工时，严格按照“编写体例”的条款和国家标准进行检查，改正其中不符合规定之处。

以上只是粗线条地勾画了大型综合性百科全书条目稿件编辑加工的项目，对其中的细节问题尚未深入涉及，因此只能让大家对这项工作有一个概略的了解。大家在今后的实际操作中，肯定会逐步加深对这项工作的认识，从这个意义上说，今天的讲课仅仅是入门的引子。

本文修改完成于 2007 年 11 月

百科全书的体例和编纂中的体例工作

百科全书同其他种类的辞书一样，有严格的体例规范，体例工作是编纂工作的重要一环。本文拟探索百科全书体例的内容、作用和性质，探寻做好体例工作的途径。

一、百科全书的体例

辞书学界对于辞书体例有广狭不同的认识。本文遵从《中国大百科全书》编写条例的规定，赋予百科全书体例以广义的内容，将选收条目，撰写释文，使用图片、资料、学术名词和译名，执行书写格式和一般技术规格方面的规定，以及编制目录系统、索引系统、参见系统和附录等方面的规则一律归入体例范围（狭义的体例仅指释文规则）。把这些规则统一称作体例，可使问题单纯、明确，在实际编纂中有利于对它们的全面贯彻执行。

（一）内容和作用

百科全书的体例据百科全书的编纂方针制定，是编纂方针原则的具体化。它不但体现了辞书编纂规则，渗透着科学学、哲学、逻辑学、语言学、科学美学等方面的原理，而且某些部分还直接涉及学科或专题知识。一般说来，它主要应包括以下内容：

1. 有助于增强百科全书的知识性和资料性的规定

知识性是百科全书的基本属性之一，每部百科全书都要在自身范围和规模内为读者提供尽量充实的知识。为此，在体例中应要求条目具有知识内涵，去除套话、不着边际的空话、不言自明的赘语等一切水分，提高单位篇幅有效信息的密度，为读者介绍实实在在的有用知识。

资料性也是百科全书的重要属性。因为百科全书的资料大多是知识内容的组成部分，所以在增强资料性的同时就加强了知识性。为增加资料积累的数量，并能在提供检索方面发挥多种效用，在体例中应规定根据需要配置图片、地图、表格和参考书目等，同时明确配置时各自的具体要求。

2. 有助于实现全面性、概要性和系统性的规定

全面和概要是百科全书介绍知识的重要特点。为确保所介绍的知识在总体上无遗漏，应规定选条以知识分类（知识总体分类）及各学科和知识门类的体系或专题的知识划分为基础，从所介绍知识的总体出发，按主题的划分设条，而不是仅从术语和专有名词中产生条目。为使每一个条目内容完备，需规定释文遵循固定的模式，例如，必须有定性叙述（含定义）、词源解释、简史沿革、核心内容、参阅材料等若干层次，并要求不同类型的条目进一步依据本类型条目的典型编写提纲撰写（典型编写提纲为根据一部百科全书的性质和规模，对各类条目所包含内容的归纳和概括，同学科、门类或专题的知识内容直接相关）。全面还指对每一主题的重要不同研究成果兼收并蓄，故体例中应规定客观介绍原则，要求在介绍为主的学术观点时兼顾重要的不同见解。为实现概要，则需规定选条抓住主要脉络，释文务求精约，并根据本部百科全书的性质，确定条目大约选收至第几层。

作为“全面概述”的知识工具书，百科全书的内容应当具备系统性。上述选条以知识分类，以及学科和门类的体系或专题的知识划分为基础的规定，同时可使所选条目在宏观整体上具有系统性；关于释文遵守固定模式的要求，又可使每一个条目的内容系统而不杂乱。此外，对于重视系统性的百科全书来说，体例还应从本部百科全书的宗旨出发，确定条目的字数等级，规定各等级条目的比例关系，以保证全书拥有必要规模和数量的上、中层位条目，可对所介绍的对象进行较为系统的综述。

3. 有助于保证科学性和稳定性的规定

百科全书提供标准的知识，必须具有科学性和稳定性。为此需规定资料和论断要准确无误，有权威性的依据；所选条目应能反映新的发展，但必须是已经稳定的主题或已经形成的概念，释文内容也要在稳定的前提下求新。

4. 有助于加强检索性的规定

检索性也是百科全书的基本属性之一。为加强检索功能，体例中应规定：条目是独立的知识主题或如前所述是已经形成的概念，条目的标引词要贴切、规范，而且是通用的，目的是为读者检索提供能够想得到的条目主题及条头词，并能让读者准确地查寻到所需要的条目。字数较多的条目要设立层次标题，以使读者能便捷地找寻到所需要的答案。还应根据本部百科全书的宗旨确定最便于检索的编排方式，例如按音序编排或分类编排，并规定各种检索系统的编制标准，以使能发挥最佳的检索功效。此外，前文提到的释文遵循固定模式，亦可方便读者查找；释文开端设置定性叙述点明要旨，可提供简明的速检资料；恰当地规定条目的字数等级及各等级条目的比例关系，又使得可按易检原则确定知识分解的程度，并控制条目篇幅以利于快速查检。这些规定也都同加强检索性有关。

5. 使所介绍的知识适合于读者对象的规定

每部百科全书都要在体例中规定适合于主要读者对象的深浅度标准。例如，综合性百科全书以非专业读者为对象，即应规定不选过专、过细、过偏的条目，以适应普通读者的检索需求。还应规定在释文中简化或舍弃过专、过深的内容，不堆砌术语，能用文字讲明时一般不用公式，遇到关键性的艰深术语或内容难点时，采用适当的方式进行必要的解释等，以求尽可能使普通读者理解条目的大概内容。

在主要照顾某一读者群的同时，百科全书还要在一定幅度内满足不同类型读者的需求。为此，应规定释文有一定的知识纵深。例如可要求以定性叙述为介绍知识的起点，加上词源解释和简史沿革，提供较易读懂的知识；以核心内容为释文主体，提供一般的学科知识；以参阅材料为补充部分，介绍不同学术见解、有待解决课题、学术评价和研究趋势等带有学术性的内容。

6. 有助于实现思想性和政治性要求的规定

百科全书有思想性、政治性标准，中国的百科全书要以马列主义、毛泽东思想为指导，弘扬民族优秀文化。为此应规定：人文科学、社会科学学科选条以国内的学科体系为依托，撰写释文要给国内的研究成果以主体地位。在不贴政治标签、不穿靴戴帽的同时，对反面事物和错误观点据事实给予客观的评价。在全书的选条和撰写中，突出有关中国的内容，并避免遗漏中国古今重要的科学文化成就和有重要贡献的人物等。

百科全书不可能脱离现实政治。故体例中应要求，凡涉及政治性、政策性的问题，均应同党的有关决议和方针政策保持一致，同我国现行的宪法、法律不发生冲突。

7. 有助于运用恰当语言形式的规定

百科全书是传播科学知识的工具书，在语言表达方面有相应的要求。例如规定释文采用科学说明文体（包括局部采用记叙或议论手法），使用规范化的现代汉语书面语言。行文要准确、明晰、精练，语法要规范，逻辑要严谨，不采用文艺笔法和带有政论或感情色彩的语言等。

8. 有助于实现整体性目标的规定

百科全书由众多分散的条目和各类检索系统、附录等组成，体例中要格外强调整体性标准。为保持全书内在的逻辑一致性，应规定不允许释文中材料和论断出现矛盾（包括条目之间），文、图、表格要协调一致，条目、检索系统、附录要协调匹配。为做到均衡，应明确不同类型条目在字数方面的级别范围。如果是综合性百科全书，还需规定不同类型学科在人物、书刊等可比性条目及图片方面的大致比例。为防止互相脱节或累赘重叠，应要求相关条目衔接呼应，恰当分工，避免不必要的重复。为形式统一，应要求学术名词和专有名词（包括译名）的使用规范化，并对书写格式、一般技术规格和图片、地图的规格等作出具体和详细的规定。

从上可以看出，百科全书的体例有着严密的逻辑结构，它详细、周密地为一部百科全书规定了成品规格，起着保证全书不背离自身编纂宗旨的作用。因为百科全书是由众多作者和编者集体编纂而成，十分明显，制定这样一个“法规”来统一大家的认识和行动，对于提高编纂质量和保证进度，有着非常重要的意义。

（二）性质

百科全书体例的性质是一个值得探讨的问题。前文表明，百科全书的体例不外内容规范和形式规范两种成分。前者如条目是独立的知识主题，所介绍的知识要准确稳定，深浅度适宜，并符合思想性、政治性标准，释文要客观介绍各家研究成果等。后者如条目标引词要贴切、规范，内容表述要运用恰当的语言形式，学术名词和专有名词要规范统一等。而有些规定则兼有内容和形式两种规范的性质，如有关条目典型编写提纲的规定即属于此种情况。因此我们可以认为：百科全书体例是由百科全书的一般编纂原则和一部百科全书的特殊编纂要求所决定的内容和形式方面的规范。

但百科全书体例的这一实际内涵，与通行的关于辞书体例性质的说法不完全相同。目前大多认为辞书体例是属于辞书形式方面的东西。然而实际上不只是百科全书的体例不限于形式规范，词典的体例也是如此（关于后者，过去已见有文章部分谈及）。例如，同百科全书的条目典型编写提纲一样，词典的释文程式就显然不纯属形式规范，它首先是对知识内容的一种廓定。词典体例在照顾读者对象方面的要求，也同百科全书体例的有关规定一样，不仅涉及表述技巧，同时还牵涉知识内容的详略或取舍。出现上述不一致现象的原因有待探寻。或许是在对“体例”一词进行释义时没有深入考察现代辞书的体例，而是简单沿用了对体例一词的传统解释。总之，在分析百科全书体例的性质时似应从客观实际出发，而不是拘泥于原有的说法。

二、百科全书编纂中的体例工作

在百科全书编纂中，体例工作包括制定体例文件和贯彻体例两个环节。体例用以指导编纂，所以体例工作应当先行。

（一）制定体例文件

制定体例文件（编写体例、选条原则、撰稿人注意事项等）是百科全书总体设计的一部分。制定时可参考其他同类百科全书的体例规定，但尤其应把握住本部百科全书的性质和特点。

制定的文件最好分为两种，一种供出版社编辑和社外编审人员使用，一种供撰稿人使用。前者内容详尽，载有体例规定的一切细节及实现体例规定的有关方法，是指导整个编纂工作的完整的体例依据。后者尽可能简要，凡和撰稿无关，或可由编辑处理的问题，均无须交代，以免因规则过繁而使撰稿人不得要领。

制定综合性百科全书的体例文件，除列出全书普遍适用的规定外，还应包含针对不同学科的特殊规定。例如：在全书选条总原则指导下确定的各学科选条的具体标准，不同学科特有类型条目的编写提纲，各学科对本学科的知识内容进行详略处置或取舍的深浅度标准，针对不同学科具体情况的特殊技术规格，一些人文科学、社会科学学科处理本学科特有的同政治有关问题的细则等。采取这样的做法便于把不同学科的知识纳入百科全书载体，有助于更好地实现全书的规范化。《苏联大百科全书》第 3 版体例文件中便写入了这方面的规定。《中国大百科全书》的一些学科卷也制定了适合于本学科的补充体例，它们在指导本卷编撰方面发挥了积极作用。

（二）贯彻体例

贯彻体例是指向参加编纂的社外专家进行体例宣传和指导，帮助他们掌握体例规则，以便运用于百科全书的编写；也指百科全书编辑进行体例控制和把关，使成品最终符合体例规范。

要做好贯彻体例的工作必须明确以下几点：

1. 百科全书体例由百科全书的编辑制定，因此百科全书编辑对它最熟悉，而且出于编辑的职业地位和使命感，对于执行的情况也最关心。参加编纂的社外专家也要遵守体例，但他们是贯彻体例的对象，一般说来，对体例不如编辑熟悉。因职业分工的缘故，他们最关心的是百科全书的科学内容（在这方面编辑也是关心的），而对于执行体例规定的必要性以及如何执行等，则常常需要编辑的说明和指导。然而由于体例内容的复杂以及社外专家不熟悉等原因，向专家贯彻体例的工作往往不可能毕其功于一役。以上这些已为《中国大百科全书》的编纂实践所证明。

2. 百科全书体例涉及面广，详细具体，要使作者掌握需费一番功夫。其中许多要求，例如释文结构、深浅程度、语言运用、参见系统等，作者通常不是通过阅读体例条文或听取一般性的讲解就能完全明白（除非参加过同一类型百科全书的编写），用成品实物（样条）进行“直观教学”，往往更容易使他们弄懂。然而懂了还不等于会用，还需要经过实际“操作”，在实践当中才能学会运用。

3. 体例中最不容易执行得好的，是一些属于原则性要求或抽象化模式的规定，它们必须根据实际的知识内容去贯彻落实，做到同内容有机结合。例如综合性百科全书选条面向非专业读者的规定，就需要根据学科或专题的知识内容进行落实。其他如条目典型编写提纲规定的执行，定性叙述和释文层次结构的设计，释文深浅度的掌握，条目交叉关系的处理等，也无不需要结合知识内容的实际进行斟酌。这就是说，只有在选条、撰稿、审稿和总纂定稿的过程中，紧密地结合内容，才谈得上体例的真正贯彻。

正是因为存在上述情况，在贯彻体例时需要相应采取以下几项做法：

1. 在组建社外编写机构（或个别聘请社外编审人员）和组织撰稿队伍时，百科全书编辑即着手体例宣传，让专家了解百科全书的性质，百科全书体例的重要性，准备编纂的百科全书的特点，以及这部百科全书的体例大致包括哪些内容等。宣传的目的是使专家尽早树立体例观念，以求他们在以后的编纂工作中能够比较自觉地执行体例规定，同时也使他们对参加编纂的百科全书的体例获得初步的了解。

2. 选条和组稿、撰稿时编辑反复深入进行体例指导，帮助专家掌握体例规则。选条工作若由专家承担，编辑最好直接参与，以便随时针对实际问题交代选条的原则和方法。组稿时备齐供撰稿人使用的体例文件和样条，并最好组织撰稿人集体学习，结合样条讲解体例，让撰稿人针对样条展开讨论，还可请他们试改不合乎体例规定的试写稿。《中国大百科全书》一些学科卷的经验表明，凡是采取这些做法的，都收到比较好的效果。如果没有条件组织集体学习，编辑可登门个别讲解，至少对主要撰稿人要做到这一点。撰稿开始后体例指导不应中断。要及时审查最初完成的稿件，发现问题后予以纠正，或归纳出带有普遍性的问题，印成书面材料分发下去。目的是帮助撰稿人在实践中学会运用体例，从而撰写出比较符合体例要求的稿件。技术性的规定执行不当改起来容易，要把指导的重点放在体例规范怎样同条目内容相结合的问题上。

3. 审稿中编辑切实进行体例控制，向外审专家讲明稿件合格的标准和审稿方法，并亲自对稿件作出判断，对分支、组群和每一个条目提出具体而不是笼统、空泛的体例修改意见（当然也提内容和文字方面的意见）。为此，编辑需了解学科或专题的内容，必要时可查阅一些资料，否则难以进行有效的体例控制。例如，只有了解一个条目实际上有哪些材料可写，才能知道撰稿人是否认真执行了条目典型编写提纲的规定，或判断出在撰写此条目时有无必要调整典型编写提纲所规定的内容项目。只有熟知内容，才有可能提出关于释文层次安排和层次标题设计的最佳修改方案。写不好定义对于专家来说是常有的事，只有准确地把握了条目概念的科学内涵，才提得出恰当的定义修改意见。特别是当有些专家不愿意写入与己不同的学术见解时，编辑如果不掌握情况，就很难说服专家按要求补入。此外，为全面贯彻体例，编辑还要过问图稿，以及同资料核实和名词统一有关的工作。《中国大百科全书》的编纂实践证明，没有编辑参与审稿，切实有效地进行体例控制，稿件就不可能有体例方面的质量保证。

4. 总纂定稿中编辑严格进行体例把关，力争全部落实体例规定。经过前一阶段审改的稿件仍然会遗留若干体例方面的问题，务须通过编辑加工认真解决。此时需要更多地注意宏观整体性方面的规定，以确保全书在总纂组装后整体上协调统一，还要逐一落实在以前的阶段不作为重点贯彻的各种技术性要求。对于检索系统和附录方面的规则也必须认真贯彻执行。

需要强调的是，贯彻体例离不开同人打交道，因此在贯彻过程中，编辑应当处理好同专家的关系，这也是贯彻体例工作的组成部分。为此，百科全书编辑要同专家交朋友，争取得到他们对编辑贯彻体例苦心的理解。要在学术问题上寻找共同语言，包括支持他们对条目科学内容所提的有益建议，使他们感到你对学科或专题的内容有所了解，从而增加信任感。编辑所提体例修改意见要合情合理，不违背内容实际。编辑加工中的改动如涉及内容，应尽量征得专家的同意。做到这些就会减少贯彻体例工作的阻力。

还必须调动起专家执行体例规定的积极性，对他们在这方面的主动表现予以鼓励。可在专家特别是有影响的专家中寻找立足点，寻求支持，通过他们的现身说法，带动其他专家也来关心贯彻体例的工作。理想的办法是在专家当中挑选、培养贯彻体例的帮手（一般以中年专家为宜），聘为特约编辑，或以他们为骨干建立社外的编辑办公室（任务不限于贯彻体例）。这不但是为了增加人手，而且还考虑到专家的心理因素。在一些专家眼里，编辑是不属于他们专业圈子的外来者，编辑所提体例方面的修改意见如涉及专业内容，常常不大容易被接受。而特约编辑或编辑办公室人员本身便是专家，通过他们提出，有时更能奏效。《中国大百科全书》一些学科卷的特约编辑或编辑办公室，在贯彻体例的过程中，就很好地起到了出版社和专家之间桥梁的作用。

总之，贯彻体例是一项艰苦细致的工作，它几乎贯穿于百科全书编纂的始终，对于其中的每一个环节都不应放松，同时还要做好人的工作。

最后需要指出的是：编纂百科全书的途径不限于一种，然而不论采取何种方式，体例工作的地位不应改变，前面提到的贯彻体例工作的一些基本做法必须坚持。当前为提高经济效益，出版社常更多地同外单位合作编纂百科全书，并由对方承担组织工作和部分经费。但这并不意味着可以转移或减轻出版社在体例工作方面的责任。体例文件仍应由出版社来制定。编辑依然要参与整个编纂过程，把贯彻体例的工作抓深抓透。否则所谓编纂途径的改变，实质上就会成为过去已经有过的“包出去”“大撒手”等不成功做法的翻版，其后果是体例工作名存实亡，所编的百科全书在质量上失去保证。

原载《辞书研究》1992 年第 1 期

百科全书条目分类编写提纲谈

条目分类编写提纲是百科全书编写体例的重要组成部分，在撰稿、审稿和编辑加工中能起重要的指导作用。本文拟对有关条目分类编写提纲的问题进行论述，同时提出制定综合性百科全书条目分类编写提纲的几项标准。

一、百科全书的条目分类编写提纲

本部分涉及的问题有：什么是条目分类编写提纲，它们是根据什么制定的，为什么要制定条目分类编写提纲，以及怎样执行条目分类编写提纲的规定。

（一）什么是条目分类编写提纲

顾名思义，条目分类编写提纲不是针对某一个具体条目设计的，它是基于条目类型划分而制定的各类条目的编写要求，因而它是一种类型化的条目编写模式。参加过百科全书编辑工作的同志都有这样的经验，主题属于同一类型的条目（例如事件条目、人物条目）虽然存在个体差异，但总是包含大体相同的内容项目（内容要素）。因此我们在编纂百科全书时，就可以区分条目类型，按类型拟出编写提纲，用以规范条目的撰写。

条目分类编写提纲有过不同的名称：《苏联大百科全书》第3版体例文件把它称作“条目典型编写提纲”，在国内的百科全书编纂中曾称为“分类典型条目编写提纲”。这些名称中都用了“典型”二字，似不够确切，因为严格来说，这种提纲同本类型具体条目的编写提纲是一般与个别的关系，而不是典型与非典型的关系。因此在《中国大百科全书》（以下简称《全书》）第二版体例文件中改用现在的称法。其实这种编写提纲并非百科全书编纂中所特有，编纂辞典时也要制定，在辞典编纂中常把它称为“释文程式”。

（二）条目分类编写提纲是根据什么制定的

条目分类编写提纲规定释文包含哪些方面的内容，但它不完全是按照各类条目主题的知识内涵制定，提纲的项目还要根据每部百科全书的性质、读者对象、部头、条目规模等有所增减（或侧重）。明显的如：专业型百科全书的条目分类编写提纲往往比较繁详，通常包含研究状况、应用技术一类学术性和应用性的内容项目；包括综合性百科全书在内的非专业型百科全书的编写提纲相对简要，侧重于普通读者需要的一般知识。在综合性百科全书中，图书馆型（纯知识型）百科全书的编写提纲集纳一般科学文化知识，家庭实用型百科全书的编写提纲则列有针对家庭生活需要的实用性知识。这就是说，条目分类编写提纲不是固定不变的，它必须按照不同百科全书的实际需要加以拟定。可以进行比照的是，适应不同类型辞典的要求，辞典的释文程式也有“基式”“详式”“简式”的区分。正因为如此，《全书》第二版“编写体例”明确指出，制定条目分类编写提纲，不仅要“根据各类知识主题大体上所包含的内容要素”，而且要遵照“《全书》第二版的编纂要求”。与此有关联的是，制定条目分类编写提纲不完全是专家的事，它是百科全书体例工作的一部分，因而首先是百科全书编辑的任务。

（三）为什么要制定条目分类编写提纲

对于为什么要制定条目分类编写提纲，可以从以下几方面去理解：

1. 能防止释文内容要素的遗漏

百科全书是完备的工具书，条目释文应当内容完整，以满足读者方方面面的释疑解惑需要。然而经验告诉我们，专家撰写条目多不习惯于百科全书式的全面介绍，有时会把读者有可能检索的内容项目漏掉。有的专家为了阐发个人的学术见解，把条目当作论文来写，更容易导致内容要素不齐备。用分类编写提纲规范条目的撰写，可覆盖住条目主题的各个方面，有效地防止内容要素的缺失。

2. 有利于编纂宗旨的落实

如前所述，条目分类编写提纲反映一部百科全书的编纂要求。从这个意义上讲，它是把编纂宗旨贯彻到释文中去的中介和手段。有了分类编写提纲，就可以从内容要素方面防止释文偏离编纂要求，例如过繁、过专，或过简、过浅。同时保证本部书应当提供的某些特殊内容项目不被漏掉，例如满足专家专业上的需要，或满足一般读者实用方面需要的项目等。

3. 有助于处理好相关联条目之间的交叉关系

例如在互有统领和被统领关系的上下层母子条之间，如果借助于分类编写提纲的指导，做到母条从总体上概括下属子事物，子条的内容不超出自身主题的范围，便能防止母子条出现不必要的交叉重复。而如果无分类编写提纲的规限，就很可能把母条写成下属子事物的简单缀合，或在子条中跨疆越界重复母条的内容，从而使母子条交叉重复的部分不适当地扩大。又如，学派条目和相应的学说条目，政权机构条目和相应的制度条目关联密切，有了分类编写提纲，就能明确各自的侧重点，把交叉重复控制在最低限度。如果放任自流，很可能撰写出来后彼此界限不清，内容出现不恰当的重复。

4. 便于实现释文格式化以方便检索

释文格式化是指把同类型条目的内容归纳为若干项目，在释文中大体按相同的次序排列，这样做的好处是能够方便读者检索。例如，因释文中各方面内容已分项集中，读者若想了解某位历史人物的贡献，只需到介绍这位历史人物的专条中集中谈贡献的部分查找，就能便捷地查到。而如果不分项介绍，采取通篇连贯的方式陈述（如历史人物条目按编年方式组织材料），则读者要寻检某一方面的知识，就需要通查全文，这显然会带来不便。又如，释文开端一般都有定性叙述，在事件条目中如果把事件发生的时间和地点一律放在定性叙述部分交代，就可使寻检这方面资料的读者，只查阅释文开头的部分，便能满足要求。过去曾有人把释文格式化贬为“百科八股”，这是出于对百科全书工具书性质的不理解。事实上为了便于检索，凡工具书都必须按一定的格式撰写，百科全书是这样，辞典也是这样。正因为强调格式化，人们才把辞典的词条分类编写提纲称作“释文程式”。

（四）怎样执行条目分类编写提纲的规定

条目分类编写提纲既然是一种类型化的编写模式，在执行规定时，就必须根据每一个条目的具体情况贯彻落实。例如：对于无词源可追溯的条目，可空缺此一项目；研究状况如无特别需要予以介绍，可不必勉强写入。有的条目具有同类型其他条目所不包含的特殊内容项目，撰写时决不可为了执行提纲的一般规定而削足适履。需要指出的是，编《全书》第一版时，在执行条目分类编写提纲的问题上曾经出现过两种不正确的倾向：一种是让专家不受提纲限制放开来写，一种是执行规定时失之机械，不讲变通。持后一种做法显然是对条目分类编写提纲的性质存在误解，不了解必须结合条目的内容实际进行落实；抱前一种态度也同不了解它的性质有关，误以为编写提纲会妨碍条目的撰写。针对这种情况，《全书》第二版“编写体例”不但拟入了条目分类编写提纲方面的具体规定，而且明确指出，在“执行条目分类编写提纲的规定”时，要“做到‘管而不死，活而不乱’”。

二、制定综合性百科全书条目分类编写提纲的几项标准

既然条目分类编写提纲在百科全书编纂中能起重要作用，就应当把它的制定当作一项重要的工作来进行。制定时需要把握的，不外乎学科内容和本部百科全书编纂宗旨两个方面的要求。前者不在本文讨论的范围之内；关于后者，本文仅针对综合性百科全书编纂中容易出现的问题，提出几项具体标准，它们是：

（一）综合性标准

本文所说的综合性百科全书，指全书条目按条头音序统一编排的现代型综合性百科全书。这种书把所有的学科和知识门类打通，凡为几个学科和知识门类共有的条目在书中只出现一次，因此这些条目的内容不限于单一学科或门类，而应当具有“综合”的属性。表现在条目分类编写提纲上，就是列出的内容项目，应能综合反映本类型条目所涉及的不同学科和门类在内容上的要求（不排除以某一个学科或门类为主）。例如交通运输机械条目（如“汽车”）不但要介绍原理和构造（机械），而且要说明此种机械给人们运输和出行带来的变化（交通），还要谈及此种机械的生产在国民经济中占有的地位（经济）。服装鞋帽条目不但要介绍式样、花色、质料（轻工），还要说明流行的地区和穿戴的民族，特殊的着装场合和着装方式（民族、民俗），并且进行实用价值和美学方面的评价（工艺美术）。其他如金属和非金属条目要兼顾化学、物理、冶金、材料、地理等学科、门类的要求，化肥条目要兼顾化工、农业、环保等学科、门类的需要，古建筑条目要包含建筑、土木工程、文物、美术、宗教、旅游等学科、门类的要素，中药材条目要兼容中医、生物、地质、农业等学科、门类的知识等。

如前所述，条目释文内容完整是百科全书的工具书性质所要求的。

而综合性百科全书中为几个学科、门类共有的条目综合介绍所包含学科和门类的知识，恰是为了实现条目释文内容完整这一既定目标。这就要求我们在制定条目分类编写提纲时严格遵循这种综合性标准。

（二）非专业性标准

非专业性标准也可称为可读性标准。综合性百科全书面向非专业读者，应避免条目内容偏专。要做到这一点，应当从制定条目分类编写提纲、规定内容项目时抓起。国内以往出版的综合性百科全书常见释文偏专现象。例如：一些机械条目的释文包含了“详细构造”“主要技术参数”“技术性能指标”“工作过程”“操作方式”“安全事项”等项目，成为满足工程技术人员需要的参考资料；有些乐器条目写构造过详，且过多地包含了调音、演奏手法等专业人员需要的内容。参照国外一些综合性百科全书（例如《简明不列颠百科全书》）处理专业化内容的方法，对于这一类偏专内容可以删除或简化。例如：在定义（或定性语）、词源、又名、简史之外，机械条目只需介绍工作原理和主要构造，用途和主要类型，在生产中所起作用和应用情况即可；乐器条目只需简述材质、构造和奏鸣方式，性能和适用范围，以及用此种乐器演奏的最具代表性的曲目即可。内容项目方面的这些具体要求，在条目分类编写提纲中就应当加以明确。

毫无疑问，按照非专业性标准设计各类条目的编写提纲，有助于综合性百科全书实现自身的读者对象目标。

（三）时代性标准

反映时代特点是每一部百科全书的任务。综合性百科全书因为内容涉及人类社会生活的各个方面，需要全面反映时代特点，所以强调时代性标准就显得尤其重要。表现在条目内容方面，例如，以往百科全书中的省、区和城市条目介绍经济发展状况，多只涉及传统工农业生产，兼及商业。然而当前，金融业和服务业在国民经济中的地位提升，高科技产业在许多城市涌现，条目中无疑需要增加这些方面的内容，在这一类条目的编写提纲中就需要明确地加以规定。又如，交通、通信、住宅建设、社区发展、环保绿化在城市发展中的重要性日益突出，人均国民产值、人均收入、人均寿命等成为衡量一个地区发展水平的重要指标，这些项目也要写入相关类型条目的编写提纲中去。再如，为反映时代特点，产业门类条目不可不涉及防止环境污染的内容，土壤类型条目不可不包含土壤肥力保持、流失防治和土质改造方面的知识，名胜古迹条目需介绍人文景观价值及同旅游有关的情况等，这些都要通过制定条目分类编写提纲来落实。

总之，把时代性标准贯穿到条目分类编写提纲中去，是进行提纲制定工作不可忽视的一个方面。

（四）实用性标准

这里说的实用，指对读者的工作、学习和生活有实际应用方面的参考价值。综合性百科全书的条目介绍科学文化知识，应注意贴近读者、贴近生活，其中包括为读者提供某些带有实用性的知识。例如，行星条目除介绍关于行星的一般科学知识外，还应当告诉读者，在什么时间、什么方位能够观察到这颗天体。化学元素条目除介绍元素的理化性质，在自然界存在的状况以及同位素和化合物外，还需要说明它们在动植物中的含量，对人体的生理作用，以及人体补充的渠道。此外如，食品条目要说明食品的口感和营养价值，家用电器条目要简介电器的保养知识，同人们生活有关的金融知识条目要讲述同人们切身利益的关系，以及在借助有关的金融机构，或参与有关的金融活动时需要了解的知识等。总之，凡是必需介绍的带有实用性的内容项目，在综合性百科全书的条目分类编写提纲中都应当写入。

实用性标准在《简明不列颠百科全书》的一些条目中实行得较好，

而在国内的综合性百科全书中常被忽略。毋庸置疑，在制定条目分类编写提纲时贯彻好这项标准，可使我们的综合性百科全书更好地满足读者对象的需求。

原载《探讨》（中国大百科全书出版社内部刊物）2000 年第 3—4 期

百科全书的成书工作

百科全书的成书工作属于编辑后期工作，在审稿阶段工作的基础上进行，通过总纂定稿，配制检索系统和各种附录，最终完成发稿付印前的编辑工作任务。金常政先生专门论述过百科全书成书工作的模式化程序（《百科全书成书工艺学》，见《百科全书及其编辑研究》，知识出版社 1987 年出版），本文则试从实际工作，包括各工作环节及成书人员之间关系的角度，对这项工作进行具体化和动态的剖析。

一、成书工作概说

成书工作作为百科全书编辑工作的一个独立阶段，有特定的工作内容，在工作中对人员和组织形式要进行科学的安排。了解这一阶段工作的特点、要求及同此前编辑工作的关系，有助于提高成书工作的质量。

（一）工作内容

主要有四大项：①对正文稿件进行编辑加工；②编制同正文相匹配，彼此也相互协调的目录、各种索引和附录；③进行通读审查；④对技术性错误作分项检查。其中文稿编辑加工的工作量最大，检索系统、附录的编制及同正文的组配最为精细复杂。

（二）人员安排和组织形式

人员安排由工作内容和本部百科全书的类型、规模决定。一般包括负责主体工作的学科编辑（含责任编辑），承担配套项目的美术编辑、地图编辑、核实统一编辑、索引编辑，从事辅助工作的编务人员和进行质量审查的审读编辑四种基本成分。如果是编纂综合性百科全书，还需安排处理跨学科问题的编辑人员。若是书的规模很大，人员众多，机构设置复杂，则应配备专职的调度管理人员。成书工作最好全部或主要由出版社工作人员承担。

成书工作可以有多种组织形式。例如，《中国大百科全书》第一版各学科卷成书，采取责任编辑、学科编辑和各配套项目编辑共同组成混合型成书基干班子，编辑部正副主任、分管学科工作的副总编辑和总编室审读组分别担负审读检查的组织形式。它的优点是工作起来比较灵活，适合于按学科或大类分卷出书的情况。而《苏联大百科全书》第3版的成书，是采取全社统一管理，各学科编辑室、各综合编辑室协作配合的组织形式。具体来说就是，在学科编辑室之外设条目表编辑室掌握全书条目和字数，文字审读室统一全书文字风格，科学体例审读室协调学科间的条目组群关系，再由编辑室主任和社级通读班子负责审读检查，另有成书编辑部居间统一调度管理。由于实现了机构系列化和管理统一化，这种组织形式十分有利于大型综合性百科全书成书工作的科学化和工艺化，便于实现百科全书的整体性要求和规模控制目标。规模较小的百科全书，成书工作可以采取比较简化的组织形式。

（三）工作特点

成书工作具有以下特点：

1. 众多条目和其他组成部分在此期间组装合龙，整体性的要求突出，任何工作均需着眼于“合”。

2. 因已是编辑工作的最后阶段，工作中尤其要做到严格和精确，参加工作的人员应具备较高的百科全书编辑业务水平。

3. 技术性工作的地位上升，要求给予更多的重视，这些工作（如复核资料、统一名词、落实各种技术性规格、编制检索系统）完成的质量，直接关系到百科全书的科学性、整体性和检索性要求的落实。

4. 工作头绪增多，要求具备更高的组织程度，工作中要求更加周密和协调。为此，应建立严格的工作制度，制定规范的工作程序，明确各项工作的责任和质量标准。

5. 部（室）、社审读力量介入，协作人员（或部门）增加，整个工作需要密切协作配合，从而使人员（或部门）间关系的处理变得更为复杂和重要。

6. 工作具有连续性和紧迫性，要严格执行进度计划。因为任务艰巨复杂，更加需要有条不紊，把日程安排建立在科学计算和实事求是的基础上。

（四）同前期工作的关系

成书工作完成的好坏，同此前的工作关系甚大，所以选条、组稿、撰稿、审稿等前期工作必须做好。对前期工作的要求应当是全面的，特别是以下几项达到标准，成书工作才有牢靠的基础。

1. 框架和条目表基本上实现了稳定。

2. 稿件在科学内容方面达到要求，基本上符合百科全书条目的体裁，一些离开专家较难处理的体例问题，如条目选材是否适合于读者对象，条目内容是否达到条目分类编写提纲的要求等，基本上获得解决。

3. 由撰稿人提供的图片、条头外文、推荐书目，以及进行资料复核所必需的资料出处等基本上齐备。

上述几项没有达到标准，切不可草率转入成书工作。

二、稿件的编辑加工

百科全书的编辑加工，是按照本部百科全书的出版要求，对稿件进行修改和整理，包括文稿的改动、资料复核、名词统一和图稿的整理加工等。

（一）一般要求

编辑加工时对稿件要作全面检查和处理，包括的项目很多。加工一个条目时，可按照先总体后局部，先实质性问题后技术性问题的原则分步骤解决。检查和处理的顺序大致是：①条目所写是否切题，同条目在框架中的位置是否相符，体裁上有无偏离；②定性叙述包括定义或定性语是否贴切；③条目内容有无失当或重要遗漏，是否稳定和浓缩，释文深浅度是否合宜；④政治性问题的处理是否正确；⑤层次结构是否合理，层次标题是否恰当；⑥逻辑和语言表达有无问题，文字是否精练；⑦推荐书目的选择是否得当，图表是否合乎要求；⑧书稿格式和一般技术规格是否符合规定。因为条目内容同结构布局是结合在一起的，所以有时③⑤两项需要结合起来处理。加工时宜先通读全稿，心中有数再下笔修改。

以上八项之外，还有资料复核和名词统一工作。这两项工作往往单独进行，不进入上述加工程序。但检查被参见条目中供参见的内容是否齐备，以及设置文内参见、选择内容索引主题等，虽然属于编制检索系统的工作，在流程上却随文稿加工一道进行。

有的百科全书在条目中附有释文以外的补充资料，有的在长条目前面列出本条目的层次标题目录或供速检的事实性资料，有的在一些条目后面附有对专业术语的解释，还有的在条目以外设有学科概观性文章或专题署名文章，这些在编辑加工过程中也要予以检查和处理。

在编辑加工过程中还可顺带对条目的设置和条名的设计进行查验，通过深入条目释文，反查出这方面存在的问题。例如发现某个子条的内容在母条中已经讲得比较充分，不需要单立实条，便可以改成参见条；有的条名同条目内容不相符，可以更改条名等。从这个意义上讲，重新审查条目表也是编辑加工的内容之一。当然，在正常的情况下涉及条目表的变动只应当是少量的。

因为百科全书具有典范性，又有严格复杂的体例规定，所以编辑加工的改动量比普通书籍要大。国外有的出版社在这方面有明确的规定，如原苏联百科全书出版社要求编辑只保留撰稿人提供的各种资料，按体例重新改写稿件；《美国百科全书》的出版者规定，撰稿人只以提供材料的方式向编辑部负责，编辑和特约编辑需通过加工修改，使专业内容的条目能让一般读者看懂和使用。《中国大百科全书》的编撰虽然以专家的稿件为基础，但许多学科卷的编辑组，在编辑加工时也对稿件作了不少必要的改动，除体例和文字外，还涉及科学内容和政治内容，其中包括改写定义、纠正错误、补充资料、调整结构、压缩篇幅等，从而使稿件的质量有了提高。

（二）条目宏观整体意识和组群加工

百科全书由组织在框架系统中的众多条目组成，是一个有机的整体，每一条目只具有相对独立性。因此在编辑加工中要树立“条目宏观整体意识”，即以条目的框架系统为背景，进行每一个条目的加工整理。时时不忘本条目在框架中的位置，不忘本条目同他条目的交叉关系，以及内容一致、形式统一和篇幅平衡的关系（撰稿、审稿也要具备这种意识）。然而仅仅带着这种意识去逐一对条目进行加工整理是不够的，因为面对成百上千个条目，任何人都无法光凭记忆协调好上述种种关系。所以还必须把条目按组群关系集中，对条目之间有关联的项目逐次互相比较，进行检查，这样才能无遗漏地使不符合宏观整体性要求的问题暴露出来，经过加工处理使问题得到解决。

条目的组群关系大致分作三类：①纵向母子、祖孙条目组群关系；②横向交叉条目组群关系；③同型条目组群关系。三类组群的加工，都要解决内容不发生矛盾的问题。此外，第①类还要处理母子、祖孙条的衔接和内容分配问题，第②类应解决适当搭界、各自侧重的问题，第③

类需处理形式统一的问题，对于其中的可比同型条目（如人物、书刊、机构、团体条目），还要解决篇幅平衡问题。三类组群不是截然分开的：一些纵向组群中母条的下属平行子条目，同时就可能是同型条目，如学科史总条下面并列的人物或书刊条目；横向组群中的交叉条目，有时又可能存在跨分支、跨学科的母子或祖孙关系。因百科全书的条目体系为纵向树状结构，编辑加工时，应首先把有纵向组群关系的条目（一般是按学科分支）集中，在组群范围内进行各种关系的检查和处理，然后再分别进行分支、学科之间各类组群的检查和处理。

条目的组群加工是针对百科全书特点的一种重要编纂方法，在编辑出版流程细则中必须明确要求实施，同时说明各类组群加工的先后次序。尤其要对分支和学科之间各类组群的加工处理切实作出工序上的安排，以避免因编辑加工、通读审查时书稿按分支逐级向上传递审读，而使跨分支、跨学科的组群加工工作没有机会进行。

此外需要提到的是，学科概观性文章或专题署名文章等，同条目也存在交叉关系，同样需要通过对照检查，消除内容上的不一致。

（三）政治性政策性问题的梳理

检查并处理人文科学、社会科学条目中的政治性、政策性问题，是编辑加工中一项不可忽略的工作。从方法上考虑，一处处斟酌固然不可少，但条目分散，分别解决有时难免口径不一。为此，有必要集中梳理，统一确定各类问题的处理原则。经梳理产生的处理方案应经部（室）、社领导审批，其中重大问题须向上级有关部门申报。这种梳理同样是宏观整体性所要求的，而且分类研究能使问题深入，集中检查又可防止疏漏。

（四）资料复核和名词统一

成书工作期间的资料复核，是指在社外专家核对资料的基础上，对书稿中某些种类的资料作周密的全面核查，不同于编辑审稿中的抽查或对个别有疑问的资料进行核查。进行复核的最佳方法是采用卡片法。百科全书的工具书性质决定了这种复核的必要性，《中国大百科全书》的编纂实践也证明，仅仅依靠撰稿人和外审专家，很难彻底解决资料核实问题。因此在有条件的情况下，应当坚持这项工作。资料复核虽然属于技术性工作，但不了解知识内容，不熟悉专业文献，显然难以胜任。故可由核对编辑组织社外专家进行，或由核对编辑和学科编辑合作完成。规模不大的百科全书，学科编辑也可以自己动手。资料出处主要由撰稿人随稿件提供。

资料复核的范围不可过宽。论断，一般事实如事物状态、实验结果、机械构造、工艺过程、状况史实等不宜包括在内。因为一则它们是学科内容的主体，专家关注的重点，误差率低；二则条目中通篇皆是，普遍核查将核不胜核。对于这些项目中可能存在的少量错误，主要是通过加工时对文稿的一般性检查去发现纠正，包括必要时查找资料进行核对。需要列入复核范围逐一进行核查的，只应该是那些容易被专家忽略，或因表达形式固定化，一个字、一个符号都不能有误，极容易发生差错的项目，像引文、年代、数据、公式、计量单位、符号、专有名词等。从《中国大百科全书》成书编辑加工的情况来看，许多学科卷复核资料都不出此范围，有些卷还根据本学科特点从中重点选择项目。需要注意的是，复核中若遇到不同条目中的同一条资料因出处不同而互相抵触，须依据权威性的文献核查准确。这就是说，在复核中包含着统一的任务。另外，在设计核实卡片的项目及其顺序时，应当把使用计算机时的要求考虑进去。

名词统一也可以用卡片法进行。学术名词比较专门，可组织社外专家，或由学科编辑，依据权威部门审定的学术名词表进行统一。有些学科没有实现学术名词规范化，可请学科中有权威的专家共同确定标准。专有名词（如人名、地名、书刊名、机构团体名、会议名、学派名）中的译名统一工作由统一编辑承担，原文、出处、缩写和个体鉴别材料（如人物的国别、身份、标志性特征等）由撰稿人提供。为防止提供的原文有误和出现同名相混，统一前要先作核查。统一应依据国内公布的人名、地名标准化译法，同时遵从名从主人和约定俗成的原则进行。学术名词以及专有名词译名，因不同学科或分支学科使用习惯不同而无法统一时，允许并存，互以括号夹注。名词统一卡片的设计，也要考虑使用计算机时的便利。

资料复核和名词统一工作正式进入编辑工作流程的时间，可据本出版社原有的工作基础而定。如果缺少资料的积累，核查、统一工作全部或大部要从头做起，那么制卡、查对、排比等工作最好在成书阶段以前就着手进行，否则可能会拖整个工作的后腿。如果本出版社过去通过编纂出版百科全书，已经建立起资料库，在卡片或电脑中已经有足够的储存，只要直接查寻即可解决大部分核实、统一问题，那么这两项工作就可以到成书阶段开始后再着手。另外，在编辑加工和通读审查过程中书稿内容会发生变动，对新增加的资料和名词，需要补作核实和统一。

（五）图稿的加工整理

检查和处理图稿，大致包括下述项目：①图文关系是否合理；②图片内容有无不当；③图题是否恰当，同释文是否互相照应；④同类型图片的形式是否统一；⑤同类型图片的图题格式是否规范一致；⑥是否需增删图片。此外还要对图片作若干技术性处理。

图文关系是首先要解决的问题。百科全书的图文关系大体上可分为两种：一种结合紧密，图是知识内容的必要组成部分，如解剖图、结构图、地图等；另一种关系较松散，图片独立性强，更多是起活跃版面、吸引读者的作用，但同样提供知识，有的还具有文献价值，如历史场景、首演剧照等。在第一种情况下，图可以是释文内容形象化的简单复现，也可以作为补充而范围或细节有所扩展。其中具有概念解释性质的条目（如“哥特式建筑”“海岸侵蚀地貌”）所配说明图，表现的对象必须是典型的基本样式。如果图和文字毫不相干，或超出过多显得脱节（图文分工从不同侧面表达知识内容的情况除外），或丢弃主要内容而只表现细枝末节，则图文关系应视为不合理。这多见于从他处移植的图片，如果遇到应舍弃、更换或进行改造。对于图文关系较松散的一类图片，也要注意不使它们脱离整个条目的背景。不论是哪类图片，图题都起联系图片和释文的作用，图题一定要能同释文中所讲的内容对得上号。

必须警惕图片出现政治性错误。地图中的国家疆界，应据国家权威部门审定的标准地图校核。图片内容涉及政治敏感问题时，要经过部、社领导或有关领导机关审查。

彩图是百科全书的橱窗，审查的重点，若集中印成插页，则审查彩图的编排设计便成为成书工作中一项专门的工作。插页彩图因同正文脱离而具有相对独立性，故总体上对书中内容的覆盖面要全，同条目框架要大体上照应，并按照框架结构作有序编排。为使彩图插页可供单独阅览欣赏，所拟图题和说明应让读者即便不看释文，也能大致了解图的内容。插页版面的设计应讲求美观，可适当安排有气势的大的图幅（重要者）以加强版面效果。图不随文使插页彩图中的每一幅图片能为多个条目所用，在相关条目中不可漏掉对彩图的参见指引。

（六）同社外专家关系的处理

如前所述，百科全书成书编辑加工的改动量大于普通书籍，因此通常不强调文责自负。不过，尊重作者和尊重原稿仍然是必须遵循的原则，同时还应当尊重外审专家对稿件所作审改。除非确实不当，编辑不要轻易改动知识内容。按照体例中的形式规范进行修改，须防止原意走样。修改中遇到把握不大的问题，应听取专家的意见。加工过的稿件在有条件的情况下最好请专家过目。配图、资料复核、名词统一当中的有关疑难问题，亦须向专家请教。百科全书由编辑和专家合作编撰，编辑侧重于体例、文字，专家则以其专业学识为知识内容提供保证，尊重原稿和尊重专家体现了对知识内容负责的精神。当然，强调上述原则并不是要束缚编辑的手脚，编辑也承担着内容把关方面的责任。在有把握的情况下，纠正内容的不当，乃至对内容存在较大缺陷的个别稿件做大“手术”，同样体现了编辑的负责精神。

有时专家对编辑加工中所作体例改动，因不理解而持不赞成态度。这主要发生在一些有权威的大专家身上。常因无法完全说服对方，出版社最后不得不作出某些让步。为减少被动情况的发生，出版社应努力健全编纂工作体制，并加强关于百科全书性质、特点的宣传。万一出现问题，要全面衡量得失，避免执于一端，积极、妥善地予以解决。

三、检索系统和附录的编制

编制检索系统和附录，是复杂精细的工作。百科全书的检索系统主要包括条目目录、索引系统（笔画索引、音序索引、外文索引、内容索引、人名地名索引等）和参见系统。附录大致上有大事记、学习指南、便览、人物名录、纪年表、地图集、译名表、缩写词表、推荐书目总汇、术语注释汇总、补遗，以及前言、凡例、总目录、编撰人员名单等。各种百科全书配置的检索系统和附录不尽相同。检索系统中编制原理比较复杂的，是条目目录、内容索引和参见系统。在附录中，大事记的编制值得重视。

（一）条目目录的编制

条目目录主要有篇章型、分类条目型和指南型三种。篇章型条目目录以类似于篇章的结构展示知识框架，在各部分相应标出供查阅的条目（如《不列颠百科全书》第 15 版的《百科类目》）。编制这种目录时，根据全书条目包含的内容构建起知识框架是一项主要的工作，另外，“篇章”和条目的对应关系一定要显示准确。指南型条目目录不展示框架结构，它按若干专题把条目集中，用以指导读者检索。根据确定的目标选拟专题，将条目恰当地归到题下，为编制这种目录的主要工作。分类条目型目录在我国目前的百科全书中常可见到。这种目录以条目标题的排列展现框架，同时供读者用来检索。在编制时，要以条目标题的不同字体，行首的阶梯式缩进，以及附加的层次标目，来显示框架的结构和条目的层次关系。在这种目录中，框架结构展示得彻底，通过分类体系指导检索的功效便发挥得充分，读者就能够方便地根据条目的分类位置去进行查检。假如不通过外观形式对框架各结构部分加以区分，查找条目就比较费事。

分类条目型目录的前身是条目表。不过有时为组稿方便，条目表会局部偏离知识的分类体系。如遇这种情况，编制条目目录时须使偏离的部分复位，严格按照分类体系进行编排。

分类条目型目录的编制最好在书稿编辑加工完毕，条头完全稳定之后再着手进行，由全面掌握学科情况的责任编辑负责。按音序统编、不按学科分卷的综合性百科全书，如果设置全书统一的条目目录，须由跨学科的专门班子最后完成编制工作。

（二）内容索引的编制

内容索引列出全部条目标题，以及隐含在条目释文中有检索价值的知识主题的标引词。在编排上有简式（平列）和复式（每个主题词下列出有关联的其他主题词）之分，从索引款目看有不作解释和作简单解释之别。内容索引按一定的次序（如音序）编排，一个索引款目可对应位于不同页码和版区的多个条目。不同百科全书的索引量自行规定，《中国大百科全书》的索引主题是条目数量的 4 至 7 倍。

简式索引的编制程序大体为：①选题、标引和定位。即在文稿中挑选出索引主题，用规范化的词或词组标引，并确定和标出它们所包含的内容在文稿中的位置。②制卡和按序排卡。③筛选和整理。④修改。即在书稿通读审查结束后，把索引主题及标引词发生的变化（增、删、改）落实到卡片上。⑤制表、检查。即根据卡片制成索引表，并进行检查。⑥定位转移。把在文稿中标出的索引主题的位置，转移到排印好的校样上。⑦填码、反查。即在排印好的索引表校样上，对每个索引条据正文校样填写对应的页码和版区，再按索引表反过来到正文中核查。其中⑥⑦两道工序已属于排校期间的工作。如果是编制复式索引，还需辨析索引主题，把相关主题组织到每一个索引条下。对于有简单解释的索引，则需编写每个索引条的说明。索引的选题、标引和定位工作应由学科编辑和责任编辑承担。其后的编制工作，可由索引编辑和责任编辑共同完成。统编的综合性百科全书的内容索引，要在全书范围内作跨学科的协调平衡。

入选的索引主题必须包含一定的信息量，一般至少回答“六个W”中的两个问题。不过数量不是唯一标准，如果虽然回答了两个问题，提供的却是细枝末节或支离破碎的情况，则不应选入。

索引选题不是完全被动的工作，可预请撰稿人或外审改稿专家，把一些在释文中未写但有检索价值的知识主题，安排进释文中去，也可以在进行文稿编辑加工时补入。有些有价值的知识主题原来在释文中内容写得不够充分，还可以补充信息，使它们达到入选索引条的标准。《中国大百科全书》的一些学科卷在进行索引选题工作时，即采取了上述方法。不过毕竟百科全书是以条目为基本单元，全书只有一个反映知识结构的体系——条目体系，所以在安排索引条时，并不要求用从属于条目的索引主题再去构成次一级的、反映知识细部结构的系统。况且即便事先设计出这种系统，要想把构成这一系统的知识主题全都对号入座安排到条目释文中去，事实上也不容易办到。因为每篇释文都必须服从于条目主题本身的表述，具有自身的逻辑结构，不可能随意进行安插。何况有时为了照顾读者对象，还有意避开某些专深的内容和生僻的术语，这就使入选的索引主题更不可能构成反映知识细部结构的完整系统。因而对索引主题预作安排或事后补入，只能酌情适量。

索引主题的标引方式有两种。主题词在释文中出现的，可直接用作标引词，称作“明标引”，这种情况居多数。如果主题词未出现，则可以寻找或设计贴切的词或词组标引，称作“暗标引”。如《中国大百科全书》的《建筑·园林·城市规划》卷“石幢”条中说，“现存石幢中有年代可考的以广州光孝寺大殿前的石幢为最早，建于唐代宝历二年（826）”，其中所提到的大殿前石幢被选为索引条。但文中没有出现现成的主题词，此卷以专拟的“光孝寺大殿石幢”为标引词，即属于暗标引。在对索引主题进行标引时需要注意的是，无论采用哪一种标引方式，标引词都必须贴切规范，以便于检索。

筛选、整理卡片是编制内容索引的一道重要工序。首先要进行相同主题并卡，把不同条目中出现的相同索引主题合并，消除重复。然后将卡片同文稿对照，进行通盘的整理和检查，这包括：①当数个条目为同一个索引主题提供了大体相同的知识时，可只保留其中一个最合适的供参阅，而把其余的条目省略掉。②通过比较，将不该选入的主题剔除，将应选入却被遗漏的主题补入。③当索引量不足时，根据实际情况适当补选；超量过多，则把重要性稍次以及相对来说信息量不够充分的主题删除。不难看出，筛选、整理工序实际上是选题工序的延伸。

索引主题在文稿上定位的工作要做细。有时关于一个主题的信息在同一条目中出现不止一次，每一次出现的地方都应当标出记号。转移到校样上时，也要如数标出，以免在填写页码和版区时把其中的一些漏掉。

以上介绍的是运用卡片编制内容索引的方法。如果这项工作在计算机上进行，程序大致相同，但可极大地提高工作效率。

（三）参见系统的编制

参见系统分作参见条目和文内参见两种，性质和作用不完全相同，编制时需要分别处理。

参见条目是半隐藏的检索系统，条头明列，内容隐含在其他条目的释文之中。有的本身有极简的释文（一般是定义或定性语），同时参见别的条目。参见条目包括已经选作条目的概念或事物的重要异名，达不到独立设条标准但重要性高于索引条的知识主题，以及少量虽然符合独立设条标准，但包含在其他条目中介绍更为有利的主题。其数量通常不超过条目总数的十分之一。它们在选条阶段已经设立，成书阶段要做的工作，一是检查被参见条目中供参见的内容是否已写入或写够，读者查阅时能否识别出来，二是检查参见条目需不需要增删。

文内参见是隐藏的检索系统，由隐藏在释文中的参见指引和包含于其他条目中的被参见内容组成。其设置应符合下列条件：

①参见后能直接为本条目补充内容；②参见后能加深对本条目的理解；③参见后能扫除查阅本条目时遇到的术语障碍；④参见后能使读者获得超出查阅本条目的需要，但又不完全同本条目脱节的知识。文内参见的形式有随文参见、段末参见和条尾参见几种，各视参见出发点的范围（段内局部、全段或全条）而定。表达方式可有：释文中出现被参见条目的名称时用不同印刷字体标示，未出现被参见条目的名称时加括注标示（见 ××××）。国外的百科全书也有用专门的符号来表示的。有时在条目释文中未出现条名，还可通过修改释文使条名出现。另外，文内参见的设置常常要同条目之间交叉关系的处理结合起来进行。

需要注意的是，文内参见的设置要适量：数量过少对打破条目封闭体系，加强知识内部联系，开阔读者视野，消除条目之间不适当的内容重复不利；过多则横生枝蔓，妨碍对本条目的阅读。为防止过滥，应掌握好标准。凡遇到在释文中作一般术语使用，做成参见意义不大的条名，或同本条目在内容上相距过远的条目的名称，都不宜画参见标记。对括注参见的设置更要严格掌握，以对查阅本条目直接有用者为限（前述条件中的①②③项）。此外，设置文内参见还应防止出现参见落空和割裂原词等弊端，这方面的具体要求可参见黄鸿森先生的《百科全书的参见系统》一文（刊载于《辞书研究》1988 年第 6 期）。

编制参见系统的工作宜由学科编辑和责任编辑承担。统编的综合性百科全书的文内参见，在各学科分头做出后，需由跨学科的专门班子进行调整和补充。

（四）大事记的编制

大事记有两种：一种介绍科学发展中的重大事件，属于科学编年史性质；一种提供科学研究对象本身的发展线索，归属于自然或社会发展史范畴。在编制时均要注意整体的完整、系统，以及资料的准确，且收录的应当是真正的大事。大事记不但便查，而且具有纵向贯穿作用，有时还可成为科学发展史条目或自然、社会演进史条目的补充。在大事记中最好设文内参见，以便同条目正文沟通。因和正文有交叉，大事记编出后要同相关条目或专题文章对照检查，以求得谐调统一。大事记可由熟悉框架和条目内容的专家编写，也可由学科编辑或责任编辑编制（详见金常政：《谈谈百科全书中大事记的编写》，《辞书研究》1988 年第 6 期）。

四、条目正文、检索系统和附录的组配

百科全书的条目正文、检索系统和附录要相匹配，互相关联的部分应协调一致。因此正文的编辑加工，各种检索系统和附录的编制，都不能孤立地进行，几项工作要相互联系起来完成。不同的百科全书，因设置的检索系统和附录不尽相同，在对各组成部分进行协调时，需解决的

问题不完全一样。总起来说主要有：①使条目目录、条目索引、内容索引中的条目标题，以及参见系统中出现的条目名称，同正文条头完全一致；②使内容索引中的索引条，同条目正文中的索引主题及标引词完全对应一致；③使人名、地名译名表和缩写词表等，同正文中出现的人名、地名译名和缩写词等完全统一；④使附录各项目中的事实、年代、数据、名称等同正文完全一致。其中③④两方面的问题，一般可通过资料核实、名词统一和对照检查加以解决。而①②两项处理起来颇费周折，要使问题获得解决，须在条目正文编辑加工和检索系统编制过程中采用专门的工艺，对工作程序作科学的安排。

检索系统同正文条头对应一致的问题难处理，原因有二。一是这个问题涉及正文和所有的检索系统项目，相同的条目标题在多处出现，各个部分互相牵扯，而各项工作又是分头进行，于是发生差错、出现不一致的概率就大。二是条目设置及条目标题在编辑加工乃至通读审查过程中会发生变动，如不作动态的应对，采取特殊的措施进行处置，就容易出现漏洞。为了克服这一难题，在进行协调时可采用以下方法：

1. 成书工作一开始，就重新检查核定条目表，并把条目标题中出现的专有名词译名和学术名词纳入名词统一工作，先行规范统一，这样就能增加条目表的准确性和稳定程度。

2. 在此基础上制定出相对稳定的条目表标准本，复制若干份，发至参加工作的有关人员手中，供加工文稿时用作检查正文条头和设置文内参见的依据，并供编制内容索引时填写条目标题卡片之用。若无此标准本作为依据，就有可能出现差错。

3. 条目设置和条目名称在工作过程中仍有可能出现个别改动（须经过批准），这就要求，凡作了变动，须传令知照，及时在有牵连的各处作相应的更改。

4. 书稿加工完毕，通读审查结束，条目及标题完全稳定以后，立即产生不再变更的条目表标准本，据以全面检查正文条头、文内参见和内容索引。

5. 编制条目目录和条目索引，最好依据不再变更的条目表标准本进行。这两项工作可在标准本产生以后再着手，因所费时间不多，这么做将不会延误整个工作进度。

采取了这些做法，检索系统和正文条头相匹配的要求即能实现。由于条目标题中的人名、地名译名已纳入了名词统一工作，所以它们同人名、地名译名表一致的问题，实际上也得到解决。

在处理上述问题方面，原苏联百科全书出版社规定有专门的措施。据了解，这家出版社在编纂《苏联大百科全书》第 3 版时，为了增加条头的稳定性，译名的规范统一也是从条目标题开始。编辑加工完成以后，也据条目变动情况及时制出条目表标准本，称作“执行条目表”，并安排了用执行条目表检查正文条头的专门工序。

内容索引中的索引条和条目正文相对应的问题，牵扯面相对较小。但索引主题的数量大，在成书过程中同样存在变数，处理起来也很麻烦。工作中大体要遵循下列两点：

1. 索引主题卡片的填制，应严格依据经过编辑加工改定，已选出索引主题，完成了索引主题词标引的文稿进行。

2. 名词统一和通读审查工作结束之后，要把文稿中索引主题词发生的变化，落实到索引主题卡片上，然后再抄制成表。

采取了上述做法，内容索引中的索引条和条目正文相对应的目标即可达到。因为进行了专门的名词统一工作，内容索引中的索引条同人名、地名译名表协调一致的问题也可得到解决。

假如违反上述两组工作程序，不按规程办事，就会产生令人头疼的后果：当最后全面检查时，将发现错误频出，各部分无法完全合龙。在日程紧迫的情况下再进行纠正，难免疏漏。若加上检查方法失当，则如理乱麻，有些错误甚至根本查不出来。

五、通读审查和技术性错误的专项检查

（一）通读审查

百科全书同其他种类的书籍一样，编辑工作实行三级审查制。其中学科责任编辑一审是通读审查的基础环节，这项工作的要旨是细致深入。另外需要注意的是，在有数名责任编辑分工负责时，最好由一人完成通查学科全部稿件的工作。对于整体性要求非常突出的百科全书来说，如无一名熟知整个条目设置情况及全部稿件内容，熟悉学科专业及书的体例，并了解以前全部编纂过程的责任编辑统摄，是相当危险的。这一点在任务紧迫时也必须坚持。

总编辑、副总编辑的三审终审是编辑工作的最后全面把关。如前所述，百科全书的编辑加工程序复杂，在按条目纵向组群（学科分支）进行的基础性加工之后，还有跨分支、跨学科各类组群的检查加工工作。资料复核和名词统一在工作中有时又会滞后。因此三审通读宜把握准开始的时机，最好所审是已经完成编辑加工各项任务的稿件，否则便会削弱终审的最后全面把关作用。另外，如果所编是《中国大百科全书》这样的大型综合性百科全书，则因是国家级的权威工具书，涉及学科多，审读难度大，而对终审有较高的要求。为使终审执行者能切实履行全面把关的职责，最好采取由总编辑或副总编辑主持，有各方面人员参加的集体审查方式。审读普通的中小型百科全书当然就不必如此。

《苏联大百科全书》第 3 版的通读终审，可说比较理想地达到了上述要求。这部书的社一级通读，是在学科编辑室加工完毕，有关室组进行过核实统一和推荐书目检查，科学体例审读室组织了跨学科条目组群检查之后才开始进行的，通读终审时所审查的，是真正完成了编辑加工各项任务的书稿。这部书的终审由集体班子进行，参加的人员包括代表领导的副总编辑和总编委会成员，掌管体例的科学体例审读室成员，熟悉知识内容的学科编辑室主任和主任学科编辑等。条目表编辑室、文字审读室等在审查过程中也同时配合工作。这就使通读终审真正起到了全面把关的作用。

需要指出的是，对于初次编纂百科全书的出版社来说，很容易误把按纵向组群进行的基础性加工整理，当作编辑加工的全部，以至于在跨分支、跨学科组群的检查加工进行之前，便着手终审（例如采取终审和一、二审相衔接，按分支流水作业的工作方式），从而使终审不能真正发挥最后全面把关的作用。

另外，一、二、三审（特别是一审）都不可仅限于审读文稿，对图片、检索系统和附录也应该进行审查。对政治性、政策性问题和插页彩图，还可以集中起来“三堂会审”。

（二）技术性错误的专项检查

这项工作在通读审查之后进行，目的是在发排前进一步消灭文字、数字、符号的错、漏、衍等纯技术性差错。检查的项目有：正文中的条头（包括汉语拼音和外文）、参见标记、彩图参见、专有名词译名、数字和年代写法、推荐书目、图题、书写格式，以及正文以外的条目目录、各种索引和附录等。

检查以能够最大程度地消灭误差和省事为原则，可把应查项目分成若干组进行。例如正文中的中文条头和参见标记为一组，条头的汉语拼音和外文为一组，专有名词译名为一组，书写格式为一组，数字和年代写法为一组，推荐书目和插图图题为一组，彩图参见和彩图图题为一组，条目目录、各种索引和附录各自为组等，分别由适当的专人负责。每组项目过多，会因照顾面宽而失察；完全按单项检查，则会因重复翻查而增加工作量。检查要以校对的眼光和态度进行，真正做到辨别每一个字和符号的正误。

对条目标题、索引主题词和专有名词译名的检查，须以条目表标准本和据以进行索引编制、专有名词统一的标准卡片为依据，并按一定的顺序去查。具体来说就是：先据已经最后落实的译名统一卡片检查条目表标准本，再用条目表标准本检查条目目录、各种索引、正文条头和参见标记；先以译名统一卡片检查正文中的译名和索引主题卡片，再用索引主题卡片去查内容索引。另外还要用译名卡片检查人名、地名译名表。切忌作多源和违反合理顺序的检查，例如：先据正文条头去查参见标记，后用条目表检查正文条头，互不关照；对条目目录、各种索引进行混乱的互查；直接用索引主题卡片检查内容索引，忽略了其中的译名检查等。后一种查法会使有些错误漏掉，以致留下隐患。

分项检查结束后，将条目正文、条目目录、各种索引和附录按顺序编排好，即可发稿。

技术性错误的专项检查如利用计算机进行，将给工作带来极大的便利。尽管进行机上操作时检查的具体方式会有不同，但上面提到的检查顺序，以及方法上的禁忌，可能仍有参考价值。

六、成书人员的各自职责和相互关系

成书人员的职责和相互关系，因成书工作组织形式的不同而有差异。在按学科建立混合型成书基干班子的情况下大致如下：

责任编辑是成书班子的具体负责人，既担任一审，又联系各方，负责具体的组织工作，客观上处于枢纽地位。责任编辑应有极强的整体观念和组装意识，不可一头扎进文稿中，忽略配套项目，放弃组织工作。如果责任编辑不止一人，可有分工，但为主的一人必须照顾全面。

学科编辑分管若干分支的稿件，除编辑加工文稿、设置文内参见、进行索引选题外，还要过问资料复核、名词统一和配图工作。他们帮助责任编辑了解本部分书稿存在的问题和工作进展情况。责任编辑对他们的工作不可代庖，但不应放弃把他们分管的书稿纳入整体进行审查的职责。

美术编辑、地图编辑、核对统一编辑、索引编辑既是成书班子成员，又对各自所属的综合性编辑部门负责。对于他们所承担的项目，责任编辑主要负内容方面的责任，如图片内容是否正确，索引主题词有无差错等。这些编辑则对各自所承担的项目是否达到形式和技术方面的要求负责，如图片是否美观，制作是否符合技术标准，索引编排是否正确等。责任编辑要为这些编辑创造工作条件，为他们提供学科资料的线索，帮助他们同社外专家取得联系，尊重他们在职责范围内提出的意见，并与他们共同研究各工作项目在流程中互相配合的问题。这些编辑则需协助责任编辑了解本项工作进展的情况，且不以特殊性为由，违反科学内容及本卷、本书在整体性方面的要求。

编辑部（室）主任、副主任和总编辑、副总编辑分别实施部（室）、社两级对成书工作的领导。除二、三审复审定稿外，还督促整个工作，就重大问题作出决定和安排。责任编辑在他们领导下工作，遇重要问题请示报告，并主动提供情况，提出建议，以便他们决策；不得借口本卷或本书情况特殊，不执行他们带有整体统一性和原则性的处理意见。编辑部（室）主任、副主任和总编辑、主管副总编辑则应支持责任编辑的工作，在贯彻领导意图时充分体察实际情况，并避免因过分亲自深入而切断责任编辑同某一工作环节的联系，以致这部分工作同整体失去协调，造成组装困难。他们还需帮助疏通成书班子和社内各部门的关系，包括使成书工作获得后勤方面的保障。如果设有进行高层次通读把关的三审代理审读班子，责任编辑还应当尊重这一班子所提出的关于书稿的修改意见。

成书班子是一个工作集体，人人都要树立集体观念和整体配合意识。班子内部应经常沟通情况，交流经验，研究成书过程中的问题和工作安排。

如果综合性百科全书成书期间不建立分学科的混合型工作班子，而是采取前面所提到的《苏联大百科全书》第3版成书时那种统一管理、各编辑部门相互配合的组织形式，则责任编辑有相当一部分组织工作任务，将转由专门的成书调度管理部门（成书编辑部）担负，从而不再处于枢纽地位。一些检查工作，如检查正文条头和文内参见标记，检查推荐书目等，也另有专门部门负责，这就使责任编辑和学科编辑的负担相对减轻。因责任编辑和学科编辑同美术编辑、地图编辑、核实统一编辑、索引编辑不再是同一个工作班子的成员，他们之间的关系，将成为单纯的部门之间的工作配合关系。此时责任编辑较少机会同总编辑或副总编辑直接发生工作联系，主要是听从成书管理部门的调度。此外还需接受和执行全书条目管理部门（条目表编辑室）和专项审查部门（科学体例审读室、文字审读室）提出的合理意见。不过此时责任编辑和学科编辑的工作仍然是成书工作的主体，责任编辑代表编辑组提出的关系到科学内容和学科特殊情况的意见，仍应受到重视。

编纂中、小型百科全书时，成书工作人员少，组织形式相对简化，分工不那么细，往往一人兼做数项工作，人员之间的关系比较单纯。但成书人员各司其职，相互协作配合，成书工作采取统一组织管理的原则并无区别。

原载《辞书研究》1998年第5、6期

编纂程序·编纂方法·调控管理·计算机系统

——谈统编型大型综合性百科全书的编纂工艺

统编型（非学科分卷型）大型综合性百科全书规模庞大，编纂过程复杂，其编纂属于高难度的文化出版工程。在编纂这种百科全书时，为了保证质量和效率，必须有一套科学的编纂工艺，包括程序、方法和调控管理方式等。但国内编纂此种百科全书刚起步，在编纂工艺方面还没有现成的模式，因此有必要总结以往编纂百科全书的经验，参考国外的有关做法，进行这方面的认真探索。系统工程原理为实现工程目标最优化创造了条件，可有所借鉴；应用计算机能提高工效，故要把建立人机结合系统的问题考虑进去。以下即对此种百科全书编纂工艺的若干具体构想。

一、根据此种百科全书的特点安排编纂阶段和工序

此种百科全书的突出特点，一是“大型”，二是要对众多学科和门类（知识门类）实行“统编”。在安排编纂阶段和工序时必须抓住这两个特点。

（一）编纂阶段的安排

首先是要加强设计准备阶段（通常称总体设计阶段）的工作。百科全书的编纂本来就头绪繁多，各工作项目关系错综，工作上的要求规范并且严格；而统编型大型综合性百科全书由于前述两个特点，以及因书的规模而带来的编纂人员众多等，编纂工作的复杂程度远非一般百科全

书所能相比。这就要求我们把设计准备阶段的工作做充分，通过周密的设计去驾驭好以后的编纂运作，包括规范住上万名参与者的编、撰行为，协调组织好数十、上百个学科和门类的知识。一般而言，此种百科全书设计准备阶段的时间要稍长（如《不列颠百科全书》第15版的编纂方案研究和知识框架设计花费了3年）。大体上，这一阶段的任务应包括进行可行性研究和编纂业务调研，制定编纂条例，编制全书框架和选设条目，产生条目分类编写提纲和样条，拟定配图方案，设计检索系统和附录，确定编纂进度计划，建立社外编纂组织（如总编委会、学科编写组），建立信息管理数据库和设计计算机平台等。如果设计准备阶段的工作做得草率，没有把方方面面的问题考虑周全，就会给以后的工作留下隐患。

其次是要对稿件的处理工作进行特殊的阶段划分。同编纂单科或学科分卷型百科全书一样，编纂此种百科全书在设计准备阶段以后要经过组稿撰稿阶段，之后又有审稿和编辑加工任务。但因为要把诸多学科和门类的知识汇合到一起，所以在处理稿件时，不但要分门别类地审稿和进行编辑加工，还需要把学科和门类打通，进行全书范围的统编审改（详后），目的是把各学科、门类的条目有机地组织到一起，使全书成为和谐、统一的整体。为此，编纂此种百科全书，不宜像编纂稿件处理相对单纯的单科或学科分卷型百科全书那样，设置单一的审稿阶段和编辑加工阶段，而应当安排前后相接的学科门类审稿加工阶段和全书统编审改阶段，以适应由分到合的实际工作需要。假如不安排全书统编审改阶段对学科门类之间的关系进行协调处理，各学科、门类的条目就会互不照应，全书就不可能成为和谐、统一的整体。

最后是要在发稿前安排全书通读检查阶段。以前编纂其他种类的百科全书，往往设成书编辑阶段，在此期间只一般性地要求进行通读和专项检查。然而经验证明，发稿前的通读和检查，对于保证书稿质量至关重要，因而有必要提升对这两项工作重要性的认识。特别是编纂统编型大型综合性百科全书，工作参与者多，要处理数万个条目、几千万字稿件，审稿和编辑加工的水平容易参差不齐，稿件规格不一的问题会十分突出，这两项工作就更显得重要。为此，或可把成书编辑阶段改为全书通读检查阶段，以突出和强化这两项工作，而把发稿前的其他工作附设于此阶段之内。其后的发稿工作性质单纯，分量不大，可作为此阶段的结尾部分对待。毫无疑问，突出和强化了全书通读和专项检查工作，书稿质量肯定会有效地得到提高。

据上所述，此种百科全书的整个编纂过程，依次可划分为设计准备—组稿撰稿—学科门类审稿加工—全书统编审改—全书通读检查五个阶段。其中的设计准备阶段，在时间和工作内容的安排上，要比编一般百科全书时更加充分。

（二）工序的安排

主要是根据统编后全书一体化的目标，安排好跨学科门类进行组织和协调的工序。例如：

1. 为把全书条目组构成相对严密的体系，在设计准备阶段，当分科条目表制定出来以后，应安排超越学科、门类界限理顺条目交叉关系，对全书条目进行协调、重组，以产生全书总条目表的工序。

2. 在条目协调、重组以后，将出现一部分包含几个学科、门类知识的条目（如农作物条目包含植物学、农业、经济学、营养学、烹饪方面的知识，宗教建筑条目包含考古、文物、建筑、美术、宗教方面的知识等），其中有些需由几个学科、门类合作撰写。这便要求在组稿撰稿阶段，针对这部分条目，安排分写和合并的工序。

3. 这些包含几个学科、门类知识的条目，在撰写出来以后还须由相关学科、门类的编辑和专家共同把关。因此在学科门类审稿加工阶段，又要有交叉共审的工序。

4. 组群审稿能帮助实现相关条目在内容和形式上的统一，避免知识遗漏和消除不合理重复。因此为实行全书一体化，在各学科和门类分别完成组群审稿之后，还必须安排跨学科门类的组群审稿（详后）。这是在全书统编审改阶段把全书条目有机组织到一起的关键性步骤，在安排工序时决不可漏掉。

此外，还应当有统一处理全书人文科学、社会科学部分带共性的政治敏感问题的工序，设置跨学科门类的文内参见的工序，以及统一处理所有学科、门类索引主题的工序等。

总之，只有抓住此种百科全书“大型”和“统编”的特点，把编纂阶段和工序的设置安排妥帖，才有可能顺畅地完成任务，编出真正合乎质量标准的优良成品。

二、依照保质量走短线的思路安排编纂工作的环节和路线

在市场经济条件下编纂百科全书，要坚持质量高、投入少、速度快的标准。统编型大型综合性百科全书社会影响大，资金消耗多，编纂周期长，编纂时强调这一标准尤其重要。因此，凡是为保证质量所必需的工序一定要设置，关键性的工序要强化，在此前提下可从实际出发减少工作环节，缩短作业路线，以减少投入和加快工作进度。在后一方面，钱学森先生过去对《中国大百科全书》第一版的编纂曾提出“走短线”的要求。为贯彻上述思路，可采取以下做法：

1. 选条是百科全书编纂的基础性工作，必须抓好抓实，保证质量。因而缜密设计选条框架，精心选条，认真听取学科专家的意见，严格进行体例方面的检查不可缺少。此外还要处理好条目的各种交叉关系，进行全书范围的综合平衡。

2. 体例工作是保证所编百科全书具有工具书性质和实现读者对象目标的重要手段，必须重视。因而在组稿撰稿阶段，提供体例文件和条目样稿，帮助作者了解体例规范，并检查最初撰写出来的稿件以便

及时进行体例方面的纠正，就绝对必要。否则将损及撰稿质量，甚至造成大量条目返工，影响进度。

3. 一审是提高稿件质量的关键工序。学科责任编辑进行一审时必须在体例、文字、学术内容和政治内容方面认真把关，提出具体而不是空泛的审稿意见。这可使作者和特约编辑修改有据，为以后的编辑加工打下基础。

4. 学科专家审稿对于确保稿件的学术质量非常重要。但为缩短作业路线，可不建立出版社的内三审和专家的外二审并列的复合工作系统，以避免增添工作环节。为发挥专家的学术把关作用，可在责任编辑一审和编辑加工两项工作之间，安插学科、门类主编审稿和特约编辑改稿，把他们的工作规定为单一审稿系统中的不同工序。这样做既能保证学术质量，又可节省稿件周转的时间和减少投入。

5. 组群审稿和组群加工是保证百科全书编纂质量的重要手段。除按学科分支（纵向）条目组群进行审查和加工外，在工序的安排上应确保不丢掉跨分支、跨学科各类组群，包括横向交叉条目组群和同型条目组群的检查和改稿工作。为此，宜在学科门类审稿加工阶段和全书统编审改阶段分别完成各自范围的组群审稿任务，包括：①在学科门类审稿加工阶段完成本学科或门类各种条目组群的审稿和编辑加工；②在全书统编审改阶段组织力量，在关系密切的学科门类之间进行各种组群的统一审改，同时另外安排人力，同步完成全书范围的人物、书刊、机构团体等可比同型条目的组群检查工作。采取这样的工作程序，既突出、强化了保证百科全书整体质量的组群审稿和组群加工，又因“同步完成”而节约了时间，因分段作业而避免了复审编辑循环往复地卷入审稿，从而遵循了稿件流转走短线的原则。

6. 到全书通读检查阶段已不存在组群审稿任务，全书通读和三审之间的稿件传送可采取流水作业方式。这种运作方式是通过稿件的及时小批量传递，使前后接续的两道工序变成交错并列进行，实际上也是在缩短作业路线，加快工作进度。

众所周知，选条、组稿、撰稿、审稿、编辑加工是百科全书编纂工作的主线。通过上述安排把它们做好，无疑将为实现全书高质量提供保证。另外，按照系统工程观点，缩短工程周期的关键在于减少完成作业路线最长的工作所需花费的时间。在百科全书编纂中选条、撰稿和处理稿件的工作耗费时日最多，如果在确保质量的前提下缩短它们的作业路线，肯定有助于加快整个编纂进度。当然，对于其他项目的工作也要依照保质量、走短线的原则精心安排。

三、从编纂作业最佳整体效果出发构建协同配合式的工作体系

统编型大型综合性百科全书的编纂工作由许多项目组成。除需精心规划每一项工作的作业路线外，极其重要的一点，是要依据系统工程原理把整个工程看作一个大系统，从整体协调的观点出发，把所有的工作项目（子系统）科学地组织起来，以求编纂作业产生最佳的整体效果。具体来说，就是把文稿工作、图稿（含地图）工作、名词统一、索引编制、附录编制等都看作相对独立的工作项目，弄清楚它们之间有什么样的衔接关系，正确规定出它们在工作过程中如何协同配合，从而建立起一个由各工作项目有机组织而成的协同配合式的工作体系。

分解开来看：例如，文字和图片共同展示条目内容，因而文稿和图稿的编辑工作必须结合得很紧密。至少在学科门类审稿加工阶段之初，图片编辑和学科责任编辑就应共同确定较为具体的配图方案，随后立即收集、制作，以保证在审稿期间做到文、图共审。以后文字的变动若涉及图片，须及时作相应处理。否则不但难保图片质量，无法做到文、图最佳结合，还会因图稿工作滞后而延误工期。为了使工作协调顺利地进行，就要对文稿、图稿工作的这种协同配合关系明确地加以规定。

又如，专有名词译名的统一和文稿工作关系密切。名词统一编辑在撰稿结束时就应汇集稿件中各类专有名词的译名，开始全书范围的统一，并及早制定出全书专有名词译名统一表，以便学科责任编辑在编辑加工时把统一的结果落实到稿件上。随着稿件审改的进行，还需了解专有名词有哪些增删，及时补做新增译名的规范和统一工作。为使名词统一工作和文稿工作相互衔接，对上述协同配合关系也要加以明确。

再如，内容索引的编制同文稿工作、名词统一工作有复杂的交错关系。索引选条宜由学科责任编辑在加工稿件过程中进行。然后由索引编辑汇集，与各学科的责任编辑会同，在全书范围进行筛选、补充和平衡。至学科或门类编辑加工、全书统一审改和全书名词统一工作全部结束，再据稿件变动情况核对增删。如不将这些协同配合的工作步骤一一规定清楚，很容易产生索引选条失当，内容索引与条目正文、译名表不相匹配等弊端。

把所有工作项目之间的关系弄清楚，对它们在工作中怎样协同配合作出规定，各项工作就被科学地组织起来，从而为协同有序地工作和产生编纂作业最佳整体效果创造了条件。

四、按照有效监控和最佳运作的实际需要建立高层调控管理机制

为了编好统编型大型综合性百科全书，不但要有科学的程序和方法，还应当建立有效的调控管理机制。这包括质量、规模监控，以及以最佳运作为目标的工作过程管理。调控管理的主要手段是建立职能小组，还需要制定各种规章制度。任何工程都包括技术过程和管理过程两部分，按照系统工程观点，实现工程目标的关键在于管理，此即常说的“管理出质量，管理出效率”。

（一）质量监控

从广义上讲，审稿即质量监控。不过此处所说的是审稿以外的全书质量监控。原苏联百科全书出版社设科学体例编辑室和文字编辑室把关，可作为这项工作的参考。

为实行全书质量监控可建立专门的高层质量检查组，由知识面广，熟悉体例、文字水平高的老编辑组成，在编辑部统一领导下进行工作。整个编纂过程或可进行四次集中检查：第一次是对条目表的检查；第二、三次分别安排在责任编辑一审和编辑加工之时，通过抽查，帮助把关；第四次即全书通读，以统一全书规格、降低差错率为主要目的。监控还包括对图片（含地图）、附录，以及名词统一工作、索引选题和编制工作进行检查。为加强监控效果，应制定严格的质量管理标准。

实施上述质量监控的方法论依据，是系统工程管理中行之有效的反馈控制方法。即在向工作系统发出控制指令（例如对选条、撰稿、审稿、编辑加工下达各种规范性要求）之后，及时收集反馈信息，不断修正执行中的偏差，以保证指令的贯彻落实。在常规审稿以外增加集中统一的全书高层质量监控，可克服统编型大型综合性百科全书编纂人员多、工作分散性大的不利因素，确保分头进行的编纂工作，在质量上不偏离全书统一标准。

（二）规模监控

经验证明，大型综合性百科全书在编纂过程中容易规模失控。为了防止出现这种情况，除要求编纂人员执行篇幅纪律外，可借鉴原苏联百科全书出版社设条目表编辑室管理全书条目（包括监控条目数量）的办法，进一步把监控范围扩大，建立实施全面监控的规模控制组，对全书规模实行监控。

规模控制组承担下列任务：

1. 管理全书条目表。各学科、门类的条目若需更改增删，须向它申报。规模控制组要及时把申报情况和初步处理意见提交领导审查，通过审批，实行对全书条目总量的控制。

2. 分阶段统计全书条目和文、图的总量。可在初稿产生、责任编辑完成编辑加工和全书统编审改结束三个关口进行统计。如发现超标，及时上报领导以确定压缩方案，然后予以落实。

在执行篇幅纪律的基础上实行上述监控，当可有效地防止规模膨胀。

（三）运作管理

编纂统编型大型综合性百科全书，稿件流转的范围大，工作复杂的程度高，必须建立专门的调度管理组，以协助领导管理编纂运作。这一职能小组大体上负责以下工作：

1. 管理全书稿件。稿件进入编辑部，即应在调度管理组登记。此后无论是进入一审、退改、外审、编辑加工、统编审改，还是二审、通读、三审、专项检查，均须在此组登记，以便查询、统计和管理。

2. 组织全书范围的审稿、改稿和通读检查。这包括：组配各学科、门类经过编辑加工的稿件，安排人员作跨学科门类的组群审改；组织专人，进行全书可比同型条目的组群检查；组配稿件，安排全书稿件的二审；将全书稿件打乱按音序排列，递交质量检查组通读，然后以流水作业方式传送给三审编辑审读。

3. 掌握进度，监管各项工作的协同配合。具体有：经常（例如按月、按周）了解、登记各项工作的进展情况，以督促、调配人员或帮助打通关节等方法保证进度，并依据各工作项目之间的协同配合关系进行协调。

有调度管理组进行管理、组织和协调，对工作程序和各项规定的执行情况实行监督，必然会提高工效，避免工作中出现无序状态。事实上，任何大的工程项目都有专门机构居中进行管理。当然，在此同时还要制定各种规章制度，强调编纂人员自觉按规程办事，自觉顺应工作项目之间固有的协同配合关系，以使整个工作群体具备一种协同学上所说的“自组织”能力。毫无疑问，编纂运作的管理一旦建立在自组织机制之上，整个编纂工作将能更加高质量、高效率地进行。

五、以提高工效为目标建立人机结合的先进工作系统

在编辑出版现代化已成为趋势的今天，把应用计算机引入统编型大型综合性百科全书的编纂工作刻不容缓。这将极大地提高工作效率。例如：同数据库联网，不出办公室就能查阅各种资料，大大地节省了编辑查找、核对资料的时间；同人工排序相比，用计算机完成条目和索引的排序，可数百倍地提高工效；借助于计算机管理，能便捷地完成统计和准确地进行决策指挥。因此，在设计编纂程序和方法、确定调控管理方式时，要把建立人机结合系统的问题考虑进去。

参考有关经验，根据统编型大型综合性百科全书编纂工作的实际要求，实现计算机化需要建立百科全书信息管理数据库。数据库存入以往的资料，输入新撰写的稿件，设有能对稿件进行编辑处理的计算机应用系统。它的应用系统至少应当包括进行文稿编辑、图稿编辑、辅助编辑（名词统一、索引编制等），以及库内资料查索、编纂工作管理等功能，并同有关的网络数据库联网，以备进行广泛的查询。

为了编辑工作的方便并确保机上操作不影响编纂工艺的落实运用，这种计算机编辑应用系统应当具备某些特殊的性能。

例如：为了贯彻体例，百科全书稿件的修改量大于一般书刊的稿件。为使复审编辑能从文稿上方便地看出前一道工序的改动有无损伤专家所写的内容，机上修改的稿件应能显示出对原稿作了哪些改动，而不

应让复审编辑费劲地用修改过的稿件去同原稿对照。

又如：文稿编辑系统要能方便地用来进行全书稿件的整体处理，因此要具备通过主题词查找不同条目中互有关联部分的功能。由于大量信息是隐性的，借助主题词进行查找的方法往往无效，因而在许多（甚至是更多）情况下，需要把成组稿件排列在眼前对照检查（组群审稿），这就要求在计算机屏幕上多开窗口。为此，配备大屏幕的计算机（例如20英寸的）当较合用。另外，为了进行跨学科门类的组群审稿，还需要将各学科责任编辑所使用的计算机串联起来；为了在机上协调文图关系，用于文稿编辑工作和图稿编辑工作的计算机亦需相互连接。

再如：用于编制内容索引的辅助编辑系统应同文稿编辑系统联网，具备从文稿中自动辨识和调出条头及索引词的功能。并要能够用来查询文稿，以进行索引主题的筛选、合并和增删等。这种编辑系统还应具有自动完成索引排序的功能。

再有：为了能快速查询资料，资料检索系统在提供一般的检索途径之外，还应具备从多种模糊角度进行检索的功能。例如，要了解某个学派的情况而忘却此学派的名称，应能通过学派所属领域、所处时代或创立者等线索进行查找；要了解某个古迹的资料而想不起古迹的名称，应能通过古迹种类、国别、时代、所在地点等线索进行查找。有了这种功能，查索资料时就可获得极大的便利。此种功能亦为一般编辑工作所需要；但大型综合性百科全书涉及的资料范围广，编纂工作在时间上要求紧迫，建立模糊检索渠道以便于快速查询就更为必要。

从长远来看，统编型大型综合性百科全书的编纂工作必定要全盘计算机化，但在当前会受到一些条件的制约。例如，编纂此种百科全书在目前出现人才断层，复审和质量检查工作需有离退休老同志参加，不可能要求他们每个人都会使用计算机。稿件的学术把关仰仗学科专家，并不是所有的专家都已能上机工作。有鉴于此，目前可能要采取计算机操作和手工操作相结合的方式。从制定编纂程序和确定调控管理方式的角度考虑，就需要详细规定，哪些工作用手工进行，哪些工作依靠计算机完成，两种工作方式怎样衔接和转换等。

可以想见，计算机化的推进将给大型综合性百科全书的编纂工作带来极大的变化。而如果在计算机平台上实现编纂和出版一条龙，必然会更大地提高工效，缩短编纂出版周期，从而提高出版效益。

原载《辞书研究》2002 年第 2 期，曾辑入 1998 年国家社科基金项目成果《大型综合性百科全书编纂的理论与运作》

怎样使综合性百科全书满足读者需求
——欧美日本百科全书编纂经验一瞥

我国大规模编纂出版百科全书为时不久，人们对综合性百科全书缺乏充分的了解。而综合性百科全书涉及知识之广泛，又使编纂者往往把注意力集中于知识内容本身。这就使满足读者需求的问题没有引起足够的重视，在实际编纂中未得到很好的解决。欧美、日本编纂百科全书有较长的历史，在这方面积累了丰富的经验。了解它们的有关做法，将有助于增进我们对此问题重要性的认识，提高我们的综合性百科全书的编纂水平。

一

在现代社会，综合性百科全书已成为广大读者求知的重要工具。然而读者种类很多，文化水平各异，求助于百科全书的目的有别。因此要满足读者，就必须照顾到他们中的各个层面，适应目的不同者的需要。欧美、日本在编纂出版过程中，就很重视这种不同的需求，配备了档次不同、用途（功能）有别的多种综合性百科全书。

从照顾不同读者层面来看，大体上出版有五个档次的综合性百科全书：①面向高中以上文化程度读者的高级成人档百科全书，如美国的《不列颠百科全书》、日本的平凡社《世界大百科事典》。②面向中学文化程度读者的普通成人档百科全书，如《苏联小百科全书》、小学馆《大日本百科事典》。③面向中学生的中学生档百科全书，如美国的《优等生百科全书》和《国际百科全书》。④面向小学至初中少年儿童的少儿档百科全书，如英国的《牛津少年百科全书》、美国的《不列颠少年百科全书》。⑤面向学前和小学低年级儿童的幼儿档百科全书，如美国的《康普顿幼年百科全书》、法国的《我的图画拉鲁斯》。这些档次依据基本的读者群划分，文化程度相近的读者也可以使用。从书的功能来看，则既有主要用于查检的百科全书，也有强调教育作用，主要供自学阅读（或启蒙）的百科全书；既有学校、图书馆用的知识型百科全书，也有适合于家庭的实用型百科全书；既有陈放在书架上提供详尽知识的大部头百科全书，也有便于携带或放置案头可供速检的单卷本百科全书。

在同一档次的百科全书中，有时又有层次高低的区分。此外还有跨档次或兼备不同功能的中间型百科全书。例如在普通成人档和中学生档之间，就有为成人编纂，兼顾中学生需要，或同时供二者使用的百科全书；在功能方面，有检索功能和阅读功能并重，或兼具知识型和实用型特点的百科全书。

在每一部具体的百科全书上，档次类型和功能目标总是结合在一起的。在欧美、日本，上述档次和功能经过灵活组配，产生出各式各样的百科全书。例如：既有高级成人档，主要供检索的百科全书，如平凡社《世界大百科事典》；也有高级成人档，检索和阅读两种功能并重的百科全书，如第 15 版《不列颠百科全书》。既有普通成人档，供图书馆使用的知识型百科全书，如《苏联小百科全书》；也有普通成人档，属于知识型但兼有实用性，或完全是家庭实用型的百科全书，前者如美国的《林肯基本资料文库》，后者如美国的《哈佛世界百科全书》。既有普通成人档，大部头的百科全书，如 20 卷的英国《新卡克斯顿百科全书》；也有普通成人档，单卷本的百科全书，如美国的《新哥伦比亚百科全书》。

从以上情况不难看出，欧美、日本的综合性百科全书在目标和指向上非常明确、具体，在满足读者需求方面有很强的针对性。而档次和功能类型齐全，存在中间类型，档次和功能的组配灵活多样，又大大增加了书的品种，形成五彩纷呈的综合性百科全书世界。

在欧美、日本，正是因为有了上述各式各样的综合性百科全书，在科学和读者之间架起一座座“桥梁”，才使得文化程度、经验范围、认知能力、心理特点存在差异的各类读者，均有可能通过百科全书进入科学文化知识的宝库，根据各自的实际需要去寻得学习、工作或生活方面的有益指导。也正是因为形成了综合性百科全书的系列，多样化的读者需求得到较充分的满足，才使综合性百科全书当之无愧地成为大众求知的良师益友。

二

欧美、日本编纂综合性百科全书，重在切实符合档次规定和功能目标，不使出现有名无实的情况。因此在编纂时紧扣需要进行设计，不拘泥于一种固定的模式，且采用多种方法和技巧。其中有许多做法很值得我们参考。

（一）框架和条目

为满足文化层次较高读者的需求，编纂高级成人档百科全书强调知识的体系性。《不列颠百科全书》第 15 版（1974 年版）编者序言曾明确指出，“体现知识系列所有部门”，是这部书“必须具备的显著特点”。平凡社《世界大百科事典》（1972 年版）的编者，也强调书中条目要构成“知识完整系列”。因此这一类百科全书一般采用分类严格，能反映人类知识体系的学术性框架，以保证所收录的知识具有体系性。例如《不列颠百科全书》第 11 版以学科为基础，把人类知识分作 24 个大类的分类索引，便属于此种学术性框架。第 15 版突破学科界限，以十大部类从总体上展现人类知识体系的《百科类目》，虽是知识框架而非选条框架，从中也能看出这部书在选收知识时遵循了严格的体系性要求。这一档次的百科全书还重视所收条目的完备性，一般来说，条目数量超过其他档次的百科全书。如德国的《布罗克豪斯百科全书》第 17 版收录条目约 22 万条，《苏联大百科全书》第 3 版收录条目约 10 万条，《美国百科全书》1980 年版有条目约 6 万条。

普通成人档百科全书与此不完全一样。其中一些层次偏高的仍追求完整知识系列，采用学术性框架。如日本讲谈社的《现代世界百科大事典》（1972 年版）收 66 个知识门类，大体上包容了自然科学、工程技术、人文科学、社会科学各主要学科，兼及若干非学科性的知识门类。而有些层次偏低，更加大众化的百科全书，对知识的体系性就不那么强调，采用的是分类相对比较粗疏的实用性框架。如《林肯基本资料文库》所收知识分为英国语言、文学、历史、地理和旅游、科学、数学、经济和实用艺术、政府和政治、美术、教育、传记、杂类等 12 类，这显然已不是一种严格的知识分类体系。实用性框架按实际需要对学科、门类进行归并，有所取舍，以适合文化程度偏低的广大读者。

同高级成人档追求完备相比，普通成人档选收条目偏于注重普及性。如日本小学馆《万有百科大事典》（1973 ～ 1976 年版）的编者，要求把设条重点放在“基本知识和一般人、事上”，它的科学技术编，以“一般的科学修养事典为目标”选取条目。属于这一档次的百科全书的条目，一般来说少于高级成人档的百科全书。如《万有百科大事典》收条目约 6 万条，《苏联小百科全书》第 3 版约 5 万条，《新卡克斯顿百科全书》1977 年版约 1.4 万条。

少儿和幼儿档百科全书采用实用性框架的颇为多见。与成人百科全书不同的是，它们框架的分类方式多针对小读者的特点。少儿档的英国《麦克米伦儿童百科全书》（1974 年版，我国已编译出版）把知识粗略地分成 10 类，划分不带有学科色彩。幼儿档的英国《洛克儿童百科全书》（1976 年版）只分作 5 类：“有趣的世界”“生命之谜”“周围的世界”“人的故事”“这儿、那儿、一切地方”，此书的结构单元已完全变成一种趣味性的知识栏目[1]。在这样的框架内选条，显然可有效地防止成人化，使条目适合小读者的口味。从小读者的实际情况出发，这一类百科全书的条目数量更少，如《不列颠少年百科全书》（1980年版）收条目约4000条，《康普顿幼年百科全书》约650条。

除采用不同的框架形式，在选收条目的意向和数量方面存在差别外，不同百科全书的编者还常据读者对象的特殊需要，或本部书的功能目标去确定选收哪些条目。例如，主要面向中学生的美国《世界图书百科全书》的条目，是在调查分析美国和加拿大300所学校课程的基础上选收；美国《国际百科全书》的编者，是在调查美国中学生查阅的实际需要之后进行选条[2]。《麦克米伦儿童百科全书》中收有小朋友感兴趣的“童子军活动”“野营”“鸟类观察活动”“电动玩具车比赛”“放风筝”“模型船”一类条目。兼顾家庭实用需要的《万有百科大事典》则专门设有生活卷，选收范围包括衣料、服饰、食品、烹调、烟、酒、茶、室内装饰和婚丧习俗等，同时还有同家庭生活有关的法律、经济、体育运动、闲情逸趣、娱乐消遣方面的条目。

此外，为突出检索或阅读功能，不同的百科全书往往采取相异的条目结构形式。因小主题有利于检索，一些强调检索功能的百科全书尽量对知识进行分解，采用小条目为主的条目组合形式，如德国的《布罗克豪斯百科全书》。大条目有利于阅读，于是一些强调阅读功能的百科全书将小主题合并，扩大条目的规模，采用大条目为主的条目结构形式，如法国的《拉鲁斯大百科全书》。而意在检索和阅读功能并重的百科全书，像第15版《不列颠百科全书》，又采取大条目

——

〔1〕思惠，《从〈洛克儿童百科全书〉谈儿童知识词典的编纂》，《辞书研究》1984年第3期。

〔2〕“百科全书”（常政），《国外工具书指南》第三部分，中国学术出版社，1984年。

《详编》和小条目《简编》相结合的两极化的条目构架。主要供检索，兼顾自学阅读的百科全书，像平凡社《世界大百科事典》，则恰当地安排各类条目的比例，采用大、中、小条目相结合，而以中、小条目为主的条目结构形式。

上述情况告诉我们，欧美、日本许多综合性百科全书的编者，从构建框架和选收条目这一编纂工作的最初环节开始，便有针对性地采用了不同的模式和标准，紧紧扣住满足读者对象需求这一目标。

（二）释文和图片

为照顾读者的理解能力，欧美、日本编纂综合性百科全书多致力于释文通俗化，几部著名的高级成人档百科全书的编者，都把通俗易懂作为自己的目标。《布罗克豪斯百科全书》的宗旨，是使一切学科的资料都易为在校学生和非专业读者所理解。平凡社《世界大百科事典》的编者力求介绍知识“浅近易懂”。《拉鲁斯大百科全书》（1971 ～ 1976 年版）的编者声明，他们的书是“通俗的著作”，而这部书正是以释文易懂、文笔生动而著名。《美国百科全书》的条目，采用的是介于辞书言简意赅和科普文章通俗易懂之间的文体，长条目后还附有简明的词汇解释。它的编者宣称，青年学生能理解他们在书中所读到的东西，教师、图书馆管理员和其他成年人不会因为要了解他们没有学习过的术语而耽误时间。从《不列颠百科全书》第 15 版的“编辑方针报告”可知，这部以学术水准著称的百科全书，也力求做到对于“具备一定理解力的外行读者”具有“易懂性和可解性”。从这一版的编者序言中，我们还可以看到为使这部书实现释文通俗化而采取的措施，它们涉及条目内容的选择，材料的处理，以及术语、公式的使用等。

普通成人档和中学生档的百科全书在这方面当然更不例外。为了达到释文通俗化的目标，其中有的书在编纂过程中要经过专门的可读性检查。[1] 为了替读者排除查阅释文的障碍，《现代世界百科大事典》《万有百科大事典》《林肯基本资料文库》《国际百科全书》（1982 年版）等，都附有对术语的注释。有些百科全书不仅注重通俗性，还注意以释文的趣味性吸引读者，如美国《康普顿百科全书》的条目写得生动有趣，《苏联小百科全书》的编者要求“材料丰满与内容有趣相结合”等。

少儿和幼儿档百科全书的编者更是照顾小读者的知识水平，体察他们的认知、心理特点。典型的如《康普顿幼年百科全书》的条目常用故事或诗歌形式介绍知识，每卷开头的活动栏还指导小读者结合条目内容进行各种活动（如阅读“未来世界”条目，相应要求做机器人游戏）。这些已同成人百科全书传授知识的方式迥然有别。另外一些百科全书，主要是低幼儿百科全书，则根据读者识字少，抽象思维不够发展的特点，主要用图画介绍知识，只配以少量的文字说明。

配图是实现百科全书条目通俗化，帮助读者理解知识内容的有效途径，因而不少成人、中学生百科全书的编者，重视通过图片对知识进行直观和形象化的处理。1 在高级成人档百科全书中，《拉鲁斯大百科全书》注重配图素来是闻名的。普通成人档的《新卡克斯顿百科全书》，图片几乎占篇幅的 50%。面向中学生和普通成人的《康普顿百科全书》（1980 年版），近 900 万词竟配有 3 万余幅插图。尤其需要指出的是，在某些通俗的成人综合性百科全书中，图片从属于文字的传统已被突破，图片具有相对独立的地位，图文分工共同组成条目单元，这对于实现条目通俗化无疑是有益的。

（三）推荐书目、检索系统和附录

推荐书目提供进一步求知的门径，不少编者力求使它适合于读者水

---

〔1〕“百科全书”（常政），《国外工具书指南》第三部分，中国学术出版社，1984年。

平。如面向中学生的《国际百科全书》（1982 年版），书目由编者和专家依据中学教学情况选列。推荐书目最受称道的美国《科里尔百科全书》（1980 年版），将书目在最后一卷分类编排，按读者对象范围，依次列出供中学生、大学生直至研究生阅读的推荐书。这既便于读者根据自己的情况选择，又有利于循序渐进，逐步提高[1]。

检索系统是进入百科全书知识宝库的门户，在检索系统的设置方面也有满足读者需求的问题。为了增加检索量，许多综合性百科全书设置了内容分析索引，使读者能查到隐含在条目之中的小的知识主题。为方便自学者查阅，有的书设有复式索引，在各索引主题下汇聚相关主题，把分散在各条目中互有关联的知识串联起来。一些书又备有专题索引，用以满足特定读者对象或特殊检索需求。例如，考虑到学生学习时的需要，日本《讲谈社大百科事典》（1977 年版）设有为学生预备的学习索引。《科里尔百科全书》中设有指引读者自学查阅的“学习指南”。《康普顿百科全书》中有专题索引性质的浏览栏，分为历史趣事、著名人物和重要图片等 10 余项，用来指引读者浏览正文内的知识性、趣味性内容和小常识[2]。而兼顾家庭实用的讲谈社《现代世界百科大事典》，则备有分类编排的生活实用索引。毫无疑问，从读者需要和书的功能出发安排各种索引，大大提高了综合性百科全书的使用价值。

附录是百科全书的重要组成部分，被用来提供读者所需要的各种资料。一些百科全书的编者常根据读者对象的特点安排附录的内容。如平凡社《世界大百科事典》的编者在附录中汇集一般读者可能经常需要查找的资料，包括日本宪法、历代内阁、月平均气温和降水量、主要山河湖泊、每年的节日和活动、体育比赛成绩和科学文化奖获奖名单等。

---

〔1〕范家宁，《美国普及性百科全书述评》，《辞书研究》1988年第1期。

〔2〕“百科全书”（常政），《国外工具书指南》第三部分，中国学术出版社，1984年。

《牛津少年百科全书》的编者针对少年读者的特点，编制了饶有趣味的附录，包括图文对照的历史年表、历史上大帝国、两次世界大战和联合国的大事记、观赏植物品类、农作季节、圣经人地名、希腊神话神名等。[1]少儿档的美国《插图本世界百科全书》的编者，则从小读者增长文学知识考虑，在每卷卷尾设“文学宝库栏”，共截录850段世界著名文学作品。

上述情况表明，为满足读者需求，欧美、日本的综合性百科全书的编者不限于在条目设置和内容介绍上下功夫，而是把这一宗旨贯彻到全书各个基本组成部分的编制之中。

（四）实用性指导

百科全书用以传播知识，但欧美、日本的一些综合性百科全书已超出一般性介绍知识和提供资料的范围，有针对性地对读者进行实用性指导。这主要见于档次偏低和带有实用性的百科全书。例如，小学馆《大日本百科事典》（1978年版）便在有关的条目的末尾，列出读者可向之求教，或可加以利用的单位、设施的名称和地址，范围包括政府机关窗口、社会团体、研究所、公司、学校、博物馆、美术馆和动植物园等。编者的意图是“把知识和实践结合起来”，使这部书“作为家庭爱用的百科事典而具有它的特点”[2]。再如，《国际百科全书》在每个提及社会职业的条目后面附有“职业指南”，内容包括职业特点、就业资格、就业训练、收入和就业前景等。[3]还有些百科全书对中学生提供学习方法方

---

〔1〕“百科全书”（常政），《国外工具书指南》第三部分，中国学术出版社，1984年。

〔2〕于家齐编译，《〈大日本百科事典〉的序言和凡例》，《辞书研究》1982年第5期。

〔3〕范家宁，《美国普及性百科全书述评》，《辞书研究》1988年第1期。

面的指导，备有“如何利用图书馆”“如何写学期论文”一类指南栏目。

在百科全书中附加实用性指导成分，扩大了百科全书的功能，使之更加贴近读者，成为读者广泛意义上的良师益友。

三

同欧美、日本相比，我国目前编纂出版的综合性百科全书在满足读者需求方面存在不足。

（一）档次和功能类型不够齐全

我国目前虽已出版高级成人档百科全书，普通成人档百科全书，中学生档百科全书和少儿档、幼儿档百科全书。但除少儿档外，同一档次的百科全书尚缺乏进一步的层次区分。在功能方面，未见检索和阅读功能并重的百科全书，或主要供自学阅读的成人百科全书；注重知识型的百科全书，忽略了家庭实用型的百科全书；有多卷本而无单卷本成人百科全书。此外，还缺少真正兼顾不同读者群需要的中间型百科全书。作为一个经济、文化迅速发展的出版大国，应当改变这种状况，逐步提高综合性百科全书系列化的水平。

从欧美、日本的情况看，实现百科全书系列化有两种途径：在国家和出版界的统一规划下达到目标，或在出版社之间的竞争中完成。当前我国图书市场竞争日趋激烈，但政府部门的重点出版规划仍起作用。综合性百科全书分量大，知识覆盖面全，是传播科学文化知识的有力工具，一般均可列为国家或省市级的重点出版项目。建议有关部门在调查研究的基础上，对各出版社进行协调，制定统一的出版规划，争取在不长的时间里补齐缺门，使我国综合性百科全书的系列化水平更上一层楼，使多样化的读者需求得到充分的满足。

（二）部分书未能紧扣编纂目标

在已出版的综合性百科全书中，有些在读者对象目标方面未能名副其实。例如一些书未能真正面向普通读者，存在不同程度的专业化倾向，一些为少年读者编的百科全书却摆出一副成人面孔。这说明编纂者同真正树立百科读者意识尚有距离。

从方法和技巧的角度看，编纂者的思路显得不够开阔。许多书未能以选条的针对性去满足读者的检索需求。可读性差，未能像欧美、日本的优秀百科全书那样，采用多种方法实现释文的通俗化，并使释文生动而具有吸引力。在推荐书目方面，未能像《科里尔百科全书》那样，作出适合于不同读者的层次区分。对附录重视不够，未能充分利用这一形式提供读者需要的各种资料。尚未见到可用来加强阅读功能的复式索引，或为特定读者对象和特殊检索需要而设，用以加强检索功能的专题索引。这些都妨碍或影响了编纂目标的实现。另外，对百科全书功能的理解还囿于传统观念，即使是普及性的百科全书也基本上限于介绍知识、提供资料，没有尝试兼为读者提供实用方面的指导。凡此种种，无疑限制了我国已有的综合性百科全书在传播中更好地发挥作用。

我国的百科全书编纂事业已经起步，今后必定会出版许许多多综合性百科全书。如果能借鉴欧美、日本的经验，把每一部书的读者对象目标和功能目标不仅写在编纂方针里，而且落实到实际编纂中，千方百计地开拓思路，不受固定模式的限制，运用多种方法和技巧去加以实现，就一定会使我国的综合性百科全书，在满足读者需求方面出现飞跃。

（说明：本文部分资料引自中国大百科全书出版社《百科全书参考资料》和《百科全书研究》）

原载《编辑学刊》1996 年第 3 期，发表后被辑入《中国编辑研究（1997）》

对我国大陆编纂的百科全书编纂出版状况的思考

20 世纪 70 年代末以来，我国大陆的百科全书编纂出版事业经历了从无到有、从小到大的发展过程。其中大陆自己编纂百科全书，以《中国大百科全书》的编纂为起点，取得令人瞩目的成绩。但编纂出版中也存在不容忽视的问题。本文试图从几个大的方面概述成绩，梳理不足，相应提出解决问题的办法。

一、取得的成绩

综观这一时期，成绩主要表现于以下方面：

（一）数量有了可观的积累

据不完全统计，截至 1999 年，大陆编纂的百科全书已达 197 种，约占出版百科全书总数 258 种的 69%（其余为翻译引进）。其中值得注意的是，数量增长明显呈加快的趋势：80 年代仅 17 种，约占当时总数的 39%；90 年代达 180 种，约占此时总数的 74%。显而易见，90 年代以来，自己编纂出书，在大陆的百科全书出版中已经成为主流。大陆编纂的百科全书，在科学文化知识的传播中发挥着越来越重要的作用。

（二）系列化初步成形

20 年来，大陆编纂出版了综合性百科全书、专题性百科全书和地域性百科全书，百科工具书系列化的三大主干类型已经齐备。三大类型中的每一种，还包括许多小的类型。

1. 在综合性百科全书中，既有高级成人档的《中国大百科全书》，也有普通成人档的《中国大百科全书（简明版）》和《中华小百科全书》，还有不同档次的少儿百科全书，如读者对象年龄段偏高的《中国少年儿童百科全书》和《新世纪中学生百科全书》，年龄段偏低的《21世纪小小百科》。

2. 专题性百科全书种类丰富。大体上有：①单学科型的。其中专业性的如《中国军事百科全书》和《能源百科全书》，非专业性的如《简明家庭中医百科全书》。②多学科型的。均属于非专业性百科全书，如《艺术百科全书》和《少年现代科技小百科》。③泛学科型的。此类百科全书不同某一个或某几个完整的学科相对应，只是零散地涉及若干个学科的知识。其中行业性的如《新世纪领导干部百科全书》，非行业性的如《中国老年百科全书》《中国妇女百科全书》。④狭窄主题型的。其中专业性的如《证券百科全书》，非专业性的如《家用电冰箱百科全书》。

3. 地域性百科全书也有不同的类型。综合型的如《世界小百科全书》，国家型的如《简明中华百科全书》，地区型的如《黑龙江百科全书》《广州百科全书》《澳门百科全书》，地区专题型的如《黑龙江农业百科全书》。

从上可以看出，大陆自编的百科工具书已经初步形成系列，这是大陆百科全书编纂出版事业开始成熟、步入现代化的一个标志。类型的多样，满足了广大读者多样化的需求。国外从近代百科全书问世到形成系列经历了一百多年；我们起步虽晚，但借鉴国外的经验，只用短短的十几年，便走过这一历程。

（三）电子化开始起步

百科全书编纂出版的现代化离不开电子化。可喜的是，90 年代后期，大陆编纂出版百科全书开始步入电子化的新阶段。

这一时期，中国大百科全书出版社率先出版了《中国大百科全书》《简明中华百科全书》等一批百科全书的电子版。它们虽然还不是多媒体电子出版物，而只是机读光盘，但结束了大陆只有纸质载体百科全书的历史。与此同时，第一座百科术语数据库在中国大百科全书出版社建成。此数据库能为编纂提供资料，还附有计算机编辑自动化系统。这家出版社出版的《新世纪中学生百科全书》，便是在这个数据库基础上运用计算机编纂成书。这标志着大陆编纂百科全书，开始告别传统的手工作业，进入计算机操作的新时期。

大陆编纂出版百科全书时日不长，取得上述成绩，不能不让人感到欣喜和振奋。

二、存在的问题

大陆百科全书在编纂出版上问题不少，有些还相当严重，我们必须予以充分重视。

（一）标准化、规范化不够

百科全书的标准化、规范化包含很多内容。这里谈到的，仅是从百科全书的基本性质出发，所必须达到的几项最起码的要求。

1. 顾名思义，百科全书介绍的知识要“全”。这是指在编纂宗旨规定的范围内选条的覆盖面全，重要知识主题无漏选。然而有些百科全书所收条目残缺不全，马马虎虎拼凑一下就称之为“全书”。例如有一部少年百科全书，在前言中自称是为了满足对于“一个较为完整的知识库”的需求而编纂，但书中竟然没有正规的历史、地理知识，缺少一般的政治常识，一些知识门类列条相当粗疏；中国是一个多民族国家，书中除了“汉族”一条外却找不到其他少数民族条目。而另一部自诩为具有中国特色的成人综合性百科全书，竟然漏掉了中国、北京、上海、西藏、香港、澳门、泰山等重要的中国条目[1]。像这样的百科全书，缺少大量应有的知识，根本起不到释疑解惑信息库的作用。

2. 同字典、词典不允许对字、词作错误的解释一样，百科全书提供的知识必须是准确无误的标准知识。科学性是百科全书的生命，然而有些百科全书粗制滥造，错误百出。例如：有一部书把本属迷信方术的占星术，解释为用来进行“预测”的“方法技术”；把本为星体的天体，定义为宇宙中各类“物体”的通称；把尧的年代，荒唐地定在“公元前74 世纪”[2]。在编校质量方面，“拜相”被误为“拜祖”，“恒星干涉仪”错为“恒星干波仪”，“赵孟頫”被拆写成“赵孟兆页”[3]。让人不能容忍的是，有的书有错误，是抄袭时想要改头换面所致。不懂科学知识，随意更改，抄袭者素质之低可想而知。

3. 百科全书是供检索的工具书，条目是百科全书的基本检索单元，条目设置是否规范对于一部百科全书来说至关重要。遗憾的是，在许多百科全书中，不规范的条目比比皆是。条目应当是独立的知识主题（如“国家”“定陵”），但不少条目却成了独立主题的任意分割（如“国家的类型”“定陵出土明代纺织品”），从而不利于完整地汇聚知识，不便于检索。联合主题条目常可见到（如“恒星和星际物质”“养蜂养蚕”），置于后面的知识主题被掩藏起来，按音序和笔画检索根本无法查到。有些条名不反映条目实际内容，如把数学内容的条目标名为“泥板的故事”，有些条名随意变更约定俗成的名称，像把“罗曼•罗兰”

——

〔1〕戴中器、孙关龙，《百科全书编纂是一门学问——评〈简明华夏百科全书〉》，中国辞书学会专科辞典专业委员会第三届年会论文，1998。

〔2〕《如此著书　贻害无穷—— 简评〈简明华夏百科全书〉》，中国大百科全书出版社调研资料，1999。

〔3〕引文出处同〔1〕〔2〕。

改译为“罗兰，R.”，这些也导致了检索的困难。不规范条目的存在，影响了百科全书检索功能的发挥。

4. 按检索性标准衡量，一部百科全书的检索系统是否完善绝非小事。但相当多的百科全书在检索渠道方面问题很大。突出的表现是不设异序索引（只有一种索引）。例如有些百科全书只设分类索引，使不了解学科分类的读者难以检索。另一些百科全书只设音序或笔画索引，又使不熟悉拼音、说不好普通话的读者，或记不清笔画的读者产生检索困难。据调查所知，读者对检索渠道的需求是多种多样的。即使按最低标准要求，一部百科全书起码也应当设置一种异序索引。另外，在百科全书的检索渠道中，还有参见系统、内容分析索引、外文索引、专题索引、问题导读索引等，不同的书可根据自身的需要加以选用。然而在大多数百科全书中它们尚未得到应用。以上情况说明，许多编者对于检索系统在百科全书中的重要性缺乏认识。

在标准化、规范化方面存在上述问题，表明大陆编纂的百科全书，有些甚至同最基本的质量要求存在差距。

（二）对类型特点的把握不到位，类型功能有欠缺

如前所述，在大陆编纂的百科全书中，三大主干类型已经齐备。但并非其中所有的书都把握住了类型特点，以致一些书出现功能的欠缺。例如：

1. 综合性百科全书应当综合介绍人类知识，但几乎所有的书都没有完全做到这一点。有的因学科分割，而缺少“科学”“艺术”“技术”“历史”一类跨学科综合条目。有的虽是统编型（非学科独立成卷型）百科全书，却把一部分包含几个学科知识的条目写成只有单一学科内容。例如：把“弓箭”只当作古代兵器来介绍（军事），忘记了它们曾经是狩猎工具（文化人类学），今天已成为体育器械（体育）；对“汽车”仅说明原理和构造（机械），不介绍它们给运输、出行带来的巨大变化

（交通），也不涉及汽车生产在国民经济中的重要地位（经济）。读者查阅这些条目，得到的是片面的知识。上述缺陷，削弱了这一类百科全书提供综合性知识的功能。

2. 综合性百科全书以非专业读者为对象，然而有些百科全书按照专业要求选设条目。它们大量选收学科介绍条目，详设学科方法论、研究资料和专业应用技术条目，还选列许多专僻的派生概念和细琐事物条目，却不注意选收贴近读者、贴近生活的条目。条目释文也有偏于专深的现象，如写进大量纯专业的细节，堆砌艰深的专业术语和公式等，以致一般读者难以读懂。选条和释文的专深，使这些书失去或部分失去了非专业性质，变成专业、半专业的百科全书。

3. 一些专业性的百科全书没有完全扣住专业性、资料性、实用性的特点，编纂者误以为只要条目设得比综合性百科全书全一点、专一点，释文写得深一点，就达到标准，忽略了专业读者在资料和图像方面的特殊检索要求。在这些书中缺少统计数字、技术参数、规格指标和计算公式，不少书甚至没有供参阅和研究用的专业文献书目。有的书大量配置景观图、外观图等带观赏性的图片，却缺少能够展示科学内容的谱系图、构造图、原理图、工艺图等。上述情况使这些百科全书在专业功能的发挥上打了折扣。

4. 有些地域性百科全书没有把握好地域性、资料性、实用性的要求。它们或者设条不突出地域特色，缺少反映当地自然特点、风土民俗、旅游物产的条目；或者不注意提供反映当地基本情况的统计数据，配置地图也不充分；或者未列出可帮助了解当地历史和现状的文献书目，以供读者参考。这样的书，对于查索地域性资料的读者来说，使用价值必然降低。

对类型特点的把握不到位，造成类型功能有欠缺，表明我们在百科全书类型区分的问题上理解还不够深入。

（三）界定读者对象不具体，功能类型有空白

这主要是指综合性百科全书而言。

1. 综合性百科全书根据读者对象区分为不同的档次。目前大陆在界定读者对象时往往笼统地以文化程度划线，例如定为高中以上文化水平、中等文化水平等。其实同样的文化程度，如果职业身份不一样，需求就会出现差别。因此国外一些综合性百科全书界定读者对象比较具体。像注重学术性的《不列颠百科全书》突出非本行的专家；面向更广大读者的《美国百科全书》，在前言中提到的读者群体有“青年学生”“教师”“图书馆管理员”和“其他领域的成年人”；档次偏低、更加注重普及的日本平凡社《阿波罗百科事典》，将此书的服务目标规定为“中学生—家庭主妇的广泛对象”。以这样的方式界定读者对象，无疑在编纂上有较强的针对性。简单地以文化程度划线，则难以做到有的放矢，从而不能不影响到传播知识的效果和书的实用价值。

2. 大陆编纂的综合性百科全书，几乎清一色是适合于图书馆使用的纯知识型百科全书，很少像欧美、日本那样，在档次之外进一步区分功能类型。例如，在图书馆型百科全书之外，还编有既可供一般的知识查阅，又结合教材，可用于学习辅导的“图书馆—学校型”百科全书（目前大陆编的仅见《新世纪中学生百科全书》一部），满足家庭文化生活和日常生活实际需要的“家庭实用型”百科全书（如美国的《世界图书百科全书》），兼顾以上各种功能的“图书馆—学校—家庭型”百科全书（如美国的《科里尔百科全书》）等。综合性百科全书功能类型的空白，使普通读者的多样化需求得不到充分满足。

另外，在专题性百科全书中，尚未见到面向专业读者的多学科型百科全书，以及人物传记类百科全书。

以上情况表明，大陆编纂百科全书（主要是综合性百科全书），缺

少对读者对象和社会实际需求的深入、细化研究，服务目标比较笼统，在实现系列化方面同国外先进水平存在差距。

（四）对实用性和可读性有所忽略

这两方面的缺陷也常可见到。

1. 这里所说的实用性，指能够满足读者工作、学习和生活的实际需要。大陆的有些百科全书把知识性标准绝对化起来，忽略了读者在实用方面的需求。其表现除前面已经涉及的，在综合性百科全书中缺少实用性或兼有实用性的类型，在专业性和地域性的百科全书中忽略提供实用性的资料外，还表现于：

（1）综合性百科全书的条目释文，很少介绍贴近读者生活的实用性知识。例如，介绍行星的条目不告诉读者，在什么时间、什么方位能够实际观察到这颗天体。介绍名胜古迹的条目不提供同旅游有关的知识。《简明不列颠百科全书》中同人体有关的化学元素条目，一般都说明所介绍的元素在动植物中的含量，对人体的生理作用和人体补充的渠道等，而在我们的同类条目中，却见不到这些带有实用性的知识内容。

（2）对附录重视不够。附录是百科全书的重要组成部分，在其中设置便览、名录、纪年表、大事记、中外文对照表等，可为读者提供多种有普遍检索价值的实用性资料，使用起来十分方便。而大陆的一些百科全书，或者没有附录，或者附录的项目过少，内容单薄。

（3）普及性的综合性百科全书未为读者提供工作、学习、生活方面的实用性指导。这方面的内容在国外的百科全书中能够见到，如就业指南，读者可加以利用的公共单位和设施的名录，以及怎样利用图书馆，怎样写论文等。而这些在大陆编纂的百科全书中基本上是没有的。

2. 可读性是百科全书必须具备的特性之一。然而大陆的一些百科全书在重视使用百科文体时忽略了这方面的要求，忘记了只有让读者易于接受、乐于接受，才能有好的传播效果。它们在注意“简要”和“概括”时丢掉了内容的具体性，因强调“浓缩”和“精练”而省略了必要的展开说明，另外还忽视了文笔的生动。这些都影响了读者的理解和阅读兴趣。在中国大百科全书出版社过去进行的读者调查中，读者对可读性差的问题已经有所反映，对此无疑需要加以改进。

重知识而轻实用，传授知识时不重视让学习者理解，不注意引发他们学习的积极性，这些是我国长期以来教育思想和教育方法上的弊端。上述在百科全书中忽略实用性和可读性的现象，不能说与此无关。

（五）版面形式单调，介绍知识的方法陈旧

大陆编纂的百科全书版面多为通栏、二栏或三栏。都是条目顺栏安排，以所占版区为单元，排列文字，配以图表，个别较大的图表出栏。而少见国外近年来流行的板块式版面结构，即以一页或对合的二页为一板块单元，在其中安排一个条目，以多种形式灵活地组配知识。

板块式结构的明显优点是版面活跃美观。但更为重要的是这种版面结构是同对传统条目形式的变更结合在一起的。板块中有简明的文字介绍栏和主要内容提示栏，便于读者了解梗概，掌握要领。有直观的数据资料栏和附有图注的图片栏，既醒目、清晰，又易于看懂。还常有问题栏和实验操作栏，前者可启发读者思考，后者加强了条目的实用性。应当说，这种进行内容提示、强调直观和注重启发的介绍知识的方式符合认知科学的原理。因而我们不能简单地把采用这种版面结构看成仅仅是版面形式的改变，它实际上是为条目形式的改进和介绍知识方法的科学化服务的，是百科全书现代化在版面形式上的反映。

当然，板块式版面结构及与之结合在一起的介绍知识的方式也有不足之处，那就是释文过于简短，妨碍了对条目主题的深入阐释。因而它比较适合于普及型百科全书，而不适合于带学术性的高档次百科

全书。在国外，这种版面结构和条目形式已很常见。但可能是对这一新事物的优点缺乏认识，也可能还有成本方面的原因，目前在大陆编纂的普及型百科全书中很少见到有采用者。这或许也是可以改进之处。

（六）电子化还处于不成熟的阶段

如前所述，目前已有出版社使用计算机编纂百科全书。不过作为一种新事物，尚不够成熟。例如：条目的审稿和编辑加工是单篇在机上进行的，没有利用开窗口，在机上完成条目组群的审稿和加工工作。编制索引是把条名和索引词一个个地录入，而不是用计算机直接从文稿中辨识、调出，自动地加以编排。也没有利用计算机进行整个编纂工作的管理。更没有在机上实现编纂和出版工作的一条龙。由此可见，同完备意义上的计算机化相比还存在不小的差距。另外，利用网络载体出版百科全书尚处于设想阶段，需待各方面条件成熟后才有可能成为现实。上述状况有待逐步加以改变。

三、解决问题的办法

为了克服上述不足，似可采取以下措施：

（一）深入开展理论研究

当前百科全书理论研究滞后于编纂实践，亟须在实践中总结经验，上升为理论，并对读者需求和国外的百科全书进行深入调研。唯此才能提高认识，开阔视野，避免编纂工作中的盲目性。有关方面（例如中国辞书学会、《辞书研究》编辑部）似可针对存在的问题组织专题讨论，加强对实践的指导，提倡理论研究的风气，鼓励开展植根于编纂实践的研究。

（二）进行评论和抽查

为了促进编纂水平的提高，可组织评论队伍，开展书评活动。还可仿效《新闻出版报》社进行全国报刊编校质量检查的经验，开展经常性的百科全书质量抽查活动，通过奖优罚劣，提高编纂质量。

（三）加强审批，制定规划，建立基金

有关方面宜根据目前的编纂出版状况和社会实际需求，加强对选题的审批，制定重点百科全书的出版规划，进一步推进百科全书的系列化。无论是审批选题还是制定规划，均要吸收有经验的百科全书专家参加。重点百科全书的编纂出版需投入较多的资金。为此可建立百科全书出版基金，给出版社提供财力方面的支持。

（四）培训编辑队伍

当前一般出版社缺少百科全书编辑人才。有关方面可举办训练班，逐步培训出一支高素质的百科全书编辑队伍。为了保证编纂质量，宜明文规定在编辑工作中持证上岗。上级部门审批百科全书选题，要同时审查出版社有无足够的百科全书编辑力量。

（五）积极推进编纂出版电子化

要大力提倡、积极稳妥地推进百科全书编纂出版的计算机化。可组织出版社之间这方面的经验交流。计算机平台的设计，要保证计算机操作和编纂工艺紧密结合，防止因实行机上操作而损及必要的编纂程序和方法，同时要根据计算机的特点开发新工艺。为了适应当前的社会需求和今后的发展趋势，出版网络百科全书已经刻不容缓。上网给百科全书带来的绝不仅仅是载体的改变，要把上网开发同百科全书的设计工作结合起来。为此百科全书编辑要同计算机专家相配合，关注上网给百科全

书的面貌特别是检索方式带来的变化。

以上建议仅供参考。

原载《中国出版》2001 年第 11 期。获 2002 年中国发展与西部开发社科研究成果奖二等奖

专题研究

对《中国大百科全书》第二版总体设计的一些想法

对于《中国大百科全书》第二版（以下简称第二版）的总体设计，我觉得需要明确一个思路，那就是不从抽象的原则、道理出发，而是把大型综合性百科全书的编纂要求，同广大读者的实际需要和销售问题结合起来，不脱离《中国大百科全书》第一版（以下简称第一版）的基础，遵照第二版的编纂宗旨，同时参考国外编纂百科全书的经验，进行务实的构想，尤其是应当牢固树立为读者的观念。几十年来，国外的一些百科全书出版社，如法国的拉鲁斯出版社和日本的讲谈社，千方百计开动脑筋，追求广泛的读者，取得了成效，它们以读者为上的态度值得我们学习。

具体的想法有以下几点。

一、关于第二版的规模

我认为第二版的规模要适中合宜。这是因为一方面第二版是国家级的大型综合性百科全书，要全面反映我国科学文化发展的水平，提供比国内其他现代工具书更为详尽的知识，规模小了不行，小了就不具备国家级的气魄。但另一方面从现代生活的要求、普通读者的特点和购买力考虑，又不可过于庞大，否则很难争取到广泛的读者，特别是实现梅老提出的进入家庭的目标。

第二版的规模涉及卷数、条数、条平均字数和总字数。关于卷数，我赞成向国际上大型综合性百科全书的标准部头看齐，定为 30 卷（或外加索引、附录卷）。这个指标同《不列颠百科全书》第15版、《美国百科全书》1980年版、《苏联大百科全书》第3版、平凡社《世界大百科事典》1988年版相近，比较适中合宜。

条数、条均字数和总字数的问题比较复杂，国外的几部著名大型综合性百科全书彼此相差甚多。需要对这几部书作具体分析，然后以第一版为基础进行调整，确定第二版的指标。

从国外几部书的情况看，《不列颠百科全书》第15版共有8万多个条目、8300多万字。这部书包括《简编》和《详编》，《简编》琐细的小条目使整部书的条目数居高不下，《详编》庞大的长条目又扩大了书的篇幅。它的条数和总字数偏多，我们不宜仿效。《苏联大百科全书》第3版基本上是一部官书，在计划经济条件下编纂此书不考虑读者和销售。它追求规模，共有约10万个条目、6400万字，指标也偏高，对于我们不适合。《布罗克豪斯百科全书》是小条目主义的代表，它的1976年版的条目数多达约25万，总字数约4500万（据金常政先生统计为4000万）；《拉鲁斯大百科全书》奉行大条目主义，1976年版仅有条目约8000个，总字数约3000万。这两部书路子较偏，不是我们追求的模式，它们的规模指标不适合作为我们的参考。平凡社《世界大百科事典》1988年版的总字数约5200万，规模适中；但条目偏小，着眼于条目量，总条数约达9万，又嫌偏多。相比之下，《美国百科全书》收条目约6万，字数约5600万，条数和总字数均比较适中。

在条均字数方面，《拉鲁斯大百科全书》条均约3600字，显然过长。《不列颠百科全书》由极长的大条目和简短的小条目组成，条均字数（1810字）偏离两类条目的实际状况较远，不便于参考。《苏联大百科全书》《世界大百科事典》《布罗克豪斯百科全书》条均分别为640字、580字、180字，明显偏少。比较起来，《美国百科全书》条均966字，这个规模对于我们比较适合。

总起来看，在国外的几部著名大型综合性百科全书中，《美国百科全书》的上述规模指标比较适中合宜。这部书注意面向读者，在英语国家受到好评，应用最广，第二版的条数、条均字数和总字数似可更多地以《美百》为参考。

从第一版的基础考虑，它共有条目近7.8万个。据黄鸿森先生统计，卷际交叉重复的条目约占20%；我最近考虑选条问题，翻查了十几个卷，发现设条偏专偏细的现象普遍，作保守的估计，在这方面压缩20%的条目可能不成问题。上述两项相加，条目数总共可减少40%，还剩下条目4.6万个。编第二版时进行补充，总数也许能达到5万多条。据此并参考《美百》的数据，建议把第二版的条数暂定为不超过6万条，在选条过程中根据实际情况最后落实。

第一版的条均字数为1600字，这是膨胀造成的结果。建议参照《美百》，把条均字数定作900字，在编撰过程中严格控制。

5万或6万个条目，平均每条900字，总字数即为5000万字上下。这个总字数指标接近《美百》，同《世界大百科事典》也相近。确定这样的条数、条均字数和总字数符合适中合宜的标准。正在编纂的《中国大百科全书（简明版）》（以下简称简明版）约有条目3.5万个，条均600字，总字数规定为2000万。若同简明版相比较，第二版作为国家级的大型综合性百科全书，确定上述规模指标，当是合理的。

二、关于条目结构

采用什么样的条目结构，也就是怎样处理阅读功能和检索功能的关系，在百科全书的编纂中属于基础性问题。

从现有资料看，世界各国编纂百科全书，处理阅读功能和检索功能的关系共有四种模式：①强调阅读功能的大条目主义；②注重检索功能的小条目主义；③意在两方面兼顾的大、小条目相结合的两极化结构形式；④立足于检索、兼顾阅读的大、中、小条目并用的形式。

四种模式中，①②两种的缺点已为人们所认识。第③种模式，即《不列颠百科全书》第15版《简编》与《详编》相结合的形式，虽是对①②两种模式缺点的纠正，于我们却有不适合之处。采用这种模式，一部书在很大程度上相当于两部书。而且《简编》在某种程度上要起到《详编》索引的作用，因此编撰时必须对两部分的对应关系作周密和巧妙的安排，相当费事。考虑到资金、人力和时间的问题，完成这样的工程对于我们来说可能不太实际。另外，这种模式还有大条目过长，不利于读者对大主题进行速检等缺点。

第④种模式过去尚未有人提起。平凡社《世界大百科事典》1972年版前言中曾讲到“大中小条目并用”的“金字塔形的知识完整体系”，说的便是这种条目结构形式。所谓金字塔形，是指大、中、小条目并用，形成一种从上层大条目到下层小条目数量递增的金字塔形条目结构。这种条目结构有许多优点。在这种结构形式中，大、中、小所有重要主题都立作条目，从而都能够查到。大、中、小条目都有适当的规模，一般不存在篇幅过长、不便于查阅的大条目。不论查找哪一个等级的主题，一般都能够直接在本条目中获得与此主题相称的适量的基本知识。这些优点，即使在具有很多长处的第③种模式中，有些也是不具备的。总体来看，在这种结构形式中，中、小条目在数量上占优势，从而便于检索；大、中条目中有我们通常所说的综述性条目，通过它们的系统综述，又在一定程度上兼顾了百科全书的系统阅读功能。可以说，这种条目结构以不同等级条目的自然搭配，把阅读和检索两种功能巧妙地结合起来。因为是立足于检索，所以符合现代读者的实际需要。另外，采用这种模式，整部书是一个系统，编纂起来比较省事。

《中国大百科全书》第一版所采用的实际上就是这种条目结构形式。过去我们着眼于条目数量关系，提“以中小条目为主”，没有能够从条目结构的方面去加以认识。我赞成第二版沿用这种条目结构形式，并建议在第二版体例文件中改变过去的提法，明确说明我们采用的是大、中、小条目并用，以中、小条目为主的条目结构形式。

三、关于两个比例关系

人文科学、社会科学学科和自然科学、工程技术学科的比例，中国内容和外国内容的比例，是综合性百科全书中两项重要的比例关系。

（一）人文科学、社会科学学科和自然科学、工程技术学科的比例

我赞成在第二版中人文科学、社会科学学科的比重大于自然科学、工程技术学科的比重。人文科学、社会科学学科的比重在《不列颠百科全书》第 15 版中为 60%，《美国百科全书》70 年代版中为 70%，《苏联大百科全书》第 3 版中为 56%，平凡社第二代《世界大百科事典》（1955 ～ 1960 年）中为 60%，上述比例关系可供我们参考。

从第一版销售的情况看，人文科学、社会科学学科卷的销售量大于自然科学、工程技术学科卷，这表明社会对人文社科知识的需求量大，换句话说，就是介绍人文社科知识的条目检索率高。这其中的原因并不复杂：从事文科性质工作的人需要人文社科知识，从事理工性质工作的人需要科学技术知识，而不论从事哪种性质的工作，人们普遍需要人文社科知识。

有些人文社科知识关系到人们的切身利益，如经济和法律知识。有些能帮助人们了解国家政治生活和社会政治改革，像政治学知识。有些广泛受到人们业余的爱好，如文学、电影、戏曲、音乐、美术、体育知识。有些同人们的生活密切相关，像服饰、饮食、居室装饰、旅游娱乐、子女教育知识。人们对军事知识也容易产生特殊的兴趣，出于民族心理和民族感情，通常都会关心本国的历史。不管从事哪种

工作的人都有可能需要上述人文社科知识。而在科学技术知识中，除医疗保健知识外，很少能有哪种知识受到普遍的关注。从这个意义上讲，科学技术知识多同职业需要有关，是职业性的；人文社科知识中有不少超出职业需要范围，是社会性的。考虑到读者的这种需求状况，第二版加大人文社科知识的比重是理所当然的。

具体的比例关系可以是六四开。如果将人文地理学、中外地理、建筑园林艺术、城市规划等归入人文科学、社会科学之中，则这一部分的比重可占到 65%。即多于《不列颠百科全书》第 15 版而少于《美国百科全书》70 年代版。

（二）中外比例

这实际上是中国特色和世界性的关系问题。我同意金常政先生过去讲的，“我国百科条目的撰写，一般说应是在全人类知识的背景上较充分地介绍我国的知识内容”。这虽是针对条目撰写而说，但对条目配置同样适用。

中国这样一个大国的国家级百科全书不应当是地区性的，全世界的情况都需要介绍。然而各国的百科全书都以介绍本国内容为主，我国的百科全书也应当弘扬民族文化，突出中国特点，加大中国内容的比重。只有是民族的，才能成为世界的，第二版只有具备中国特色，才会在世界上受到欢迎。

具体来讲又不可一概而论。第二版在人文科学、社会科学知识方面应保证中国内容的优势：中国历史要多于外国历史（第一版 3∶2 的比例大体恰当），中国地理要详于外国地理（中国的行政区划条目可设至县级），对中国的传统文化要多讲，中国的文化成就要突出，中国人物的上条标准可宽于外国人物，对中国自己的人文科学、社会科学理论体系要着重介绍。在介绍科学技术知识方面则不可强调以中国内容为主，科学技术无国界，应充分把国外的先进成果介绍进来。

关于中外比例问题，阎明复同志在 1982 年题为《关于〈中国大百科全书编写条例〉的说明》的讲话中谈得比较详细。我赞成他的讲话，上面谈的意见，部分根据于他的讲话。

四、关于选收贴近社会生活的条目

第一版按学科分卷，局限于从学科范围选条。但在学科知识之外存在大量的一般文化知识和生活知识，第二版要面向广大读者，就必须补上缺项，选收一批贴近社会生活的一般文化知识和生活知识条目。《美国百科全书》重视普通读者，收有不少这方面的条目。

比起第一版来，简明版在这方面前进了一大步。在它新补入的条目中，有一大批是贴近社会生活的。其中民俗方面的条目如婚丧嫁娶习俗和世界各国节日，服饰方面的条目如“凤冠”“龙袍”“乌纱帽”“时装设计”“时装表演”，与饮食有关的条目如“满汉全席”“全鸭席”“全聚德”“东来顺”“元宵”“粽子”、各种菜系和名酒名茶，旅游、家政、公关、社会丑恶现象方面的条目如国内外著名旅游景点、“美容”“化妆”“慈善捐赠”“赌博”“走私”“贩毒”。此外，简明版还保留了第一版《轻工》卷中的家用电器和生活日用品条目。建议在编纂第二版时，充分重视简明版的这一良好基础，并作进一步补充。

至于具体补充哪些，可进行专门的研究。例如：在民族传统文化方面，像龙舟、爆竹、灯谜、对联、庙会等是否可收入；社会丑恶现象中，像娼妓、同性恋等有无必要列条；新出现的热门事物中，像义演、募捐、酒吧、舞厅、卡拉 OK、宠物、私人收藏、汉堡包、方便面、矿泉水、可乐饮料等，有哪些可以选收。

另外，即使是学科性条目，也应当反映社会变化，贴近生活。如法律方面新出现的律师事务所、消费者保护法、专利法、商标法，经济方面的跳蚤市场、消费者保护协会、失业保险、医疗保险、养老保险，影视方面的节目主持人、电影城、肥皂剧、AB剧等，或可考虑补入。这些内容在简明版中有一些已经列条，建议在第二版选条时，各学科都列出这一类可增补条目的单子。

历史人物选条也有类似的问题。第一版按人物历史地位取舍，对西施、杨贵妃、李莲英、小德张、赛金花一类人物没有设条，但读者检索这些人物的可能性很大。一些大特务、大汉奸、黑社会头脑人物，如戴笠、毛人凤、川岛芳子、杜月笙、黄金荣等也没有设条，这些人物在通俗文艺作品中时有出现，许多读者也会查找。对于第二版里上述历史人物设条的问题，建议也进行专门的研究。

一个总的想法是，我们的综合性百科全书应当走出象牙之塔，更加贴近社会生活，靠拢普通读者。

五、关于释文通俗化

第一版释文偏专偏深，这已是二版编辑部多数同志的看法。造成这种情况的原因有二：一是我们对综合性百科全书的性质缺乏认识，二是专家左右了稿件的审改。

国外的百科全书编纂家非常重视释文通俗化问题。《不列颠百科全书》第14版总编辑H. S. 阿什莫尔就明确讲过，《不列颠百科全书》“是为外行人而编的”，“如果外行人在这部书里找不到他所需要的资料，或虽然找到了，却看不懂”，他“有理由抱怨”。

国外在使百科全书释文通俗化方面有很多经验。《不列颠百科全书》第15版编者序言中便列举了好几种方法：①在选材上，要求条目超越纯专业的细节，不是将关于该课题已知的一切全都塞进限定的篇幅内。②在材料的处理方面，力求精辟透彻，不是不分精粗地收入大量未经论断的事实。即不是堆砌材料，而是对精选的材料作出必要的阐释。③在行文上，减小术语密度，无法避开术语时，想方法解释清楚。④对数学公式和方程式，同时用叙述方式进行表达。如果用上述标准衡量，第一版释文的撰写显然存在不足。

《美国百科全书》更加强调释文通俗易懂。这部书的释文浅显、流畅、轻松，使用介于辞书言简意赅和科普文章通俗易懂之间的文体。

我在参加简明版工作期间，曾用《美百》的条目同第一版进行对比，觉得《美百》有一个很大的优点，就是释文写得直观具体。

例如第一版《宗教》卷“印度教”这一条讲轮回，说“一个人转世的形态取决于他本人在世时的行为”，“形态”二字就过于抽象，读者不清楚转世后到底会成为什么形态。《美百》这一条就讲得具体，说“任何人死后，总会转世为畜生、人、天神或入地狱”，读者一看就明白。再如《宗教》卷介绍种姓制度，讲得过于概括，读者不容易产生深刻的印象。《美百》就不一样，除一般介绍外，还谈到种姓制度下的一些社会生活现象，如接受其他种姓成员的酒食有禁忌，种姓外的“低级贱民”只能担任最卑贱的工作，不准使用较高种姓的水井、道路、学校和寺院等。这些内容生动、直观，读者看了能加深对种姓制度的了解。

我们的专家写条目，常常以为读者对有关的知识已经掌握，不作必要的说明，实际上读者并不了解。取舍内容也往往不考虑读者的特点，以致写入的内容有些超出了读者的接受能力，或并不合乎读者的实际需要。怎样写才真正适合外行读者，这个问题值得深入研究。

《美百》的有些条目写得很生动。如“印度”条中介绍阿育王有一段话：“这场血淋淋的战争改变了阿育王的一生。由于受到佛教教义中戒杀生的影响，他誓言不再战争，并把他的一生及其帝国的资源奉献于宣扬佛陀的教诲。”“由于阿育王的努力……佛教……逐渐发展成为世界性的宗教。从前他因拥有一个大帝国为傲，而今则因宣扬佛教而倍显荣耀。”抛开缺点不谈，这段文字写的是有吸引力的，然而其中用了略带文学色彩的笔法，这同我们过去所理解的百科全书语言不完全一致。于是便产生一个问题：以往我们对百科语言的理解是否有些偏狭，是否误把某些百科全书（例如《苏百》）的语言当成百科全书这一类书的规范语言。我觉得《美百》面向普通读者，在辞书体中掺入科普体的某些成分，做法是可取的。问题是掌握什么分寸，对此也需要进行研究。

其实金常政先生在今年六月初的百科全书讲座中已经表露过类似的看法。他讲到这几年读外国百科全书，对人家条目的浅显易懂很有感触。还具体谈到美国《康普顿百科全书》的条目没有定性叙述，落笔巧妙，能使人产生悬念，有吸引力等。

我们的第二版如果既能做到选条面向读者，又能做到释文通俗易懂，就一定会受到欢迎，从而打开销路。

六、关于图片配置

孙关龙先生提出第二版配图 2 万幅，这一指标比较合宜。若第二版的篇幅为 5500 万字，则图数和字数之比为 1∶2750，超过第一版的 1∶3000。

第二版同第一版相比，应当提高图片的地位，以同世界上百科全书的发展趋势相一致。图片在百科全书中地位提高，原因不外两条：一是普及知识的需要——形象化的资料有助于读者理解条目内容，增加查阅浏览的兴趣；二是商业上的需要——当读者购买力提高到一定水平后，多配精美的图片能吸引读者购买。在世界几部著名的大型综合性百科全书中，除《不列颠百科全书》坚持老传统，强调“严肃性”外，其他几部百科全书的图片，所占比重都在《全书》第一版之上。

不过图片重要性的增加不仅表现在数量方面，还表现在功能改进上。例如据孔繁明先生介绍，1988 年日本平凡社新《世界大百科事典》的编者采用了“智能彩色插图方式”，即“在一个条目中掺杂配备形形色色的有关彩图，使画面形成一个便于在多角度上理解条目的结构”。这是通过组合方式去强化图片的表达功能。又如在1977年美国《兰登百科全书》的“彩图百科”部分，图片已不附属于文字，而是同文字分工，各显其能，共同构成介绍知识的单元。这是使图片具备相对独立的介绍知识的功能。应当说，在百科全书图片的发展中，功能改进是更值得重视的一种趋势。

赵雁潮先生在不久前总结《中国大百科全书》青少年版的编纂时，曾对配图工作提出很好的建议。他认为在给条目配图时，文字编辑和图片编辑要有统一的构思环节。这不但有助于一般性地提高图片质量，而且是改进图片功能所必须采取的工作方式。他还通过调查外国百科全书，提出改变对文图关系的理解，即不一定在释文中已经提到才能配图。这更是直接涉及图片功能改进的问题。不言而喻，当图片附属于文字时，必定要受文字较大的约束。但如果像《兰登百科全书》那样，在条目主题范围内实现文、图分工合作，图片就有了较大的发挥余地。例如介绍世界人种特征，释文可不作具体描述，而是以不同人种的对照彩图配合图注去表现。这样可能更便于把内容表达清楚。其实第一版也有少量此类文、图分工的例子。如《图书馆学•情报学•档案学》卷“档案目录”条讲专题目录，文中只介绍什么是专题目录及这种目录的优点和编制程序，而把这种目录的卡片格式交由图片去表现，从而取得了节省文字、直观明了的效果。

当代思维科学的发展揭示出，在人们的思维过程中抽象思维和形象思维互相交织，形象思维起着重要的作用，即使在进行科研等高级思维活动时也不例外。因而形象思维不再被认为仅仅是思维的初级阶段，或只同艺术活动联系在一起。这表明，在百科全书中提高作为形象化手段的图片的地位，进一步发挥它们在介绍知识中的作用，是同科学对形象思维重要性认识的提高相一致的。因此我们不应当再受传统观念的束缚，认为图片只是一种初级化的表现手段。在国外，甚至于在专业性的百科全书中，都不乏倚重图片介绍知识的例子。

如前所述，提高图片的地位一是增加数量，二是改进功能。在当前似宜把着眼点更多地放在改进功能上。图片多必然增加成本，提高售价，这有悖于我国大多数读者购买力偏低的实际。所以第二版配图2万幅，比重较第一版只略有增加，指标是合宜的。至于改进功能，要想在第二版完全确立一种新型的文、图关系，肯定会有困难。这不单涉及编辑部本身的工作，还牵涉到作者撰稿及图片来源、图片制作等一系列问题。不过我们至少可以在条件允许的范围内，相对于第一版作一些改进。例如是否可减少第一版里那种同理解知识内容关系不大的纯装饰性图片，多配与释文密切配合，能帮助理解知识内容的图片；同时借鉴国外的做法，适当增配一部分能相对独立介绍知识的图片。这样做既能使图片在第二版中更好地发挥作用，同时也是我们的力量所能够达到的。出于经济萧条的原因，平凡社新《世界大百科事典》1988年版的图片数量是低指标的，同文字之比为1∶2810，少于它之前的《世界大百科事典》的1∶1167。但书中在改进图片功能上下功夫，如前所述采用了“智能彩色插图方式”。这部事典的编者既讲求经济实效，又重视增强配图效果的方针，以及他们两点论的思维方式，应值得我们学习。

七、关于表格和附录

第一版配置有许多表格，但总起来看，表格的作用发挥得不够充分。

百科全书的表格至少有下列作用：

1. 可加强资料性和检索性。我们常说百科全书要有资料性，但如果条目单纯依靠释文介绍，资料被当作素材，附属于知识的表述，本身不独立，资料就不容易完整。例如在条目“电影金鸡奖”和“电影百花奖”中，用文字介绍，就很难把每一届的得奖影片和得奖演员都列举出来。假如有了表格，情况就不一样，表格使资料从释文中独立出来，本身形成系统，这样资料就完整了。第一版《电影》卷在上述两个条目中以表格形式附金鸡奖和百花奖获奖名单，凡是得奖影片和得奖演员就都能够查到。另外，用清晰的表格形式把资料集中起来，读者检索自然会十分方便。

2. 可部分地代替设立条目，有助于消除设条偏专偏细现象。例如第一版《中国传统医学》卷用表格形式介绍各类中草药（如补益类药、理气类药）就很成功。因为只需要把主要的中草药品种列为条目，其余可一律按类别放在表格中介绍，从而突出了重点，节省了篇幅。这种方法很适合于选条不宜太专太细的综合性百科全书，在编第二版时可加以推广。当初设计简明版，周志成先生曾大力提倡这种方法。

鉴于表格有上述重要作用，编第二版时对表格应充分加以利用。

不过并非所有的表格都要附在条目之中。同正文无关的表格，覆盖面大的综合性表格，有普遍检索价值的表格，便不宜归入正文，可把它们集中编进书后的附录。

附录是百科全书的重要组成部分。在附录中可设置便览、名录、纪年表、大事记、中外文对照表、学习指南、推荐书目总汇等，用以满足读者资料性检索的需求。国外编纂百科全书很重视附录，有的百科全书还备有单独的附录卷。

然而编第一版时对附录重视不够，建议在第二版里增加附录所占比重。例如，可否设置各国情况一览表，中国历史年表，中外历史大事记，人类文明发展大事记，世界山川湖泊海洋和气候情况一览表，中外重要节日和纪念日一览表，国内外自然保护区一览表，世界遗产名录，中国历史文化名城名录，全国重点文物保护单位名录，国内外著名大学、图书馆、博物馆一览表，国内外著名科研机构一览表，国内外著名公司、企业、银行一览表，诺贝尔奖和各种科学、文学、艺术大奖获奖情况一览表，国内外重要体育比赛及获奖情况一览表，中英文对照五百位世界名人录，中英文对照百部世界名著一览表，百座世界著名建筑一览表，百次世界著名战役一览表，基础学科必读参考书指南，各国重要地名中英文对照表等。增加附录内容，提供有价值的资料，方便读者查找，将会增加第二版的使用价值。

八、关于装帧、版本和定价

装帧、版本和定价也是百科全书总体设计中应当考虑的问题。

1.《全书》第一版封面设计过于陈旧，建议及早请美编室拿出第二版封面设计方案。最好同时有几种，以便征求意见，进行选择。对第二版的封面设计不应掉以轻心，要充分吸取当今市场上一些优质商品因包装不善、外观欠佳而影响销售的教训。设计时应充分考虑到当代读者审美心理的变化，不要一求庄重，就失之陈旧死板。

2. 在版本方面，我赞成同时出豪华本和普通本。既要看到社会上出现高收入人群购买力提高，一些思想开放的青年人消费观念发生变化，图书礼品热兴起等给图书购买带来的变化；也要看到许多科研、教育、文化、宣传单位经费并不宽裕，工薪阶层中多数人收入水平仍然不高，工资虽在增加，但同时住房、医疗、子女教育费用中个人负担部分也在逐渐加大等对图书购买力所造成的影响。两种价格不同的版本同时出，满足了不同的社会需求，销售的路子就会加宽。真正会做生意的人，是有钱人和普通人的钱都要赚的。

豪华本定价可高，普通本定价需要控制，有无可能控制在 3000 元左右。建议对影响读者是否购买一部大型工具书的临界书价进行调研，以作为第二版定价的参考。建议面向市场，把第二版定价当作一项设计指标，将成本核算、定价同市场结合起来考虑，不要先编书后算账。

3. 在统编本以外，可再出基础学科和热门学科的单卷本，以便于个人读者购买。但出单卷本并不像想象的那样简单。因为经过统编，各学科的知识被有机地糅合在一起，整部书体系是完整的，把一个学科抽出来，内容就不一定完整。如国别史综述、国别经济、各国政权机构和政党等，原来分别属于外国历史、世界地理和政治学，在第二版中可能大多归入国家条目。如果出单卷本，就需要从国家条目中把有关的内容分别提取出来，改写成学科条目补进所属学科的单卷本。又如好几个艺术门类都涉及现实主义、浪漫主义、抽象派、先锋派、演员、舞台美术等内容，自然科学许多学科都包括勘探和测量方面的知识，编第二版时对这些可能都会立足于全书统一设条。但在有关的单卷本中这些内容是不能缺少的，统一设的带有综合性的条目就必须拆开来重写，分别补还给相应的学科。人物条目也是一样，在第一版中同一个人物（如郭沫若）在不同的卷里可各自设条，内容各写各的，而在第二版中一个人物只允许设一条，内容是综合的。出单卷本时，一些人物条目便需要拆开来重写，以适应单个学科的需要。类似的情况还有不少。另外，单卷本要有分类目录，统编本没有，单卷本和统编本的内容索引不是简单的分合关系，统编本中跨学科条目的图片拿到拆开重写的单卷本条目中未必全都合用，这些在出单卷本时也要分别进行处理。总之，出重点学科单卷本不是一项省事的工作。单卷本的出书时间，或许需要比统编本晚一年。

如果第二版有了三套书——统编豪华本、统编普通本和重点学科单卷本，在销售上就能更好地满足读者，向社会传播知识的面就会扩大。

以上想法不一定妥当，仅供总体设计时参考。

原载《探讨》（中国大百科全书出版社内部刊物）1994 年第 4 期，曾辑入 1998 年国家社科基金项目成果《大型综合性百科全书编纂的理论与运作》

比例关系·选条原则·选条重点·人物条目

——对《中国大百科全书》第二版编纂工作的几点建议

目前正值《中国大百科全书》（以下简称《全书》）第二版编纂工作的开始阶段，全书编辑部正着手这部书的总体设计工作。本文拟对这部书的知识内部比例关系，选收条目的原则，选收条目的重点，以及人物设条问题提出以下建议。

一、比例关系

本文所谈的比例关系，包括人文科学、社会科学学科和自然科学、工程技术学科的比例（含各学科之间比例），以及中外比例和古今比例。确定这几个比例关系是《全书》第二版总体设计工作必须包括的内容，因为它们牵涉到编纂第二版的宗旨和目标。只有知识内部的比例关系确定下来，选收条目的工作才能够开展。

（一）人文科学、社会科学学科和自然科学、工程技术学科的比例及各学科之间的比例

梅老曾提出在《全书》第二版中，人文科学、社会科学学科的比重大于自然科学、工程技术学科的比重。这完全符合第二版的综合性百科全书性质。具体的比例关系，参照国外几部著名综合性百科全书的数据，或可大体上前者占65%，后者占35%。若按我们过去的划分习惯，把可归入人文社科部分的中外地理、人文地理和建筑园林放在科学技术部分，为便于归类，把心理学放在人文社科部分，则人文社科部分和

科学技术部分大约分别占 56.6% 和 43.4%。以第二版正文为 30 卷计算，两部分的篇幅分别相当于 17 卷和 13 卷。人文社科知识和科学技术知识的比例在百科全书中是一种最宏观的比例关系，它最终需通过学科比例落实。本文拟把人文社科部分分作文、史、哲、政、经、艺、民、教八大块，科学技术部分分作数、理、化、天、地、生、农、工、医九大块，在全书中按照 17 个大类的划分来分配学科份额。但因为编辑部对第二版究竟要选收哪些学科尚未专门研究，所以本文只能根据《全书》第一版分卷分科的情况，吸取大家已经提出的增设学科的意见，并参考《不列颠百科全书》第 15 版《简编》《苏联百科辞典》和《中国大百科全书（简明版）》中的学科设置及比例关系，提出一个比较初步的方案。具体设想如下表所示：

文（中国文学、外国文学）	约 2.1 卷，占 7%
史（中国历史、外国历史、考古学、文物）	约 4 卷，占 13%
哲（哲学、心理学）	约 1 卷，占 3.4%
政（政治学、法学、军事）	约 2 卷，占 6.7%
经（经济学）	约 2.3 卷，占 7.7%
艺（美术、音乐、舞蹈、戏剧、戏曲、曲艺、电影）	约 2 卷，占 6.7%
民（民族学、民俗学、社会学、宗教、体育、家政、旅游、生活）	约 2.2 卷，占 7.4%
教（教育、语言文字、传播学、新闻出版、图情档、博物馆）	约 1.4 卷，占 4.7%
数（数学）	约 0.3 卷，占 1%
理（物理、力学）	约 1 卷，占 3.4%
化（化学）	约 0.7 卷，占 2.3%
大（天文学）	约 0.3 卷，占 1%
地（地理学、中国地理、外国地理、地质学、固空测、气海水、环境科学）	约 4.5 卷，占 15%
生（生物学）	约 1 卷，占 3.4%
农（农业）	约 0.7 卷，占 2.3%
工（矿冶、机械工程、化工、电工、电子学与计算机自动控制、轻工、纺织、建园城、土木工程、水利、交通、航空航天）	约 3 卷，占 10%
医（现代医学、中国传统医学）	约 1.5 卷，占 5%

以上只是一种比较粗略的设想，等《全书》第二版选收哪些学科确定下来以后，才有可能对学科比例作进一步的精确设计。另外，从设计方法上考虑，届时确定比例关系还需要防止主观性，不宜一次定死。全如珹同志曾提出下达宏观指标进行预控要慎重，此意见很有道理。过去编《中国大百科全书（简明版）》，吴希曾、刘伯根、韩知更同志曾主张确定学科比例关系和条目数量要从实际出发，当时在实际操作中贯彻了这一精神。建议编第二版时对比例关系先提出大致的指标，到各学科选条时允许根据实际情况作适量调整，最后再在全书范围进行统一平衡，也就是全过程包括“统—放—统”三个步骤。这样安排也许比较稳妥和实际。

（二）中外比例

在全面介绍世界的背景上突出中国，应是确定《全书》第二版中外比例关系的大原则。具体怎样掌握分寸，需作深入分析。我社原研究室曾花费3年时间对《全书》第一版各学科卷进行调研，根据对26个学科卷调研的结果，在不同类型学科中纯中国内容条目和纯外国内容条目的比例大致如下：

1. 自然科学基础学科

这一类学科的研究大多不分地域，世界性条目占压倒优势，中外比例主要表现于人物、著作、机构、团体条目。从6个自然科学基础学科的情况看，纯外国内容条目均多于纯中国内容条目。如以中国内容条目为1，中外比例关系是：数学约1∶3，化学约1∶2.75，物理学约1∶2.11，现代医学约1∶1.84，生物学约1∶1.06，天文学约1∶1.01（99∶100）。近代自然科学发祥于欧洲，至今先进水平仍在国外，这些学科的外国内容条目多于中国内容条目应属于合理的安排。

2. 人文科学学科

这一类学科地域性强，可区分中外的条目为数甚多。在多数学科中，中国内容的条目占据优势。例如，历史部分的中外条目之比为1∶0.96，新闻出版为1∶0.94，教育为1∶0.72，宗教为1∶0.7，考古学为1∶0.64，图情档为1∶0.57，文物博物馆为1∶0.12，中国内容条目均不同程度地多于外国内容条目。但文学艺术类学科有所不同，文学艺术传播性强，除地域性外还有较强的全人类性，因此情况比较复杂。例如美术部分的中国内容占优势，中外条目之比为1∶0.76，音乐、电影、文学却相反，外国内容占优势，中外条目之比分别为1∶1.67、1∶1.52、1∶1.35。众所周知，西方的音乐和文学在经历了文艺复兴以后远比中国发展充分，中国的电影业同一些国家相比也不够发达，甚至赶不上经济文化比中国落后的印度。因此这几个学科外国内容条目占有较大比重，符合各自领域的中外发展实际状况。需要补充说明的是，由于在《全书》第一版里，中国历史和外国历史，中国文学和外国文学分别设卷，因此历史和文学两个部分的中外条目之比，实际上就是互相对应的学科卷之间的条目数量之比。此外，归入自然科学的地理部分兼有人文科学性质，在《全书》第一版中，也分设为中国地理和外国地理两卷。

3. 社会科学学科

这一类学科大多也进行分地域的研究，可区分中外的条目为数不少。在经过调查的学科中，法学和军事的中国内容条目多于外国内容条目，比例分别为1∶0.41和1∶0.12。在分地域研究的情况下，这两个学科以中国内容条目为重点是正常的，不过从实际内容看，其中军事部分的外国内容条目可能偏少。政治学的情况与它们不同，中外比例为1∶1.65，这当是因西方的政治思想史和政治制度史内容丰富，以及我国的政治学研究不发达而造成。社会学同自然科学基础学科相仿，研究不分地域，加上此学科在中国的发展也不充分，所以中国内容条目少于外国内容条目，比例为1∶1.83。

4. 工程技术学科

这一类学科兼有世界性和地域性，既有无国别界限的工程制造原理和工艺技术，也有不同国家的工程项目成果和古代技术成就。从调查情况看，中国内容条目和外国内容条目孰多孰少在不同学科中存在差别。例如矿冶和水利所研究的是历史久远的工程技术部门，中国在古代已获得突出的成就，这两个学科的中国内容条目所占比重就大，中外比例分别为 1∶0.2 和 1∶0.29。机械和化工是近代产生的传统技术部门，传入中国较早，中国内容条目的比重也较大，中外之比分别为 1∶0.44 和 1∶0.97。电子学和计算机是新兴技术门类，在中国起步较晚，外国内容条目多于中国内容条目，中外之比为 1∶4.75。总起来看，除矿冶、水利和机械的外国内容条目似偏少外，中外比例大体上合理。

以上情况表明，在经过调查的《全书》第一版各学科中，不同的学科类型、不同的具体学科在条目的中外比例方面差别很大。这些学科具有代表性，它们基本上能反映出在条目的中外比例关系方面学科之间无统一标准这一客观实际情况。因此在编《全书》第二版时，似无法对条目的中外比例关系定出全书或区分学科类型的统一量化指标。

然而需要注意的是，纯中国内容条目和纯外国内容条目之比并不等于中国内容和外国内容之比。在这两类条目之外，还存在大量的内容涵盖中外的世界性条目，在这些条目中也存在中外比例问题。这种情况无疑增加了处理好《全书》第二版里中外比例关系的难度。毫无疑问，《全书》第二版的中外比例关系，不能只在纯中国内容条目和纯外国内容条目之比的层面上解决。参考《全书》第一版学科卷的划分，结合纯中国内容条目、纯外国内容条目、世界性条目并存的情况，设想在编第二版解决中外比例关系问题时，分 3 个层次对问题进行处理：

第一个层次是区分中外的学科一级。这主要包括前面已经提到的中国历史和外国历史，中国文学和外国文学，中国地理和外国地理。在这个层次上问题单纯，中外界限分明，可在进行全书的通盘考虑后，分学科下达量化指标。《全书》第一版的中外历史条目之比为 1∶0.96，卷数之比为 3∶2，篇幅之比为 4∶3；中外文学条目之比为 1∶1.35，卷数之比为 2∶2，篇幅之比为 1∶0.93。从知识内容来看，比例关系大体得当，所设条目既能突出中国，又能涵盖世界。《全书》第二版不按学科分卷，条目和篇幅似可大致维持这种比例关系，根据实际需要略作调整。《全书》第一版的中、外地理，条目之比为 1∶0.72，卷数之比为 1∶1，篇幅之比为 1∶0.93。中外地理是地域性最明显的学科之一，第一版的中国地理部分，行政区划条目欠缺较多（主要是县级条目），第二版似有必要进行增补。建议把第二版的中外地理条目之比改作 2∶1，篇幅之比改作 4∶3。以上几个学科之外，在第一版中还有彼此存在不同程度对应关系的中国传统医学和现代医学，戏曲曲艺和戏剧，它们彼此之间的比例关系也包含着中外比例关系的成分。在第一版里，前二者的条目比为 1∶1.7，卷数比为 1∶2，篇幅比为 1∶2.7。其中现代医学部分列条和撰写均偏细，编第二版时或可把条目比改成 1∶1.5，篇幅比改成 1∶2。第一版的戏曲曲艺部分编出了中国特色，它和戏剧部分在条目数量和篇幅上大致持平，第二版或可保持这一比例关系。

第二个层次是学科内部的条目一级。这需要除去第一个层次中已经包括的 10 个学科。在这一层次上各学科情况差别很大，或可从总体上提出中外条目比例方面的原则性要求。例如，可否要求所设条目既能覆盖世界，又能较充分地反映中国从古至今各个领域的优秀成果，以及社会各领域历史和现实的发展状况。对于中国的人物、著作、机构、团体条目，设条标准可宽于外国。具体到各学科的中外条目数量关系，则可在上述原则指导下，由各学科参考第一版中的比例，据自身实际情况加以确定，最后在全书范围作统一调整。有第一版为基础，又明确提出编第二版时的原则性要求，学科内部的中外条目比例关系应当能够得到比较好的处理。

第三个层次是条目释文一级。这限于内容涵盖中外的世界性条目。在这一级上，即使是分学科，也无法规定出中外比例的量化指标，而只能遵循兼顾中外、突出中国的原则，从实际情况出发对每个条目进行安排。从第一版中这一类条目的撰写情况来看，需要引起注意的不是中国内容写得不够，而是有时外国内容写得偏少，少数条目甚至只有世界性条目的空帽子，释文中所写全部是关于中国的情况。这主要发生在一些人文科学、社会科学学科，当是因历史条件的制约，对国外情况缺乏了解而造成。编第二版时应纠正这一缺点，特别是不允许外国内容完全空缺的情况发生。在此需要说明的是，总体设计阶段主要是完成框架设计和条目选收工作，条目释文一级的中外比例关系已超出此范围，属于撰稿阶段解决的问题。但因为它是全书中外比例关系的构成部分，故在此一并述及，以求在总体设计阶段就能够明确处理这一问题时的方法和要求。

综上所述可以归纳为 3 点：第一，由中外知识内容混杂交错的情况所决定，中外比例不同于人文社科、科学技术的比例和学科比例，无法从总体上做出量化的规定。要解决好这一问题，需分层次进行处理。除区分中外的学科一级可统一规定具体指标外，中外条目的比例和世界性条目内部的中外比例需由各学科依照全书统一的原则性要求自己确定。第二，从《全书》第一版经过调研的学科来看，中外条目的比例关系总的来说比较合理，我们在编第二版时，要把第一版在这方面的成果继承下来，同时对不足之处加以完善。对于第一版一些世界性条目中存在的外国内容单薄，甚至完全空缺的问题，编第二版时应努力加以纠正。第三，在突出中国的问题上，必须遵循从实际出发的原则。不同类型的学科有着不同的情况，同一类型的学科也各有自身的特点，不宜强求一律。我们只要充分介绍了中国的基本情况，无遗漏地展示出中国历来的优秀成果，似不必处处都要求在数量上突出中国。中国本来就只是世界的一部分，我们强调突出中国，但要防止把这一局部扩大到不适当的程度。英语国家的百科全书搞西方中心、英语世界中心，条目比例失当，显得过于偏狭。我们不能以中国中心去代替它们的西方中心和英语世界中心，否则将不利于开阔国内读者的视野，有悖于改革开放这一大目标。

（三）古今比例

古今比例同中外比例一样，总体上难以用量化指标去规限。这同样是因为不同学科在比例关系上差别很大，而且除纯古或纯今的条目外，古今内容的划分大量的是在条目内部。不但如此，古今比例的数量关系比中外比例的数量关系甚至更难把握：在《全书》的学科划分中，没有互相对应的纯古或纯今的学科；即使是非古代内容的条目，不少也因有起源、发展的介绍而涉及古代的情况，这使条目内部古今内容相混杂成为相当常见的现象。当然，与中外比例关系一样，各学科在古今比例关系方面的安排也不能脱离全书原则性的总要求。在这一点上，梅老提出的既要涵盖过去，又要注重现代的意见无疑是正确的。但鉴于学科之间的差异性，落实到不同学科，似宜根据自身的实际情况具体掌握。一般来说，社会科学学科中的今（从近代算起）宜大于古，不论是经济、政治，还是法律、军事，人们更关心的是同现实有关的问题。自然科学基础学科和研究出现较晚的工程技术部门的学科，主要也是介绍近代以来科学或技术发展的情况，包括充分介绍当代的最新成果。但某些研究历史久远的工程技术部门的学科，特别是一些人文学科，相对来说对古代的介绍可能就会篇幅较多。应当说，在古今比例关系上，《全书》第一版的处理基本上是得当的，第二版可加以继承。另外，黄鸿森先生提出，介绍今的事物要注意作历史的追述，介绍古的事物如有可能要说明与之有关的今天的情况（如保存、继承、研究方面的情况），这一意见应可采纳。

二、选条原则

选条原则是百科全书体例的重要组成部分，对条目的选收起规范作用，因此确定选条原则是总体设计阶段必须进行的工作。选条原则由两方面的因素决定：一是百科全书的共性要求，据此规定的条目设立的原则、条目标名的原则等，任何一部百科全书都必须遵守；二是具体百科全书的个性特点，例如功能目标决定采取何种条目结构形式，读者对象决定选条标准等，在这些方面，不同的百科全书有着不完全相同的要求。《全书》第二版是以检索功能为主，阅读功能为辅，以非专业读者为主要对象的统编型大型综合性百科全书，在确定选条原则时，必须把握住自身的这些特点。在《全书》第一版“编写体例”中曾对选条作出6方面的规定，即条目设立的条件、条头设计的要求、条目的分级、选条的层次纵深、选收的条目类型、人物设条的标准，它们对第一版选条起过重要的指导作用。在此尝试以它们为基础，对第二版选条应当遵循哪些原则提出设想。

（一）依据全书功能目标确定条目结构形式的原则

一部百科全书采取何种条目结构，取决于它怎样处理阅读功能和检索功能的关系。换言之，即功能目标决定了条目结构形式。世界各国编纂百科全书，在条目结构方面有4种模式：①强调阅读功能的大条目主义；②注重检索功能的小条目主义；③意在两方面兼顾的大、小条目相结合的两极化结构形式；④立足于检索，兼顾阅读的大、中、小条目并用，以中、小条目为主的结构形式。其中第4种模式适应了现代读者的需求，曾为《全书》第一版所采用，第二版当可宗旨不变，加以沿用。但《全书》第一版体例文件未谈及条目结构问题，第二版选条原则中似应作出规定，说明第二版以检索功能为主，阅读功能为辅，采用大、中、小条目相结合，以中、小条目为主的条目结构形式。

（二）遵循条目化标准选立条目的原则

这里所说的条目化，指被选立的条目要真正具备百科全书条目的特征，而不是混同于文章的题目或书的章节。这是因为选条时设置的条目在释文产生后转化为条头，成为进入百科全书之中各知识检索单元的“门牌标记”，它们必须具有便于识别和查找的特定形态。而要做到这一点，条目的设立和标名必须符合相应的标准。《全书》第一版“编写体例”虽在这方面提出了具体要求，但在实际选条工作中并未认真贯彻，致使第一版有不少条目不符合条目化标准，编第二版时应予以纠正。为此，在第二版选条原则中应突出条目化问题。以下在第一版“编写体例”有关规定的基础上，分别提出条目设立的原则和条目标名的原则。

1. 条目设立的原则

①知识主题原则。即条目应当是以知识体系为依托而选取的知识主题，而不是从专业词汇表中择取的术语和专名。②独立主题原则。即条目应当是作为知识的结构性单元的独立主题，而不是对知识任意切割所产生的非独立主题。③客观形成原则。即条目应当是客观形成、为人们所习知的独立主题，而不是任意杜撰、读者不容易想到的所谓独立主题。④单一主题原则。即条目主题应当是单一的，而不是由几个主题拼凑在一起的复合主题。

2. 条目标名的原则

①准确性原则。即条目标名不应当文不对题或似是而非，也不能语义含混，让人捉摸不定。②通用性原则。即条名应当使用规范或约定俗成的名称，而不是人为拟定，从而少为人知的名称；当一事物有两个或两个以上的名称时，应当使用其中更为通用的名称。③名词性原则。即条名应当是名词和中心词为名词的偏正词组，或中心词虽为动词，但整个词组在语法功能上具有名词性的偏正词组，以及已经成为术语，从而实现了名词化和定型化的动词、动宾词组和句子。④简要性原则。即条名作为检索单元的标识符号应当紧缩、凝练，其中包括减省结构助词“的”，在不会产生误会的情况下不使用限定词，以及避免使用后缀等。

（三）划分全书条目字数等级的原则

即把全书条目按字数分级，规定各等级条目所占的比重。其主要作用有二：①使大、中、小条目并用，以中、小条目为主的条目结构形式，通过具体的数量关系落实下来。②同全书的条目总量指标相配合，控制全书条目的总字数。《全书》第一版“编写体例”将条目分为 5 个等级：特长条目、长条目、中条目、短条目、参见条目，第二版当可照此办理。各级条目所占比重或可调整为：特长条目 0.5%，长条目 3.5%，中条目 35%，短条目 56%，参见条目 5%。第二版在卷数和总字数上比第一版大大压缩，各级条目的字数也需相应减少（具体指标有待研究）。上述关于条目划分字数等级的规定，在第二版选条原则中不可缺少。

（四）确定不同类型条目字数范围的原则

这包括两方面内容：

1. 确定全书选收的条目类型

《全书》第一版“编写体例”对选收的条目类型作了列举，它们是学科或知识门类的概观性文章，学科或分支学科概观性条目，基本理论和学说条目，重要事件条目，基本事实、基本现象、基本概念条目，重要学派和流派条目，重要团体和机构条目，重要著作和出版物条目，重要人物条目，以及为保证本学科的完整性必不可少的其他类型条目。在第二版选条原则中，这些条目类型大多可以保留。只是因为“三基”是一种总括性的提法，所以原来的“基本事实、基本现象、基本概念条目”应该具体化。建议取消这一类型，将之区分为概念条目和事实现象条目。另外，或可再增补国家条目、制度条目、会议条目、工艺技术条目、实物条目、时代性或地域性的综述条目，以及同理论条目并列的方法条目。除此之外，第二版改为统一编排，编第一版时因分卷出书而设置的概观性文章应该取消。

2. 规定各类型条目的字数级别范围

《全书》第一版“编写体例”中没有这方面规定。但实现均衡是编纂百科全书必须遵守的原则，因此在第二版选条原则中似可规定各种类型条目的字数级别范围，目的是防止同类型条目规模失衡。例如，可规定学科概观性条目一般为长条，大学科为特长条；有特殊贡献人物的条目为长条或特长条，一般人物的条目为中、短条；概念解释条目、著作和出版物条目、机构团体条目一般为中、短条。从《全书》第一版《中国历史》卷编辑组向编辑部呈交的选条报告中可知，此卷在选条时规定了不同类型条目的规模指标，规定得相当具体。《中国历史》卷编辑组的这一做法，在编第二版时或可采用。

（五）选条控制层次纵深的原则

此项原则规定条目一般选收至哪个层次。《全书》第一版“编写体例”中规定一般可收到第四、五层，特殊的可到第六、七层。实际选条中往往选收至第六或第七层。在一般情况下，选条层次过于深入容易出现条目偏专偏细。作为综合性百科全书，《全书》第二版选条应立足于基本理论、基本概念和基本事实，抓住大的脉络，不过于追求细枝末节。在选条原则中或可要求，选收条目应防止层次偏低，一般可选收至第四、五层（因编排条目表而虚设的层次不计入）。

（六）理顺条目之间交叉重复关系的原则

第二版实行统编，要理顺的不但有学科内部的条目交叉重复关系，还有学科之间的条目交叉重复关系。《全书》第一版以学科分卷，各卷具有相对独立性，为方便读者分卷使用，对学科之间（卷与卷之间）的条目交叉重复控制得不严。编第二版时在这方面必须妥善处置。这包括：第一版不同学科有重复条目，第二版中不允许这种情况出现；第一版相邻学科存在暗交叉条目，其中有些潜藏着大量的重复内容，第二版选条时，需要理清学科之间暗交叉条目的相互分工、配合关系，为撰稿时杜绝不合理的内容重复打下基础。以上要求，在第二版选条原则中需要加以明确。

（七）选条加强综合性的原则

《全书》第一版按学科分卷，缺失了某些跨学科综合性条目。第二版作为统编型综合性百科全书，打通所有学科统一编排，为体现全书的综合性质，应重视跨学科综合性条目的选收，实例如“科学”“技术”“艺术”“文学”“历史”等。为了实现这一目标，在第二版选条原则中，应写入加强选条综合性，防止遗漏跨学科综合性条目的规定。

（八）确定不同类型学科在选条方面详略级差的原则

《全书》第一版以学科为单元，每一个学科卷都要独立满足读者需求，因此各卷选条力求完整和系统。《全书》第二版对所有学科实行统编，选条首先着眼于整个人类知识，而不是个别的学科；目标是满足普通读者对于科学文化知识的一般需求，而非对于不同学科领域的特殊需要。因此选条覆盖的学科面要全，但在满足读者需求的前提下，不必追求每一个学科的完整和系统。也就是说，选条时可以根据学科的深浅程度，以及读者关注和需求的程度，在不同学科之间区分详略。关于这一点，楼遂和黎云同志发表过很好的见解。

为了实现这一目标，就需要全盘规划，确定不同类型学科在条目选收方面的详略等级。具体来说可作如下区分：①读者面宽的基础学科以及同人们关系密切或爱好者广泛的学科，因社会需求面广，读者检索率高，可按照全面、系统的标准选条，如生物、经济、地理、历史、文学等。②虽然受到人们关注，但读者面不如前一类宽的学科，可按照概要介绍的原则选条，如物理、化学、医学、法学、美术、戏曲、音乐、电影、哲学、军事、考古、民俗、旅游、家政等。③一般人涉足的机会少，因而读者检索率低的专深冷僻学科，可按照块状或点状介绍的原则选条，这主要是一些应用性强的工程技术学科，如采矿、冶金、化工、机械、材料计量、测绘、土木工程等。上述意见参考了黎云同志的看法，她于1995年提出这方面的建议，总的思路很有见地（见《探讨》1995年第4期黎文：《从〈青少年版〉看二版兼看一版》）。以上关于不同类型学科选条可区分详略等级的规定，在第二版选条原则中应可写入。

（九）选条面向读者对象的原则

任何一部百科全书都必须根据读者对象确定选条标准。但《全书》第一版“编写体例”中没有这方面规定。作为面向非专业读者的综合性百科全书，第一版选条不适当地存在偏专偏细倾向。《全书》第二版应当克服这一缺点，在选条原则中明确规定条目选收必须面向非专业读者，同时提出需要遵循的具体原则。这大体上有：①知识性原则。即所选条目是为隔行和外行读者提供知识，而不是服务于专业上的研究或应用。具体又可分为非研究原则和非应用原则。②基础性原则。即选条立足于基本理论、基本概念和基本事实，要避免过专、过深、过僻。③概要性原则。即选条抓住大的脉络，不过于追求细枝末节。④贴近社会生活和广泛知名度原则。即注意选收同社会政治、经济、文化和日常生活贴近的知识主题，多收有广泛知名度的人、事和物，少收或不收只在较小范围（如某一专业或行业）为人所知的人、事和物。

（十）按照全书宗旨划定选条重点的原则

具体内容见“三、选条重点”。

三、选条重点

每部百科全书都有选条的重点目标：有的重点选收科技条目，有的以人文历史类条目见长；有的大量收录人物传记条目，有的详尽收取地理条目；英美的一些百科全书，则是重点选设介绍英语世界情况的条目。重点选收的范围由各部百科全书的宗旨所决定。重点的划定，有的着眼于知识传播，有的带有明显的功利目的。为了贯彻编纂宗旨，体现自身特色，《全书》第二版或可重点选收以下方面的条目：

（一）体现中国特色的条目

反映本国特点，弘扬民族文化，是世界各国编纂百科全书都奉行的准则。《全书》第二版也应当在介绍全人类知识的背景上突出本国。例如，中国优秀的传统文化应作为选收的重点，中国自古以来的重要科技发明和文化成就不应当被遗漏。中国人物设条的标准相对于外国人物可稍放宽，有检索价值的中国古今重要人物要力求收齐。中国地理、中国历史、中国文学，以及特色明显的中国传统艺术门类（像国画、书法、戏曲、古建筑、传统工艺品等），选设的条目要比较系统。其他如中国的风俗物产、古迹名胜等，也要划入重点选收的范围。毫无疑问，只有是民族的，才能成为世界的，《全书》第二版只有做到条目凸显中国特色，才能在世界百科全书之林中获得应有的地位。

（二）有关国内少数民族和台港澳地区的条目

中国是多民族国家，56 个民族共同组成中华民族大家庭，中国的百科全书理应反映这一情况。当前民族问题已成为全球发展中一个突出的问题，许多国家和地区出现民族纷争，甚至因民族问题而引起国家分裂。国外某些人在民族问题上对中国大做文章，希望中国出现分裂。在这一背景下，我们应当重视对国内少数民族历史、文化和现状的介绍，以促进民族团结，使世界对中国的民族状况获得正确的了解。为此应把有关国内少数民族的知识主题划为《全书》第二版选收的重点，选收标准可适当放宽。另外，“一国两制”，实现祖国统一，是我们既定的方针。然而，因为多年来的隔绝，大陆读者对台港澳地区了解甚少，目前有关台港澳的信息颇受人们关注。因此，第二版不但要设置“一国两制”这种介绍祖国统一大政方针的条目，而且要重视选列反映台港澳地区各方面情况的条目。这无疑可满足读者需求，有利于祖国统一大业。

（三）重要的国外内容条目

作为中国这样一个世界大国的国家级百科全书，《全书》第二版应当具有世界性。当前我国处在改革开放时期，国家的振兴和发展需要吸收和借鉴人类社会创造的一切文明成果，我们的百科全书理应为国内读者提供关于国外情况的有价值的信息。因此第二版选收条目，在突出中国特色的同时，不可忽略对国外情况的介绍。选收的范围如：国外重要的经济、社会、科技、文化成就，各国的历史和地理概况，有代表性国家的政治、经济、法律、军事、教育制度，一些国家具有鲜明民族和地域特色的代表性民俗，各国具有世界影响的历史人物和当代人物等。在《全书》第一版的有些学科卷里，对国外情况的介绍显得薄弱，建议编第二版时弥补这一缺陷。第二版主要面向国内读者，我们有责任通过条目设置，去满足他们了解国门以外情况的需求。

（四）反映科技新发展和时代新变化的条目

介绍新知识和反映时代新变化是各国百科全书普遍追求的目标。《全书》第二版的编纂适逢世纪之交，而20世纪最后的20年，又恰是人类科技飞速发展和世界历史深刻变化的时期，因此编纂第二版在求新方面应当有特殊的高标准。为了实现这一目标，第二版要重点选收提供国内外科技革命信息的条目，介绍我国改革开放和建设有中国特色社会主义理论及其实践成果的条目，反映世界格局变化和各国新情况的条目。此外，还要重视选收阐述当前全球发展和国内外社会生活中重大问题的条目，例如介绍环境问题、人口问题、粮食问题、资源问题、和平与发展问题、南北关系问题、民族冲突问题、老龄化问题、妇女问题、毒品问题、社会犯罪问题的条目。唯此，第二版才能跟上时代步伐，更好地为读者服务。广大读者才能通过查阅第二版，正确地把握时代，满怀信心地瞻望未来，去迎接新世纪的到来。

四、人物条目

人物条目在综合性百科全书中占有重要地位。同国外的一些百科全书相比，《全书》第一版的人物条目显得单薄。这既表现于设条人物的范围，更表现于人物条目的规模和提供的信息。为了充实和加强第二版的人物条目，在此提出以下设想：

（一）设条人物的范围

《全书》第一版“编写体例”共列举了11类设条人物，他们是：

（1）马克思列宁主义创始人、杰出理论家；（2）中国无产阶级革命领导人；（3）国际工人运动和共产主义运动的重要领袖、著名活动家；（4）中华人民共和国成立以来的党、政、军和社会团体重要领导人；（5）当代有影响的国家元首、领导人、著名社会活动家；（6）中外重要历史人物，包括历史上有影响的帝王将相，重要起义领袖、人民运动领袖、宗教领袖，著名社会活动家；（7）中外著名思想家、哲学家、科学家、发明家、军事家等；（8）中外著名文学家、艺术家、教育家、演员、记者、医生、工程师、旅行家、探险家和著名工匠等；（9）著名战斗英雄、劳动模范；（10）著名体育工作者、运动员等；（11）其他有必要设条的人物。《全书》第二版设条人物范围或可在此基础上作以下更改和补充：

1. 第（4）项除党、政、军和社会团体重要领导人外，似应增加民主党派重要领导人。

2. 第（6）项“中外重要历史人物”可改为“中外著名历史人物”，以改变仅依据人物历史地位设条，而忽略人物知名度的传统做法。此项包括的种类，或可增加后妃、侍臣、民族英雄、资产阶级革命家和政治领袖人物。

3. 第（7）（8）（10）项可合并。第（8）项似可删去演员（已有艺术家，演员属于表演艺术家），补入出版家、编辑、律师、僧侣、教士、道士、阿訇等。第（10）项的体育工作者和运动员似应说明包括中外。

4. 第（9）项应明确范围，说明入选对象应包括我国历次人民革命战争时期、抗日战争时期和建国以来的。同时加宽覆盖面，改“战斗英雄、劳动模范”为“英雄模范人物”。因为战斗英雄不能包括不是在战斗中牺牲的革命烈士（如刘胡兰），劳动模范覆盖不了拥军模范、支前模范，以及雷锋、焦裕禄、孔繁森等全心全意为人民服务的模范人物。另外，还需说明抗日战争时期的英雄人物应包括国民党军队中的抗日英雄。

5. 在原有的 11 类之外，或可增加以下种类：（1）中外著名企业家、银行家和商业家。（2）著名海外华人和台港澳人士。（3）国民党重要军政人物。（4）历史上有名的大特务、大汉奸和黑社会头脑人物。（5）著名传说人物（如盘古、神农、岐伯、嫘祖）、神话人物（如宙斯、湿婆、西王母、八仙）和文学作品人物（如哈姆雷特、罗亭、佐罗、孙悟空、贾宝玉、阿 Q）。其中，文学作品人物如在历史上实有其人，且已立为条目，或可不另外设条，而是在历史人物条目中加进小说人物内容（如曹操、诸葛亮）。

（二）人物设条的标准

在人物设条标准及其贯彻执行方面，编《全书》第二版时应力求进一步完善：

1.《全书》第一版“编辑方针”要求，对中外古今人物要权衡其历史影响和学术成就选列条目。其中仅提“学术成就”似偏窄，或可改为“事业成就”。除此之外，具有广泛的社会知名度也应作为人物设条标准。即设条人物不能只在某一学科领域、某一行业系统有名气，而应当在社会上广泛为人所知。这是由《全书》的综合性百科全书性质和读者对象范围决定的——《全书》概述人类科学文化知识，不限于某一学科或行业，它所面向的是社会上的广大普通读者。

2.《全书》第一版“编辑方针”还规定，凡是符合标准的人物，不论政治地位和政治观点如何，都应有适当的介绍。但在实际选条中并未完全贯彻这一要求。编《全书》第二版时，应重申这一规定，强调人物设条的客观性原则。要向大家说明，百科全书是工具书和资料库，而不是光荣榜或功劳簿，它理应提供完备的资料，以满足读者不同方面的检索需求。

3. 应在第一版“编辑方针”的基础上，进一步明确中外人物设条标准的差别：中国人物有国内影响即可设条，外国人物需有世界影响才能入选。但同中国有关的外国人物可以例外，只需在中国有广泛影响即可立条，如利玛窦、斯文·赫定、白求恩、柯棣华等。

4. 编《全书》第一版时，对当代学术、文化人物设条标准的掌握总的来看是好的，但也有不足之处，编第二版时需要改进。这包括：人物设条必须认真贯彻事业成就标准，不能因担任了行业或系统的领导职务，即便不符合标准也照样入选；不能因学术、文化界的门户之见，把符合标准的人排除在入选名单之外。

5. 从读者检索的需要考虑，历史人物设条除依据历史地位标准外，不应当忽视知名度标准。对于那些历史地位虽不甚重要，但因见诸历史传说或文学作品而具有广泛知名度的人物，亦应考虑设条，例如西施、赵飞燕、王昭君、杨贵妃、李莲英等。与此不同的是，文学家、艺术家和运动员比较容易获得社会声誉，产生一时的轰动效应，因此设置当代文学家、艺术家和运动员条目，在不忽略知名度要求的同时要特别注意稳定性原则。

6. 应规定英雄模范人物的上条标准，对于他们的设条要从严掌握。入选者必须事迹突出，有代表性，对后世教育意义重大，已被写入教科书或思想读物。为了突出时代主题，加强现实感，对于当代涌现的英雄模范人物，在基本稳定的前提下，应允许设条。

7. 对于一部分人物类型，可依据级别划定重点选收的范围，以便于选条时掌握。例如中华人民共和国成立以来的党政军和民主党派、社会团体领导人，其中党的领导人可重点考虑政治局委员和书记处书记以上的，政府领导人可重点考虑国务委员以上的，全国人大和政协领导人可重点考虑副委员长和副主席以上的，军队将领可重点考虑上将军衔以上的，民主党派和社会团体领导人可重点考虑副主席（或与副主席相当的职位）以上的。对于科学家，则可重点考虑院士和学部委员以上的。但均需兼顾广泛知名度标准，凡不符合者可不入选（为了备查，可列表提供资料）。除此之外，虽不具备上述身份但知名度广泛的人物亦可设条，如中组部部长安子文、石油部部长康世恩、外交部副部长乔冠华、我国第一位女将军李贞等。

（三）人物条目的标名

《全书》第一版“编写体例”规定，设条人物有两个或两个以上的名字时，用读者熟悉的名字为条名。为了便于执行，在《全书》第二版“编写体例”中可增加实例。例如：孙中山设条，不用正式名字“孙文”，而用人们熟悉的名字“孙中山”；因在国外以孙逸仙为名，还可用此名另设参见条。蒋介石设条不用做官时的名“中正”，而用字“介石”。周恩来设条用名“恩来”，不用字“翔宇”。除上述一般规定外，对某些特殊人物类型还可提出专门的要求。例如，作家和演员的笔名、艺名为人们所熟悉，可原则上以笔名、艺名为条名。如用“巴金”“盖叫天”，而不用“李尧棠”“张英杰”。历代皇帝条目的定名应区分情况对待：一般可采用“朝代＋庙号”的形式，例如“汉文帝”“晋武帝”“宋徽宗”。少数开国皇帝的姓名更为人们所知晓，可直接以姓名立条，或以姓名为参见条，例如“刘邦”“刘备”“忽必烈”“朱元璋”。明清两朝去今不远，每位皇帝只有一个年号，人们对皇帝的年号更熟悉，可采用“年号＋皇帝”的标名方法，例如“永乐皇帝”“万历皇帝”“顺治皇帝”“咸丰皇帝”。少数明清皇帝的庙号也为人们所熟悉，可同时按“朝代＋庙号”的方式设参见条，例如“明成祖”。南唐后主李煜，习称李后主，为便于读者检索，可用“李后主”一名立条，以“李煜”为参见条。另外，还应强调外国人物条目标名不可违背约定俗成原则，例如：必须用“马克 • 吐温”，而不可用“吐温，M.”；必须用“罗曼 • 罗兰”，而不可用“罗兰，R.”。关于人物条目的标名，黄鸿森先生有系统研究，以上想法参考了他的意见。

（四）人物条目的规模和内容

编《全书》第一版时对人物条目重视不够，主要表现于重要人物的条目篇幅偏少，内容项目写得不够齐全。除文学家和艺术家因是学科研究对象，一些条目写得比较饱满外，许多人物条目显得内容干瘪，缺乏应有的生动性，没有写出百科全书人物条目的特色来。建议编第二版时重视和加强人物条目的撰写。尤其是其中的杰出人物，不但对人类社会的进步作出了贡献，他们献身事业、顽强奋斗的精神还为后人提供了宝贵的精神财富，他们的优秀品质、特殊气质，成为后人学习的楷模，百科全书作为一种文献资料，理应对他们的情况做比较详细的介绍。国外百科全书一般都重视人物条目，例如在《美国百科全书》中人物条目占 40%，而且其中不乏人物传记式的条目。为加强《全书》第二版的人物条目，建议将它们区分为两种类型：一种是篇幅较长的传记式条目，一种是内容比较简略的辞典—名录式条目。前者介绍对人类社会进步和科学文化发展作出巨大贡献，对世界产生深远影响的伟人，数量或可控制在 300 条以内，篇幅一般为长条，最杰出的人物可为特长条。后者为一般杰出人物，根据他们的具体情况，篇幅定为中条或短条。传记式条目除包括一般人物条目的内容外，还可进一步介绍人物活动的时代背景，他们的奋斗经历，以及世系、恋爱、婚姻和家庭生活，气质、性格、爱好和情操等。辞典—名录式条目的撰写也要力求生动，写出人物的特点。

在确定人物条目的规模时，应贯彻客观性原则。例如，《全书》第一版《外国历史》卷的“列宁”条，字数为 4500 字，“斯大林”条为 4000 字，若再加上其他各卷条目中所包含的同他们有关的内容，则字数还要大大增加。而西方国家政治领袖人物条目的字数要少得多。如“林肯”条只有 1200 字，“罗斯福”条 1400 字，“丘吉尔”条 1600 字，“戴高乐”条 1200 字。这几位西方国家政治领袖人物对世界历史产生过重大影响，对他们的功过应当客观、全面地进行评价，在第二版中似可增加条目篇幅，按传记式条目规格撰写。

（五）人物条目的拟定和审批

《全书》第一版人物条目由各学科卷自己拟定。《全书》第二版改为统编，综合性加强，除收录学科性人物外，还需补收一批第一版所没有的重要非学科性人物条目。建议由编辑部组织专人，拟出这部分人物条目的清单。另外，实行统编要求人物条目的设置在全书范围内实现平衡，因此不论是学科性人物条目，还是非学科性人物条目，初步拟出后均应由编辑部统一审查，在全书范围作平衡处理，然后交出版社和总编委会审定。再有，作为国家级百科全书，《全书》第二版在收录同政治有关的人物条目时应当慎重。这包括党史、军史人物条目，新中国成立以来的党政军、民主党派和社会团体领导人条目，外国元首、领导人和社会活动家条目，海外华人和台港澳人士条目，以及台湾国民党军政人物条目等。这些人物的设条名单，除由出版社和总编委会审查外，还须报请中央有关部门审批。

本文所提建议，仅供进行第二版总体设计时参考。

本文由1995和1996年发表于中国大百科全书出版社内部刊物《探讨》上的两篇文章删节合并而成，完稿于2006年

谈《中国大百科全书》第二版选条中的一些问题

最近受编辑部委托，看了《中国大百科全书》第二版（以下简称第二版）几个学科条目表的初稿，引发了一些思考。现将想到的问题提出来同大家交流。

一、学科之间的交叉重叠部分要由相关学科协商选条，防止因交给一个学科负责而发生遗漏

为了处理好学科之间的交叉重复问题，在前一阶段采取了几个学科之间的结构性交叉部分由其中一个学科负责选条的办法。这不失为解决问题的一种途径。然而因学科之间性质不同，对于看似一样的交叉部分，不同学科的选条思路实际上存在着差别。如果不经过协商，仅由一个学科独自去选收，很容易使其他学科的设条要求得不到满足。

例如，海洋科学和中外地理交叉，海洋、海湾、海峡部分的条目由海洋科学选收。从海洋科学所属的自然科学的角度看，被选收的条目已无可挑剔；但中外地理兼有人文学科属性，设条与海洋科学有不完全相同的标准，从中外地理的角度看，已选条目存在部分遗漏。如未收具有军事战略意义的宗谷海峡、金兰湾、苏比克湾、芬兰湾，丢掉了重要军港象山港，缺失了世界航海史上著名的库克海峡，少了若干近海的著名水域，像珠江口的伶仃洋、香港的维多利亚湾（世界三大天然良港之一），以及因荷兰人民筑堤造陆而闻名的须德海（现名艾瑟尔湖）等。

又例如，能源科学同中外地理有交叉，煤田、油田部分由能源科学

选条。能源科学选设的标准是储量和经济价值，地理学科则还须考虑历史因素和社会知名度。从地理学科的角度看，已选列的条目存在遗漏。像历史上有名的抚顺煤矿，代表解放初期煤炭战线成就的阜新露天煤矿，改革开放初期有名的中外合资安太堡露天煤矿，长江以南最大的六盘水煤矿，年代久远的延长油矿、玉门油矿，20 世纪 50 年代和 70 年代著名的克拉玛依油田和大港油田，以及国外的顿巴斯煤矿、巴库油田等，都没有选列为条目。

以上情况表明，当几个学科的交叉部分交由一个学科负责选条时，交叉各方进行沟通是绝对必要的。在前一阶段的选条工作中，学科之间的交叉部分由一个学科负责的情况不少，假如学科之间互相通气不够，需要回过头来补一下课。

二、要立足于学科又跳出学科，注意选设贴近读者、贴近生活，同时具有检索价值的条目

学科选条是综合性百科全书选条的基础，这在当前已是大多数同志的共识。合理的学科设置有助于防止条目遗漏并查出重复，通过学科选条可覆盖住科学文化知识的主体，从而为全书提供基础性的条目主题。但按学科选条存在着局限性，这方面大家可能尚缺乏认识。局限性之一就是学科标准不完全等同于读者标准，这既包括选条时的关注点不同，还包括读者需求有时会超出传统的学科范围，也就是说，拘泥于学科标准会漏掉读者需要检索的条目。一个明显的例子就是《中国大百科全书》第一版（以下简称第一版）选列了“中国古代皇帝制度”“中国古代后宫制度”“中国古代东宫制度”“中国古代宦官制度”等带有专业和研究色彩的条目，却没有选设“皇帝”“皇后”“嫔妃”“太子”“公主”“太监”“单于”“可汗”等社会文化生活中常会遇到，一般读者检索的可能性很大的条目。这

就要求在编第二版时，既立足于学科，又跳出学科，补选那些第一版中没有，但按读者标准衡量需要选列的条目。

例如，一些艺术门类选收作品条目往往重视经典性而忽略通俗性。因而在美术条目中，补入《三毛流浪记》这样的漫画作品，甚至于一些在群众中有影响的优秀连环画作品；在文学条目中，适量补入侦探小说、科幻小说、武侠小说、言情小说和儿童文学作品，就显得很有必要。

又例如，第一版的中外地理部分选设山川湖泊条目，侧重于自然地理标准，入选的多是大山、大川、大湖；虽然也从旅游角度选列了一些条目，但数量不足，不少具有历史、文化内涵的山川湖泊没有设条。因此像洞庭湖的君山，武汉的龟山、蛇山，淮南的八公山（“草木皆兵”故事的发生地），南京的紫金山，镇江的金山、焦山，无锡的惠山，肇庆、桂林的两处七星岩，延安的宝塔山，以至北京人工堆砌的景山，还有浙江的富春江，河北的桑干河，北京的高梁河、通惠河，嘉兴的南湖，绍兴的鉴湖，武汉的东湖等，应该都可以补入。

再例如，第一版的中外地理条目中，县城不多，集镇、村、街区等更少。其实行政区划设条不应受级别的限制，一些小地方甚至街道的知名度，有时比普通的十几万、几十万人口的城市更高，读者检索的可能性更大。因此，像三元里、金田村、韶山冲、黄埔、闸北、宛平、红岩村、华西村、沙头角、天桥、王府井大街、长安街、南京路、夫子庙、中南海、中关村高科技产业区、新竹科学工业园区，以及日本的银座，美国的华尔街、拉斯维加斯、卡纳维拉尔角，旧金山和纽约的唐人街，英国的唐宁街，法国的香榭丽舍大街，比利时的滑铁卢，苏联的斯大林格勒等，也都可以补选为条目。

当然，仅仅限于在学科内部增补可能还不够，读者的检索需求有时更广泛。例如谍报，外交，职业和职称，非学科和非行业性著名人物，著名老字号商家，世界五百强企业，国家知名的咨询机构和民意调查机构，著名汽车和飞机品牌等就不属于传统的学科内容，而这些在当前都属于读者关注的对象。在第二版选条过程中着手于非学科知识主题的汇集，例如像龚莉同志所提出的那样通过词频统计进行收集，或许是解决这方面问题的一种途径，这对于综合性百科全书按学科选条应是一种重要的补充。

《全书》第二版如果按照上述思路选条，将会比第一版贴近读者和生活，从而更加受到人们的欢迎。

三、把握改革开放时代的读者特点，注意选收介绍国外事物的条目

突出中国特色是第一版的成功之处，但某些学科卷的国外部分显得薄弱。这当是受历史条件制约而造成：由于长期封闭，一些学科当时对国外情况缺乏最起码的了解。具体的表现是不但国外条目数量不足，而且在一些中外共有事物条目的释文中只介绍中国内容，缺少外国内容。编第二版时对这种情况必须加以改进。

当前我国处在改革开放时期，国内读者多关注国门以外的世界。第二版在突出中国特色的同时，不应当忽略对国外事物的介绍。就选条而言，第一版对国外的介绍整体或局部薄弱的学科，宜作必要的增补。例如，考古部分可增设国外20世纪60年代以来的新领域、新理论、新技术条目，80年代以来的重大考古发现条目，如“环境考古学”“特卡纳男孩”（最早的直立人化石）、“澳洲早期岩画”“拉美西斯二世及其子之墓”等。建筑部分可增补国外建筑类型条目，像“城堡”“要塞”“神庙”“教堂”“广场”“摩天大楼”等。美术部分为使中外美术作品条目平衡，可把古希腊米隆的《掷铁饼者》，达•芬奇的《蒙娜丽莎》《最后的晚餐》，米开朗基罗的《大卫》《摩西》《垂死的奴隶》，伦勃朗的《夜巡》，米勒的《晚钟》，罗丹的《思想者》，列宾的《伏

尔加河纤夫》，莫奈的《日出·印象》，梵高的《向日葵》等世界名作补列为条目。

适量增补国外事物条目，符合《全书》第二版要具有世界性这一编纂宗旨。

四、严格掌握尺度，按世界级标准选立国外人物、事物条目

第二版体例文件规定：选收中国人物条目，按照人物在国内的重要性和影响决定取舍；选收外国人物条目，以是否达到世界级水平为依据。这种选收条目在尺度上区分中外的做法，当同样适用于人物条目以外的事物条目。

按照这一要求，从看过的几个学科的条目表初稿来看，在选设国外条目方面有两点似可注意：

（一）人文学科选设国别综述条目（如“××国历史”“××国文学”）应贯彻实事求是原则

第二版“总体设计纲要”规定：“对世界各个国家和地区，不论它们的地域大小、政治制度和社会发展水平如何，都应依照它们在人类文明发展史上的地位和贡献予以客观介绍。”这包括两层含义：一是不能搞欧美中心、大国主义，二是也不能任意拔高、搞平均主义。因此，人文学科选条，对于一个国家是否选设某一方面的国别综述条目，应由这个国家在这一方面是否为人类文明做出过具有世界意义的贡献来决定。在第一版中，总的说欧美中心和大国主义的影响克服得比较好。但由于各种原因，或多或少存在任意拔高的现象，所涉及的既有第三世界国家，也有东欧国家，甚至包括虽为经济大国却非文化大国的加拿大和澳大利亚。因而编第二版要严格掌握标准，除少数重要国家外，一般

可不列国别史条目，设置文学、艺术门类中的国别综述条目，也要掌握好取舍的分寸。在这次拟出的文学、美术部分的条目表初稿中，删除了一批第一版原有的文学或美术方面的国别综述条目，如“阿尔巴尼亚文学”“巴基斯坦文学”“朝鲜美术”“瑞典美术”等，这种实事求是的做法无疑应得到肯定，并加以推广。

（二）国外的人物、事物是否设条，应取决于他（它）们在世界范围的地位和影响，而不是仅仅考虑在本国的重要性

例如，假使俄罗斯以外的东欧国家没有世界级的博物馆，可不设它们的具体博物馆条目，而不必为求“平衡”，和一些博物馆大国同等对待，以致把未达到世界级标准的博物馆也选列进来。又如，列条的国外美术家应当是世界级美术大师，因此，对于那些仅在本国美术史上有地位的美术家可不必设立条目，凡是没有世界级美术大师的国家，可不列美术家条目。

上述原则同检索率标准是基本一致的。作为非专业性的综合性百科全书，第二版立足于普通读者的检索需求。很明显，只有当一个国家在人类历史发展中产生过重要影响，或其文学、艺术门类取得过世界性的成就时，中国的普通读者才有较多的可能去查阅专门介绍这个国家的历史或文学、艺术门类的综述条目。同样的道理，只有达到世界级的文化机构和文学、艺术大师，才有较多的机会成为中国普通读者检索的对象。反之即使设条，也会门庭冷落，无人问津。

还有一点需要说明，那就是不设条目不等于无处交代：一个国家的历史或文学艺术发展状况即便没有专门的条目介绍，在此国的国家条目的相关部分仍然会有简要述及；次级的人物、事物即使没有列为专条，关于他（它）们的情况，在有关的综述条目中还是有机会被提到。在此应指出的是，百科全书是粗线条勾画和重点局部深入的结合体，我们不应当要求在一部书中不分轻重，事事、处处都讲深讲细。

五、合理进行设计，妥善处理以分区、分国和断代形式出现的综述条目

以分区、分国、断代形式进行介绍的综述条目，在第一版人文学科之中以及其他学科专史的部分（如经济史、政治思想史）常可见到，如“美洲古代建筑”“东南亚旧石器时代考古”“法国美术”“隋唐文学”“鸦片战争至五四运动前的经济思想”等。这一类条目多位于学科框架的中层，它们的设立源于对较大范围事物作系统综合介绍的需要，但存在缺点，那就是对知识的分割有时带有随意性，条名无例外都是包含限定词的自由词组，因而不同程度地存在不便于检索的缺点（读者不容易想到）。在分卷出书，条目不多，有分类目录供检索的情况下这一问题尚不突出，但到几万个条目统编，无分类目录可供查找的第二版里，从检索性标准出发，就应当妥善处置这一类条目的设立问题。为此，选设条目时似应注意以下事项：

（一）尽可能用上层的概念展开条目代替分区、分国、断代条目进行综述

例如，可设“石窑寺”“佛寺”“青铜器”这样的概念展开条目，而不设“中国石窟艺术”“中国佛寺”“商代青铜器”“西周青铜器”“东周青铜器”这样的分区、分国、断代综述条目。这是因为科学概念（如石窟寺、佛寺、青铜器）是知识的基本结构单元，用以指称概念的是科学术语，如果选择概念作为条目主题，无论是主题本身还是条目名称都十分规范、确定，读者检索时容易想到，从而有利于查找。在国外的综合性百科全书中，就常可见到以上层概念为主题进行展开介绍的综述条目，而较少见到中层的分区、分国、断代条目。例如《美国百科全书》中有“服饰”条，释文除解释概念外，还对世界各主要地区服饰演变的情况作展开式综述。应当说，尽量借助上层概念条目进行综述，下设具

体的人、地、事、物条目，是综合性百科全书加强检索性的一种有效方式。具体的人、地、事、物条目以专名为条名，主题和名称也是确定的，立作条目同样便于检索。

（二）分区、分国、断代的综述条目能否设立，以及怎样设立，应根据具体的情况确定

并非所有的分区、分国、断代主题都不适合设为条目。但能否设条需视具体情况而定，条目的设立必须遵守一定的规则，有时设条后还需要作一些特殊的处理。

1. 有些分区、分国、断代主题带有类型含义，不能把它们看作人为分割。如“北欧神话”“古希腊建筑”“西方哲学”“印度舞蹈”“苏州园林”“唐诗”等，主题属于定型的概念，名称是固定词组，均十分规范、确定，对它们可按照介绍知识时的实际需要自由设条。无类型含义，按国家或朝代划分的综述主题，虽然未形成定型的概念，名称也非固定词组，但因国家和朝代是读者熟悉的事物，分国、分朝代研究已成为固定的模式，以之划分也能够为读者所想到，如果确有需要，也可以设为条目，如“法国美术”“日本电影”“唐代文学”等。

2. 按跨国大洲划分的分区主题一般不适合设条。这是因为按国家划分能写出民族特点，而大洲内部情况纷繁复杂，以大洲划分基本上是一种人为的捏合（个别的例外，如“美洲古代建筑”，但此条不如改名为“古印第安建筑”）。对于大洲下面的跨国地区主题同样应避免设条，实例如前面提到的“东南亚旧石器时代考古”，因为这样的地区划分读者一般也不容易想到。

3. 设置断代性的综述条目，切忌不按朝代或时代划分的惯例，去作带有随意性的阶段划分，不当的实例如“德国 17 ～ 19 世纪的政治思想”“美国建国时期政治思想”等。这样的条目纯属非条目化的章节式条目，如果放在统一编排的综合性百科全书中，可检性必然极差。

4. 有时必须把几个朝代合在一起设条，因为合并代表了对某种事物发展过程所作的阶段划分，如“秦汉建筑”“夏商周考古”等。然而非专业读者往往不知道你设条时对朝代是怎样组合的，以致这样设条使需要专门了解条名中排在后面的朝代情况的读者很难查到。此时或可通过加设分朝代的参见条目以求补救，例如在设“秦汉建筑”条的同时，加设“汉代建筑”参见条（见“秦汉建筑”），设“夏商周考古”条的同时，加设“商代考古”“西周考古”参见条（均见“夏商周考古”）等，这样当可消除因几个朝代合在一起而给查找带来的不便。

妥善处理分区、分国、断代条目设立的问题十分重要，否则你设的条目读者查不到，内容写得再好也是枉然。

六、弄清知识的结构关系，用规范的形式在条目表中准确地加以显示

条目表要正确反映知识的结构关系，即使是对知识作点状介绍的学科，虽不求设条系统，条目的相互关系也不应当错乱。因此在制定条目表时一定要弄清楚结构关系，用规范的形式准确、清晰地加以显示。

知识的结构关系包括平行的并列关系和上下层的领属关系。同级的分支或条目组群为并列关系，直系的不同层级条目有上下层领属关系。在条目表中，有并列关系的分支或组群若无领头条目统率，排列时需要加设层次标目（用方括号括出）以使隔开。如果没有层次标目，条目一连串排下来，会使人看不出实际存在的并列关系；假如前一个部分有领头条目而后一个部分无领头条目，还会使人误把并列关系当成领属关系。另外，并列的各部分在排列上并非互不相干，在规范的条目表中，不同分支、不同组群处于同一层级的条目，前空的格数应当一致。分类目录由条目表转化而来，在第一版一些卷的分类目录中，条目所属层级在标示上常有错误，尤其是经过转页错误更多（当是因排版所致）。我

们编制第二版的条目表，应当避免出现标示上的错误。

在条目表中把结构关系显示清楚非常重要。这是因为形式规范、标示准确的条目表能让人对条目的上下左右关系一目了然，不仅编者看起来方便，还有利于用来指导撰稿。如果在条目表中条目关系存在混乱，很难说知识的结构关系在编辑头脑中已经完全弄清。第二版有些学科要出单卷本，届时分类目录必不可少。在制定条目表的阶段把结构关系理清楚，又可为将来编制分类目录打下基础。

此外，在条目表中还应当把条目之间的参见关系标明。不写清楚参见哪一条，编制条目表的工作不能算完成，因为这很容易造成撰稿时把被参见条目释文中本应包括的供参见的内容遗漏掉。

原载《探讨》（中国大百科全书出版社内部刊物）2000 年第 1—2 期

《中国大百科全书》第二版选条二则

本文探讨《中国大百科全书》第二版选条规则同学科专业要求的差别，以及在分学科选条中树立全书意识的问题。

一、选条规则同学科专业要求的差别

综合性百科全书选条离不开学科划分，这在百科全书编纂中已是常识。《中国大百科全书》（以下简称《全书》）是综合性百科全书，选条自然要以学科为基础。然而这种百科全书选条有自己的规则，不完全等同于学科专业上的要求；如果不把握好这一点，选条就会出现问题。由于种种原因（包括缺少经验），编纂《全书》第一版时在人们头脑中不同程度地存在以学科要求代替选条规则的误区。为了使《全书》第二版在条目选收方面获得改进，有必要弄清楚两者之间究竟存在哪些差别。

（一）重点选择和系统完整的差别

综合性百科全书选条以非专业读者的需要为目标，不追求学科专业上的系统完整。而选条如果按学科专业的要求去完成，则内容系统完整是必须达到的一项标准。《全书》第一版因按学科分卷出书，不能不照顾专业内容的系统完整，以致不少学科选列了许多分支学科条目、学科方法论条目、专业应用技术条目和学科专著条目，它们并不都是普通读者所需要的。在学科研究对象方面，也存在条目选收过详和偏专偏细的现象。《全书》第二版已改为把所有学科放在一起统一编排，编第二版时，完全可以突破这种专业化的理念，依据检索率标准作有重点的选择。这既包括对检索率可能偏低的知识主题进行割舍，也包括对某些专业色彩过浓的结构性部分予以剔除。在第二版前一阶段的选条中，一些学科和知识门类已经按此规则处置。例如，建筑园林部分删减了偏专偏细的专业应用技术条目，中国文学部分减少了古代文论条目，博物馆部分不再设【博物馆藏品】【博物馆陈列】【博物馆管理】等专业应用方面的分支。这表明，打破学科专业上系统完整的束缚，适应非专业读者实际检索需要的观念，已经在我们编辑同志的头脑中开始树立。

（二）贴近读者和遵从专业视角的差别

综合性百科全书选条在关注点上同学科的专业视角有差别，比较注意选收贴近读者、贴近生活的条目。第一版在这方面有欠缺。例如选设山川湖泊条目，依据的是自然地理学科中的“大”的标准，而对于那些虽非大山、大川、大湖，但具有历史文化内涵，一般读者检索的可能性较大的山川湖泊，如洞庭湖的君山，武汉的龟山、蛇山，镇江的金山、焦山，无锡的惠山，浙江的富春江，北京的通惠河、永定河，嘉兴的南湖，绍兴的鉴湖，武汉的东湖等，却没有设条。又如从制度研究的角度出发，选列了“中国古代皇帝制度”“中国古代后宫制度”“中国古代东宫制度”“中国古代宦官制度”等带有专业色彩，一般读者不容易想到的条目，却没有选收皇帝、皇后、嫔妃、太子、公主、太监、单于、可汗一类在社会文化生活中常可遇见，因而读者检索的机会较多的主题，因为后一类主题在专业领域属于常识，不是研究中关注的重点。在编第二版时应当改变这种受制于学科，以专业视角选收条目的状况，严格按综合性百科全书的选条规则办事，切实地树立起贴近读者、贴近生活的意识。目前在第二版中国历史部分的条目表中，已增设了“皇帝”“皇后”“太子”“额附”“太监”等一大批面向普通读者的条目，这比起第一版来，可说是一个明显的进步。

（三）不受学科局限和限于学科范围的差别

综合性百科全书选条离不开学科，但读者在工作、学习、生活中会遇到一些不属于学科的疑难问题。因而选条时不应受学科范围的限制，在所收学科以外，只要是读者需要的主题，都应当考虑列为条目。例如迪士尼乐园这一主题肯定有检索率，但它既划不进园林学科，也不属于任何艺术门类。艺术品的拍卖受到人们的关注，但这一主题不在美术门类的范围之内，传统的经济学里也没有它的地位。又如公安和谍报在目前还没有形成为学科，而有关它们的许多主题也都是读者需要了解的。凡此种种，如果受已有学科的限制，无疑就会被漏掉，只有摆脱学科的局限，才有可能把它们选收进来。非学科性的条目在国外的综合性百科全书里一般都能见到。但《全书》第一版按学科分卷，这一类主题不可能得到安插。第二版采取统编方式，消除了选列非学科性条目的障碍，选条时应当遵照不受学科局限的规则，弥补第一版在这方面的欠缺。或可采取把非学科性条目挂靠到有关联的学科中去的办法，以解决这一类主题由谁来选及安置于何处的实际操作问题。在前一阶段的选条中，美术部分选列了“艺术品拍卖”及若干著名拍卖公司的条目，家政部分列入了一般家庭无法操办的“满汉全席”“烤鸭”等条目，法学部分收录了若干公安方面的条目，这些均为可取的做法。众所周知，综合性百科全书选条以知识分类和各学科、知识门类的结构划分为基础。不说“科学分类”而说“知识分类”，就是因为科学所划分的学科并不能涵盖世界上所有的知识，而综合性百科全书选条时所面对的，应当是全部人类知识。

（四）进行综合还是着眼于划分的差别

在综合还是划分的问题上，百科全书和学科专业有时代表着两种不同的倾向。从 16、17 世纪近代科学分化为不同的学科以来，科学中一直存在划分的趋势，不但新学科不断产生，而且各学科继续划分为不同的学科分支，又不断产生着不同的研究专题——为了深入事物内部，揭示客观世界的奥秘，科学家正从事着越来越精细的研究。以人文社会科学为例，不仅在研究时有类别的划分和角度的区分，还有断代或国别的划分，以及其他各种专题的划分。对于学科专家来说，关注点往往放在研究对象的划分上。在这种情况下按学科的思路选条，经常是越分越细，却丢掉了事物的整体。于是在第一版的条目中就出现了只有“中国石窟寺考古”“中国石窟寺艺术”而没有“石窟寺”，只有“中国古代瓷器”“三国两晋南北朝瓷器”“隋代青瓷”“宋代定窑瓷器”而没有“瓷器”，只有“股票发行”“股票交易”“股票收益”而没有“股票”的现象。然而有划分而无综合，有局部而无整体，不利于完整介绍知识。例如，只设“中国石窟寺考古”条，就没有地方讲解什么是石窟寺，也无法讲述石窟寺起源的知识和外国石窟寺的概况，而且因为缺少中、外石窟的比较，还讲不清楚中国石窟的特点。这样设条的另一个缺点是不便于检索，因为读者不了解专业上的划分，他们最容易想到的，通常是事物的整体和不加范围限定词的主题词（如前面提到的石窟寺、瓷器、股票）。毫无疑问，最好的办法就是以整体事物或完整概念立条，这就要求我们在第二版选条时，依照综合性百科全书选条的规则，用区别于学科专业的眼光，对分散的局部研究进行综合。当然也不是用整体事物条目代替一切，还可以根据实际情况选择重点予以分立。例如一些国家、地区的古代神话非常丰富，如果统统归入统一的“神话”条会使条目过于庞大。而“希腊神话”“北欧神话”“印度神话”“中国神话”等已经是独立的研究领域，并且有固定词组构成的通用名称用以指称。因此就可以像第二版的中外文学部分那样，在设立整体性的“神话”条的同时，再分立介绍这几个国家和地区古代神话的条目。

关于编百科全书要突出综合的问题，于光远先生曾经发表过意见。他在 1980 年《全书》法学卷分编委会的一次会议上说，编百科全书同专家研究不一样，专家是搞分析的，百科全书编辑是搞综合的。他的这一意见，对于今天第二版的选条仍然有现实意义。我们选条，就是要在学科的专题研究划分的基础上进行综合，根据完整介绍并且方便检索的要求组织知识、设立条目。第二版是统编型综合性百科全书，不但要在各个学科和知识门类内部进行综合，还要立足于人类知识整体，在学科门类之间进行综合。

（五）使用便于检索的名称还是一律用规范名称的差别

在选用条名方面，综合性百科全书也有自己的规则。众所周知，学科用语着眼于规范，以术语和专名确保语义的准确性并防止产生歧义。然而条头是进入百科全书知识单元的门户，因此条名不但要确指，还必须便于检索，让读者能方便地登堂入室获取知识。假如读者找不到知识的大门，条目写得再好，也只是死条。为此，条名一定要采用普遍为人所知，从而多数人会用来查找的名称，而不受学科专业上规范名称的限制。在这方面，黄鸿森先生有很好的见解。他曾提出，不论是正名还是俗名，本名还是别名，一律以读者比较熟悉的名称作为条名；如果另外的名称也比较重要，可同时作为参见条的条名。在这一问题上，孙关龙先生的观点非常彻底：他从条头是检索手段这一基本性质出发，主张在确定条名时把具有检索性作为必须遵守的一项标准。按照上述要求，第二版在选择李煜为条目主题时，便可以用常见的俗称“李后主”为正条条名，而不受“南唐后主”名号的限制。“慈恩寺塔”和“荐福寺塔”虽为塔的正名，但为了易于检索，设条时可用俗名“大雁塔”和“小雁塔”为正条的条名。这样做，就遵循了综合性百科全书条目定名的规则。

综上所述，综合性百科全书选条有着不同于学科专业要求的规则，决不可用学科专业上的标准去替代它们。不难看出，规则所体现的主要是综合性、非专业性、实用性和检索性原则。这表明，规则是由综合性百科全书的属性所决定的。就笔者个人体会而言，作为百科全书的编辑，按选条规则办事责无旁贷。黄鸿森先生曾对《全书》第一版的责任编辑作过评价，他把当时的责任编辑分成四类：第一类是收发式的，第二类是专家式的，第三类是一般编辑式的，第四类把百科全书的编纂要求和学科的知识内容结合起来，属于百科全书编辑式的。黄先生肯定的是第四类。我们从这种评价中得到的启示是，百科全书编辑一定要按百科全书的编纂规则办事，用金常政先生的话说，就是百科编辑要树立百科意识。在当前，作为《全书》第二版的学科责任编辑，我们的责任就是切实贯彻好这部书的选条规则。如果不抓住这一条，尽管身居《全书》学科责任编辑之位，实际上并没有真正跨进百科全书编辑工作的门槛。

二、树立全书意识问题

担任《全书》第二版的学科责任编辑除须严格遵守选条规则外，还应具有很强的“全书意识”。《全书》第一版以学科、知识门类成卷，各卷有相对独立性，尽管各卷应同全书的统一规格相一致，但稍有偏离不显问题严重。第二版汇聚80多个学科和知识门类统编，假如各学科、门类不严格按全书的统一要求行事，全书质量将大为受损。

树立全书意识和遵守选条规则相辅相成，在按统一要求办事中包括贯彻选条规则。此外，在选条中还须执行条目数量方面的规定，其中包括使全书的各类条目在设置上实现综合平衡。例如，在打破学科专业上系统完整的束缚，选条避免偏专偏细的问题上，各学科都要自觉照办。像前面所讲到的，对专业性较强的古代文论条目，中国文学部分的选收较有分寸，防止了数量偏多。这在前一阶段综合组审查条目表时已被肯定。这种标准当然也适合于其他艺术门类，个别门类决不能因编辑本人的专业偏爱，而把同古代文论条目一样，带有明显专业色彩的古代艺术专论条目和古代艺术作品著录条目选列得太详。假如多了，不仅违背第二版的非专业性质，而且使学科门类之间失去平衡。又如增补新艺术家条目在大部分艺术门类中控制得较严，像新增的电影演员条目中，大陆的潘虹等都未能列入，新涌现那么多优秀歌手，选立为条目的也只有李谷一、彭丽媛、刘欢三人。如果这个尺度是正确的，那么其他门类也应该一律执行，不能因个别门类不适当地强调自身的特殊性而允许出现不平衡。实现综合平衡在百科全书编纂中是一件大事，从目前第二版选条的情况来看，在这一方面还有许多问题需要解决。

总之，编纂第二版不树立全书意识不行，各学科、门类一定要按照统一的要求办事。正是因为第二版的编纂工作具有这种不同于第一版的特殊性，所以在前一阶段编辑部成立了综合组，统一审查各学科的条目表，以保证按学科和门类分头进行的选条工作不偏离全书的统一标准，不发生学科门类之间失衡的现象。关于第二版选条工作的统一要求，编辑部领导以前曾在多次会议上谈到。要取得第二版选条工作的成功，必须立足于全书，按统一的规则办事。

原载《探讨》（中国大百科全书出版社内部刊物）2000 年第 7—8 期

人物·史事·实物
——《中国大百科全书》第二版部分类型条目的编写提纲

1998年，为了准备《中国大百科全书》（以下简称《全书》）第二版的撰稿工作，全书编辑部安排我设计部分类型条目的编写提纲。最初我不愿意接受这项工作，觉得有越俎代庖之嫌，建议先请有关学科的责任编辑设计，然后再统一进行协调平衡。孙关龙先生当时是编辑部主任，他坚持让我承担这项任务。我先后推托了三次，最后不得不接受下来。编写提纲据《全书》第二版体例文件中的相关要求拟订。设计过程中，查阅了《全书》第一版和《简明不列颠百科全书》中的相同类型条目，以及《苏联大百科全书》第3版体例文件中的条目典型编写提纲部分，并同《辞海》中的一些百科词条作了对照。选定的部分包括人物、史事和实物。原来还有地理类条目，因孙关龙先生是学习地理专业的，我提出由他本人拟订，他同意另找地理学科的责任编辑完成。邓茂先生调全书编辑部后，孙关龙先生曾表示要委托邓茂先生设计。2000年，吕建华先生接任编辑部主任，经他同意，由我和李西琴先生合作，继续进行这项工作。同年完成了编写提纲初稿，在征求有关学科责任编辑意见的基础上作了修改，呈交编辑部领导审查后获得批准。但孙关龙先生认为地理类条目的编写提纲尚未拟出，一直不同意刊印，投稿给《探讨》也未能刊登，作为《全书》第二版“编写体例”的补充文件，这份材料始终未能同大家见面。时隔7年，此次将它收入个人论文集，意在作为编纂《全书》第二版时的一份资料予以保存。现照录如下。

人物、史事、实物类条目的编写提纲

一、说明

此次呈交的条目分类编写提纲，包括人物、史事、实物三个部分，分别将情况说明如下：

（一）人物条目编写提纲

《全书》第二版“编写体例”中已有人物条目编写提纲，这次拟订，是对人物条目细分种类，使它们具体化。共分为“一般人物条目”“传记式人物条目”“特类人物条目”三大类。其中一般人物类下，除有反映共性要求的一般编写提纲外，还再细分为政治家和社会活动家、革命家和人民运动（包括起义）领袖、思想家、军事家、科学家和学者、发明家和工匠、实业家、艺术家、事业性人物、运动员、宗教人物、英雄模范人物、综合类人物13类，每一类都列出本类人物在活动、贡献和影响方面的具体撰写要求。传记式人物类中没有再分类，只说明本类条目在一般人物条目编写提纲的基础上需要增添哪些特殊内容。特类包括“帝王”“后妃”“神话人物”“文学作品人物”“反面人物”5类，每一类都完整地列出本类条目所包含的内容项目。在《全书》第一版按学科和知识门类分卷时，有些人物的条目在不同卷里曾重复出现（如“郭沫若”），因为这些人物参与了几个领域的活动并作出贡献。但《全书》第二版要打通所有学科和门类统一编排，介绍他们的条目在全书中每人只允许出现一次，因此这次在一般人物条目的编写提纲中，注明对人物的活动和贡献需作跨领域的全面介绍，目的是防止在撰写这一类人物的条目时，因稿件由一个学科负责，而把他们在其他领域进行活动和作出贡献的情况漏掉。出于同样的考虑，对于特类人物中的古代帝王，除要求介绍武功、治绩外，还要求说明其他方面的才能和成就（如李后主、宋徽宗）。这样规定，是为了让第二版的人物条目具有综合性，符合综合性百科全书中人物条目撰写的要求。

（二）史事条目编写提纲

《全书》第二版“编写体例”中有事件条目编写提纲。但事件是指时间历程比较短暂，内涵比较单纯的大事，如南昌起义、九一八事变、中途岛海战等，无法包括时间跨度长，内涵复杂的大事，像法国大革命、抗日战争、第二次世界大战等。因此如果以事件立类，所涵盖条目的范围将受到局限。所以这次用“史事”替代“事件”，以便将所有的历史大事都包括进来。通过对《全书》第一版的调查可知，“史事”包括的种类非常之多，就其中的事件而言，大凡起义、罢工、政变、事变、惨案、审判、战役、战斗等均可包括于其中。时间跨度长、内涵复杂的历史大事也可以划分为若干种，例如革命、战争、运动（如启蒙运动）、社会改革（如改革开放）等。考虑到不同种类的史事有不完全相同的内涵，仅以单一的编写提纲去规范撰写会失之笼统，故这次改变以往只列单一的事件条目编写提纲的做法，将史事条目划分种类，分类拟订提纲，力求在共同要求之外找出不同种类之间的差别。例如：革命条目要求介绍引发革命的深层次社会原因，起义和罢工条目只要求一般性地说明事件爆发的缘由。惨案条目要求介绍暴行方式、受害人数，以及对责任人的审判和惩罚；审判条目则要求说明法律依据、受审人罪行，以及本次审判的法律特点。战争是总体性的，不但要介绍双方的兵力和装备，重要战争还需介绍经济和科技潜力，政治形势和结盟关系；而战役和战斗是局部性和具体的，在背景和影响之外，只要求对军事行动本身作出交代。正因为不同种类史事的内涵千差万别，对它们按种类拟订条目编写提纲，把每一类应包含的内容交代具体，将有助于更好地规范条目的撰写。

（三）实物条目编写提纲

《全书》第一版“编写体例”中没有实物条目编写提纲，第二版“编写体例”新增加了这一类型。根据《现代汉语学习词典》和《新编古今汉语大词典》中的解释，“实物”是指“现实存在的具体物体”，“真实的、具体的东西”。以此释义统观现实世界，实物的种类相当繁多。在《全书》第二版选条阶段已收录的条目当中，实物条目也可以区分为多种。因此这次细加分辨，共选择了34类实物拟订条目编写提纲，把每一类条目应包含的内容都交代具体。与一部分人物条目具有跨学科的综合性一样，有些种类的实物条目也具有多学科性质，在拟订提纲时，力求反映出它们的这一特点。不少种类的实物所涉及的内容专业性强，拟订提纲时力求贯彻非专业化原则，做到面向普通读者。还有一些种类的实物牵涉到同人们生活有关的知识，对它们则遵循实用性原则，在提纲中适量添加实用方面的内容要素。

反映多学科要求的例子如：冷兵器条目在《全书》第一版《军事》卷中仅写了兵器方面的内容，《体育》卷中仅作为武术器械来介绍，此次的编写提纲把两方面内容综合在一起，并按文化人类学的要求，补入了狩猎工具方面的内容。其他如金属、非金属化学元素条目要求兼顾化学、冶金、材料、地理和医疗保健等学科、门类的需要，服装、食品条目要求包括轻工、民族、民俗、家政等方面的内容，中药材条目要求包含中国传统医学、生物、地质、民俗、家政等方面的知识，古建筑条目要求综合考古、文物、建筑、美术、宗教、土木工程等方面的要素等。

贯彻非专业化原则的例子如：《全书》第一版工程技术学科实物类条目的释文有不少偏于专业化，此次删减或淡化了过专的内容。典型的如机械条目，在第一版中包含了“详细构造”“主要技术参数”“技术性能指标”“工作过程”“操作方式”“安全事项”等多项与专业应用有关的项目，明显是在为工程技术人员撰写。此次的编写提纲中对它们作了大量删减，仅要求简述所介绍机械主要部件的构造。其他如电子元器件条目、服装条目、纺织品条目、机械运输工具条目、化肥条目等，在第一版中亦多包含偏专的内容项目，此次均酌情作了删减。此外，第一版乐器条目有不少写构造过详，并介绍调音方法和演奏手法等专业应用知识，同时大量罗列代表性曲目和著名演奏家等，此次亦作了简化。

实用性内容在《全书》第一版的条目释文中十分少见，这次主要参照《简明不列颠百科全书》作了适量补充。例如对行星条目要求说明肉眼观察的可见时间和方位，金属和非金属化学元素条目要求说明在动植物中的含量，对人体的生理作用及人体补充的渠道，食品条目要求简介营养价值，家用电器条目要求简述保养要点和著名品牌，化工日用品条目要求说明实用价值和艺术价值，土壤类型条目要求介绍流失防治等环保知识，古代和现代建筑物条目要求说明人文景观价值和旅游观光价值等。但因考虑到《全书》是知识性工具书而非手册，在方剂条目的编写提纲中，未拟入第一版释文中原有的“使用剂量”，目的是避免承担医疗责任。

二、编写提纲

三部分条目的分类编写提纲列出如下：

（一）人物条目编写提纲

一般人物条目

1. 一般提纲

（1）定性语或定义；

（2）又名、字、号；

（3）国籍，时代，生卒年、月、日，籍贯或出生地，民族，出身和世系（必要时）；

（4）主要学历，学位、功名、学衔、职称、爵位、官衔、军衔、称号，党派（如无特殊需要，此项可区分条目的具体情况择要介绍，如特短人物条目只说明有特殊意义的身份，其余省略，政治人物和社会活动家条目需写明在政党中的职务，加入政党的时间等）；

（5）主要经历和活动（包括在参与过活动的各个领域的情况）；

（6）成就（含主要著述）、影响和所获奖励（包括在作出过贡献的各个领域中的情况）；

（7）客观评价。

2. 不同类型人物在活动、成就、影响方面的具体要求

（1）政治家和社会活动家

主要政治和社会活动，政治主张，对国家和社会（含国际社会）的贡献和影响。如是同中国有友好往来的外国元首、领导人和社会活动家，需说明在和中国发展友好关系方面的贡献及访华次数。

（2）革命家和人民运动（包括起义）领袖

原来的身份和职业，主要革命活动和主张，在推动社会前进或争取民族独立方面的贡献，在历史上的地位及对后世的影响。

（3）思想家

主要学术和社会活动，基本思想和理论建树，在思想史上的地位和影响。

（4）军事家

主要军事活动和军事思想，建立的战功，在军事史上的地位和影响。

（5）科学家和学者

主要科学和学术活动，重大科学发现，重要学术思想和学术成就，所属学派，在科学和学术史上的地位和影响。

（6）发明家和工匠

主要发明或技术创造，学术成果，在科技史或工艺史上的地位和影响。

（7）实业家

在创办实业方面的主要活动及成就，经营管理思想及其特点，对社会经济发展所作出的贡献。

（8）艺术家（含文学家）

主要艺术活动和作品，艺术思想和艺术成就，所属流派，在艺术史上的地位和影响。

（9）事业性人物（记者、医生、工程师、律师、编辑、出版家、教练员、探险家、旅行家等）

在所从事的事业方面的主要活动，业绩和学术成果，在所参与领域中的地位和影响。

（10）运动员

所从事的体育运动项目，所参与的获得奖项的重要比赛及名次和成绩，在运动项目发展中的建树，为国家争得的荣誉（限于贡献特殊的中国运动员）。

（11）宗教人物

主要宗教活动，宗教思想和宗教学术成就，所属教派，在宗教史上的地位和影响。

（12）英雄模范人物

主要英雄模范事迹，作为学习典范所产生的社会影响。

（13）综合性人物

对相关的各人物类型条目中的内容适当地加以综合。

传记式人物条目

在一般人物条目编写提纲的基础上增加以下内容：

（1）成长背景，奋斗经历；

（2）气质、性格、爱好、情操；

（3）恋爱、婚姻和家庭；

（4）待人接物及同朋友的交往；

（5）退隐后或晚年的生活；

（6）埋葬地点；

（7）生卒纪念日，描写传主生平的著名传记作品，以传主命名的地点和事物，为传主修建的纪念馆、纪念建筑物和著名纪念雕像。

特类人物条目

1. 古代帝王条目

（1）定性语或定义；

（2）姓名、又名；

（3）国别和朝代；

（4）生卒年、月、日，籍贯或出生地，世系；

（5）登基和在位时间，谥号、庙号、用过的年号，称号（外国）；

（6）登基经过（限于开国或篡位的帝王，或在继承帝位、王位过程中有曲折经历的帝王）；

（7）主要活动和武功、治绩，谋略和用人之道，暴政和恶行（暴君或亡国之君）；

（8）其他方面的才能和成就；

（9）结局（亡国或被篡位的帝王）；

（10）历史地位和影响；

（11）陵墓所在地；

（12）描写、刻画此帝王的著名文学艺术作品（如《长恨歌》）。

2. 古代后妃条目

（1）定性语或定义；

（2）姓名、又名，作为后妃的名号；

（3）国别和朝代；

（4）生卒年、月、日，籍贯或出生地，世系；

（5）成为后妃的简要经过，在后宫争宠夺位的经历（如有必要）；

（6）主要的从政活动和武功、治绩，或给朝政造成的影响；

（7）历史地位和影响；

（8）陵墓所在地；

（9）描写、刻画此后妃的著名文学艺术作品。

3. 神话人物条目（如“阿波罗”“女娲”）

（1）定性语或定义；

（2）又名；

（3）所属神话系统或宗教，受崇拜的时代和地区（或民族），传说中所掌管的自然和人间事务，在其他系统神话或其他宗教中相对应的人物；

（4）产生的时代背景，最早出现此神话人物的记载或传说；

（5）传说中的世系、出生故事和事迹，在不同时代、不同地区（或民族）传说中的变异；

（6）传说中的埋葬地点；

（7）描写、刻画此神话人物的著名文学艺术作品。

4. 文学作品人物条目（如“于连”“贾宝玉”）

（1）定性语或定义；

（2）又名；

（3）见于何人所著的哪一部文学作品；

（4）在作品中的身份和命运，人物形象的塑造及其艺术特点；

（5）时代和社会意义。

5. 反面人物条目（奸臣、法西斯和军国主义头子、战犯、汉奸、特务、邪教首领、恐怖组织头目、黑社会人物等）

（1）定性语或定义；

（2）又名、字、号；

（3）国籍，时代或朝代，生卒年、月、日，籍贯或出生地，民族，出身和世系；

（4）最高学历或功名，主要头衔，参加的党派、组织，重要职务或身份；

（5）发迹史，主要政治和社会活动，恶行、所犯罪行及其危害（若做过有益的事情，可客观介绍）；

（6）下场（包括受到的审判和接受的刑罚）；

（7）客观评价。

（二）史事条目编写提纲

1. 革命条目（属于历史学科，如“法国大革命”“辛亥革命”）

（1）定义或定性语；

（2）名称来源，又名；

（3）发生的时间和地点，主要的参与力量（阶级、阶层、社会集团）和领导者（政党、领袖）；

（4）革命的社会条件和准备情况；

（5）革命的目标，纲领和口号；

（6）爆发和进程，波及的地区和引起的反响；

（7）革命的性质；

（8）结果、意义和影响，成功或失败的原因；

（9）有关的纪念馆或纪念建筑物，描写此段历史的著名文学艺术作品。

2. 起义、罢工条目（属于历史学科，如“南昌起义”“省港大罢工”）

（1）定义或定性语；

（2）名称来源，又名；

（3）发生的时间和地点，参与和领导者；

（4）原因和导火线；

（5）起义或罢工的目的和要求；

（6）过程和规模，波及的地区和引起的反响；

（7）结果、意义和影响，成功或失败的原因；

（8）有关的纪念馆和纪念建筑物，描写此事件的著名文学艺术作品。

3. 运动条目（涉及历史、文学艺术、宗教等学科和门类，包括革命运动、思想文化运动、民族解放运动、宗教运动等，如“启蒙运动”“一二•九运动”）

（1）定义或定性语；

（2）名称来源，又名；

（3）发生的时间和地点，发起和组织者（或代表人物）；

（4）社会背景及原因；

（5）运动的目标，口号、纲领、要求或主张，运动所采取的方式；

（6）凭借的组织，主要宣传工具（报刊等），启蒙或鼓吹运动主张的重要著作；

（7）历史进程；

（8）运动的性质；

（9）结果，意义和影响，成功或失败的原因；

（10）有关的纪念馆或纪念建筑物，反映了此段历史的著名文学艺术作品。

4. 社会改革条目（属于历史学科，包括变法、革新、维新、新政、改制等，如“王安石变法”“明治维新”“改革开放”）

（1）定义或定性语；

（2）名称来源，又名；

（3）发生的时间和地点，主持或倡导者；

（4）社会背景；

（5）改革的目标，过程和内容；

（6）改革的性质；

（7）结果，意义和影响，成功或失败的原因；

（8）反映了此段历史的著名文学艺术作品。

5. 政变条目（属于历史学科，如“甲申政变”“辛酉政变”）

（1）定义或定性语；

（2）名称来源，又名；

（3）发生的时间和地点，发动者及要推翻的对象；

（4）背景及起因；

（5）政变的纲领，手段（军事的或政治的）和过程；

（6）政变的性质；

（7）结局和影响；

（8）描写此事件的著名文学艺术作品。

6. 内乱条目（属于历史学科，如“八王之乱”“安史之乱”）

（1）定义或定性语；

（2）名称来源，又名；

（3）发生的时间和地点，制造和参与者；

（4）原因和导火线；

（5）内乱的过程；

（6）结局和破坏性影响；

（7）描写此段历史的著名文学艺术作品。

7. 事变条目（属于历史学科，如“七七事变”“西安事变”）

（1）定义或定性语；

（2）名称来源，又名；

（3）发生的时间和地点，发动或制造者及其目的；

（4）背景和直接起因；

（5）事变的过程；

（6）结局和影响；

（7）有关的纪念馆和纪念建筑物，描写此事件的著名文学艺术作品。

8. 惨案条目（属于历史学科，如“五卅惨案”“南京大屠杀”）

（1）定义或定性语；

（2）名称来源，又名；

（3）发生的时间和地点，惨案的制造者及其目的，受害的对象；

（4）惨案的经过和施暴方式，受害者人数；

（5）激起的反抗；

（6）结局，对责任人的审判和惩罚（如有）；

（7）有关的纪念馆和纪念建筑物，作为历史见证的珍贵文献，描写此段历史的著名文学艺术作品。

9. 审判条目（涉及历史、法律、军事等学科和门类，如“东京审判”“审判四人帮”）

（1）定义或定性语；

（2）名称来源，又名；

（3）举行的时间和地点，审判机关和受审者；

（4）历史背景；

（5）审判的法律依据和受审者的罪行；

（6）审判的方式、经过及法律特点（最后一项简述）；

（7）判决及执行情况；

（8）在政治和法律上的意义；

（9）表现此段历史的著名文学艺术作品。

10. 战争条目（涉及历史、军事等学科和门类，如“希波战争”“第二次世界大战”）

（1）定义或定性语；

（2）名称来源，又名；

（3）起止时间和交战地区，交战双方及交战目的；

（4）起因或背景，导火线；

（5）战争双方的兵力和技术装备（重要战争介绍经济和科技潜力），战略方针，最高统帅和指挥系统；

（6）战争的进程及重要战役，正义战争中人民群众的参与和游击活动；

（7）战争中政治形势的变化，结盟关系的发展；

（8）结局，伤亡人数，历史作用和造成的破坏；

（9）在军事史上的地位，先进作战方式和先进武器的运用对本次战争的影响；

（10）专门记载本次战争的重要历史文献（包括古器物铭文和碑刻），有关的纪念馆和纪念建筑物，反映了此段历史的著名文学艺术作品。

11. 战役、战斗条目（涉及军事、历史等学科和门类，如“斯大林格勒战役”“平型关战斗”）

（1）定义或定性语；

（2）名称来源，又名；

（3）时间和地点，作战双方及指挥官；

（4）战役或战斗发生时的战争总体形势，发起前双方的兵力和作战态势；

（5）战役或战斗的过程，双方的作战方针和具体战法（包括对地形、海域和天气条件的利用），先进武器的使用；

（6）结局，战果或双方的损失；

（7）对整个战争进程的影响，在军事史上的地位；

（8）有关的纪念馆和纪念建筑物，反映了此段历史的著名文学艺术作品。

（三）实物条目编写提纲

1. 星座条目（属于天文学科，如“大熊座”“猎户座”）

（1）定义或定性语；

（2）名称来源，又名，有关的神话传说；

（3）同地球的距离，可见时间和方位，视觉外形；

（4）星数，最亮的星及其他星等；

（5）相关的重要星系及天体；

（6）在古代同人类生产、生活的关系。

2. 行星条目（属于天文学科，如“金星”“土星”）

（1）定义或定性语；

（2）古代在中国和西方的名称，有关的神话传说；

（3）在太阳系中的位置，排行大小；

（4）观测、发现和探测简史；

（5）同地球的距离，可见时间和方位；

（6）一般状况（亮度、颜色、质量、体积、表面状况等）；

（7）自转和公转；

（8）质态、内部结构和大气状况；

（9）磁场和辐射；

（10）卫星和光环。

3. 矿物条目（属于地质学科，如“赤铁矿”“辉锑矿”）

（1）定义或定性语；

（2）名称来源，又名；

（3）晶形和集合体形状；

（4）物理特性（颜色、光泽、硬度、密度、放射性、延展性、导电导热或绝缘绝热性、耐腐蚀或耐压性等）；

（5）化学特性（化学成分、组成等）；

（6）成因，产状，共生伴生矿物；

（7）发现和利用的历史，用途、价值及利用情况；

（8）分布及著名产地。

4. 岩石条目（涉及地质、土木工程等学科，如“玄武岩”“角斑岩”）

（1）定义或定性语；

（2）名称来源，又名；

（3）岩石特征（颜色、结构等）；

（4）矿物成分和化学成分；

（5）成因，产状，分布；

（6）主要类型；

（7）用途。

5. 建材类岩石条目（涉及地质、土木工程等学科，如“大理石”）

（1）定义或定性语；

（2）名称来源，又名；

（3）岩石特征（颜色、纹理、结构、性能等）；

（4）矿物成分和化学成分；

（5）成因，产状；

（6）主要类型；

（7）用途和经济价值；

（8）开采和加工方式（均简述）；

（9）著名产地。

6. 金属和非金属化学元素条目（涉及化学、冶金、材料、地理、医疗保健等学科，如“金”“硅”）

（1）定义或定性语，化学符号；

（2）名称来源；

（3）发现简史；

（4）在自然界存在的状态；

（5）理化性质；

（6）同位素和化合物；

（7）在动植物中的含量，对人体的生理作用，人体补充的渠道，毒性；

（8）资源状况；

（9）制取和生产的方法（均简述）；

（10）用途和经济价值。

7. 化合物条目（涉及化学、化工等学科，如“甲醛”“六六六”）

（1）定义或定性语，化学式或结构式；

（2）名称来源，又名；

（3）天然存在的状态；

（4）何时发现、发明和应用（重要者介绍简史）；

（5）原料和生产方法（后者简述）；

（6）理化性质，毒性，在工农业生产和生活中的主要用途，经济价值；

（7）主要生产国，世界和中国的最新年产量（均限于重要者）。

8. 中药材条目（涉及中医、生物、地质、家政、民俗等学科，如“大黄”“滑石”）

（1）定性语或定义；

（2）名称来源，又名，始载药典；

（3）取自什么种属、什么科的动植物的哪一部分（若是植物需说明植株的原生形态），或什么种类的矿物（说明化学成分）；

（4）产地和制法（后者于必要时简述）；

（5）性味和药用功能；

（6）成分和药理（均简述）；

（7）应用和禁忌（均简述）；

（8）药用以外的其他用途（例如用作食物、香料或具有特殊民俗用途等）；

（9）经济价值。

9. 方剂条目（属于中医学科，如“防风通圣丸”“橘红丸”）

（1）定义或定性语；

（2）剂方来源及名称解释；

（3）药物组成；

（4）功能、用法及适应症。

10. 土壤类型条目（涉及农业、地理、环保等学科和门类，如“红壤”“黑钙土”）

（1）定义或定性语；

（2）名称来源，又名；

（3）形成和性状；

（4）地理分布；

（5）类型；

（6）适合栽种的林木和作物；

（7）利用及流失、保护、改良情况。

11. 化学肥料条目（涉及农业、化工、环保等学科和门类，如“磷肥”“尿素”）

（1）定义或定性语；

（2）名称来源，又名或全称；

（3）何时发明和应用（重要者介绍简史）；

（4）原料和制取方法（后者简述）；

（5）分类和功能；

（6）合理施用的方法（简述）；

（7）对环境的影响及保护措施；

（8）主要生产国，世界和中国的最新年产量（均限于重要者）。

12. 机械条目（涉及机械、电力、交通、农业、矿冶、土木工程、

纺织等学科和门类，包括机床、搬运机械、农业机械、矿山机械、建筑机械、纺织机械等）

（1）定义或定性语；

（2）名称来源，又名；

（3）何时发明和应用（重要者介绍简史，交代发明人）；

（4）工作原理和主要部件；

（5）用途，在生产中的作用及应用情况；

（6）主要类型（简述）。

13. 仪表条目（涉及机械、电工、自动控制等学科和门类，如“色谱仪”）

（1）定义或定性语；

（2）名称来源，又名；

（3）何时发明（重要者介绍简史）；

（4）主要原理；

（5）功能及应用范围；

（6）主要类型（简述）。

14. 工具条目（现代工业工具，涉及机械、电工等学科和门类，如“卡尺”）

（1）定义或定性语；

（2）名称来源，又名；

（3）何时发明；

（4）构造和用途；

（5）主要类型（简述）。

15. 电子元器件条目（涉及电工、电子、自动控制等学科，如“晶体管”）

（1）定义或定性语；

（2）名称来源，又名；

（3）何时发明（重要者交代发明人）；

（4）材料、构造及原理；

（5）功能及应用范围（重要者介绍发明的意义）；

（6）主要生产国，世界和中国的最新年产量（均限于重要者，如“芯片”）。

16. 服装、鞋帽、服饰件条目（涉及轻工、民族、民俗、家政等学科和门类，如“旗袍”“蒙古靴”“领带”）

（1）定义或定性语；

（2）名称来源，又名；

（3）流行的地区和民族，着装者的性别和年龄，着装的场合和民俗含义；

（4）出现、流行和消失的年代，演变过程，当代是否仍有穿着；

（5）质料，式样，花色；

（6）特殊着装方式；

（7）不同民族的特殊式样（婚服、丧服一类带综述性的主题）；

（8）实用和美学评价。

17. 食品条目（涉及轻工、民族、民俗、家政等学科和门类，包括主食、副食、糕点、饮料等）

（1）定义或定性语；

（2）名称来源，又名；

（3）流行的地区和民族，食用的方式和民俗含义；

（4）出现、流行的年代，演变的过程；

（5）原料，成分，营养价值；

（6）制作的原理和方法（后者简述）；

（7）种类或式系；

（8）著名产地和代表性品牌（均限于重要的种类，后一项只介绍知名度极高的品牌）。

18. 家用电器条目（涉及家政、轻工等学科和门类，如“电冰箱”“空调机”）

（1）定义或定性语；

（2）名称来源，又名；

（3）何时发明（重要者介绍简史，交代发明人）；

（4）主要结构和工作原理；

（5）用途和实用价值（必要时介绍本发明的意义）；

（6）主要类型（简述）；

（7）保养要点（简述）；

（8）主要生产国，著名厂家和代表性品牌（均限于重要的种类，后两项只介绍知名度极高的厂家和品牌）；

（9）产品发展趋势。

19. 化工日用品条目（涉及轻工、化工、家政等学科和门类，包括玻璃器、陶瓷器、洗涤剂、化妆品等）

（1）定义或定性语；

（2）名称来源，又名；

（3）何时发明（重要者介绍简史）；

（4）原材料，化学成分，制作工艺（简述）；

（5）性能，用途，实用和艺术价值（必要时介绍本发明的意义）；

（6）种类；

（7）著名产地和代表性品牌（均限于重要的种类，后一项只介绍知名度极高的品牌）。

20. 纺织品条目（涉及纺织、轻工等学科和门类，如“府绸”“华达呢”）

（1）定义或定性语；

（2）名称来源，又名；

（3）何时发明（重要者介绍简史）；

（4）原料，结构，质地，花色；

（5）性能和用途；

（6）保养要点（简述）；

（7）品种和著名产地（必要时）。

21. 工艺品条目（涉及轻工、美术等学科和门类，如“竹编”“景泰蓝”）

（1）定义或定性语；

（2）名称来源，又名；

（3）起源和发展（简述）；

（4）质料，制作工艺（简述），品种；

（5）著名产地，代表性艺人及代表性作品（后两项限于最有代表性的工艺品）；

（6）实用、艺术和外贸价值。

22. 机械运输工具条目（涉及交通、航空航天、机械等学科和门类，如“汽车”“飞机”）

（1）定义或定性语；

（2）名称来源，又名；

（3）何时发明和应用（重要者介绍简史，交代发明人）；

（4）燃料和动力装置，推进原理；

（5）主要构造；

（6）性能和应用范围，在社会经济和日常生活中的作用（重要者介绍发明的意义）；

（7）主要种类，代表性品牌（限于重要种类中知名度极高的品牌）；

（8）保养要点（必要时简述，如汽车）；

（9）主要生产国，世界和中国的最新年产量（均限于重要的种类）；

（10）产品发展趋势。

23. 铁路公路干线条目（涉及交通、地理、经济等学科和门类，如“京广铁路”“京津塘高速公路”）

（1）定义或定性语；

（2）起止，全长；

（3）名称来源，又名；

（4）修建年代（重要者介绍修建史，必要时交代设计者）；

（5）纵贯的地区，途经的主要城市，连接的主要交通干线和港口；

（6）修建和续建改造时的工程简况（重要者）；

（7）运送的主要货物，一般运输量；

（8）在加强地区（或国际）交流、促进经济发展方面的作用。

24. 桥梁条目（涉及交通、土木工程、文物、民俗等学科和门类，如“赵州桥”“钱塘江大桥”“程阳风雨桥”）

（1）定义或定性语；

（2）名称来源，又名；

（3）地点和建造年代，设计者（必要时）；

（4）材质，所属类型，结构；

（5）外形和长宽、跨度、孔数；

（6）主要工艺特色，民俗特点（如有）；

（7）在同类桥梁中的排名，在桥梁建筑史上的地位；

（8）在交通运输和经济发展方面的作用；

（9）文物保护级别（限于世界级和国家级的文物保护项目）。

25. 古代建筑物条目（涉及考古、文物、建筑、美术、土木工程、旅游、宗教、民俗等学科和门类，如“凡尔赛宫”“永乐宫”“增冲鼓楼”）

（1）定义或定性语；

（2）名称来源，又名；

（3）地点和修建年代（必要时简述修建缘由和过程，交代设计者），原来和当前的用途；

（4）有关的历史情况和掌故（宗教建筑物在必要时说明所属教派和建筑物的宗教地位）；

（5）环境，布局（建筑群），规模，外形，风格和艺术特色，民俗特点（如有）；

（6）结构特点及性能（均简述）；

（7）建筑物内外的遗迹、遗物（如壁画、塑像、碑刻）；

（8）在建筑史上的地位和影响；

（9）人文景观价值和旅游观光价值，文物保护级别（包括世界级和国家级的文物保护项目）。

26. 现代建筑物条目（涉及建筑、美术、土木工程、旅游等学科和门类，如“悉尼歌剧院”“民族文化宫”）

（1）定义或定性语；

（2）名称来源，又名；

（3）地点和修建年代（必要时简述修建缘由，交代设计者），原来和当前的用途；

（4）环境，布局（建筑群），规模，外形，风格和艺术特色；

（5）结构特点及性能，建筑物功能（均简述）；

（6）在建筑史上的地位和影响；

（7）人文景观价值和旅游观光价值。

27. 纪念建筑物条目（涉及文物、建筑、美术等学科和门类，如“杜甫草堂”“雨花台烈士陵园”“人民英雄纪念碑”）

（1）定义或定性语；

（2）名称来源，又名；

（3）地点，决定修建的部门和修建年代，纪念的内容；

（4）环境，建筑物一般状况（包括布局、规模、建筑物形式、纪念性雕塑、附属设施等）；

（5）人文景观价值，利用情况（包括成为革命传统教育基地、旅游景点等），文物保护级别（限于世界级和国家级的文物保护项目）。

28. 乐器条目（涉及音乐、戏曲、民俗等学科和门类，如“钢琴”“二胡”“锣鼓”）

（1）定义或定性语；

（2）名称来源，又名；

（3）出现的地区和年代，流行的地区，演变过程；

（4）材质，构造（简述），奏鸣方式；

（5）音色，性能和适用范围，在乐队中的作用，民俗功能（如有）；

（6）此种乐器的代表性演奏家和代表性曲目（必要时介绍）。

29. 冷兵器兼武术器械条目（涉及军事、体育、文化人类学等学科和门类，如“弓箭”“矛”）

（1）定义或定性语；

（2）名称来源，又名；

（3）出现的年代和流行的地区，演变过程；

（4）富有特色的类型；

（5）作为狩猎工具在人类经济生活中起过的作用；

（6）作为兵器在战斗中的功能和用法，配备于什么兵种；

（7）作为武术器械的使用方法和演练套路（后者简述）。

30. 近现代兵器条目（属于军事门类，如“来复枪”“机枪”）

（1）定义或定性语；

（2）名称来源，又名；

（3）发明的年代和国家，自身的演变兴衰，出现后对战争的影响；

（4）基本构造和种类；

（5）性能和杀伤力，在战斗中的作用，配备于什么军兵种；

（6）发展趋势。

31. 技术兵器条目（属于军事门类，如“坦克”“航空母舰”“歼击机”）

（1）定义或定性语；

（2）名称来源，又名；

（3）发明的年代和国家，自身的演变兴衰，出现后对战争的影响；

（4）主要性能和威力，配置的武器和其他装备，长宽或长高、翼展，重量或排水量，发动机功率和速度；

（5）乘员人数；

（6）基本构造（简述）和种类；

（7）在战争中的运用及发挥的作用，配备于什么军兵种；

（8）现状，先进型号，代表性个体（限于知名度高的战舰）；

（9）发展趋势。

32. 石窟条目（涉及考古、文物、美术、宗教、旅游等学科和门类，如“阿旃陀石窟”“云冈石窟”）

（1）定义或定性语；

（2）名称来源，又名；

（3）地点和发现年代；

（4）始建和续建年代（重要者简述建造的缘由和经过，有关的历史掌故），有重要价值的题记；

（5）规模，窟龛分布，现存情况；

（6）窟龛结构（简述），塑像、壁画的题材和艺术特色，题材所反映的宗教观念及其所属的宗教派别；

（7）同其他石窟的继承或相互影响关系；

（8）艺术、历史和考古文物价值；

（9）人文景观和旅游价值，文物保护级别（限于世界级和国家级的保护项目）。

33. 古器物条目（涉及考古、文物、美术、冶金等学科和门类，如“盂鼎”“长信宫灯”）

（1）定义或定性语；

（2）名称来源（必要时），又名；

（3）出土地点和年代，发现后流传的情况（限于传世品），目前的收藏地点；

（4）制作年代，作器者（必要时）；

（5）质地，尺寸和重量，器形和纹饰，制作水平和艺术风格；

（6）铭刻的主题或要点，书体；

（7）科学、艺术、历史和考古文物价值。

34. 碑刻条目（涉及考古、文物、美术等学科和门类，如“爨宝子碑”“熹平石经”）

（1）定义或定性语；

（2）名称来源（必要时），又名；

（3）所在地点和发现年代，目前的收藏地点；

（4）立碑人和书写人（后者限于名家），镌刻和立碑的年代；

（5）形制和尺寸，纹饰；

（6）碑文的主题或要点；

（7）碑文的书体，碑文书法的艺术风格及对后世的影响；

（8）艺术、历史和考古文物价值；

（9）文物保护级别（限于世界级和国家级的保护项目）。

本文完成于2007年。所录2000年呈交编辑部的材料，以及后来投给中国大百科全书出版社内部刊物《探讨》的稿件，均由胡人瑞执笔，与李西琴共同署名

确定宗旨　指导编纂
——记“《中国大百科全书》（第二版）总体设计纲要”在最初起草阶段对《全书》原“编辑方针”所作补充和修改

1995年春，《中国大百科全书》（以下简称《全书》）第二版的编纂工作进入设计准备阶段，全书编辑部（当时称二版编辑部）开始讨论和起草这部书的“编辑方针”。此时，正值编辑部主任孙关龙先生去党校学习，副主任韩知更先生领导这项工作，他安排我执笔这一文件的起草。文件在《全书》原“编辑方针”的基础上拟订，起草经历了草稿、初稿和二稿3个阶段，与之对应，部里先后组织了3次讨论。在草稿和初稿之间，于瑞玺先生还另外起草过一份稿子，部分内容后来被吸收进初稿之中。至二稿产生，文件基本上搭起了框架。此时孙关龙先生学习结束，以后稿子便移交给他，文件的完善工作由他主持。三稿（产生时被称作初稿，后来一直沿袭）拟出之后，文件改名为“总体设计方案”，首次呈交社里审查。1996年，文件又改称“总体设计纲要”，此名称一直沿用至今。1998年，《全书》第二版编纂学术咨询委员会曾对此文件进行讨论。1999年，经过社领导审批，文件正式刊印。1995年春起草这一文件时，梅老的文章《关于〈全书〉第二版编辑工作几个重要问题的设想》已经发表，起草工作即在这一文章精神的指导下进行。在起草过程中，参考了《全书（简明版）》的体例文件，并借鉴了国外几部著名综合性百科全书的编纂经验。时至今日，距离此文件最初起草已有12年。本文所记，即最初起草文件时对《全书》原“编辑方针”作了哪些补充和修改。作为对历史情况的一种追记，本文不脱离当时的实际情况，仍把所起草的文件称为《全书》第二版“编辑方针”。以下为补充和修改的具体情况。

一、完善“编辑方针”指导作用方面的补充

百科全书的“编辑方针”（或称“编纂方针”）是指导全书编纂的准则，它的内容应当涵盖全书编纂的各个大的方面：不但确定全书的性质和编纂宗旨，规定全书的面貌，而且确定全书编纂工作的体制、编写组织的形式、编纂工作的程序和管理方式；不仅提出全书社会效益方面的目标，而且在同经济效益和读者需求有关的版本问题上作出规定。然而《全书》原“编辑方针”的覆盖面不全，只讲了《全书》性质、编纂宗旨和面貌方面的问题，对全书的编纂难以起到全面的指导作用。另外，如果从全书总体设计的角度考虑，“编辑方针”应当是全书总体设计时制定的各种文件的总要，而《全书》原“编辑方针”因内容不全，不具备总要性质。有鉴于此，起草第二版“编辑方针”时首先考虑的是补充内容缺项，完善对全书编纂的指导作用，并使这一文件具有总体设计各种文件“总要”的性质。因此在起草过程中补充条款，增加了编纂工作体制、编写组织形式、编纂工作程序和管理方式，以及版本等方面的内容。正是因为作了上述补充，使“编辑方针”大体上能对其他各种总体设计文件起统摄作用，所以后来按孙关龙先生的提议，将此文件改名为“《中国大百科全书（第二版）》总体设计纲要”。

二、关于第二版同第一版关系的补充

作为《全书》第二版的“编辑方针”，必须明确第二版同第一版的关系。因此起草时在文件中开门见山，写上了“《中国大百科全书》第二版是第一版的修订重编版”一句，这在《全书》原“编辑方针”中自然是没有的。其中所说的“修订重编”中的“修订”，表明第二版不是抛开第一版另起炉灶，而是要以第一版为基础进行改造。“重编”则说明，这种修订不是一般性的修改和补充，而是要作类似于新编的大的改

动。众所周知，第二版同第一版是一种继承改造关系：它要在全面总结第一版经验教训、得失利弊的基础上，通过借鉴国内外编纂百科全书的有益经验，在质量上有一个大的提高。要放弃第一版按学科、知识门类分卷的编法，改为将所有学科、门类的条目按条头汉语拼音音序统一编排。在保留第一版有价值的条目和资料的同时，要补齐第一版缺漏的学科、门类和重要条目，并选择最合适的知识分类法，重新构筑全书框架。要对各学科和门类进行综合平衡，在学科门类之间补漏删重，从而产生全书统一编制的新的条目总表。要纠正第一版中的错误和不当，加强内容的科学性，提高条目的规范化水平，并在介绍知识方面向普通读者靠拢。要根据科学文化的发展、国内外情况的变化，对全书的内容和资料进行增补和修改。还要按统编的要求重新编制全书的检索系统和附录。非常明显，“修订重编”的提法，恰如其分地表达了第二版同第一版的这种继承改造关系。所以在起草文件的过程中，当于瑞玺先生的稿子中使用了“修订重编”一语后，立即得到大家的认同，从而写进了文件初稿。由于表达得准确，“修订重编”这一提法在后来的各种文字表述中一直使用。

根据第二版和第一版的这种继承改造关系，在初稿中还曾写入：“《全书》第二版的编撰要充分利用第一版的成果，凡是可沿用的内容要予以保留，在第一版的基础上作增删和修改。”

三、《全书》性质表述方面的修改

《全书》原“编辑方针”中说，“中国大百科全书是大型综合性百科全书，是概述古今中外各学科和各知识门类的完备工具书”。这句话表达了《全书》的性质，但有可完善之处。第一，关于《全书》所介绍的对象，准确的提法应当是各个学科和门类的知识，而不是这些学科和门类本身。《全书》原“编辑方针”中的提法，重点落在了学科、门类的介绍上，同百科全书介绍科学文化知识的目标有距离。第二，百科全书收录学科和门类是按照今天的知识分类，有关古代的情况放在今天的学科和门类之中介绍，故把“古今”的学科和门类并列不够妥帖。另外，从总体上说，科学无国界，学科不分中外，所以“中外”学科、门类的分法也不够准确。因此“古今中外”的提法可以不用。第三，概述“各学科和各知识门类”是将各分项相加，并无错误，但不如从总体上表述，改为“概述人类科学文化知识”。因为：①无论是从知识的积累还是覆盖面方面考虑，“人类科学文化知识”这种总体上的表述，在语言色彩上更能让人产生知识总汇和包罗无遗的感觉，这同大型综合性百科全书所要求的知识宏博、内容全面更加吻合。②从总体上表述，强调了人类知识的整体性，从而突出了《全书》第二版的综合性。第一版按学科和门类分卷，第二版打通所有学科和门类统编，在“编辑方针”中突出综合性符合第二版的特点。除此之外，原“编辑方针”表达《全书》性质用了两个分句，似无必要。因为第二个分句中所说的“完备工具书”，是所有百科全书在功能方面的一种特点，同规定《全书》的性质并无关联，完全可以删去，从而可将两个分句并在一起。鉴于以上各点，在起草《全书》第二版“编辑方针”时，把对全书性质的表述，修改为“是概述人类科学文化知识的大型综合性百科全书”。

四、关于第二版目标和档次的补充

原“编辑方针”没有规定《全书》的目标和档次，起草第二版“编辑方针”时作了补充，说明《全书》第二版“是面向21世纪、代表国家水平的中国新一代大百科全书”。这句话包含3层含义：第一，在《全书》这部中国的大型百科全书的发展进程中，第二版属于新的一代，它的出版将具有更新换代的意义。作为新的一代，第二版在质量和水平上要比第一版有显著的提高。第二，在国内出版的众多百科全书中，《全书》第二版的档次属于国家级，代表了国家水平。这既包括，以百科全书的标准衡量，第二版的质量在国内百科全书中应当是最好的；还包括，第二版所介绍的内容，应当反映国家的科学文化发展水平。第三，编纂第二版恰逢世纪之交，编纂工作从一开始就要面向新的世纪。这一版应当充分反映科学文化的新发展，国内外的新变化，以满足 21 世纪读者的需要。以上这些就是梅老文章中所说的，“现在国内百科全书汗牛充栋，第二版必须强调质量，保证质量”，要编成“在 21 世纪初出版”，代表国家水平的“新一代的中国大百科全书”。毫无疑问，在“编辑方针”中明确第二版的档次、目标，对于保证第二版的编纂质量有重要意义。

五、《全书》编纂工作指导思想方面的补充

关于《全书》编纂工作的指导思想，原“编辑方针”中的提法是“以马克思主义、列宁主义、毛泽东思想为指导，坚持辩证唯物主义和历史唯物主义”。起草第二版“编辑方针”时，在“毛泽东思想”后面增加了“邓小平理论”一项。邓小平理论是当代中国的马克思主义，指导思想中写入邓小平理论，对第二版工作的指导将更加直接，更加切合现实，可保证第二版的工作不偏离正确方向。

六、《全书》中国特色和世界性问题上的补充和修改

《全书》原“编辑方针”提出，“《全书》要有中国的特点和风格，重视对我国历史文化遗产、科学技术成就和各方面情况的介绍”。提出这一要求完全正确，世界各国的百科全书都注意突出本国特点。编纂第一版时遵循了这一方针，在突出中国特点方面做得比较成功，梅老在关

于第一版的总结文章中曾给予肯定。第二版无疑要继承这方面的优点，因此起草第二版“编辑方针”时将这段话保留下来。但因为考虑到中国是一个多民族国家，56 个民族共同创造了中华民族的历史和文化，在谈中国特色问题时，有必要表达出多民族国家这一特点。所以在这段话中添加了内容，要求《全书》第二版重视对我国“各民族”历史文化遗产、科学技术成就和各方面情况的介绍。另外，在措辞上也作了改动，把“中国特点”改为“中国特色”。

在世界性方面，原“编辑方针”要求，“《全书》对世界各国和地区，不论其大小和政治制度如何，都应作适当的介绍”。这句话中所说的“适当”比较含糊，有很大的伸缩性，不容易掌握，也就是说，《全书》原“编辑方针”在这方面没有提出一种可用来掌握尺度的标准。从第一版的实际情况看，比较重视对第三世界国家的介绍，这同西方一些百科全书搞西方中心，缺少介绍第三世界国家的条目相比较，无疑是一种特色和优势。不过第一版有的卷存在拔高第三世界国家的现象，比较明显的例子是介绍朝鲜文学的条目数量过多。另外，介绍其他某些第三世界国家文学的条目也有选列偏多的现象。对于介绍第三世界以外的国家，有些卷也没有能够掌握好分寸。例如，东欧一些国家中没有达到世界级水平的博物馆被列了专条，西方某些不属于艺术大国的国家被列了艺术门类的国家综述条等。由于存在上述情况，编第二版时对于介绍世界各国和地区，提出一个公正、合理和便于掌握的标准就十分必要。因此在起草第二版“编辑方针”时，写入了对于世界各个国家和地区，不论大小和发展水平如何，都要按照它们“在人类文明发展史上的地位和贡献”予以客观介绍的规定。树立这样一个标准，当有助于贯彻客观、公正原则。不仅如此，经任意拔高而入选的事物缺乏重要性，即使收为条目，读者检索的概率也会很低；而根据在人类文明发展史上的地位和贡献进行介绍，所收录的事物一般是重要和有知名度的，检索的概率必然较高。这就是说，提出上述“地位和贡献”标准，除去符合客观、公正原则外，还同编纂百科工具书必须恪守检索率标准的要求相一致。

七、反映时代特点和介绍新知识方面的补充和修改

反映时代特点，介绍新的知识，历来是百科全书编者努力追求的目标。《全书》原“编辑方针”着重从反映新成就、介绍新知识的角度提出任务，要求《全书》“充分反映当代世界文化、科学技术的成就，在注意稳定性的条件下，介绍新的知识，概述新的发展”。可以说，《全书》第一版基本上实现了这一目标。第一版出版以来，科学技术有了飞速发展，国际国内发生了重大变化，《全书》第二版必须充分反映这些情况。因此在起草第二版“编辑方针”时，以第一版为坐标，写进了以下内容：“《全书》第二版要在注意稳定性的前提下，充分反映第一版问世以来科学文化的重大成就和国内外重大变化，回答当前全球发展和国内社会生活中人们关心的重大问题。”这段话不但针对性强，而且比原“编辑方针”中所提目标，视野更加开阔。

八、关于构建第二版条目框架以什么为基础及框架内部比例关系的补充

《全书》原“编辑方针”没有谈构建条目框架以什么为基础及框架内部比例关系的问题。起草第二版“编辑方针”时作了补充，提出“《全书》第二版的条目框架以科学分类为基础”，“人文科学和社会科学知识的比重，要略大于自然科学和工程技术学科知识的比重”。对于《全书》第二版究竟构建什么样的条目框架，在全书编辑部曾有过不同意见的争论。但在综合性百科全书汇集科学文化知识归根结底要以科

学分类为基础这一点上，绝大多数同志的看法是一致的。这一问题直接关系到全书条目框架的制定和学科的选收，必须予以说明，故将其写进了“编辑方针”。关于人文科学和社会科学知识的比重要大于自然科学和工程技术知识比重的问题，梅老在文章中发表过意见，大家的看法相同。根据统计资料，在国外几部著名的大型综合性百科全书中，人文社科知识的比重均大于科学技术知识的比重。究其原因，是综合性百科全书以非专业读者为主要对象，人文社科知识中有不少超出职业需要的范围，能满足广大专业或行业以外读者的需求，而科学技术知识多是职业性的，需要它们的读者不如需要人文社科知识的读者广泛。从《全书》第一版的销售情况看，人文科学、社会科学各学科卷在总体销售量上大于自然科学、工程技术各学科卷，这无疑反映了读者的需求。《全书》第一版规划于20世纪70年代末、80年代初，当时为配合社会主义现代化建设，扩大了自然科学、工程技术学科卷的比重，使之占全书篇幅的50%以上。《全书》第二版要突出综合性百科全书的性质，更好地面向读者对象，面向市场，就必须加大人文社科知识的比重。毫无疑问，这一编纂目标在全书“编辑方针”中理应明确交代，所以起草时也作了补充。但当时编辑部内对具体的比例关系尚未形成最后意见，故文件中只是一般性地提出，人文社科知识的比重要“略大于”科学技术知识的比重。

九、《全书》编排方式和规模方面的修改

《全书》第一版按学科、门类分卷出版，这在原“编辑方针”中作了明确的规定。当时采取这一方针，用姜老的话来说，是“从我国的现实条件和读者方便出发”。采取这种编法，能够早日出书，编好一卷出一卷，不必等全部编完，统一按音序编排后再出。同时也是为读者着想，读者可以只购买自己所需要的卷册。毫无疑问，正是因为

采取了这一方针，《全书》第一版才得以早日问世。不过这种编法并不科学，它与世界现代百科全书的主流不合，姜老对此曾有论述。其缺点如：分科分卷造成知识割裂，使跨学科门类的共性知识和综合性主题（如国家条目）出现遗漏，全书难以展现人类知识的全貌。各卷相对独立使卷际交叉重复问题无法解决，据粗略统计，《全书》第一版中的重复条目占全部条目的 20% 以上。分科分卷还导致条目选收和释文撰写偏细、偏专，使综合性百科全书出现专业化倾向，背离了读者对象目标。各卷独立编纂又造成条目选收和条目规模上的失衡。而实行全书统编则能避免分编造成的缺点。关于按学科、门类分卷和实行统编两种方式的优缺点，原研究室的同志曾撰文论述，在全书编辑部大多数同志中已形成共识。故起草第二版“编辑方针”时向现代百科全书的主流形式靠拢，将按学科分卷改为全书“正文条目按条头汉语拼音音序统一编排”。

原“编辑方针”要求，全书规模“为 70 卷左右，一般每卷 120 万～150 万字（包括插图、索引等），共约 8 万～10 万个条目”。至《全书》第一版出齐时，总共为 74 卷，约 79 000 个条目、13 000 万字。这样的规模同世界各主要国家有代表性的大型综合性百科全书相比，明显偏大。近几十年来，国外代表性的大型综合性百科全书，规模一般稳定在 30 卷左右、数千万字范围。这是经过长期摸索，综合考虑了编纂、销售，以及工具书性质、现代读者对知识的需求量等因素的结果。全书编辑部成立之初，对第二版规模的问题曾进行反复讨论，大家都认为第一版规模太大，应参照国外标准压缩。梅老在文章中也提出压缩字数和卷数的意见。在起草第二版“编辑方针”时按照这种认识规定了指标：“《全书》第二版共 32 卷，包括正文 30 卷，索引和附录 2 卷。每卷 180 万～ 200 万字，共 6000 万字左右。约收条目 6 万条，配图 2 万幅，其中地图约 1000 幅。”

十、关于第二版采用何种条目结构的补充

《全书》原“编辑方针”里没有关于采用何种条目结构的规定。《全书》原“编写体例”虽谈到大、中、小条目的比例关系，但仍未说明采取何种条目结构形式。然而在百科全书编纂中，采用何种条目结构，也就是怎样处理阅读功能和检索功能的关系，属于基础性问题，在总体设计阶段必须加以明确。从现有资料看，世界各国编纂百科全书，在这方面不外 4 种模式，即：强调阅读功能的大条目主义结构形式，突出检索功能的小条目主义结构形式，意在两种功能兼顾的大、小条目相结合的两极化结构形式，立足于检索，兼顾阅读的大、中、小条目并用的结构形式。其中第一、第二两种结构形式在百科全书的编纂历史上早已存在，它们的缺点已为人们所认识。第三种即《不列颠百科全书》第 15 版所采用的《详编》加《简编》的形式，它将阅读和检索两种功能结合起来，在一定程度上克服了前两种条目结构的不足。但采用这种形式，一部书在很大程度上相当于两部书，编纂起来工程量太大；大、小条目相结合，意在阅读和检索并重，却因大条目篇幅过长，过于强调了阅读功能和学术性，而同现代普通读者的使用要求有距离（据 1995 年春进行的读者调查可知，约 86% 的读者使用《全书》第一版有关卷册是为了查阅而不是系统阅读）。因此这三种条目结构形式都不是《全书》所应当采用的模式。第四种形式以日本平凡社《世界大百科事典》为代表，此书所采用的是“大中小条目并用”的“金字塔形”的条目结构。在这种结构形式中，大、中、小条目自然搭配而以中、小条目居多数，明显是立足于检索，兼顾阅读，符合现代读者的需要。而且采用这种条目结构，全书是一个系统，编纂起来比较容易。《全书》第一版所采用的实际上就是这种条目结构形式，编纂第二版时应该加以继承，同时在“编辑方针”中予以说明。为此，在起草第二版“编辑方针”时对条目结构问题作了补充，规定“《全书》第二版采用大中小条目相结合

而以中小条目为主的条目结构形式”。

十一、关于《全书》读者对象问题的修改和补充

原“编辑方针”对《全书》的读者对象作了规定，即“《全书》主要适于高中以上、相当于大学文化程度的广大读者使用”。在实际编纂中《全书》第一版存在偏专偏深倾向，一定程度上偏离了综合性百科全书的读者对象目标，对此社内不少同志早有反映。针对这一情况，梅老在 1994 年的文章中提出，第二版主要是提供基本知识，决不同专业百科混淆，读者对象宁可就低不就高，只提“以高中以上文化程度的广大读者为对象”。起草第二版“编辑方针”时，根据梅老的意见对原来的提法作了修改。除此之外，为了更好地落实目标，还在文件中写入具体要求，即：“条目设置要考虑非专业读者的需要，释文要深入浅出，具有可读性。”

十二、关于第二版版本问题的补充

《全书》原“编辑方针”没有谈版本问题，在后来的实际出版中，第一版共有 3 种版本。1995 年春全书编辑部进行读者调查，被调查者对第二版版本问题提出建议，主要有：鉴于第二版实行统编，希望兼出重点学科单卷本，以方便购买；书价偏高，希望在出精装本的同时兼出普及本。根据这些建议，第二版以多种版本满足读者和市场的需求势在必行。因此，在起草第二版“编辑方针”时，写入了第二版出多种版本的条款。但因为当时大家在版本问题上存在分歧意见，编辑部还没有来得及进行专门研究，所以在文件中只是笼统地提出，“《全书》第二版要以多种版本满足读者不同的需求”。

十三、编纂体制、编写组织和撰稿人问题上的补充和修改

《全书》原“编辑方针”里没有关于编纂体制和编写组织的规定。实际工作中实行的是总编委会领导下的出版社负责制，编写组织包括全书总编委会、学科分编委会和分支学科编写组三级。为了加以明确，在起草第二版“编辑方针”时首先对编纂体制问题作了说明，即“《全书》第二版的编纂采取总编委会领导下的出版社负责制”。对于总编委会的人员，则要求“由权威的专家学者组成，包括成就卓著的台港澳和外籍华人专家学者”。至于总编委会以下的社外编写组织，由于考虑到编第一版时，学科分编委会权力过大，导致社外专家过多地主导了稿件的审改，使出版社贯彻全书体例的难度增大，而第二版比起第一版来，又更加强调面向非专业读者，因此设想不再建立学科分编委会，以加强出版社的主导权。又因考虑到编纂第二版已有第一版的基础，分支学科再设编写组已无必要，故设想取消这一级组织。基于这些想法，同时借鉴编纂《全书（简明版）》取得的经验，当时设想以学科顾问和特约编辑代替原来的这两级组织机构形式。因此，在“编辑方针”中关于总编委会的规定后面，写上了“编辑部要聘请学科专家担任学科顾问和特约编辑”。

关于《全书》的撰稿人，原“编辑方针”中要求，撰写条目“主要依靠国内的专家、学者”，“必要时也可约请外籍华人学者和外国专家”。此次起草时考虑到，约请外籍华人学者特别是外国专家撰稿甚有必要，因为：①科学无国界，自然科学和工程技术领域的世界先进水平多在国外，约请国外撰稿人，将有助于提高《全书》的权威性；②约请外籍华人学者和外国专家，能够获得在国外进行《全书》宣传的支持力量，这将有利于今后《全书》外文版在国外的销售。此外还考虑到，从祖国统一大业出发，有些条目如果约请台港澳的专家学者撰写，将能收

到好的效果。因此，在基本保留原“编辑方针”中这段话的同时，作了局部改动，改为“《全书》第二版的撰写主要依靠国内（含台港澳）专家学者，同时约请知名的外籍华人学者和外国专家参与”。

十四、关于第二版编纂工作程序和管理方式的补充

科学的工作程序和管理方式，对于编纂《全书》这种大型综合性百科全书来说至关重要。《全书》原“编辑方针”里没有这方面的规定。在第一版的编纂过程中，常可见到不注重科学程序和科学管理的手工作业操作方式，它们带来了工效不高、质量受损的不良后果。20 世纪 80 年代初，阎明复同志访问美国不列颠百科全书出版社，曾带回苏联百科全书出版社的内部材料。其中一份材料介绍了编纂《苏联大百科全书》第 3 版所采用的工作方式，以及出版社的部门设置，这是迄今国内所见的唯一一份国外百科全书编纂方法方面的系统资料，极有参考价值。其中最值得借鉴的，是编纂《苏百》第 3 版时，实现了流程科学化、机构系列化、管理统一化。为了保证《全书》第二版的编纂质量和工作效率，起草“编辑方针”时参考这份材料写入了有关的要求，即：“《全书》第二版的编纂要参照系统工程原理，制定科学的工艺流程，并根据工作项目的划分和质量管理的要求建立责任制，设置必要的职能小组。”

以上即 1995 年春起草《全书》第二版“编辑方针”时，对《全书》原“编辑方针”所作的 14 项主要补充和修改。

如前所述，孙关龙先生从党校学习归来后，第二版“编辑方针”的完善工作由他主持完成。从那时起至 1999 年正式刊印，这份文件经过反复修改和多次审查。现将在此期间对文件所作改动简述如下：

（一）1995 年 9 月，梅老的文章《再谈〈中国大百科全书〉第二

版编辑工作的几个重要问题》在《探讨》上发表。文中所谈第二版要着重阐述的几个重大问题，比他在 1994 年文章中所讲的更加全面。据此，对“编辑方针”中要求第二版反映中国特色和时代特点的条款作了补充和修改。写定后的文字为“在注意稳定性的前提下，要充分阐述建设有中国特色社会主义理论和实践的成果”，“充分反映第一版编辑出版以来世界科学文化的新成就、新发展，以及国际关系新格局、国际形势新变化”。

（二）关于第二版的框架，在“以科学分类为基础”的后面，加上了“既要有稳定性，又要具时代性、开放性，并要便于开展实际工作”等内容。对于人文科学、社会科学学科同自然科学、工程技术学科的比重，根据大家的研讨，作了具体规定：“前者占总篇幅的 55% ～ 60%，后者占 40% ～ 45%。”

（三）引用梅老《中国学术界的一次检阅——写在〈中国大百科全书〉出齐之时》一文中的原话，对第二版中的古今知识关系，中外知识关系，以及科学知识内部的关系提出要求，它们是：“既要涵盖过去，又要注重现代”；“既要放眼世界，又要侧重中国”；“既要关注前沿，又要重视基础”。

（四）遵照徐惟诚同志的意见，从目前中国读者的购买力和出版社的经济实力出发，将第二版的预定字数从 6000 万字降为 5000 万字。每卷的字数也相应减少，从 180 万～ 200 万字，降为 150 万字左右。但插图的数量从 2 万幅增至 3 万幅。

（五）对于为什么采用大、中、小条目相结合而以中、小条目为主的条目结构作了说明，写入了“《全书》第二版的功能以供读者寻检查阅为主，帮助读者系统学习为辅”。

（六）删除了原来关于第二版要有科学性的一段文字，在“深入浅出，具有可读性”的前面，加上了“坚持学术性、准确性”。

（七）采纳黄鸿森先生文章中的见解，将第一版、第二版继承改造关系的表述具体化。即编第二版时，对第一版的条目采取“留”“删”“合”“分”“移”“改”的做法，同时增补必要的新条目。另外还规定，“新增条目约占《全书》第二版条目数的三分之一左右”。

（八）吸取《全书》第二版编纂学术咨询委员会的意见，把第二版的读者对象层次，由原来的“高中以上文化程度”，改为“高中及以上文化程度”。

（九）依据孙关龙先生在《中国传统医学》卷修订版蹲点时取得的经验，对学科一级社外编写组织的设置作了补充：在“顾问、特约编辑”之前，增加了“学科主编”一项。当时孙关龙先生的想法是，各学科可灵活掌握，根据情况采取适合于自己的不同组织形式。

（十）鉴于第二版编纂任务繁重，新补入一条人员配置方面的规定，要求第二版的编辑工作以全书编辑部为“基干”，有社内其他部门的编辑和社外特约编辑参加，共同合作完成。

（十一）确定了第二版的版本，即“以出版统编豪华本或普及本和多媒体版或光盘文献版为主”，“推出大类分卷本、学科单卷本和网络版等”。

（十二）根据后来制定的总体设计文件——“《全书》第二版编纂工作程序、方法和要求”，补入了第二版编纂工作的阶段划分，包括“总体设计”“组稿撰稿”“学科（门类）审稿加工”“全书统编审稿加工”“通读检查和出版”5个阶段。同时规定了第二版完成的时间：“从1996年起，在8～10年内完成全部编辑出版工作。”

（十三）在文件的最后，提出第二版的资金来源方式，即“国家拨款、银行贷款与我社自筹相结合”，同时建立《全书》第二版“基金”，“依靠社会渠道筹措资金”。

不难看出，经过3年多的审查、补充和修改，这份文件更加趋于完善。

最后需要补充的一点是，在1995年春起草文件时，曾写入第二版在“编纂中必须确保高质量”，“作为文化商品要面向市场，以求获得经济效益”，在“编撰中要遵守著作权法”等条款。在后来的修改中，这些内容没有保留下来。

本文写成于 2006 年

集思广益　与时俱进

——《中国大百科全书》的编写体例在第二版总体设计阶段作了哪些修订

体例规范对于百科全书编纂的成功具有特殊作用，按照通常的理解，即“没有规矩，不成方圆”。《中国大百科全书》第一版（以下简称第一版）的体例文件便是我社编辑手中的法宝，对于这部书的编纂成功起了重要的保证作用，参加过第一版工作的同志，至今想起“黄本本”和“白本本”来依然感到亲切。然而，毕竟因为是首次编纂百科全书而缺乏经验，第一版的体例文件尚有不周全之处，需要完善。另外，《中国大百科全书》第二版（以下简称第二版）的编纂方针、整体规制同第一版相比发生了不小的变化，因而编写体例也需要作相应的更改。因此，《全书》编辑部在第二版编纂之初便集思广益，通过总结以往实践经验和汇集已有研究成果，对第一版的“编写体例”作了修订，制定出第二版“编写体例”。本文即修订中主要作了哪些变更的简要说明。

一、关于选条体例

在选条体例方面，修订中有以下改动：

（一）区分学科及知识门类条目表和全书总条目表

第一版按学科和知识门类成卷，“编写体例”中所说的“选条总表”，实际上是指各卷的学科或门类条目表。第二版改为将所有学科和门类统一编排，在编纂过程中不但要有学科、门类的条目表，而且要有全书总条目表。因此，在第二版“编写体例”中将二者加以区分，在

“条目表”一章里，分别提出“学科、门类条目的组合表”和“全书条目的组合表”两个概念。

（二）进一步规定选条方面的要求

第一版“编写体例”对选条要求谈得不够具体，修订中增补了若干新规定。

1. 体现第二版综合性目标的规定

在这方面要求做到：

（1）全书所涵盖的学科和门类齐全，相互间比例恰当，内容无重要遗漏和多余的重复。

（2）设置跨学科门类的综合性条目。

其中的第一条，是为了保证做到按综合性目标对全书进行严谨的知识内容设计；第二条是要防止因学科门类分割，而缺失跨学科门类的综合性知识。它们都是针对第二版实行统编，从而综合性进一步加强而提出的。

2. 体现科学性标准、读者对象要求和人文目标的规定

（1）科学性是百科全书具有权威性的保证。这次规定，条目表必须具备科学性，做到知识内容正确无误。

（2）第一版按学科、门类分编，加上编纂时缺乏经验，对综合性百科全书的非专业性质把握不到位，设条存在偏专偏细现象。而第二版要切实面向广大普通读者，因此这次规定，选收条目应遵循非专业性原则和检索率标准。

（3）从社会和历史的角度看，人文目标可说是一部百科全书的灵魂。这次明确提出，条目表应体现时代性要求、中国特色和世界性目标。

（三）补充条目设立的条件

第一版“编写体例”规定，条目应当是独立的知识主题或已经形成的固定概念。第二版“编写体例”对独立主题作了限定，要求是客观存在、人们习见和有确定内涵的，并排除了 A+B 式的复合主题。作这样的补充，是为了防止出现第一版中存在的那种人为捏合的口袋式条目（如“中华人民共和国的出版社”），内容过泛且无确定内涵的条目（如“战争与经济”），以及不符合检索性要求的复合主题条目（如“人殉与人牲”）。

（四）调整全书所包括条目的种类

第一版“编写体例”列举了全书应包括的 10 类条目。经过调整，在第二版“编写体例”中删除 2 类，增加 4 类，共列举了 12 类条目。删除的 2 类是：学科、门类和分支学科的概观性文章（第二版不按学科分卷，已无概观性文章），基本事实、基本现象、基本概念条目（三基是一种总括式的表达，不宜作为具体种类）。新增的 4 类是：重要概念条目，重要实物条目，重要现象和规律条目，以及必要的综述性条目（包括跨学科门类的综述性条目）。

（五）修改和增补关于参见条目的规定

第一版“编写体例”规定，参见条目仅设标题，或附简要解释。这次修改后要求参见条目均附简要解释。关于参见条目的种类，第一版“编写体例”中表述得不够全面、准确，这次作了修改和补充。它们包括有名异实同关系条目之间的参见（如“孔丘”条参见“孔子”条）、上下层条目之间的参见（如“正长石”条参见“长石”条），以及错综相关条目之间的参见（如“田中义一”条参见“东方会议”条）。

（六）调整不同等级条目的字数

第一版 74 卷、约 13 000 万字，第二版压缩为 32 卷、约 5000 万字，两项指标均压缩达一半以上。但条目数量减少的幅度较小，仅由约 7.8

万条减少为 6 万条左右，故条均字数需有大幅度下降。为此，对不同等级条目的字数作了调整，分别为：特长条目由 20 000 字以上减少为 4000 字以上，长条目由 4000 ～ 20 000 字减少为 1500 ～ 4000 字，中条目由 700 ～ 4000 字减少为 500 ～ 1500 字，短条目由 700 字以下减少为 500 字以下。唯独参见条目因均须附简要解释，条目字数由原来的按 3 行计算（不超过 72 字）增至每条上限为 100 字。

二、关于条头和释文

对涉及条头问题的规定所作修改，集中于条头外文方面。

第一版“编写体例”中没有专门谈条头外文问题的规定，只是在“外国人名写法”部分，谈到外国人物条目条头外文的写法。但在后来拟定的补充文件“成书编辑体例”中，对条头外文问题作了详细规定，内容包括：一般条目的条头附对应的英文，物种条目附拉丁学名，中国人名、地名和无通用译法的中国古籍、古词、文物、作品条目的条头可不附外文，使用拉丁文字和斯拉夫文字的国家的人名、地名、机构、书刊条目均附原文。这种做法导致第一版没有可能设置完整的条目外（英）文索引。第二版“编写体例”在这方面作了改进：规定除物种条目附拉丁学名，中国人名、地名条目以汉语拼音代替英文外，其余均附英文。中国人名有通用英文形式的（如孙中山）也用英文。并要求，中国事物条目的条头英文应力求采用国外通用译法。这一改变，使第二版能够设置完整的条目外文索引。这表明，已不再把条头外文仅仅看成是中文条头的附注，而是把握住了条头外文的检索工具性质。同样是出于检索方面的考虑，第二版“编写体例”还要求，使用拉丁文字国家的人物，条头英文采取姓前名后的形式，如海明威，E.（Hemingway，Ernest），而不是像第一版“编写体例”所要求的那样，采取名前姓后的形式。

同释文有关的规定的变动，主要有以下几点：

（一）增补关于释文撰写的要求

第一版“编写体例”规范了条目释文的结构，并规定了每一结构部分应包括哪些内容，但缺少释文撰写的一般要求。这次作了补充：

1. 根据规范性、知识性要求和学术性标准，规定释文应当具有科学性（包括资料精确）和知识性，达到一定的学术高度，并且政治观点正确。

2. 从规范性和客观性要求出发，规定释文介绍知识应采用比较通行的学术观点，同时客观介绍重要的不同学术见解。

3. 为具备非专业性或可读性，规定释文选材和介绍知识的角度应符合普通读者的需要，避免讲述过专过细的内容。同时减少术语密度，少用公式，尽可能以通俗的语言和普通读者易于理解的表述方式，对科学内容作深入浅出的介绍。

4. 在文字表达方面，规定释文采用百科说明文体，用现代汉语撰写，做到结构清晰、条理清楚、叙述紧凑、文字精练、有效信息密度大。

5. 为实现全书条目的整体性、协调性，规定每一条目的释文应处理好同上下左右条目的交叉关系，避免不必要的内容重复，凡相互关联的条目应衔接呼应，内容不发生矛盾。

6. 依照说明文的特点，规定释文以第三人称撰写，文中不出现“我国”“我党”“我省”“我市”“我院”“我所”“本方”“本例”等字样。

以上内容在第一版“撰稿人注意事项”中曾部分谈到，此次将它们条理化、准确化，并加以补充，写入“编写体例”。其中新增加的内容有：具备知识性，有一定的学术高度，政治观点正确，采用比较通行的学术观点，减少术语密度，有效信息密度大，以第三人称撰写等。

（二）补充和修改关于释文结构的规定

第一版“编写体例”对释文结构规定得比较具体。这次以之为基础，对其中的“定义和定性叙述”“简史”“参阅资料”三个部分作了补充和修改。

1. 定义和定性叙述部分

主要有三项增补：

（1）补入关于定性语的规定。第一版“编写体例”规定概念性条目的开端一般要有定义。事实上在第一版中，大量具体的人、地、事、物条目无法下定义，不少条目的释文是从定性语开始。这次修订时规定，除可用定义外，条目开端还可用定性语。定性语同定义的区别在于：定义直接揭示概念内涵，对于所揭示的概念来说是专指的；定性语是以“限定＋归类”方式说明所介绍对象的属性，对于所介绍的事物是非专指的。定性语的例子如：

张仲景　汉代医学家。

东大寺　日本奈良时代佛寺。

定性语在辞典和百科全书中应用很广，在辞典编纂中曾被称作“概括语”。黄鸿森先生使用“定性语”一名，这一叫法应更准确。

（2）明确规定定义在前，异称和又名在后。第一版各卷先写定义或先写异称、又名的都有，比较混乱。然而采取怎样的先后次序，应由百科全书的性质决定，不可随意。众所周知，辞典释词，百科全书则是解释概念。因此前者的释文直接从说明词语入手，后者的释文应从揭示概念内涵开始。这就是说定义在前，异称和又名在后是百科全书释文的特点，在第二版中必须按此统一起来。

（3）补入关于引言式定性叙述的规定。定性叙述的基本形式为定义或定性语＋展开说明，这在第一版“编写体例”中已有规定（当时规定为定义＋展开说明）。但有些综述性条目无法写定义和定性语，如“清代小说”“印度哲学”。对于这类条目，就需要安排无定义或定性语的引言式定性叙述。引言式定性叙述在第一版的一些卷中可以见到，这次明确地提出这一概念，当有助于全书定性叙述形式的规范统一。

2. 简史部分

主要是对不同种类的简史加以区分。

第一版“编写体例”笼统地称简史为“沿革”或“简史沿革”，要求对所述概念的起源和历史演变情况进行介绍。实际上简史可分为多种，不限于概念的起源和历史演变。因此在第二版“编写体例”中作了区分，说明简史既包括事物本身的沿革，还包括发现史、发明史和研究史等，同时规定重要概念条目在必要时可介绍概念形成和演变的过程。

3. 参阅资料部分

改动有三点：

（1）改变叫法。这一部分是释文的最后一个结构性部分，在第一版“编写体例”中称为“参阅资料”。考虑到参阅资料一名含义太泛，而且是按功用定名，同按内容定名的“定义和定性叙述”“词源”“简史”“核心内容”等角度不一致，因此改称为“研究状况”。

（2）删减内容项目。第一版“编写体例”规定，这一部分应包含所述主题范围内的不同学术见解、学术争论情况，以及展望和评论等。其中的展望和评论明显带有主观色彩，同百科全书客观介绍的要求不符（左步青先生在编第一版时便主张不写），这次将它们删除。

（3）规定介绍方式。研究状况属于学术性较强的内容，而综合性百科全书不宜过分强调学术性。因此这次规定，重要的大主题或热点课题条目可专项介绍研究状况，一般条目则不必单独设项，在行文中顺带提及不同学术见解即可。

三、关于插图、表格和推荐书目

对于这几个方面的规定，修订时作了下列改动：

（一）关于插图

编第一版时插图被当作文字的附属物，在第一版“编写体例”中提出图片同释文要紧密结合，这显然脱离了百科全书发展中图片日益受到重视的现状。这次修改，明确提升插图的地位，规定插图既可以是文字所述内容的形象、直观展示，也可以部分代替文字，还可以同文字分工，独立介绍条目某一方面的内容。

（二）关于表格

表格能加强百科全书的资料性，周志成先生一贯主张多用表格。这次在第二版“编写体例”中增加了关于表格作用的说明，指出表格是条目中资料性内容最直观、清晰、系统的表达形式，并强调在第二版中对表格要充分地加以利用。

（三）关于推荐书目

推荐书目在第一版“编写体例”中称作参考书目。编第一版时社外专家常将它同撰写条目的参考文献相混淆，为了解释清楚，编辑们费了不少口舌。为避免产生歧义，在第二版“编写体例”中将其改称为推荐书目。从方便读者出发，还规定推荐书目应尽量选用国内出版的著作，以及在国内能够找到的国外原文著作。

四、关于条目分类编写提纲

对于涉及条目分类编写提纲的规定，修订中作了如下更改：

（一）限定范围

在第一版“编写体例”中以“条目编写提纲”立项。考虑到具体条目的编写提纲需由撰稿人拟定，在体例文件中加以规定的，只应当是类型化的条目编写提纲，因此第二版“编写体例”改以“条目分类编写提纲”立项。

（二）说明性质

第一版“编写体例”中未说明性质，这次作了补充，指出：条目分类编写提纲是根据各类知识主题大体上包含的内容要素，以及《全书》第二版的编纂要求，所制定的不同类型条目的编写模式。

指出性质是为了说明，制定条目分类编写提纲不单纯是学科问题，提纲还必须体现第二版的综合性特点和读者对象目标。补充这一说明当有助于贯彻第二版条目在综合性和非专业性方面的要求。

（三）交待执行时的注意事项

第一版“编写体例”未交代执行时的注意事项。这次要求，执行条目分类编写提纲的规定，应结合各个条目的内容实际，做到“管而不死，活而不乱”。编第一版时，对待条目分类编写提纲有过两种倾向：一种是认为束缚手脚，主张让撰稿人放开来写；一种是不了解它是一种抽象化的模式，忽略了必须根据条目的具体情况贯彻执行，包括遇到特殊情况时予以变通。提出上述注意事项，既强调了规范统一的方面，又明确了灵活掌握的方面，当有助于条目分类编写提纲的贯彻落实。

（四）增加类型

第一版“编写体例”规定了 7 种类型的条目编写提纲。这次新增加了国家条目、法规条目、条约协议条目、会议条目，并把原来的基本事实、基本现象、基本概念类删除（理由如前），从中分出事实现象条目和基本概念条目。加上原有类型中保留下来的 6 类，总共使条目分类编写提纲达到 12 种类型。

五、关于引文

第一版“编写体例”对使用引文的条件规定得比较原则，只说在十分必要时才使用引文。为了便于执行，第二版“编写体例”把条件具体化，规定在遇到下列情况之一时可以使用引文，它们分别是：

1. 必须交代的古代内容不易用现代汉语替代引文表达。

2. 被引用的文句本身就是一种凝练而又重要的知识（如“先天下之忧而忧，后天下之乐而乐”）。

3. 需要借助引文作关于事物（或名称）起源的说明。

4. 需要借用简短的权威性论断增强释文的说服力，如哲学家、思想家、科学家的著名论断，名家对人、事、物的中肯评语等。

第一版有些条目使用引文过多，个别段落甚至几乎完全由引文连缀而成。针对这种情况，明确引文使用的条件甚有必要。除此之外，从面向读者对象出发，第二版“编写体例”还要求对引文中深奥难懂的概念或艰深的古汉语作简要解释。在增补有关引文的规定方面，金常政、孙关龙、丁日昕、戴中器先生提出了很好的建议。

六、关于事实性资料

对于有关事实性资料的规定，修订中作了以下改动：

（一）提出事实性资料准确可靠的标准

即所用事实性资料必须有权威性书籍作为依据。

（二）规定提供事实性资料要遵循客观性原则

即同一项资料因出处不同而内容有别，且均出自权威性文献，可将它们同时提供给读者。

（三）调整和补充需要核对的事实性资料的项目

1. 第一版“编写体例”要求核对名称。第二版“编写体例”规定首先必须核查事实，即提到的人、地、事、物本身是否无误（例如是不是这个人），然后再核查他（它）们的名字或名称用得是否正确。

2. 原来对时间一项表述得不够周全。这次规定包括世纪、年代、年份、月份、日期、时、分、秒和时间跨度等。

3. 新增加了核查项目，包括事物状貌、演变历程、事件经过、人物经历，以及学术用语、图像资料等。

七、关于文内参见

文内参见方面的规定经过修订，有如下一些变动：

（一）调整随文参见设置的位置和出现的次数

第一版“编写体例”规定，在一个条目的释文中，对同一个条目的参见原则上只在最需要参见或条名最先出现处设置一次。考虑到被参见条的条名在释文中最先出现处不一定是最需要设参见的地方，只允许参见一次会在有必要再次参见时失去机会，第二版“编写体例”规定：文内参见的设置及其所在位置完全根据参见的需要确定，不采取他条条名在释文中首次出现便设为参见的做法；对同一个条目的参见，在一条释文中一般只出现一次，但如果确实需要，允许重复出现。

（二）增补设置文内参见的注意事项

第二版“编写体例”增补了设置文内参见的注意事项，它们是：

1.避免以楷体字出现的被参见条目的条名同所参见条目的标题不一致。

2. 避免在被参见条目中没有可供参见的内容。

3. 避免以虚条（即参见条）作为被参见条。

4. 避免截取复合词或有固定组合关系的词组的一部分作参见词。

5. 避免参见词同被参见条目标题的词性不一致。

6. 避免用引文中出现，与被参见条条名相同的词或词组作参见词。

7. 避免用书籍著录项目中出现，与被参见条条名相同的词或词组作参见词。

8. 避免随文参见过多，分散读者查阅本条时的注意力。

黄鸿森先生对设置文内参见时应注意的事项曾进行专门研究，上述增补多参考了他的意见。

八、关于术语和专名

对于术语和专名方面的规定，修订时作了以下补充：

（一）关于哲学社会科学术语的统一

因哲学社会科学术语没有全国性的审定机构，第二版“编写体例”规定，原则上各学科沿用第一版所用术语，对其中欠妥的加以改正。

（二）关于学名和俗名的使用以及同一概念有不同术语指称的问题

新增补的规定有：同一事物兼有学名和俗名时，一般采用比较通用的名称，同时用括号夹注另一名称。同一概念有两个（或更多）术语指称时，可在使用主术语之后，以又称、又名等对另外的术语进行介绍。

（三）关于第一版原有专名的统一

第二版“编写体例”规定，第一版所用专名如果没有差错，仍应沿用；如果各学科在用名上不一致，可择善而从，予以统一。

（四）关于第二版新出现的非汉语人名地名的译法

第二版“编写体例”规定，第二版新出现的非汉语人名的翻译以新华社译法为准，非汉语地名的翻译遵循中国地名委员会的有关规定。

九、关于人物条目

人物条目方面的规定，经过修订有下列变更：

（一）补充人物设条的标准

第一版“编写体例”规定，人物设条要权衡其历史影响和学术成就。考虑到仅提学术成就会使范围偏窄，第二版“编写体例”补入了事业成就一项。因第二版突出非专业性，面向社会上广大普通读者，这次在人物设条标准方面，还新增加了要具有广泛社会知名度一条。

（二）将中外人物设条的标准具体化

第一版“编写体例”规定，选收外国人物一般比中国人物严格。这一标准不够具体，不便于掌握。这次加以明确，要求列条的外国人物和中国人物应分别达到“世界级”和“中国级”标准。考虑到有的外国人物情况特殊，还规定，列条的外国人物，可包括虽非世界级，但在中国有较大影响的人物。

（三）扩大设条人物的范围

对于设条人物，第一版“编写体例”规定了 11 类。根据实际情况，第二版“编写体例”中增加了民主党派重要领导人、出版家、编辑、律师、宗教人物、实业家、国民党著名人物、大汉奸、特务头子、黑社会头脑人物、著名神话人物和有时代或社会典型意义的文学作品人物等。为了扩大覆盖面，还把原来规定的著名战斗英雄和劳动模范，改为著名英雄、模范人物。

（四）变更人物条目的类型

人物条目原来只有长、中、短条的区分，在第二版“编写体例”中作了变更。新的规定将人物条目分为“名录式”和“传记式”两类。名录式条目的篇幅为中、短条；传记式条目只限于选收在中外历史上有伟大贡献，对世界有深远影响的人物，篇幅一般为长条，少数可为特长条。传记式条目除包含人物条目的一般内容要素外，还增写传主的成长背景和奋斗经历，气质、性格、爱好和情操，世系、恋爱婚姻和家庭生活情况等。同国外的综合性百科全书相比，第一版人物条目显得单薄。增加传记式条目，能让《全书》更充分地介绍伟大人物的生平事迹，满足读者的需求。

十、关于索引

在关于索引问题的规定上，修订时作了如下改动：

（一）关于条目汉字笔画索引

新增加了排列顺序方面的规定，内容和第一版各学科卷条目汉字笔画索引前的“说明”相同，包括索引按条目标题第一个字的笔画多少排列，笔画相同的字按起笔笔形的顺序排列，第一个字相同的条目标题，依次按后面各字的笔画数和起笔笔形顺序排列，以阿拉伯数字开头的条目标题排在索引的最后部分等。

（二）关于条目外文索引

第一版“编写体例”规定，条目外文索引以全部条目的条头所附外文为索引主题。第二版“编写体例”改为，除此之外还兼收条目释文中出现的其他文种的术语、专名等。在排列顺序方面，原来在拉丁文字之外，依次为俄文、希腊字母、罗马数字、阿拉伯数字；这次把俄文、日文放在条目外文索引的最后部分。

（三）关于内容索引

内容索引方面的规定增补得较多，一共包括以下几条：

1. 针对第一版有不少索引条（释文中隐含的知识主题）所含信息量不足，缺少检索价值，第二版“编写体例”规定，内容索引中的索引条，应是在条目释文中确实能找到有价值的信息，有两个或两个以上内容要素的知识主题。

2. 作为检索手段，隐含知识主题的标引词必须具有检索性。因此第二版“编写体例”规定，无论是从释文中选择现成的索引词，还是另拟索引词，均应具备准确性、名词性和简明性，以便于读者检索。

3. 从读者使用方便出发，规定凡索引词不能明确显示索引主题所属领域或学科范围，或彼此不能区分的，应加括注说明各自的归属。例如同时有两个“印象主义”，应分别表达为“印象主义（美术）”“印象主义（文学）”等。

4. 为增加查检的线索，规定在内容索引中设置必要的参见。参见可在上下位概念，相邻概念，对立概念，以及正名和别称、同义语、缩略语之间设立。

另外，关于内容索引的附表，第一版“编写体例”只规定设“外国人名译名对照表”，这次增加了“重要国际机构译名对照表”。

（四）关于图片索引

第一版“编写体例”没有谈图片索引问题，这次增加了有关的规定。即图片索引供检索全书所有图片之用，它采取分类编排形式，在各类之中按图片出现的顺序依次排列。

十一、关于附录

第一版“编写体例”只谈了大事年表而未谈整个附录。考虑到大事年表仅为附录之一种，且徐惟诚同志曾指示第二版要加强附录，故第二版“编写体例”以附录立项，把大事年表包括于其中。

（一）关于大事年表

1. 第一版“编写体例”指出，大事年表是按时间顺序查检各学科（知识领域）重要事件的资料，这一表述比较笼统，未对大事年表的种类加以区分。第二版“编写体例”明确指出，大事年表记录自然发展史、社会发展史和科学发展史上的重大事件。

2. 第一版有的学科卷，存在大事年表同条目正文不相关照的现象。第二版“编写体例”指出，大事年表是主要依据条目正文辑录的文献，应与条目正文相呼应，在内容上保持一致。这一规定当有助于纠正上述缺点。

3. 对于怎样据大事年表查检各学科资料，第一版“编写体例”提出，在大事年表中要设置必要的随文参见。这次进一步明确，大事年表要通过随文参见同有关条目相连接，发挥以历史线索为纲指导查检的作用。

（二）关于附录其他项目

这方面的规定完全是新补入的，包括：

1. 附录其他项目为读者提供有普遍检索价值的资料，如各国概况一览表、名家名著一览表、世界遗产名录、列为保护对象的珍稀动物种类表等。

2. 附录其他项目中的事实和数据，应同条目正文保持一致。

十二、关于技术规格

关于技术规格方面的规定，修订时作了如下更改：

（一）关于外国人名写法

1. 如前所述，与编第一版时的要求不同，第二版“编写体例”规定，外国人物条目的中文条头后一律括注英文，或其他文种文字的拉丁文转写形式，括附的拉丁文字外文由原来的名前、姓后改为姓前、名后的书写格式。

2. 对于非拉丁文字国家的人名写法，区分情况作了具体的规定。例如匈牙利人名，官方语言属于拉丁语系的某些亚非国家的人名，使用斯拉夫文字国家的人名，泰国、柬埔寨、老挝和阿拉伯国家的人名等。对姓氏形成以前的古代人名，在写法上也作了具体规定。而在第一版“编写体例”中，对于这些均无具体要求。

3. 对于过长的外国人名，规定可采取简化的形式。

（二）关于地名格式

主要是通过对第一版各卷地名的实际写法进行归纳，总结出一般地名在释文中出现时表达的方式，在文件中作了增补，它们有：

1. 中国地名在世界性条目和外国内容条目的释文中首次出现时一般冠以“中国”字样，在纯中国内容条目中出现时可省略。

2. 在同一条目中，市、县名第一次出现时，前面写出上级省、直辖市、自治区名，但人所熟知的地名例外，如可直书“杭州市”，而不写作“浙江省杭州市”。

3. 外国地名在条目中首次出现时，一般冠以国名。人们熟知的外国地名可不加管辖它们的行政区划名。

（三）关于年代写法

新增加的规定有：

1. 第一版“编写体例”只规定中国王朝纪年用汉字表示。第二版“编写体例”增补为各国各民族非公历纪年包括干支纪年和夏历纪年均用汉字表示。

2. 对于谈到地方政权问题时的纪年表达，要求以使用中央政权年号为主，必要时加注地方政权年号。

3. 凡遇中国古代以历史朝代为标志的时期，均不括注起止年代，如秦汉时期。

4. 鸦片战争（1840）至辛亥革命（1911）期间的年代，如果公元纪年与清王朝纪年的对应关系明确，可直接写公元纪年（重大事件括注清王朝纪年）。

（四）关于数字写法

第二版“编写体例”不像第一版“编写体例”那样，将关于数字写法的所有规定一一列出，而是采取简化的表达方式，即要求原则上遵从国家标准 GB/T 5838—1995《出版物上数字用法的规定》，另外据实际需要写入少量补充和调整的条款。在补充和调整的条款中，第一版“编写体例”没有，或虽然有但这次作了少许变动的有：

1. 约数一般用阿拉伯数字表示，但带有“几”字的约数用汉字，如几十岁、一百几十次。

2. 表示数值范围时，起止号前后的数值要写完整，如 1 万～ 1.5 万年不应写成 1 ～ 1.5 万年，20% ～ 70% 不应写成 20 ～ 70% 等。

（五）关于计量单位、符号和代号

第一版“编写体例”规定，释文中的计量单位使用中文名称或符号，在第一次出现时夹注符号或中文名称。第二版“编写体例”改为一般使用中文名称。

（六）关于书写格式

新增加了四点内容：

1. 为避免排印时出现差错，规定对书稿中的连接号须标明种类（二字线、一字线、半字线）。

2. 根据第一版格式的实际情况，规定条头汉字后空一格括附外文。

3. 要求外文尽可能齐尾排印，避免移行。如需移行，应按移行规则和各语种移行习惯处理。

4. 规定要在书稿上画方框标明插图的位置，酌留出图面篇幅，并在其内注出“图位”二字。方框下要标注图号、图题和图注。

以上为第二版“编写体例”在第一版“编写体例”基础上所作的十二个方面的修订。除此之外，第二版“编写体例”同第一版“编写体例”相比还有两处改进，即：在文件中只写体例要求，不提示达到要求的方法，以同规定流程、方法的文件相区分；更加注意条款排列的逻辑顺序，在文字上也力求简洁。

最后需要说明的是，虽然是经过对第一版“编写体例”的补充和修改而制定，第二版“编写体例”目前仍存在不足之处。例如，在关于选条的部分，没有谈到从综合性百科全书的基础性及读者对象的实际需要出发，不同性质的学科和知识门类在选收条目时可有详略、疏密之分。在关于释文的部分，未规定跨学科门类的综合性条目的释文，要切实反映多学科和门类的要求。另外，周志成先生曾提出第二版应突破第一版按学科、门类分卷时的局限，设置跨学科门类的文内参见，这一建议也没有写进“编写体例”中去。而上述几点，对于第二版这样的统编型综合性百科全书来说十分重要。又如，因为缺乏编制附录的经验，对附录中大事年表以外项目的规定过于简单。另外，对于从少数民族语言音译的地名条头如何括注外文等问题，也没有作出规定。凡此种种，都需要在以后的第二版编纂过程中作进一步的补充和修改。

原载《探讨》（中国大百科全书出版社内部刊物）2004 年第 1 期，由胡人瑞执笔，与刘小映、楼遂共同署名。曾辑入 1998 年国家社科基金项目成果《大型综合性百科全书编纂的理论与运作》

实践中前进　理论上提高
——谈《中国大百科全书》第二版在编纂方面取得的成果

《中国大百科全书》（以下简称《全书》）第二版已经出版发行。此书在《全书》第一版基础上修订重编，编纂工作开始于1995年。参加工作的人员历经14年的艰辛努力，于2009年初完成编纂任务，取得令人瞩目的成果。本文拟从百科全书编纂的角度进行总结，选取若干有代表性的成果加以说明。

一、实现了向统编型综合性百科全书的转型

《全书》为多卷本大型综合性百科全书，编纂第二版的一项重要成果，就是实现了从第一版按学科分卷，向第二版全书统一编排的转型。众所周知，《全书》第一版成就卓著。但为了早日出书并便于读者分卷购买，采取了按学科分卷的形式。这种形式存在缺陷（见后文），同现代国际上综合性百科全书按条头音序统一编排的主流形式不一致，所以编第二版时不再采用，改为全书不分学科，条目按条头音序统一编排。然而国内编纂此种百科全书缺少经验，对于《全书》这种学科齐全、规模庞大的百科全书来说，要实现转型实非易事。这是因为统一编排并非简单地将各学科条目按音序混排，而是要按照全书一体化的标准，经过复杂的程序，把选收的诸多学科的条目归拢整合到一起，使全书成为严谨、统一的人类知识综合体。面对这一艰巨的工作，《全书》编辑部在出版社领导下，借鉴国内外已有的经验，经过制定标准、探索方法、采取切实的措施，最终完成了任务。在转型过程中，除把各学科条目按音

序混排这一技术性环节外，主要做了以下五方面的工作：

（一）设计科学的编纂程序，为转型提供工艺流程方面的保证

《全书》第一版按学科分卷编纂，因而所谓编纂流程，实际上只是学科卷的工作程序。第二版要统一编排，就必须从全书整体编纂出发，对原来的流程进行改造。为此，编第二版时设计和采用了一套不同于第一版流程的编纂程序，即把实体的编纂工作划分为“总—分—合—分—统”5个大的步骤。其中起始的“总”，就是统筹各个学科，编制全书总框架。其后的“分”，即分学科制定条目表。接下来的“合”，为合拢各学科条目表，经过整合编制全书总条目表。再往后的“分”，是分学科完成组稿、撰稿、审稿、编辑加工和学科定稿。最后的“统”，即在分学科的工作结束后按学科组群进行一体化处理，并在全书条目按音序统一排列后，完成全书范围的统编审改和检查工作。不难看出，上述5步骤划分的工作程序，顺应了把分门别类的知识，编纂成一部统一编排的综合性百科全书的内在工艺要求。这一程序的实施，为第二版完成转型提供了工艺流程方面的保证。

（二）进行严格的全书总框架设计，把选收的学科严谨和有序地组合在一起

在流程设计以外，为实现统编而做的第一件事，是进行全书总框架设计。大家知道，编《全书》第一版未进行总框架设计，其后果是学科配置不够合理，立卷的学科在层次上发生错乱。编第二版之初吸取了这一教训，同时考虑到统编型百科全书比按学科分卷的百科全书，在学科的配置和组合上有更加严格的要求，因此安排了总框架设计，把这项工作作为全书总体设计的重点任务来完成。对于框架采取何种分类系统，全书收录哪些学科，它们在框架中如何组合和排列，相互间具有怎样的

比例关系等，编辑部内部曾多次进行专题性的研讨，产生结论后再付诸实行。由于经过严格的总框架设计，第二版在选收和组织学科方面比第一版有了明显的进步：不但学科的配置和比例关系比较合理，而且在总框架中各学科按分类系统排列，所有学科被严谨和有序地组合在一起。应当说，严格的总框架设计，为编出内部结构关系协调和紧密的统编型综合性百科全书，打下了较为牢靠的基础。

（三）消除学科分立所造成的无序和散乱，把收录的众多学科归拢整合为统一的整体

制定全书总框架只是为统编解决了学科组合问题，要实现向统编转型，还必须根据统编的需要，对分门别类的知识进行一体化处理，解决好学科分立所造成的知识重叠和内容离散问题。为此，主要做了理顺学科之间的交叉重复，以及实现跨学科知识主题在内容上聚合的工作。

1. 理顺学科之间的交叉重复，使全书条目在设置上单一、搭配上协调合理

众所周知，学科之间有错综复杂的交叉关系。简单地将它们拼合，必然产生内容的重叠。《全书》第一版因按学科分编，相关学科卷之间便存在重条和内容大量相重的暗交叉条目。为了实现全书内容的一体化，编第二版时对跨学科的条目交叉重复作了全面清理：①在分学科选条阶段，经过全书统筹安排，将学科之间一些大的结构性交叉部分合并，交由一个学科选条，以避免发生重复。例如将语言文字和民族学共同涉及的少数民族语言文字部分，交给语言文字学科统一设条等。②各学科条目表产生后进行跨学科统一审查，既合并重条，也解决暗交叉条目相互合理搭配的问题。③全书总条目表产生后，采用计算机查重和人工清查相结合的方法，进一步在全书范围清除重条。④学科定稿后，按亲疏关系划分学科组群，在组群内部清除重条，并深入条目释文处理学科之间暗交叉条目的协调搭配问题。⑤全书条目按条

头音序混排后将所有学科打通，在全书范围继续交叉重复条目的清理工作，包括在全书通读过程中检查和清理，用计算机找出内容可能存在关联的条目后检查和清理，通过索引主题词找出不同条目中互有关联的部分后检查和清理，在全书专项检查中对人物条目中遗留的隐性重条进行清除等。不难看出，理顺学科之间条目交叉重复的工作，几乎贯穿了第二版编纂的始终。可以说，经过多道工序的检查和处理，在消除学科分立所造成的知识不合理重叠方面，收到了明显的效果。

2. 汇聚因学科分立而离散的知识，使跨学科知识主题在内容上实现聚合

人类知识中常见横跨几个领域的综合性主题，在按学科分编的第一版里，它们的内容不同程度地处于离散状态。例如前述学科之间的重条，为跨学科主题在不同学科重复设条造成。这些重条因各自立足于本学科介绍，而彼此包含着若干不相同的内容，以致形成跨学科主题的知识部分地被分割在不同学科的现象。为了消除这种状况，编第二版时将学科之间的重条合并，实行跨学科主题统一设条，从而既消弭了重复，又聚合了离散的内容。以人物条目中的重条为例，这些人物分别在几个领域取得成就（如郭沫若），在第一版里相关学科对他们重复设条，分别讲述他们在本领域做出的贡献。编第二版时将重复的条目合并，同一人物只设一条，于是分散的内容便被集中了起来。除重条造成的离散之外，第一版里还存在跨学科主题被肢解，内容完全分割在不同学科的不同条目之中的现象。编第二版时对这一类主题也安排统一设条，突出的例子，就是设置了跨学科的综合性国家条目。在第一版里，国家主题被肢解，内容分散在一系列学科的相关条目中，如《世界地理》卷有介绍自然地理知识的国家条目，《外国历史》卷有国别史条目（如“法国历史”），最初归在《全书》之中，后来成为第一版卷外卷的《世界经济》卷有介绍国别经济的条目，《外国文学》卷有分国介绍文学发展概况的条目（如“美国文学”）等。编第二版时将内容汇聚集中，统一设置了世界上所有国家的国家条目，从而使读者能够一次性地查到关于一个国家的完整信息。通过上述对跨学科主题的统一设条，因学科分立而离散的知识便按主题聚合了起来。

以上两方面工作完成后，学科分立所造成的无序和散乱基本上消除，全书收录的知识被归拢整合为内部协调统一的整体。这就使《全书》第二版所实现的，已不再是第一版那种各学科知识简单叠加的拼盘式综合，而是在很大程度上把被学科分割的知识糅合在一起的有机综合。而这恰是衡量一部统编型综合性百科全书是否真正达到统编要求的重要标准。

（四）在全书范围清除不一致现象，使全书在内容和形式上实现统一

与按学科分卷的《全书》第一版相比，实行统编的第二版在内容和形式的统一上有高得多的要求。第一版分学科编纂，各卷常有不一致之处。第二版不允许出现不一致现象，因此在编纂过程中采取了一系列确保全书统一的措施：①在组稿撰稿阶段，把体例文件发至参加编撰的每位社外专家之手，要求撰写条目时认真按统一的规范执行。②在分学科编辑加工的阶段，规定加工时必须进行条目组群的审改和学科统改，以确保首先做好学科内部的统一工作。③此阶段还立足于全书进行译名统一，安排专人制定出全书专有名词译名表，供各学科编辑改稿时作为译名统一的依据。④在按学科组群进行统编审改的阶段，除处理跨学科的条目交叉重复问题外，对学科之间不统一的问题同时进行检查处理。⑤进入全书通读阶段后，继续将条目之间的不统一作为必须解决的问题，一旦发现由通读执行者和相关编辑共同进行处理。⑥与通读同步还做了统一全书术语的工作，由编辑部一名副主任负责，会同各学科编辑，依据国家标准（科学技术部分）或过去惯例（人文社科部分）进行统一。⑦此时又安排全书专项检查（通查），由编辑部一名副主任

主抓，设专人分别负责各个项目。检查的范围包括全书之中的中文条头、条头汉拼、条头外文、文内参见、图片、表格、推荐书目、条目笔画索引、条目外文标题索引、内容索引，以及人名、地名、著作、机构、行政区划、年代、数据、公式、符号等19项。检查中发现内容方面的问题，通过资料核实予以统一；如涉及体例规定，则遵照体例文件使其一致。⑧全书通读结束后又安排稿件抽查，学科编辑不但解决审查者提出的各种不统一问题，还顺藤摸瓜，借助计算机找出其他条目中与之有关联的问题进行处置。

经过上述一系列工作，《全书》第二版已不再是第一版那种仅仅做到各分卷内部一致的松散结合体，而是向全书整体统一目标迈进，基本上达到了统编型综合性百科全书在内部统一方面的标准。

（五）进行统一设置和编排，编制出供全书统一使用的索引和附录

《全书》第一版各卷有自己的索引和附录，统编的第二版需要在全书范围统一设置。为此在编纂过程中统一做了安排。其中设置的索引有全书条目笔画索引、全书条目外文标题索引和全书内容索引；附录则多为覆盖面广，内容超出少数学科范围的表格和名录，如“世界大事年表”“世界各国（地区）简表”“诺贝尔奖获得者名单”“世界遗产名录”等。此处还设置了虽然内容只属于一两个学科，但适应面宽，具有普遍检索价值，同样具备全书附录条件的表格和名录，如“中国历史纪年表”“全国重点文物保护单位名单”“数学符号表”等。

上述索引和综合性附录均采用统一编排和统一编制的方法产生。其中的条目笔画索引和条目外文标题索引，由专人分别据全书总条目表和全部文稿中的条头外文在计算机上排序、编制。内容索引则是先由各学科编辑在书稿上标明索引条，再用计算机在全书范围统一调出排序，然后由所有学科编辑一起在全书范围删重、合并，作合格性检

查和括注，并据全书索引条的数量指标统一增补，最后再由专人负责，将确定下来的索引条与全书总条目表中的条目合在一起，统一排序后编制完成。

"世界大事年表"和"世界各国（地区）简表"等覆盖面广的综合性附录，更是专门组织人手，广泛汇集资料，经过较长时间的编排、编制而成。即使是内容仅为一两个学科所包容的附录项目，也是按全书统一的规格制作。总之可以说，第二版的索引和附录，完全是根据全书统编的要求设置和产生的。

通过完成以上各项工作，《全书》第二版基本上实现了转型目标，成为一部内部结构关系相对严谨，分门别类的知识被归拢整合为一体，在内容和形式上全书统一，设有全书统一的索引和附录，从而综合水平提升到一个新的层次的统编型综合性百科全书。毫无疑问，在《全书》第一版按学科分卷的形式已为大家熟悉的情况下，改变出书方式，全书统一编排，成为第二版最为显著的特点。毋庸置疑，实现这种转变，与国际上通行的做法接轨，是第二版一项突出的成果。这项成果标志着我国的大型综合性百科全书向现代化、国际化迈进了一大步。成果的取得，为《全书》今后的长远发展打下了良好的基础。

二、条目规范化方面成果显著

编纂《全书》第二版取得的另一项重要成果，是条目的规范化水平比《全书》第一版有了明显提高。编第二版时在制定和落实规范方面下了很大的功夫，对提高全书条目的质量产生了显著的效果。

（一）实现条目选题和标名的规范化

条目是百科全书汇聚知识的基本单元，条目标题是条目单元的标识，条目选题和标名是否规范，直接关系到知识的汇集和读者的检索。

《全书》第一版“编写体例”曾规定条目选立的条件和条目标名的标准。但因为当时缺乏经验，且条目在很大程度上是由学科专家拟定，所以不规范的条头屡屡出现。编第二版时总结经验教训，在这方面严格把关。

1. 为实现条目选题和标名规范化而采取的措施

针对第一版存在的问题，制定第二版“编写体例”时完善了有关条目选题和标名的规定。这主要包括：条目必须是习见和有确定内涵的独立知识主题，但不包括 A+B 式的并列主题；条目名称应能准确标示条目主题，并使用规范、通用的词或词组，力求简明。为确保规定落实，编辑部除要求认真执行外，还在各学科初拟条目表之后，委托全书综合组依据“编写体例”和“选条原则”检查。检查工作认真而且细致，每个学科的条目表均由此组全体人员分头通查，集中意见后和学科编辑一起修改完善。在此后的撰稿、审稿、改稿、质检和通读中，条目选题和标名是否规范始终受到关注，条头的个别调整甚至直到通读阶段还在进行。

2. 条目选题和标名规范化取得的成果

经过采取上述切实有力的措施，第二版在条目选题和标名方面比第一版有了明显的进步。

首先是选收条目严格遵循独立主题原则。不符合这一要求的条目在第一版里常可见到：它们或者只是独立主题中包含的局部，如“反射望远镜的机械构造”；或者是从事物之间关系的角度拟定，并不构成独立的概念，如“气象与农业环境污染”；或者只是一种并未形成独立概念的行为，如“城市人口推算”。对于这样的不合格条目，编第二版时皆作了删除，其中有的并入上层独立主题条目，如“文物价值”和“文物分类”并入母条“文物”。第一版中保留下来或第二版新选设的条目，基本上都符合独立主题标准。它们中有的能够直接用术语或专名标示，如“潜科学”“光年”“大陆架”“污染源”“安全系数”“微波炉”“经济萧条”“文化模式”“祖先崇拜”“马六甲海峡”“中原大战”“汉普顿宫”“华罗庚”“《齐民要术》”“中国民俗学会”等。有的不能直接以术语或专名指称，便以自由词组标名，如“欧洲中世纪自然观”“阿拉伯史学”“古罗马文学”“藏族音乐”“西班牙舞蹈”“认知发展”“文物保护”“果汁饮料”等。它们中不论哪一种，都属于知识的结构性单元，具有独立、完整和确定的属性。以它们充任条目，不但能够完整地汇聚知识，介绍概念或事物，而且因为读者容易想到而便于查找。

其次是所设条目基本上都有确定的内涵，如具体事物条目“金星”，类概念条目“文物”，集合体条目“俄罗斯美术”。凡无确定内涵，内容过泛，不适合充当知识单元的主题不予选收，第一版中原有的则予以删除（如“文物概论”）。还有就是杜绝并列主题条目，原因是这一类条目中排列在后面的主题因被屏蔽而难以查找。如将第一版的“人殉和人牲”条拆开，分设为“人殉”“人牲”两条等。

对于“习见”标准也认真贯彻落实，例如取缔了人为拟定，一揽子介绍的口袋式条目。这些条目的主题并非客观形成，带有随意性，读者不容易想到，放在统编的第二版里容易成为死条。实例如第一版的“解放区报刊”“情报学术刊物”“教育科学学术团体”等。它们废止后多代之以便查的具体事物条目，如具体的报纸、刊物、学术团体等。对于人文社会科学部分按地域、民族划分作集纳式介绍的综述性条目，也依据“习见”标准规定了设立的条件。即划分后的主题在所属领域必须具有类型含义，如“希腊神话”“印度哲学”“朝鲜族舞蹈”“加勒比音乐”“伊斯兰建筑”等。由于这种类型划分是经过科学研究确定的，客观上存在，因此设立的条目不但有科学内涵，而且有利于查找。在此之外，则尽可能以国家为单位设条，如设“英国文学”“德国戏剧”“波兰音乐”等。这是因为国家为人们所熟知，分国研究已成为固定的模式，以国家为单位设条读者也能够想到。对于不符合上述标准，随意进行地域划分的主题，则一般不予收录。如第一版中某些以大洲划分的条目，以及跨国、跨省设立的条目，编第二版时便作了删除。

需要提到的是，除贯彻上述选题方面的规定外，第二版还摒弃了第一版中常可见到的章节标题式条目组合。百科全书按知识的层次选条，但编第一版时没有弄清条目同文章章节的区别，选收条目有时像安排文章章节那样层层分解、层层设条。典型的例子如第一版《纺织》卷的纺织史部分，在领头条“纺织史”下面，再设“世界纺织史”和“中国纺织史”，在“中国纺织史”下面，又按纺织门类（如棉纺、丝绸、毛纺）和纺织文物分层设条，整体形成章节标题式的条目组合。组合内因主题层层分解，互有总分关系的条目多层相叠，而造成内容大量重复。编第二版时纠正了这种设条方式，改为在框架层次划分的基础上，按照介绍知识的实际需要设条。如上述纺织史部分的条目经过删除，只保留了“中国纺织文物”一条，其余皆并入纺织部分的总条“纺织”，在此条中通过内容归并，对整个纺织史进行一体化的介绍（第二版中的小学科一般不设独立的学科史条目）。

第二版在条目标名方面也有许多值得提出之处。例如，条名除使用规范的名称外，还注意通用性。如为了便于查找，以约定俗成的“马克·吐温”为条名，而不像第一版那样用“吐温，M.”为条名；以知者较多的俗名“仰光大金塔”为正条条名，将正名“瑞德宫塔”作为参见条条名。有时为了条名系列的规则化，未能以人们更加熟悉的名称为正条条名，便采取补救措施，将它们列为参见条条名。如在以“明成祖朱棣”为正条条名的同时，另以“永乐帝”和“朱棣”为两个参见条的条名；以“清圣祖玄烨”为正条条名的同时，另以“康熙帝”和“玄烨”为两个参见条的条名。此外还力求条名简明。例如，凡主干词已能确指条目对象，便不再以地点和朝代的名称为前缀，如称“石寨山滇墓”而不称“晋宁石寨山滇墓”，称“王建墓”而不称“前蜀王建墓”。又如，在有条件的情况下，还尽可能用紧缩的词而不用展开的词为条名，如以人们习惯称呼的“唐诗”为条名，而不以“唐代诗歌”为条名。

由于《全书》第二版在条目选题和标名方面依据上述标准实现规范化，不但使条目具备了汇聚知识的良好性能，而且增强了条目的可检索性。

（二）实现条目内容和形式的规范化

条目内容和形式规范化对于提高条目质量同样重要。《全书》第一版“编写体例”在这方面虽有规定，但多有不明确之处。加上不同的学科卷掌握的尺度不完全一样，全书编成后有不少欠规范的地方。为了改进，编第二版时付出了很大的努力。

1. 为实现条目内容和形式规范化而采取的措施

在这方面所做的一项重要工作，是在制定第二版“编写体例”时，针对第一版体例文件的欠缺，作了全面修改和补充。内容涉及释文一般要求、释文结构模式、条目分类编写提纲、释文层次标题、事实性资料、引文、术语和专名、文内参见、推荐书目、插图和表格、技术规格等。但此份文件是在全书撰稿前制定，为了方便社外专家使用，力求条款简明，到进入编辑加工阶段已不能满足社内编辑改稿时的需求。为此又制定了“编写体例细则”，在原文件基础上，增添了一系列条目内容和形式方面细化的规定。进入统编审改工作后，因陆续发现一些在“细则”中没有规定的问题，以及“细则”中有个别需要修改的条款，编辑部又先后两次对“细则”进行了补充和修改。

在形式规范化方面，有关技术规格的规定不容忽视，一部严谨的百科全书，在细微之处也必须有章法。为此，在制定“编写体例”时，对外国人名格式，地名格式，年代写法，数字用法，繁体字、异体字和俗体字，计量单位名称、符号和代号，书写格式，分列事项的格式等，作了较为具体的规定，在后来制定“编写体例细则”时，对它们又进一步加以具体化。

上述完善体例文件的工作，为第二版条目内容和形式的规范化提供了详细的依据。为确保贯彻落实，在编纂过程中除一般审改程序外，还加强了体例控制方面的全书统一管理，其中包括质检抽查和全书通读中所做的体例检查。所有这些，为第二版实现条目内容和形式的规范化提供了有力的保证。

2. 条目内容和形式规范化取得的成果

这项工作的成果表现在许多地方。例如，编第一版时规定的条目分类编写提纲，将基本事实、基本现象、基本概念（三基）合为一类，范围过于宽泛，无法规范具体条目的撰写；另外，提纲的种类也存在缺项，致使有关类型的条目无章可循。编第二版时，把基本事实、基本现象、基本概念类划分为事实现象、基本概念两类，同时增补了国家类、法规类、条约协议类、会议类条目的编写提纲，从而使相关类型的条目，在内容要素和行文次序方面能够做到规范一致。又如，具体人、地、事、物条目往往无法下定义而只能写定性语，但第一版体例文件没有关于定性语的规定，造成一些条目在释文起始处出现空缺，或虽然无法下定义却勉强写了“定义”。编第二版时对使用定性语作了明确规定，避免了上述不规范情况的发生。再如，第一版体例文件对使用引文的规则规定得过于简单，使标准难以掌握，以致一些条目引文过多，有的甚至大段地由引文连缀而成，妨碍了读者阅读。编第二版时把使用引文的条件具体化，列出 4 种情况，规定至少遇到其中之一时才允许使用，从而消除了滥用引文的现象。此外，外国人物条目的条头外文格式在第一版里不统一，有的卷为名前姓后，有的卷为姓前名后。第二版“编写体例”根据条头外文的检索渠道性质，规定一律采用姓前名后的格式，从而在这方面也做到了规范一致。

这项工作的成果还表现在不少细微之处。例如，百科全书的条目是说明事物、概念而非解释语词，本应定义在前，异称和又名在后。但第一版体例文件未予说明，于是不同的卷出现不同次序。第二版“编写体例”对此明确规定，从而实现了规范一致。又如，条头汉语拼音的写法，数字用法，量和单位的表示方法，需由在条头或释文中遇到的具体情况来定，无法套用单一的模式。因此在第二版“编写体例细则”中对这些做了非常细致的规定：关于条头汉语拼音的写法，区分不同情况规定了 24 种具体格式；关于数字用法，针对 23 种情况作了详细规定；对于量和单位，根据 21 种情况提出了使用的具体标准。由于是从释文中可能遇到的千差万别的情况出发，规定了覆盖这些情况的不同处理方式，所以这些规定的针对性强，便于对号入座，有效地避免了不规范现象的发生。

条目规范化对于一部百科全书十分重要，是百科工具书不容忽视的质量标准。同《全书》第一版相比，第二版在条目的选题、标名规范化和内容、形式规范化方面均有显著改进，这表明，编纂者加深了对百科工具书编纂规则的认识，在编纂技艺上有了较大的提高。

三、介绍知识注意了面向普通读者

在介绍知识面向普通读者方面，编纂第二版也取得了成绩。众所周知，综合性百科全书以普通读者为主要对象，非专业化应是其编纂方向。但第一版按学科分编，导致内容偏于专深，在一定程度上背离了综合性百科全书的非专业性质。编第二版时把纠正这一偏向摆在重要位置，从条目选收和释文撰写两方面注意向普通读者靠拢。

（一）条目选收面向普通读者

为此采取了两方面措施：一是参考以往各类学科收入百科全书后普通读者的需求情况，在选条数量上向读者面宽的学科倾斜；一是避免收入不适合普通读者的专深细琐条目，注意选设普通读者关注的内容贴近社会、贴近生活的条目。具体做法如下：

1. 面向普通读者确立不同类别学科选收条目的比例关系和级差标准

首先是确定人文科学、社会科学和自然科学、工程技术两大部类的比例关系。编第一版时，因主要考虑了面向四个现代化建设，所收自然科学、工程技术学科的比重大于人文科学、社会科学学科的比重。然而编第二版时认识到，综合性百科全书主要面向非专业的普通读者，而普通读者对人文社科知识的需求要大于对科学技术知识的需求。从第一版的销售情况看，人文科学、社会科学学科卷的销售量总体上大于自然科学、工程技术学科卷的销售量。国外几部著名的综合性百科全书，为面向普通读者，人文科学、社会科学学科的比重均大于自然科学、工程技术学科的比重。鉴于读者需求的这一特点，在第二版中调整了两大部类的比例关系，确定前者占总篇幅的 55% ～ 60%，后者占总篇幅的 40% ～ 45%。

其次是确立不同类别学科选收条目的级差标准。编第一版时是按照学科规模确定条目数量，编第二版时则改为以普通读者的实际需要为依据，确定不同学科选收条目的不同规格。具体来说，就是把所有学科依照读者面的宽窄分为 3 类，各按不同的标准选条：①读者面宽的基础性学科和贴近社会、贴近生活的学科，如生物、经济、地理、历史、文学等，按全面系统的标准选收；②人们普遍关注的程度略低于前一类的学科，如物理、化学、医学、法律、军事、美术、戏曲、电影、考古、民俗、旅游、家政等，按概要介绍的标准选收；③读者面窄的非基础性或远离社会、远离生活的学科，如采矿、冶金、土木工程、机械、材料、计量、测绘等，按块状或点状介绍的要求选收。十分明显，按照这样的标准选条，越是读者面宽的学科，选收的条目越详备，反之则逐次简略，总的来看收条的数量也在由多变少。

上述两项做法，从不同类别学科之间比例关系或级差标准的宏观面入手，为第二版面向普通读者，少收他们关注程度低的学科的条目，多收他们关注程度高的学科的条目，做了统筹安排。

2. 避免选收不适合普通读者要求的专深细琐条目

第一版里常可见到偏专偏细的学科性条目，编第二版时尽量避免选设。例如，为追求学科体系的完整，第一版各卷设立了不少分支学科概述条。这一类条目从“学”的角度介绍，专业性偏强，第二版减少了收取的数量。如第一版《天文学》卷【天体测量学】部分共收分支学科概述条 13 个，第二版为淡化专业色彩，舍弃了 9 个，只择要选收了“天体测量学”“天文地球动力学”“射电天体测量学”和“CCD 天体测量学”4 条。又如，同样出于对体系完整的追求，第一版有些学科选入了大量介绍专业应用知识的条目。这些条目仅为专业读者所需要，编第二版时减少了数量。如第一版《文物·博物馆》卷的文物部分共收文物保护技术条目 33 条，其中绝大多数的专业应用色彩偏强，典型的如“古建筑梁架维修技术”“彩绘泥塑保护与修复”等。编第二版时将其中绝大部分删除，只选设了同人们关系相对密切的“文物修复”“拓片”和“装裱”3 条。再如，第一版在学科研究对象知识的设条上也存在偏专偏细现象，编第二版时同样作了压缩。如第一版《地理学》卷【地图学】部分共收条目 85 条，到第二版中删减了 73 条，加上新增条目，总共只有 19 条。其中的“专题地图”条下原来共有细分种类的条目 26 条，删除了 25 条，仅保留“古地理图”1 条。以上情况表明，编第二版时注意拨正条目选收的指向，在设条偏专、偏细的问题上有了很大的改进。

3. 注意选收普通读者欢迎的贴近社会和贴近生活的条目

这方面的具体途径，一是增补第一版中缺失的贴近社会、贴近生活的学科和知识门类，如民俗、家政、食品、旅游、摄影、杂技、木偶、皮影、人才、管理等，增补后按照面向读者的要求收条。另一是在第一版原有学科中增补，补入的条目既包括本来就属于这些学科，但编第一版时因缺少读者意识而未选入的主题，也包括这些领域中新产生的读者关注的事物，还包括因无处安置而以挂靠方式归入这些学科的面向读者的条目（如公安方面的条目归入法学）。通过以上两种途径，第二版选设了一大批贴近社会、贴近生活的条目。

这些条目中，同国内外经济、政治有关的如：“经济全球化”“世贸组织”“博鳌亚洲论坛”“金融危机”“宏观经济调控”“外汇储备”“上海合作组织”“国际恐怖主义”“9·11 事件”“伊拉克战争”“朝鲜半岛核危机”“一国两制”“香港回归”“两岸‘三通’”“分裂国家罪”“巨额财产来源不明罪”等。

科学文化知识方面的如“暗物质”“哈勃空间望远镜”“‘长征’号运载火箭”“‘神州’号飞船”“嫦娥工程”“南水北调工程”“全球变暖”“物种保护”“艾滋病”“转基因作物”“DNA 修复”“生物芯片”“大使馆”“代办处”“领事馆”“白皮书”“皇后”“太子”“额附”“太监”“福晋”“贝勒”“状元”“探花”“榜眼”“黑社会”“乞丐”“方丈”“住持”“财神”“门神”“妈祖”“龙”“凤”“麒麟”“美人鱼”等。

与人们切身利益相关的如：“人才市场”“职业培训”“白领”“蓝领”“聘任制”“年薪制”“个人所得税”“商品房”“经济适用房”“股票”“隐私权”“肖像权”“名誉权”“消费者权益保护”“医疗保险”“失业保险”“养老保险”“社区服务”“老龄问题”“空巢家庭”“丁克家庭”等。

同人们生活有关的如“家庭服务公司”“饮食结构”“绿色食品”“快餐”“八大菜系”“北京烤鸭”“法国菜”“日本料理”“比萨饼”“汉堡包”“香槟酒”“茶道”“速冻素菜”“牛仔装”“休闲装”“时装”“美容”“插花”“玫瑰”“康乃馨”“宠物”“除夕”“守岁”“清明节”“端午节”“中秋节”“情人节”“母亲节”“爆竹”“春联”“灯谜”“圣诞树”“贺年卡”“元宵”“粽子”“腊八粥”“十二生肖”“婚礼”“婚纱”“戒指”等。

此外，在第二版新收的条目中，还包括一批第一版里因规定不独立设条而没有收入的中外文学作品和外国美术作品条目，如："《骆驼祥子》""《啼笑因缘》""《围城》""《青春之歌》""《京华烟云》""《阴谋与爱情》""《红与黑》""《巴黎圣母院》""《静静的顿河》""《飘》""《百年孤独》""《蒙娜丽莎》""《伏尔加河上的纤夫》""《日出•印象》""《思想者》"等。

增补大量受普通读者欢迎的条目，突出了《全书》第二版的非专业性质，适应了广大读者的需求。

（二）条目释文面向普通读者

即释文要具有可读性，这涉及选材和表述两个方面。为此而采取的做法如下：

1. 压缩删除不适合普通读者的专业化内容

这属于释文选材问题。例如，第一版工程技术学科的条目常大量介绍专业应用知识，第二版同类条目有不少作了压缩、删除。如机械工程部分的"液压机"条，第一版释文主体部分包括"工作原理""工作介质""驱动系统""结构形式"4 项内容，第二版中删掉了专业应用性偏强的后 3 项，只设置了"工作原理"和"分类"两项。又如，农业部分的"马"条，释文中应用性偏强的"饲养管理"，由第一版时的 1536 字减为 280 字，"繁殖和选育"由 552 字减为 240 字，"用途和生产性能"改为只谈用途而不讲生产性能，字数由 1488 字减为 440 字，3 个部分总共减少 2616 字。此外如建筑部分的"大木作"条，第一版释文中的"用工用料"一项被完全删掉。经过压缩删除，原来释文偏专的条目在可读性方面有了明显的改进。

2. 写入普通读者关心的贴近社会和贴近生活的内容

这也属于释文选材的范围。例如，中国地理部分的"虎门"条，除说明此地的自然地理和经济发展概况外，还写入了近代中国反侵略史方面的内容，包括清代在此建立虎门炮台，林则徐在此销毁鸦片，林则徐和关天培在此抗击英军。并从文物、旅游角度介绍了同这段历史有关的遗迹和景点，像炮台和销烟池遗迹、林则徐纪念馆等。又如农业部分的“犬”条，在删减第一版里过多的专业应用知识的同时，面向读者补入了第一版没有的内容。如关于犬的喂养，介绍了用商品狗粮喂养的方法；关于犬的用途，补充了可充当“宠物”和用于“追踪破案”两项，同时指出，“在工业化和城市化”时代，“品种繁多的犬种”已“转变成‘伴侣犬’，给日益远离自然的家庭带来慰藉”。此外还介绍了全世界养犬的概况，包括犬种协会、纯种犬的改良、犬类疾病的防治等。条目中写入这些贴近社会、贴近生活的内容，无疑可满足普通读者的需要。

3. 深入浅出地介绍普通读者感到生僻的学科性知识

这属于释文表述问题。综合性百科全书是科学和广大读者之间的桥梁，有义务把科学研究的成果，以相对易懂的方式介绍给读者。第二版不少条目在介绍知识深入浅出方面做得比较成功。

例如，一些条目用解释关键性术语和难点的方式帮助读者阅读。如第一版《中国文学》卷的“风骨”条未对“风骨”一词进行解释，或多或少影响了读者对释文的理解。第二版在定性叙述部分加进了说明，指出：“‘风’指文章情感自然流畅、文气贯通；‘骨’指用词平实简练、语意清晰。前者针对虚假情感易使文气阻滞而言，后者针对华词丽句易使肥辞瘠义而言。”这一解释让人读后豁然开朗，十分有助于对后文的阅读。又如，科技条目中的符号和公式常常成为阅读的难点，第二版的一些条目尽量以通俗的表述方式代替。如前述“液压机”条的“工作原理”部分，在第一版中是用公式和标注符号的图片介绍，普通读者很难看懂。第二版里取消公式，改用文字加图片介绍，减少了读者阅读的困难。

再如，有些条目采用了有助于读者理解的行文和介绍方式。如考古部分的旧石器时代遗址条目，释文中对读者不了解的古动物化石，按动物生前喜暖、喜寒，喜湿、喜干的习性进行分类，然后据之说明当时遗址所在地的气候环境。这种通俗归纳，分析后得出结论的写法，淡化了释文的专业色彩。又如前述“风骨”条，在第一版里是以古代文论家刘勰等人的论述为线索进行介绍，不熟悉古代文论的读者读起来颇感费力。第二版改用作者自己的话作归纳和阐述，从中带出古代文论家的论述，再对论述进行必要的点评。这种由浅入深、评述式讲解的介绍方式，非常有助于读者对艰深学科内容的理解。

此外，有些条目还以摈弃抽象介绍，进行直观表述的方法加强可读性。如舞蹈部分的“舞蹈”条，改变了第一版《舞蹈》卷学科概观性文章“舞蹈”的抽象介绍方式，根据民族学、考古学材料和文献记载，大量列举实例说明舞蹈功能的演进，既帮助了读者领会，又因材料生动而能提高读者阅读的兴趣。

从上可知，《全书》第二版在介绍知识面向普通读者方面取得了可喜的成绩。大家知道，非专业性同综合性相生相伴，是综合性百科全书必须具备的属性。从调查可知，国外几部著名的综合性百科全书均把非专业化作为编纂的方向。因此我们决不应忽视第二版在这方面取得的进展，而是要把它当作提高编纂质量，同国际标准接轨的一项重要成果看待。

四、编纂工艺有了改进和创新

编纂第二版取得的又一项重要成果，是对第一版的编纂工艺实施了更新改造。实践经验告诉我们，编纂百科全书是庞大的系统工程，离不开科学的编纂程序和方法；编纂工艺设计和实施的好坏，直接关系到工作进度、成品质量和成本投入。因此还在全书总体设计阶段，编辑部便组成专门小组，制定出第二版规范性的工艺流程文件——“《全书》（第二版）编纂程序、方法和要求”。在后来实施的过程中，又根据实际工作的需要对文件内容作了若干调整。总起来看，第二版编纂工艺至少有以下几项大的改进和创新：

（一）加强了总体设计阶段的工作

这包括增加总体设计阶段的时间，充实总体设计工作的内容，加大这一阶段工作的力度。

国外编纂大型综合性百科全书，通常都用较长的时间进行总体设计，如《不列颠百科全书》第 15 版仅编纂方案研究和知识框架设计就花费了 3 年。编《全书》第一版时缺乏经验，设计工作做得不够充分。编第二版时加大了这项工作的分量，其中总框架设计占了很大的比重。此外还进行了《全书》第一版读者调查，并对《不列颠百科全书》第 15 版、《美国百科全书》1980 年版、《苏联大百科全书》第 3 版、平凡社《世界大百科事典》1988 年版等几部国外著名百科全书作了调研。在此基础上，又经过充分研讨，制定出全书的“总体设计纲要”（编纂方针）、“编写体例”“选条原则”及“编纂程序、方法和要求”。同时确定了全书的规模和读者对象范围，提出了全书编纂进度计划，规划并初步建立起社外编写组织。在总框架产生后，又经过各学科选条，以及立足于全书对分学科条目表的整合，制定出全书的总条目表。在组稿撰稿开始以前，还分学科完成了条目的试写工作。可以说，扎实的总体设计工作，为驾驭好第二版日后的编纂运作，组织好社外专家的学术审稿力量，规范住数万名工作参与者的编、撰行为，协调组织好近百个学科的知识，进行了周密的设计和安排，从而为编纂出高质量的代表国家水平的大型综合性百科全书，做好了准备。

（二）改变了流程阶段的安排

《全书》第一版按学科分卷编纂，工作内容相对单纯，基本上不存在处理学科之间关系的问题，所谓编纂流程实际上只是学科卷的工作流程。第二版要成为统一编排的整体，必须对原来的工作流程实行改造。第一版流程阶段的划分比较细碎，先后分为调研准备、组织编写队伍、拟定框架和选条、组稿和编写、审稿、编辑加工、成书编辑、发稿 8 个阶段；编第二版时调整为总体设计、组稿撰稿、学科门类审稿加工、全书统编审改加工、全书通读检查 5 个大的阶段。不难看出，这种着眼于全书整体编纂的阶段划分，同第一版局限于学科卷编纂的程序有很大的区别。核心的一点，就是其中贯穿了为实现全书整体化而确立的"总—分—合—分—统"5 个工作步骤（见前）。

5 个大的流程阶段中，总体设计阶段的实体工作与 5 个工作步骤中的"总—分—合"3 个步骤相对应，又分为 3 个小的工作阶段。如前所述，编第一版时没有进行总框架设计，"拟定框架和选条"仅针对单个学科，学科选条一旦完成，这项工作即告结束。而编第二版时有了总框架设计，整个工作牵涉 80 多个学科，既要把它们严谨有序地组织到总框架中，还要在分学科拟出条目表后完成总体合拢的工作。因此总体设计阶段的实体工作分"总框架设计"（总）、"各学科选条"（分）、"产生全书总条目表"（合）3 个小的阶段完成。

总体设计阶段之后流程阶段调整的具体情况则是：编第一版时，在条目表产生后安排了"组稿和编写""审稿""编辑加工""成书编辑"4 个前后相接的工作阶段，它们仍然是为学科卷的编纂而设计。到编第二版时，同 5 个工作步骤之中的"分—统"两个步骤相对应，在分学科进行的组稿、撰稿之后，不仅要进行分学科的审稿和编辑加工，还要把所有的学科归拢，完成全书范围的统一审改。为此，在工作流程中设置了前后相接的"组稿撰稿""学科审稿加工"和"全书统编审稿加工""全书通读检查"4 个阶段。其中的"全书统编审稿加工"，重点是进行学科组群的审改，在组群内部解决条目交叉重复和内容形式统一的问题；"全书通读检查"，则是在全书条目按条头音序排列后，经过通读和专项检查两个步骤，在继续提高稿件质量的同时，最终把全书编成协调统一的整体。

上述对流程阶段划分的调整非常重要。新的阶段划分，既包含了编纂统编型综合性百科全书必须进行的工作项目，在程序安排上也符合各项目之间的衔接关系，这就从流程安排方面保证了第二版编纂任务的顺畅完成。

（三）增加了高层质量检查的工序

编纂第二版同编纂第一版时一样，在社内实行三审制，总编室同时进行稿件检查。但在此之外，增加了专门的质量检查工序。质检工作由编辑部组织资深老编辑承担，查出问题后向学科编辑回馈，协商敲定后再进行修改。

编纂过程中共安排了两次质量检查：一次是在学科条目表拟出之后，由综合组进行统一审查，为产生全书总条目表作准备。检查的项目包括：条目表的层次和结构划分是否正确，条目设置有无错误和遗漏，所设条目是否符合条目化标准、是否做到面向非专业读者，长中短及参见条的比例是否合理。此外还对学科之间的条目交叉重复和统一平衡问题提出处理意见。另一次质检是在学科定稿阶段，由质检小组对编辑加工后的各学科稿件实施抽查，大体上每学科查一个分支，目的是确保稿件质量，为以后的全书统编审改打下基础。检查的项目包括科学内容、数据资料、体例执行情况、文字表达水平、交叉重复处理等多个方面，有时还将所查条目同第一版的原条作对照比较。可以说，两次质检都进行得认真而又细致。

增加高层质量检查工序，是编第二版时编纂工艺的一项重要创新。这项工作的意义在于：第一，《全书》的工具书性质和国家级辞书地位要求它具有权威性，在质量上达到高标准，进行高层质检可强化把关工作。第二，统编型大型综合性百科全书条目数量巨大，撰稿人分散，学科选条、审稿和编辑加工由各学科分头进行。但全书在规范统一方面有着高要求，增加集中统一的高层质量监控，有助于使分散进行的编撰工作不偏离全书统一标准。从实施情况看，两次质检都取得了不错的效果。

（四）强化了通读和专项检查工作

通读和专项检查在编第一版时未被摆在重要位置，流程文件只是一般性地要求在成书编辑阶段完成这两项工作。但我社后来的编纂经验表明，这两项工作对保证书稿质量能起重要作用。所以编第二版时提升了它们的地位，在流程中专门设置了全书通读检查阶段。在第二版的实际编纂中，这两项工作的重要性进一步凸显。以通读而言，曾不止一次地进行，从具体工作要求和实际达到的效果看，已经改变了原来仅对稿件作常规审读的性质，被赋予了深入进行统编审改，全面提升稿件质量的任务。并且在参与者不分条目性质一律审读以外，还增加了“文读理”“理读文”的审读方式，通过变换审读视角来增强稿件审查的效果。可以说，这样的通读，对于完成统编任务，保证全书质量，起了非常关键的作用。另外，同编第一版时相比，第二版的专项检查工作也加强了力度。前文已提到，与全书通读同步，编辑部安排人员对书稿中的19个项目作了通查。这对于加强全书的科学性、规范统一性和检索性，无疑起了重要的作用。应当说，通读和专项检查工作的强化，是第二版编纂工艺更新改造的一项成功之举。

除此之外，在建立由质量管理、进度管理、人员管理、成本管理、技术平台管理等多项要素构成的编纂管理体系方面，编第二版时也作了有益的探索，取得了初步的成果。

应当指出的是，同制造工艺在工程技术项目中起重要作用一样，编纂工艺在百科全书文化工程项目中地位也十分重要。从原苏联百科全书出版社的内部资料可知，这家出版社在编纂《苏联大百科全书》第3版时，采用了科学的编纂方法和系统化的管理模式，有许多做法值得借鉴。同国外先进水平相比，我国大型综合性百科全书的编纂工艺仍有待改进，但编第二版时的进步表明，它已经摆脱原来不完善的操作方式，在向科学化的方向迈进。

五、编纂理论有了明显的提高

《全书》第二版的编纂采取编研结合方式，这在前期工作中表现得尤为突出。对于需要编一部什么样的百科全书，具体应当怎样编，均通过总结实践经验，借鉴国内外成果，深入进行研讨，在编辑部统一思想、得出结论后再施行于实际工作。因此编纂《全书》第二版，不仅在编书方面取得成果，而且编纂理论也获得丰收。特别值得提到的是，研讨不限于少数人进行，编辑部多数同志都独立撰写过论文。研讨过程中，部里还专门安排人员完成了 1998 年国家社科基金项目研究课题，成果采用论文集形式，以《大型综合性百科全书编纂的理论与运作》为标题，于 2007 年 1 月出版发行。编纂中的研讨在内容上是广泛的，覆盖了第二版编纂的各个方面。以下列举部分内容作简要的介绍。

（一）关于按学科分卷和按音序统编两种方式优劣的问题

编《全书》第一版采取了按学科分卷的编排形式。当时虽然知道它有不足，同国际上通行的全书统编的做法不合，但对于究竟存在哪些缺点尚不明确。编第二版时经过调研分析，大家对两种方式的优劣有了较为深入的认识，了解到按学科分卷的缺点主要在于：①因需要立卷的学科在知识分类系统中处于不完全相同的层位，全书各卷在学科层次上会出现错乱。②规模过小的学科在分卷出书的系列中难以安插，易使全书在知识门类上出现空缺。③因学科之间存在交叉，故相关的卷会有条目重叠、内容重复，从而产生篇幅的浪费。④部分跨学科知识主题因以学科立卷而不易设条，几个学科共有的主题会因分卷设条而信息离散。⑤读者查找不熟悉的主题，有时会因不知学科归属而无法找到。⑥学科独立成卷易导致内容偏专偏细、字数膨胀，各卷分别编纂又会产生条目失衡，且全书很难实现内容和形式上的真正统一。而如果采用全书一体化的统一编排，则不但上述缺点能够避免，而且因消除了学科分立导致的分割，又可将人类知识作为统一的整体向读者展现。至于方便读者个人购买的问题，完全可以在全书统一编排的同时，出重点学科单卷本加以解决。正因为有了上述理论性的认识，大家坚定了把第二版编成统编型综合性百科全书的决心。

（二）关于第二版和第一版关系的问题

为了编好《全书》第二版，在编纂之初就必须确定它同第一版是什么关系。经过研讨大家得出结论：第二版相对于第一版是一种“修订重编”关系。其中的“修订”，表明第二版不是另起炉灶，而是要以第一版为基础进行改造；“重编”则说明这种修订不是一般性的修改和补充，而是要作类似于新编的大的改动。具体来说就是，第二版要在全面总结第一版经验教训、得失利弊的基础上，通过借鉴国内外有益的编纂经验，在质量上有大的提升。要放弃第一版按学科分卷的编排方法，改为将所收学科的条目按条头汉语拼音音序统一编排。在保留第一版有价值的条目和资料的同时，要补齐第一版缺漏的学科和重要条目，并参考最恰当的知识分类方法，重新构筑全书框架。要对所收学科的条目进行整合，在学科之间补漏删重，平衡统一，编制出全书一体化的新的条目总表，并进而把分门别类的各学科知识，编撰成协调统一的人类知识综合体。要根据科学文化的发展、国内外情况的变化，对全书的知识内容和资料进行更新。要纠正第一版中的错误和不当，加强内容的科学性，提高条目的规范化水平，面向普通读者介绍知识。还要按照统编的要求重新编制全书的检索系统和附录。上述全面系统，带有质的规定性的认识，无疑有助于第二版编纂方案的制定，有利于在编纂过程中正确处理两个版次之间的关系。“修订重编”这一提法，在编纂之初就被写入了《全书》第二版“总体设计纲要”。

（三）关于第二版条目结构的问题

采用什么样的条目结构，也就是怎样处理阅读功能和检索功能的关系，在百科全书编纂中属于基础性问题。但编《全书》第一版时，对所采用的条目结构缺乏理解，未能从条目整体构成的角度去认识，只是片面地提出全书要“以中小条目为主”。编第二版时经过调研总结，大家认识到，世界各国编纂百科全书，在处理阅读功能和检索功能的关系上有 4 种模式：①强调阅读功能的大条目主义；②注重检索功能的小条目主义；③意在两方面兼顾、大小条目相结合的两极化结构形式；④立足于检索、兼顾阅读的大中小条目并用的结构形式。4 种模式中，①②两种缺点明显，不宜采用。第③种即《不列颠百科全书》第 15 版《详编》加《简编》的形式，它虽纠正了①②两种模式的缺点，使它们相互补充，但两个部分的划分增加了编纂的难度，阅读功能的成分偏大又同现代读者的检索意向存在距离。第④种以平凡社《世界大百科事典》为代表。在这种模式中，不同等级的条目自然搭配，使阅读和检索两种功能巧妙地结合；从上层大条目到下层小条目在数量上依次递增，明显是利于检索，兼顾阅读，适应了现代读者的需求。而《全书》第一版所采用的，实际上就是这种模式。鉴于它所具有的优点，第二版应该加以沿用。由于从理论上提高了认识，大家克服了在这一问题上的盲目性，加强了贯彻实行的自觉性。在第二版“总体设计纲要”中，已明确写入这一方针，指出：全书“以供读者寻检查阅为主，帮助读者系统学习为辅”，“采用大中小条目相结合，以中小条目为主的条目结构”。

（四）关于第二版条目选题和标名的问题

编《全书》第一版时，在条目设立的条件和条目标名的要求方面已经形成核心的观点。编第二版时经过总结研讨，补充和进一步诠释了有关的理论，并使之有了更加规整的理论形态。具体来说就是，首先以“条目化”概念框定总要求，说明选立的条目必须真正具备百科全书条目的特征，作为介绍知识的单元应当便于完整汇聚知识，作为查阅的对象应当具备便于检索的特性。然后以确立原则的方式，分别归纳出条目选题和条目标名的要求。提出的原则可分为不同的组合系列。其中一种系列是：选题方面包括“独立主题原则”“客观形成原则”和“单一主题原则”。确立这3条原则是因为，独立主题属于结构性的知识单元，能够完整汇聚知识，具有确定性和标记性，便于读者查找；只有在人们认识和改造世界的过程中客观形成的知识主题，才能为人们所悉知，具有公认的确定性，能为读者所想到；设单一主题而不设并列主题条目，可避免排列在后面的主题被掩藏，成为检索中的死角。标名方面则包括“准确性原则”“通用性原则”“名词性原则”和“简明性原则”。这是因为只有准确的名称，才能引导读者查到他所需要的主题；规范、约定俗成、为人们普遍知晓的名称，才能被读者想到；名词性的条名，才同条目注释对象所具有的静止态属性相匹配；简洁明了、凝练紧缩的条名，才符合它作为检索单元标识符号所应具有的形态特征。按另外的系列确立的原则如，关于条目的选题，还总结出“‘班长’原则”和“收缩原则”。前者是说，如果上层的原生、主体概念是读者需要查找的，一般来说应首先选立为条目，而不可在它空缺的情况下，去选立下属的派生概念条目。后者是说，凡是属于独立概念的一个侧面，自身又未形成独立概念的条目（非独立主题条目），应该归并、收缩到上层相对应的独立概念条目（独立主题条目）中去。上述关于条目选题和标名的理论成果，大部分在“编写体例”和“选条原则”中得到反映，在《全书》第二版的选条工作中发挥了积极的作用。

（五）关于第二版释文撰写要求的问题

关于释文撰写要求，在原来认识的基础上也有了补充和完善。例如关于释文内容完整，编第一版时着眼于内容要素齐备、各结构性部分齐全。到编第二版时这已显得不够，因为在统一编排的第二版里，几个学科共有的主题不再分立，合并为一个条目后内容已不是单学科的，这就需要增加跨学科条目的内容应当综合的新标准，这是第二版向统编转型后必须增设的综合性方面的新要求。又如过去强调百科全书具有客观性，在释文中要对不同学术见解作客观介绍。编第二版时认识到这一要求固然不错，但孤立地提不够全面。百科全书作为工具书首先必须提供标准的知识，规范性是它不可或缺的属性。所以据以撰写释文的学术观点应该是得到公认的，在没有公认观点的情况下至少是学术界作为主流观点对待的。与此同时遵循客观性原则，把重要的不同学术见解介绍给读者。这一认识把规范性和客观性看作是百科全书编纂中一对不可分割的概念，认为二者都是工具书性质所要求的，只有全面把握才能完成好传播知识的任务。再如在介绍知识求新方面，编第一版时偏重于事实材料新，编第二版时有了新认识，认为求“新”不仅包括事实材料，还意味着要用时代的新观点来回顾历史、解释当代，组织材料、勾画重点。并认为，反映发展变化，把握新的视角，贯穿时代精神，体现着一部大型综合性百科全书的编纂质量和时代价值，在撰写释文时决不应该忽视。除此之外，编第二版期间同释文撰写要求有关的研究成果还有：条目分类编写提纲的性质、作用及执行时需注意的问题，定性语和引言式定性叙述的形式及它们使用的条件，增强释文可读性可采用的具体方法等。以上理论成果有一部分已经写进“编写体例”，对第二版释文的撰写和审改起了规范作用。

（六）关于第二版审稿和编辑加工的问题

对于怎样进行审稿和编辑加工，编第二版时配合工作进程也进行了研究。在审稿方面，重点涉及学科编辑的一审：关于一审的程序，提出了分审各个条目、组群条目合审和学科条目统审 3 个步骤。关于一审的内容，提出了审条头，审定义和定性叙述，审科学内容，审核心内容，审政治内容，审体例执行，审条目特色，审图片，审字数、审综合性等 10 个项目。关于审稿的方法，提出了粗审—细审—再审的逻辑程序。关于一审的任务，提出了判断稿件是否合格，对不合格稿件退稿重写或提出大修改意见，对基本合格稿件提出局部修改意见等。在编辑加工方面，则分总体和加工项目两个方面作了研究：前一方面的研究界定了编辑加工的内涵，辨析了这项工作的特点及同审稿的关系，提出了这项工作应该遵循的原则，提示了进行这项工作需作的准备，说明了这项工作的一般性步骤。后一方面的研究归纳出 14 个加工项目，分别提出具体要求。它们包括：补充释文中遗漏的内容，纠正释文中的错误和不准确之处，调整不符合格式化要求的释文结构，改正不符合百科文体要求的表述方式，修改作者没有讲清楚的话语，增强释文的可读性，改正文字表达上的错误，协调条目之间的关系，压缩超标的条目字数，处理条头中的问题，解决图片和表格中的问题，处理推荐书目中的问题，解决文内参见和索引选题方面的问题，处理技术规格方面的问题等。上述成果为学科审稿和编辑加工提供了实用性参考，有助于这两项工作的顺利开展。

（七）关于第二版内容索引的问题

内容索引是百科全书的重要检索渠道，从《全书》第一版读者调查可知，在这部书的 6 种检索方式中，使用过内容索引的读者在数量上位列第二，仅次于使用过分类目录的读者。《全书》第二版不设分类目录，内容索引的重要性势必更加突出。因此在编第二版时十分重视对它的研究，研究成果也比以前更加精细和理论化。例如，关于索引选题的条件，从知识内容的角度，提出所选主题必须同所在条目的主题紧密相关，不但在所属学科中是重要的，对于读者来说是需要的，而且主题包含的内容在释文中能够找到。又如，关于索引选题的标准，提出所选主题必须是独立的概念或事物，不能是 A+B 式的；它们在标名上应当准确，有最大专指度，符合名词性和简明性的标准。再如，关于索引款目的格式，提出应具备 3 项要素，即索引标目、索引说明和索引出处，其中第二项在索引词本身已能专指的情况下可以省略。另外，又从便于读者扩大检索范围出发，提出索引条之间可互设参见。除此之外，还从索引条排列的形态和方式，整体上有无形成知识框架，篇幅简明还是庞大，交互参见是疏还是密等方面，剖析了简式索引和复式索引的差别。并且提出，简式索引能够满足寻检查阅者的需要，复式索引更加适合系统学习者使用，而现代读者使用百科全书的主要方式是寻检查阅，因此在人力、资金缺乏，出书时间紧迫的情况下，《全书》第二版以编制一套简式索引更为合宜。以上理论成果在第二版的内容索引编制工作中得到应用，对产生编制方案、规范索引选条、提高索引功效发挥了积极作用。

（八）关于综合性百科全书主体综合性和时代性、国度性的问题

在《全书》第二版编纂期间取得的理论成果中，主体综合性和时代性、国度性问题属于层次较高的理论问题。关于时代性和国度性（有时称为国家性或民族性），在以往的研究中曾有涉及，这次提出主体综合性概念，以之统摄时代性和国度性，这在研究中尚属首次。所谓主体综合性，首先是综合性百科全书具有自身的主体性：它不仅是人类知识的总汇，而且有自己相对独立的体系；它既同科学的各个学科相关联，但

又不从属于这些学科；它作为传播科学文化知识的工具书，在编纂中有着自身的主体目标。而综合性百科全书的这种主体性又主导着它的综合性，即要求在对人类知识的汇聚和综合中，体现出某种主体意识，包括自然观、社会观，以及对世界总体及人生的看法。主体综合性同时代性和国度性的关系则如下：时代性和国度性是主体性要求的具体体现。主体通过综合，从人类社会和科学文化发展的全局出发，全面地反映时代，汇聚和综合时代性的成果。不但展示出时代的面貌，而且通过对已有成果的介绍，以及对发展中问题和解决问题途径的提示，帮助人们把握方向、看到未来。主体性不可能脱离一个国家的科学、文化政策和主体意识，因为每一部百科全书都是在特定的国度中编纂。因此主体综合性必然要求突出国度性，充分展现本国成果，弘扬国家和民族精神。十分明显，上述理论不但能提高人们对综合性百科全书性质和功能的认识，而且可使编纂者了解自己的职责，自觉地站在时代和国家的高度，按照主体综合性的要求正确处理编纂中遇到的问题，高水平地编出反映时代特点，具有本国特色，符合历史前进方向，促进科学文化发展和社会进步的综合性百科全书。

以上所述并不是这一时期研究成果的全部，但从中已能大致看出理论研究方面的收获。另外，前文中所谈的编纂工作的成果，实际上也反映出理论研究的成效。让人欣喜的是，理论研究的成果不但支撑了《全书》第二版的编纂，提升了这部国家级百科全书的质量，而且极大地丰富了我国的百科全书编纂理论，有力地推动了百科全书编纂学在我国的发展。

（说明：过茜燕、周茵、楼遂、李西琴、卢红、李晓红、郭继艳、王慧霖、刘艳等同志为本文的撰写提供了部分资料，特此表示感谢）

本文完成于 2011 年 5 月

谈《中国少年儿童百科全书》编纂的得与失
——兼及少儿百科全书的编纂要领

近年来，国内出版了一批少儿百科全书。这当中，浙江教育出版社所出的四卷本《中国少年儿童百科全书》（1991 年）称得上是较好的一部。这部书以丰富的知识内容和少年儿童喜闻乐见的形式，赢得小读者的欢心，成为当前的畅销书。我国编纂少儿百科全书刚刚起步，缺乏经验，编纂和出版这部书无疑是一次可贵的探索。对这部书进行剖析，发现优点并找出不足，将有助于人们了解少儿百科全书的编纂要求，为今后的编纂提供参考。

一

《中国少年儿童百科全书》的成功之处很多，突出的有以下几点：

（一）全书知识框架合理，为选收适合于少儿读者的条目打下了基础

作为综合性的少儿百科全书，这部书知识覆盖面广，共涉及学科和知识门类 60 多个。面对知识的众多领域，构拟一个好的框架，以容纳为小读者所需要的知识，是至关重要的工作。编纂者在这方面巧妙构思，把全书所收的知识分作“自然 • 环境”“科学 • 技术”“人类 • 社会”“文化 • 艺术”四大部分（四卷），总共用 55 个专题概括，各专题又分成若干个小专题。

值得称道的是，这个框架避开了从学科角度对知识划分的路径，构

成框架的大小专题，都只是一些针对少年儿童的科普性知识栏目。其中有些专题，内容局限于一个学科范围，但它们不拘泥于学科体系。如“化学世界”专题，便由“从宇宙到原子”“化学世界的语言”“化学家的技巧”“化学的创造”“化学与生命”“生活中的化学”“奇异的化学”7个小专题组成，明显地是从小读者的水平和兴趣出发介绍化学知识，科普色彩十分浓厚。有些专题跨了几个学科，如“地球纵横”“工业之窗”“国际知识”“图书博物”等。它们内容宽泛，同样避免了学科体系的约束，是具有科普特点的一般性知识概览。另外一些专题为分割某一学科而形成，介绍知识虽稍详细，但仍不失科普性质。还有若干综合性专题，它们中如“自然之谜”“文化之谜”等汇集趣味性知识，“华夏科技”“中华英杰”等兼有思想教育目的。这些专题也具有科普性质，面向少年儿童的针对性十分明显。

不难看出，《中国少年儿童百科全书》的知识框架是根据读者对象的特点精心设计的。它同许多成人百科全书的框架迥然有别。由于百科全书的框架设计为选收条目服务，选条的范围和方向受到框架的制约，因此这样一个框架对于一部少儿百科全书来说有着无可置疑的优越性：第一，它在结构形式上摆脱了机械的学科划分和严格的学科体系束缚，使条目选收避免了专业上所要求的繁详专深；第二，它以面向少年儿童的科普性知识专题为结构单元，从而使选条在深浅度、趣味性和针对性方面，有了明确的指向。可以说，这是一个比较成功的少儿百科全书的知识框架，它为全书内容的少儿化奠定了基础。

需要指出的是，这个框架不但在今后编纂其他少儿百科全书时可供借鉴，而且对于那种把反映学科划分和学科体系的学术性框架，当成百科全书框架唯一模式的片面认识，也是一种纠正。从现有资料可知，国外有许多少儿和幼儿百科全书在选收条目时不采用学术性框架，《中国少年儿童百科全书》在这方面与它们属于相同的类型。

（二）选条立目有鲜明的少儿特点，同时注意了对科技新知识条目的选收

1. 这部书共收条目 5000 多个。编纂者熟悉少年儿童的特点和少儿教育所担负的任务，所选条目的少儿特色非常鲜明。

科学知识浩繁复杂，编纂者从少年儿童的实际需要出发，删繁就简，只把他们能理解的、最关键的知识主题列为条目。如“图书博物”专题中的图书馆概说部分，仅列入“智慧的宝藏——图书馆”“书海的航标——图书分类法”“读书的向导——书目”“探宝的钥匙——目录”等 6 个条目，而它们对于少年儿童了解图书馆，学会利用图书馆恰恰是最必需的，非常有用（在条名的中心词前附加修饰词语造成检索不便，需采取补救措施，这一点在后文将谈及）。

少年儿童学习课外知识，缺乏明确的实用动机，在很大程度上受“直接兴趣”的支配。编纂者重视这种阅读心理，除在“自然之谜”“文化之谜”专题中列入一批带有神秘色彩的诱人条目外，还选收了其他许多趣味性条目，如“施放烟幕的乌贼”“欢歌曼舞的琴鸟”“兔儿爷与中秋节”“专开玩笑的愚人节”等。有趣的内容加上有趣的条名，显然易受小读者喜爱。即使对于那些不容易写出趣味性的条目，也常冠以新颖的条名，让小读者乐于去阅读。如哲学的条名是“使人聪明的学问——哲学”，血管的条名是“四通八达的交通线——血管”，就都很有吸引力。

少年儿童处在发育成长阶段，世界观正在形成过程中。针对这一情况，编纂者注意选收同少年儿童健康成长有关的条目，如“姿态与体态”“青春期卫生”“自学与自立”“知识与技能”“五爱公德”“集体主义”“尊老爱幼”“礼貌待人”“幸福观”“金钱观”等。并设置介绍古今中外著名人物成才之路的条目，如“少年立志的茅以升”“苦练基本功的纪昌”“虚心好学的梁启超”“珍惜时间的鲁迅”“持之以

恒的竺可桢”“独立思考的高斯”等，这些条目都可给小读者以启迪。特别是书中选录了一批少儿人物条目，既有当代小英雄“赖宁”，也有古代“十二岁任上卿的甘罗”“突破重围请救兵的荀灌”“抗金小英雄岳云”……这些少儿人物无疑能对小读者起激励作用，其中不少是一般成人辞书中所查不到的。这些做法，充分反映出编纂者为小读者服务的良苦用心。

围绕少年儿童的生活天地，这部书还收录了增长生活知识的条目。如“糖精不是糖”“五彩缤纷的焰火”“磁带录音机”“电路安全报警器——保险丝”等。它们使小读者了解生活中的科学，同样具有针对性。

2. 介绍新知识是一部成功的百科全书必须具有的“品格”。这部书注重介绍科技新成果，设有基因工程、仿生学、生态农业、光纤通信、人工智能等方面的条目数十个，引导少年儿童进入科技发展的新世界。难能可贵的是，这部书还特设“科坛展望”专题，收录了“无师自教的电子黑板”“宇宙工厂”“自动人行道”等一批展望未来科技发展的条目。少年儿童是未来世界的建设者，应该让他们知晓未来的发展，为此，国外有的儿童百科全书便设有“未来世界”条目。这部书向小读者展示明天的科技世界，充分显示出编纂者所具有的少儿教育的战略眼光。

（三）条目编排和释文格式切合小读者的实际，在发挥阅读和检索两种功能方面作了统一安排

众所周知，一部百科全书的条目采取何种方式编排不是任意确定的。大多数现代成人百科全书主要用于检索，为了寻检方便，常常采用音序编排法。然而少儿百科全书的情况有所不同：少年儿童处在学校教育阶段，课程学习是生活中主要内容，独立意识尚未完全树立，遇到疑难问题多依靠老师（还有家长）讲解，为释疑解惑而求教于工具书的机

会远不像成年人那么多，他们拿到百科全书主要是进行课外阅读，这就决定了阅读功能在少儿百科全书中一般应居首要地位，这在国内辞书学界目前已是很多人的共识。这部书的编纂者把握了这一特点，舍弃音序编排法，将条目按内容分类编排，使小读者可顺序连贯阅读，提高了书的阅读功能，这无疑符合少年儿童的实际要求。

这部书的条目释文，也没有盲目套用一般成人百科全书那种为便于检索而按固定程式展开的模式，而是采取贯畅自由的普通读物形式。这顺应了少年儿童的阅读习惯，增强了可读性，同样有利于阅读功能的发挥。

强化阅读功能不意味着放弃检索功能，少儿百科全书的任务之一，就是培养小读者的独立意识和自学能力，让他们从小就学会查阅百科工具书。为了实现这一目标，在国外有一种“训练”百科全书，它的用途，就是让小读者在长大后到档次更高的百科全书中进行检索作好准备。《中国少年儿童百科全书》的编纂者意识到这部书所担负的责任，在书中增辟检索渠道，设置笔画索引。从而使这部书如“前言”中所说，既可以“顺序阅读”，“也可以运用笔画索引，随时查阅”。这表明编纂者在使这部书发挥两种功能方面有着通盘的考虑。

（四）释文编写合乎少儿认知规律，图片配置有助于理解释文、激发阅读兴趣和进行美育

1. 用易于接受的方式把科学知识传授给普通读者，从来就是普及性百科全书编纂中的一个难题。对于少儿百科全书，情况就更是如此。令人欣喜的是，这部书的编者和作者遵从少年儿童认知的规律，打破了通常所谓的百科全书（其实是成人百科全书）在释文表达方面的禁忌，运用多种巧妙的手法，把条目编写得有声有色，使它们能够为少儿读者所接受。

少儿读者基础课业尚未学完，通俗易懂是释文编写第一要旨。这部

书把握了这一尺度，条目释文多浅显易懂，很多艰深的内容被省略掉。如在“古铜镜”条中，对铜镜的两大系统和类型划分等专业性知识均不予介绍，主要谈铜镜的历史演变，也很扼要，整条释文读起来相当好懂。专业术语是小读者阅读的障碍，书中尽量不用。难以避开时，往往作通俗的解释，绝不吝惜笔墨。如“盈亏圆缺的月相”条，分别对“朔”“望”“上弦月”“下弦月”几个关键性术语进行解说，从而使小读者能顺利地理解释文内容。总起来看，这部书恰当地掌握了简与详的关系，该简则简，该详则详，目的都是让释文通俗易懂。而这正是少儿辞书释文编写技巧的得体运用。

少年儿童的抽象思维正处在发展之中，形象思维占据重要地位，形象和直观，是向他们成功讲授知识的重要秘诀。这部书照此规则办事，介绍具体对象常用生动形象的描述性语言，讲述事理多通过具体例证。使用描述性语言如“哥特式建筑——巴黎圣母院”条。此条对教堂的外观和内景作了带有文学笔法的描述，让小读者形象地感受到哥特式建筑的特征，领会到这种建筑的宗教意图，其效果是抽象介绍的方式所达不到的。应用具体例证如“来自地底的力——重力”条。此条以熟透了的苹果只会往下落，使劲往上跳总是要落回地面，火箭燃料用尽后仍然要降下来为例，启发小读者去体会看不见、摸不着的重力的存在，效果也十分明显。另外，有的条目还以形象比喻说明抽象理论。如“生产力与生产关系”条用量体裁衣作比喻，说明生产关系必须适合生产力的发展，这就使深奥的理论变得易于理解。采用以上形象、直观的介绍方法，明显提高了释文通俗化的程度。

这部书不仅文字优美流畅，笔调轻松活泼，让小读者喜爱，还从知识中挖掘趣味去吸引他们。如“聪明伶俐的猴”条，介绍野猴群居生活趣事种种，读来就非常有趣。又如一些少数民族条目，重点描述美丽的服饰和有趣的民族习俗，引人入胜。不少条目还结合内容引入神话、传说和故事。如天文星座条目结合古希腊神话进行讲述。“人类文明的使者——铜矿”条，通过一名西班牙军官负债逃入山中，因发现山石上的铜绿——孔雀石而找到大铜矿的故事，介绍了凭借孔雀石找矿的知识。根据有关的研究，少年儿童在阅读兴趣方面先后处于“传说期”“童话期”和“故事期”。因而书中采取这种做法，无疑可提高小读者阅读的积极性。

2. 图片在少儿百科全书中起举足轻重的作用。这部书的编纂者非常重视配图。全书图片总数达5000余幅，其中《自然•环境》《科学•技术》两卷，图片占据版面的2/5以上。书中所配图片皆浅近易懂，许多图幅是专门为小读者绘制的。一些图片能使小读者对文中介绍的实物获得视觉形象上的直观了解，另一些图片能帮助理解文中所讲的科学道理，或引导小读者去探究、思索。大量的插图满足了小读者对图片的爱好。它们变无形为有形，化高深为浅近，成为向小读者普及科学知识的有力工具。

在少儿百科全书中，图片仅仅起帮助理解的作用是远远不够的，它们还应当在激发阅读兴趣和进行美育方面发挥作用。这部书在后两方面做得也很出色。书中插图美观，绘制的图片水平很高，不但配有彩图，而且所有的随文黑白图都罩上美丽的彩色，从而使图片具有观赏价值。不少插图富有少儿情趣，令小读者神往。如对人物采用夸张变形手法，表现得生动有趣；动物画成幼崽形象，活泼可爱。还有部分插图超出“释义”范围，可供单独欣赏。这些都能激起小读者阅读浏览的兴味。而赏心悦目的图片，又可使少年儿童受到美的感染和熏陶，培养美感，提高对于美的鉴赏力。不难看出，这其中渗透着编纂者关心小读者美育的苦心。可以说，这部书的图片，很好地完成了少儿百科全书中的图片所应担负的任务。

除以上4点以外，这部书还有其他一些优点。例如：在正文之外附有表格，一些人物条目旁添置了名人警句，使书的内容更加丰富多彩；总共400多万字篇幅，每卷略多于100万字，分量能为少年儿童所接受；定价不高，一般可单卷购买，对小读者和家长非常适宜和方便。这些无疑也是可取之处。

二

同任何事物都不可能十全十美一样，《中国少年儿童百科全书》也有不足之处，主要表现在：

（一）条目选收在少年儿童能够接受的范围内存在某些疏漏

例如，在地理知识方面，缺少世界各主要国家条目。“人体保健”专题中，没有人类主要疾病条目。“古代中国”专题里，未收古代重要少数民族条目。“近现代中国”专题中，缺少反映旧中国面貌的租界、治外法权、洋行、三座大山等条目。“世界史事”专题里，遗漏黑奴贸易、东印度公司、产业革命等条目。“经济常识”专题中，没有帝国主义、殖民地、半殖民地等条目。“法律法规”专题里，遗缺律师、见证人、未成年人保护法等条目。“兵器博览”专题中，完全没有古代冷兵器条目……作为一部部头不算小的少儿百科全书，这些条目按理说是应当列入的。

这就不能不让人提出疑问：发生上述情况的原因是什么？因为不限于零星的遗漏，有的是整块知识缺失，而且这部书又是由北京师范大学交叉学科研究会的专家编写，本不应出现这种情况，所以问题可能出在编纂方法上。看起来，在根据少年儿童特点，设计全书框架和进行条目选收时，编纂者忽略了一项基本原则，即百科全书不论采取何种框架形式，选条归根结底要以知识分类和学科体系为依托。人类知识浩如烟海，如果不借助知识分类和学科体系，就无法理清头绪，也难以防止遗漏，其中包括发生结构性的缺失。

这部书条目有疏漏，可能还因为指导思想存在偏颇，那就是对人文社会科学知识相对忽视。例如，书中对我国古代主要科技成就收录得比较全面，文化成就却介绍得不够，像《论语》《周易》《孙子兵法》《二十五史》《永乐大典》《四库全书》等有代表性的文化典籍，便都无条目。科技范围的“兵器博览”专题，详细列了104个兵器条目，但像战争、反侵略战争、阵地战、运动战、游击战、闪电战、军队编制、义务兵役制等社会科学方面的军事知识，却未设条。另外，书中也没有收列人类社会发展史条目，缺少马克思主义、列宁主义、毛泽东思想、邓小平理论、四项基本原则等条目。

（二）条目设置、条名设计、释文编写有不符合百科全书编纂规则之处

1. 百科全书条目必须是独立的知识主题（如“知识”“鸦片战争”），这在百科全书编纂中已是定则。这是因为独立的主题是知识构成中的结构性单元，具有公认的确定性和包含某一方面知识的标志性，以它们立条，读者想得到，便于查找。但这部书的许多条目不合乎这一条件，如“引起注意的因素”“用词准确”“古战场赤壁在哪里”等，分别只是注意、词（或词的运用）、赤壁古战场等独立主题的组成部分。这一类条目以分割独立主题的方式设立，是非结构性的知识单元，读者通常不容易想到，从检索的角度考虑，它们有可能成为死条。正确的做法是，把这些分割的主题分别包括到各自所属的独立主题中去。

还有一些条目，它们的名称不能准确反映条目内容，或者不是规范用语。前者如介绍数学知识的两个条目标名为“泥板的故事”“金字塔和纸草书”，条名同数学主题完全不挂钩。后者如介绍印尼古代佛塔婆罗浮屠的条目，标名为“千年佛坛是谁创造”，“千年佛坛”不是规范名称，对于所介绍的佛塔不能确指。这一类条目同样难以查找。

书中大量的条目，为了有趣、新颖，在条名前边加上了修饰语，这

本是积极的做法，已如前述。却因条名的第一个字同标引条目主题的中心词词头有别，造成检索不便。例如，经过修饰，“中华民族”和“智能机”分别变成了“勤劳勇敢的中华民族”“增强智慧的智能机”，而小读者是不大可能按条名的第一个字“勤”和“增”去笔画索引中查找这两个条目的。另外，笔画索引中的条名，多只截取正文条名的中心词，如“独具一格的超声照相”变成了“超声照相”，“采访报道的专业人员——记者”变成了“记者”。正文和索引的这种不一致，给通过索引查找条目也带来麻烦。其实这两个问题要加以解决并不困难。假如采用国内已经翻译出版的不列颠版《儿童百科全书》的方法，在正文和目录中每个条目都用两个条名——用以检索的规范化正名和用来吸引小读者的趣味性副名标示，查找起来就很方便（如这部书香蕉条的正名是“香蕉”，副名是“热带丛林中的金子”）。同时，由于正文中有了单纯由中心词构成的规范化条名，上述正文中条名和笔画索引不一致的毛病，也就不复存在。

2. 这部书顺应少年儿童的阅读习惯，不套用一般成人百科全书的释文格式，是正确的。但放弃了点睛之笔——定义，又让人感到略有不足。释文从抽象的定义起始，固然不符合小读者的思维特点，然而完全可以通过释文中的陈述，巧妙地引出定义，再用特殊记号加以标明（例如采用醒目的不同字体）。写入定义的好处，是能使少年儿童从小熟悉百科全书揭示概念内涵的逻辑方法，学会通过定义，去把握对象的本质特征。这无疑有助于训练他们的抽象思维。至于如何从释文中辨认定义等，则可在前言中加以说明。顺带指出，这部书没有关于使用方法的详细解说，也应视为缺点。因为关于书的体例形式和检索方式等，小读者比成年人更需要得到编者的解说和指导。

此外，这部书没有设内容索引和文内参见，以提高包含在条目中知识信息的利用率，未能像国外一些少儿百科全书那样，在正文以外，开辟指导课外学习和活动的栏目，把书编得更加生动活泼，成为少年儿童更广泛意义上的良师益友，这些也是让人觉得欠缺之处。

综上所述，《中国少年儿童百科全书》最突出的优点，是少儿特色鲜明，而这正是一部少儿百科全书生命力之所在。不足之处，是编纂时对百科全书的编纂规则注意得不够。这部书给我们的启示是，少儿百科全书有着不同于成人百科全书的特殊编纂规律，编纂者在编纂时必须掌握好这种百科全书的编纂要领，即牢牢把握少年儿童读者对象的特点，并据此得法地运用百科全书的编纂技巧。

本文原载《编辑学刊》1995 年第 1 期，2018 年修改

我国少儿百科全书的创新之作
——谈《新世纪中学生百科全书》的编纂特色

20 世纪 80 年代以来，国内陆续出版了一批为少年儿童编纂的百科全书，其中有些受到小读者和家长们的欢迎。1998 年初，中国大百科全书出版社推出《新世纪中学生百科全书》（以下简称《新世纪》），这部书主要面向初中学生，收录了近 2000 个条目、千幅图片，总共有 200 多万字。它是我国诸多少儿百科全书中的一部创新之作。

《新世纪》以传授科学知识为目标，但在知识的构成方面同以往出版的少儿百科全书有所不同：它不是纯粹的课外读物，而是围绕中学教学大纲，以学生已有的课堂知识为基点，对知识作适度扩展的课外读物。这种读物的优点有二：第一，学生在课外阅读中可复习和巩固已有的课堂重点知识（因不与课本雷同，这种复习不是简单重复），因而可直接为课堂学习服务；第二，因是以课堂知识为依托进行扩展，符合了人们学习时通过已知达到未知的认知规律，从而有利于学生对新知识的掌握。《新世纪》采用这种编法，表明它的编纂者抓住了中学生增长知识以课堂学习为主的特点，同时注意了在传授知识时按照认知的规律办事。从百科全书类型划分的角度看，《新世纪》同国内现有的纯知识性的“图书馆型”百科全书不一样，它既可用于一般阅读或检索，又可用于学生的课堂辅助学习，属于兼有实用性的“图书馆—学校型”百科全书（国外常见此种类型）。它的问世，为我国自己编纂的百科全书增添了一种新的类型。

《新世纪》的另一特色，是注重全面提高学生素质，它是国内第一部明确提出以素质教育为目标的少儿百科全书。这部书在对学生进行智育的同时，重视德育、体育和美育：不仅设有语文、历史、地理、数学、物理、化学、生物等方面的条目，还有向学生进行思想品德教育和传授体育、艺术知识的条目。它力求扩大学生的视野，增加他们的自然和社会知识，在中学课程涉及的主学科之外，同时收入天文、农业、医学、经济、法律、军事、民俗方面的条目。它注重实用性，让小读者了解生活中的科学，收有“家庭安全用电”“火灾和逃生”“照相机”“电子游戏机”“家庭常备药物”一类贴近生活的条目。并且还帮助学生提高动手能力，选收了讲述操作要领的“化学实验室安全知识”“植物标本制作”“动物标本制作”等条目。上述种种，充分反映了编纂者致力于学生素质教育的良苦用心。

小读者读不读得懂，爱不爱读，是少儿百科全书编纂是否成功的一项重要标准。为了做到这一点，《新世纪》在提高条目可读性方面有所创新：它的条目不采用一般成人百科全书那种以定性叙述为起点的释文模式，也区别于国内其他少儿百科全书那种普通文章式的写法，而是在释文开头安排能引发小读者阅读兴趣和求知欲望的知识切入点。加上释文表述简明通俗，行文风格比较流畅，配有直观美丽的图片，因而这部书很受学生们的喜爱。在出版以后进行的调查中，受调查者对这部书普遍反映不错，其中有的师生、家长说它“令人爱不释手”“百看不厌”。最突出的一个例子，是上海的一名中学生原来厌恶物理课学习，通过阅读书中的“人造卫星”“宇宙飞船”“机器人”“计算机”“纳米材料”等条目，培养了学习兴趣，开始喜欢起物理课来。

为中学生编纂的百科全书应当具备两种特质：既是少儿读物，又是百科工具书。在达到后一目标方面，《新世纪》可说具有独家优势。它由国内唯一的一家百科全书专业出版社出版，是一部相当规范的百科工具书。显著的标志，一是所设条目具有可检索性，二是书中配备了 4 种检索渠道，检索十分方便。而这些在国内的少儿百科全书中，是从来没有过的。毫无疑问，少儿辞书以供阅读为主，这在国内辞书学界已是多数人的共识。但不应忘记，在提供知识的同时，培养学生的自学能力同样重要，这可使他们终身受益；而在现代社会，懂得向工具书求教并善于使用工具书，恰是自学能力的重要一环。在国外就有专门为少年儿童编纂的所谓“训练”百科全书，其用途之一，就是训练小读者，让他们为长大以后使用成人百科全书作好准备。《新世纪》的编者在强化书的阅读功能的同时，重视检索功能，不忘培养学生使用百科工具书的本领，这在突出素质教育的今天，值得称道。

还应当提到的是书后的问题导读索引，即以列出问题的方式去指导学生查阅。这完全是站在孩子的角度，按照孩子的需求进行的设计，抓住了小读者的学习心理和求知特点。配置这种索引，在国内出版的少儿百科全书中也是一种创新。

《新世纪》也有不足之处，它没有利用附录，给小读者提供各种有用的资料，如历史大事记、各国首都、重要节日、世界名山大川、列为保护对象的珍稀动植物等；而内容丰富的附录在国外的少儿百科全书中常可见到。另外，它采用了对于中学生来说显得死板的成人工具书传统形式的“凡例”，而没有采用国外流行的那种图文结合，形象直观，适合于少年儿童使用的“查阅指南”，应当说这也是一处缺陷。

些微的不足不会掩盖取得的成绩，《新世纪》的编纂者在我国少儿百科全书的创新方面已经迈出了可喜的一步。

原载《出版发行研究》2001 年第 6 期，2018 年修改

学科编纂研究

《中国大百科全书·考古学》卷选条报告

《中国大百科全书·考古学》卷（以下简称《考古学》卷）的选条工作开始于 1979 年 12 月。条目表由《考古学》卷分编委会（最初是筹备组）拟订，于 1980 至 1981 年先后产生第一、第二和第三稿。在拟订过程中，《考古学》卷编辑组曾数次以书面形式提出修改意见；第二稿拟出后，在全国考古、文物、博物馆、历史学界广泛征求过意见，共收到意见 100 多份。这次送审的是经过再次修改的条目表第三稿。以下从条目选收的范围、知识单元的划分和选收条目的数量，各类条目选收的要求，选收条目时注意的若干问题，条目规模方面的协调平衡，参见条目的设置，框架和条目的学科特点，同国外百科全书考古条目的比较等 7 个方面，向领导作一汇报。

一、条目选收的范围以及知识单元的划分和选收条目的数量

《考古学》卷的选条范围，主要根据考古学的学科范围划定。它包括：①考古学的理论、方法、技术手段和分支学科划分；②考古学的学科发展史；③考古学发掘和研究的对象，包括遗迹、遗物、古人类化石、考古学文化，以及断代考古和考古学时代等。在此范围内，对条目的选收力求知识覆盖面全，在知识的构成上完整和系统。考古学同不少其他学科存在内容交叉，但因为《中国大百科全书》（以下简称《全书》）按学科分卷出版，《考古学》卷具有相对独立性，所以选条时没

有过多考虑同其他学科重复的问题，而是从方便读者的使用出发，依据本卷书在内容方面的实际需要进行选条。

《考古学》卷没有收入那些通常被称为“考古”，但实际上不属于考古学的知识，例如关于传世古代文物及其修复、鉴定的知识，博物馆保管、陈列方面的知识，一般名胜古迹的知识等。但对于分属于建筑史和美术史研究范围的唐宋以来古建筑及其附属的雕塑和壁画，因为考虑到它们属于地方考古、文物工作者工作的范围，而这一群体人数甚多，是未来大有希望购买本卷书的读者，此外一般读者对它们也需要了解，所以择要选收了其中的部分内容。另外，为了读者查阅和学习的便利，对于考古学研究中经常涉及的一些相邻学科的知识，也收录条目进行介绍，例如“第四纪地质学”“第四纪生物学”等。

在以上范围内，《考古学》卷共设置了 7 个条目分支，它们是:【考古学概论】【中国旧石器时代考古】【中国中石器和新石器时代考古】【商周考古】【秦汉考古】【三国两晋南北朝—明考古】【国外考古】。如果加上这一卷卷首的学科概观性文章“考古学”，则全卷共包括 8 个大的知识单元。到目前为止，全卷共选收条目 970 个。

二、各类条目选收的要求

根据《全书》的整体设计，《考古学》卷为一卷规模，120 万字左右。在此篇幅内，遵照百科全书概要介绍知识的原则，《全书》面向综合性百科全书读者对象的原则，以及条目具有中国特色的原则进行选收，各类条目的具体收录要求如下：

1. 分支学科条目。凡国内考古研究中的主干分支学科基本上收齐，国外考古研究中按地区或国家划分的分支学科一般不收，其余的只择要收取。凡在框架中作为结构性部分的分支学科，包括大分支和附属于它们的小分支，一般设统领性质的分支学科总论条，前者如“秦汉考古”，后者如“中国石窟寺考古”。没有成为结构性部分的分支学科，另在【考古学概论】部分设简要介绍的分支学科概述条，如“金石学”“古钱学”等。

2. 理论方法条目。因《全书》不是专业性百科全书，故《考古学》卷对本学科据以进行发掘和研究的理论、方法，只择要选取介绍。列为条目的如内容比较重要，在介绍考古学知识时经常会提到，因而需要为读者进行概念解释的理论性知识主题“考古学文化”，以及内容不太深僻，一般读者能够理解的同类主题“文化传播论”等。而对于那些内容比较专深，主要对专业人员有用的应用性理论和方法，如考古地层学、考古类型学、考古发掘、探方等则不予设条，有关它们的知识，拟放入学科概观性文章“考古学”中作简要的介绍。

3. 应用技术条目。出于与前述相同的原因，《考古学》卷不收同考古调查和考古发掘有关的传统应用技术条目，相关知识同样放在概观性文章“考古学”中讲述。但鉴于现代科学技术的应用对考古学的发展意义重大，选条时收录了一批年代测定方面的应用技术条目，如“古地磁断代”“放射性碳素断代”等；同时设置了“现代科学技术在考古上的应用”条，比较全面系统地向读者介绍现代考古技术方面的知识。

4. 考古学史条目。考古学史的内容可区分为中、外两部分，选条时区别对待。其中对中国考古学史设置了专条，比较系统地介绍这门科学在中国发展的历程；外国考古学史则不设专条，相关内容准备放在学科概观性文章“考古学”中概要讲述。另外，同考古学史有关的还有学者、著作、刊物、机构、团体等方面的主题，对于他（它）们只选择重要者设条。

5. 考古学时代条目。鉴于考古学时代是学科研究中的基础性综合研究课题，因此对各考古学时代基本上收齐。其中内容已在“史前考古学”条中作了介绍的“旧石器时代”“中石器时代”“新石器时代”3条被设为参见条，内容没有包含于其他条目中的“铜石并用时代”“青铜时代”“早期铁器时代”3 条被设为实条。

6. 断代考古条目。断代考古知识在中、外考古部分都有，对它们同样区别对待。凡中国考古的各个时代一律设置断代考古条目，它们既是各考古时代的统领条，又多是分支学科总论条，例如“中国旧石器时代考古”“中国新石器时代考古”“商周考古”“隋唐考古”等。而对国外考古部分的各个地区或国家，则不统一设置这类条目，是否设条视考古发掘和研究的状况而定。如中亚地区的旧石器时代和中石器时代分别设有断代考古条目，而这一地区的新石器时代至历史时代均未设立此类条目。

7. 考古学文化条目。这一类条目也按照中外区别对待的原则处理。对于中国的考古学文化，凡重要者基本上收齐。选收的条目如新石器时代的“仰韶文化”“大汶口文化”“马家窑文化”“良渚文化”，商周时代的“二里头文化”“夏家店下层文化”“辛店文化”等。对国外部分的这一类条目选收时从严，一般仅将各地区或国家最具代表性的文化设为条目，如中亚设新石器时代的“哲通文化”“克尔捷米纳尔文化”，南亚设青铜时代的“哈拉帕文化”等。但对于在一个时代形成系列，具有跨地区断代标尺作用的考古学文化则尽可能收齐，如欧洲旧石器时代从阿布维利文化到马格德林文化的 8 个主干文化，因符合这一条件而全部选收为条目。

8. 遗迹、遗物类别条目。凡遗迹、遗物中基本的大类，特别是中国考古中常见的种类，都在【考古学概论】部分设立条目，既解释概念，又通述演变发展，如“岩画”“中国古代建筑”“石器”“铜器”“玉器”“简牍”“中国古代瓷器”等。对于细分的种类（如石器中的砍斫器、尖状器），则一般不予设条。此外，还在中国考古的各个断代部分，进一步选取本时代具有代表性的类别设条，如“商代墓葬”“商代甲骨”“东周货币”“汉代冶铁遗址”“秦汉瓦当”“唐代金银器”等。而对于仅见于国外考古的遗迹、遗物种类，则只选取少数极富代表性的类别设条，如日本的“三角缘神兽镜”、古埃及的“金字塔”和“狮身人面像”等。

9. 遗迹、遗物和古人类化石条目。因遗迹、遗物和古人类化石在考古发现中数量巨大，故只能选择其中对考古和历史研究意义重大的设条。尤其是国外部分选收的标准更严，设为条目的只限于各地区或国家具有代表性的考古发现。其中，中国部分设为条目的如“半坡遗址”“大汶口墓地”“殷墟”“敦煌石窟”“应县木塔”“利簋”“房山石经”“北京人”等，国外部分设为条目的如“耶利哥遗址”“罗马古城遗址”“阿旃陀石窟”“吴哥寺”“爪哇人”等。

三、选收条目时注意的若干问题

除前面汇报中提到的选收各类条目的要求外，《考古学》卷在选条时还注意了以下一些方面的问题：

（一）注意突出中国特色和兼顾世界的关系

如前面所汇报，遵照全书的宗旨，《考古学》卷在选收各类条目时，重点选收了中国考古方面的条目。中国考古部分 5 个分支的条目相加，合计字数约 78 万字，约占总字数的 66%；国外考古部分的条目约 22 万字，约占总字数的 18%。中国考古条目的选收，做到了能完整系统地介绍基本情况；国外考古部分选条，只是对各个地区或国家的标志性文化遗存作点状或块状的介绍。但在突出中国特色的同时，贯彻了《全书》宗旨规定的全面反映世界的要求：不但把国外的重要考古成果介绍给读者，还选列了反映中外文化关系的条目。国外考古知识的介绍虽然不要求完整系统，但条目覆盖的面全，不仅包括西亚、北非、南亚、东南欧、南欧等古代文明发达地区，而且包括亚洲、非洲、欧洲其他地区及美洲、大洋洲地区。也就是说，《考古学》卷选收条目做到了面向整个世界，在世界的背景上突出中国。

（二）注意介绍中原以外地区的考古发现成果

鉴于我国光辉灿烂的古代文化是由华夏族、汉族和各兄弟民族共同创造，《考古学》卷除收录介绍中原地区考古发现的条目外，还注意选收介绍中原以外地区（包括今天少数民族地区）考古发现的条目。其中中国旧石器时代部分，选收了介绍东北、内蒙古、新疆、青藏、四川、云贵、东南沿海地区的古人类化石和旧石器文化的条目，中国中石器和新石器时代部分，列入了介绍中原以外地区的考古学文化和遗址、墓葬的条目。进入历史时代以后的各个部分，选收了介绍北方、西北、西南地区考古学文化的条目，以及介绍匈奴、西域诸国、高句丽、渤海、吐蕃、南诏、契丹、女真、西夏、回鹘等古代少数民族文化遗存的条目。

台湾是我国领土不可分割的部分，《考古学》卷没有忽略对台湾地区考古的介绍。不但设立了“左镇人”“长滨文化”“大坌坑遗址”等实条，“八仙洞遗址”“凤鼻头遗址”等参见条，还计划在“中国东南地区人类化石和旧石器文化”“华南和西南地区新石器文化”两条中，对台湾地区的旧石器时代和新石器时代考古遗存，概要地进行综合性介绍。

（三）注意反映新成果和确保稳定性

《考古学》卷重视介绍考古发现中的新成果，中国考古部分选收了20世纪70年代后期以来的重要新成果条目30多条。所选条目如：旧石器时代的“和县人”，新石器时代的“河姆渡文化”“磁山文化”“裴李岗文化”，商周时代的“妇好墓”“周原遗址”“西周甲骨”“曾侯乙墓”“中山王墓”，秦汉时代的“秦兵马俑坑”等。所选新成果见诸考古文献日期的下限，目前一般截止到1980年。以后准备补收至1981甚至1982年。

为了确保《考古学》卷知识的稳定性，选收条目时确定了这样一条原则：凡是发掘资料未经正式发表的考古遗存，一般不予收录。这是因为发掘出土的资料在发表前需经过系统的排比整理，科学的断代研究，所以正式发表的资料通常都是稳定可靠的。确立了这条原则，选收的条目在内容上的稳定性便可得到保证。

（四）注意照顾不同的学术观点

选收条目时照顾不同学术观点的问题主要存在于中国新石器时代考古部分。考古学界在这一时代的某些文化怎样定名，以及某些类型的遗存能否确立为考古学文化的问题上，存在着学术观点的分歧，因而选收条目时产生了争议。《考古学》卷处理这一类问题的原则是贯彻双百方针。一种处理方法是，当遇到个别分歧严重、相持不下的问题时，从加强学术界团结出发，照顾双方的观点，把两种名称都列为条目。例如，鲁南、苏北的一种原始文化，有人主张叫“大汶口文化”，有人主张叫“青莲岗文化”，选条时两者兼收。前一条介绍文化的内涵，后一条对这类遗存发现和研究的经过，定名及其意见分歧的情况作客观和历史的介绍，两条的内容互相参见。另一种处理方法是，设立条目时避开争议，选择双方都能够接受的方案。例如，对于山东省滕州市北辛遗址的内涵，有人认为主要属于青莲岗文化，有人认为属于一种新发现的遗存，主张命名为北辛文化。设条时不在文化归属问题上纠缠，而是以“北辛遗址”立条，让双方都能接受。对于双方的意见分歧，则准备以后放在条目释文中进行客观的介绍。

（五）注意涉外问题的处理

由于古代与今日的国家疆域不同，中国古代的遗迹、遗物在周边地区国家曾有发现，如朝鲜有著名的乐浪汉墓，蒙古人民共和国境内发现过唐代突厥的阙特勤碑等。《考古学》卷在遇到这一类问题时，采取了既尊重历史、又尊重现实的态度，注意将古代遗存内涵和现代地区归属二者区分开来。即遗迹、遗物位于现在的哪一国领土，便把它们的条目放在条目表（以后转化为分类目录）中的哪一国考古部分，如“乐浪汉墓”条置于【朝鲜半岛地区考古】部分，“阙特勤碑”条放在【蒙古人民共和国境内考古】部分等。而对于遗迹、遗物本身，则要求以实事求是的科学态度确定名称（如定名为“乐浪汉墓”而不采用今天所在国使用的名称），以后以同样的态度进行撰写，不与今日的地域归属混为一谈。因这一类条目牵涉到对外关系，故准备在条目撰写完毕后上报外交部审批。

（六）注意介绍知识的系统性

《考古学》卷选收条目注意了知识系统性方面的要求，因为系统性是百科全书的重要属性之一。

1. 前已汇报，《考古学》卷的条目系统包括 7 个分支。其中，【考古学概论】分支介绍考古学的理论、方法和技术手段，考古学的分支学科，考古学时代的划分，遗迹、遗物的重要类别，以及考古学发展史方面的知识，分支内部相应按这些内容进行结构划分。【中国旧石器时代考古】至【三国两晋南北朝—明考古】5 个分支，以及【国外考古】分支，分别介绍中、外考古的发现和研究成果。其中中国考古 5 个分支的设置和排列，既遵循历史发展线索，又反映出国内考古研究中分支学科实际划分的情况；5 个分支的内部，再按地区划分，或以遗址、墓葬、遗物为序进行排列。国外考古部分则先按地区或国家分列，每个部分再按时代先后排序。在【考古学概论】部分，已设有“旧石器时代”“中石器时代”“新石器时代”“铜石并用时代”“青铜时代”“早期铁器时代”6 个考古学时代条目，从知识的层次关系来看，它们实际上起到了分别总括和统领后面中、外两大部分相关时代考古条目的作用。而中国考古部分的每个时代分支或进一步划分的小阶段，又有“中国旧石器时代考古”“秦汉考古”“隋唐考古”等一批断代考古条目统领，国外考古部分一些地区或国家的重要断代部分，也有断代考古条目起统领作用。因此总起来看，《考古学》卷所收条目在知识的构成和条目的排列及组合关系上，正确地反映了学科的体系，在总体上具有较强的系统性。

2. 在《考古学》卷选收的条目中，不但有介绍个别事物的条目（如遗迹、遗物条目、古人类化石条目），而且有一定数量的综述性条目。后者的种类包括：考古学史条目、现代考古技术综述条目、考古学时代条目、断代考古条目、考古学文化条目、遗迹或遗物类别条目。它们的字数分为长条和中条，而以中条居多数。这些综述条在《考古学》卷中起统领或贯通作用，例如，“商周考古”条统领商周考古部分的条目，“秦汉墓葬”条统领秦汉时代的墓葬条目，“玉器”条对不同时代的玉器进行贯通性介绍等。综述性条目的任务，是以相对较长的篇幅系统地综述本主题范围内的知识。由于它们的存在，《考古学》卷提供给读者的，不限于零散的个别事物的状况，还包括由个别事物集合而成的断代或发展的全貌。这就在条目分割的情况下，使所介绍的考古学知识在一定程度上保持了系统的面貌。这些综述条从纵、横两个方面支撑起《考古学》卷的框架，构成框架的梁柱，条目系列的主干。它们在考古学知识的网络中起网结作用，使众多条目得以系统地连接起来。也就是说，这些综述条的存在，从知识内容的层面，保证了《考古学》卷知识的系统性。

（七）注意与知识性词典相区分

前已汇报，《考古学》卷遵照面向综合性百科全书读者对象的原则选收条目，没有收入过专过细的知识主题。表现在选条的层次纵深上，为一般选至知识层次划分的第五层，而不去选收层次更低的主题。这就是说，《考古学》卷选条时注意了与专业性百科全书的区别。除此之外，还注意了与知识性词典相区分。具体表现为，在约120万字的篇幅内，安排了970个条目（不包括参见条目），它们长、中、短搭配，以中、短条目为主（其中中条目在数量上略占优势），平均每条约1200字，在条目的大小也就是包含的知识量方面，不同于知识性词典的规格。国内目前没有出版考古学词典，但综合性词典《辞海》中的考古词条属于知识性词条，可用来比对，它们的条均字数不足200字。另外，《考古学》卷所设条目中包含有综述性条目，而这种条目在主要进行概念解释的知识性词典中一般是不收录的。应当说，这也是《考古学》卷在条目设置方面与知识性词典不同之处。

四、条目规模方面的协调平衡

《考古学》卷选条，力求实现全卷条目之间的协调和平衡，做到不同类型的条目在字数上有不同的规格，同一类型的条目在字数上有相同的尺度。以下为不同类型条目在字数等级方面的情况：

1. 分支学科和相邻学科的概述条目：重要者为中条，一般性的为短条。

2. 考古学理论、方法和现代考古技术条目：重要者为中条，一般性的为短条。

3. 考古学史条目：仅有“中国考古学史”一条，篇幅为长条。

4. 人物、著作条目：少数重要者为中条，一般为短条。

5. 刊物、机构、团体条目：一律为短条。

6. 考古学时代条目：立为实条者一律为长条。

7. 断代考古条目：这一类条目在规格上区分中外，中国部分作为分支学科统领条的断代考古条目一律为长条，下属的地区断代考古条目为中条；国外一个地区或国家的断代考古条目为长条或中条。

8. 考古学文化条目：一般为长条或中条，少数为短条。

9. 遗迹、遗物类别条目：分为综述性的和概念解释性的两种。前者中少数重要者为长条，一般为中条；后者一律为短条。

10. 遗迹、遗物、古人类化石条目：这一类条目也区分中外，中国考古部分的，重要者为中条，一般性的为短条；国外考古部分的，少数十分重要者为中条，其余皆为短条。

在实行上述规定时，允许存在个别特例。例如，遗迹条目中的“安阳殷墟”条，古人类化石条目中的“北京人”条，因考古发现的材料丰富，内容重要，都被定为长条，超过同类条目的字数标准。

由于按照以上标准统一安排，《考古学》卷选收的条目在篇幅上不存在畸轻畸重现象。

五、参见条目的设置

《考古学》卷目前收有参见条目 232 条，如以体例文件中规定的占条目总数 10% 的标准衡量，明显偏多。计划在以后修订条目表的过程中将比例缩减下来。

《考古学》卷已经设置和计划设置的参见条目共有 3 类：①重要程度居于条目和索引条之间，内容可放在其他条目之中顺带介绍的知识主题。②虽然比较重要，但因考古材料发现不多而不便于独立介绍，或内容放在其他条目中介绍更为有利的主题。③一些条目所介绍事物的重要异名。其中前两种大多属于下层条目对上层条目的参见（如“仰韶遗址”参见“仰韶文化”），少数为错综相关条目之间的参见（如“赵明诚”参见“金石录”）；第三种则属于同层同主题的参见。3 种参见条目中，第一种数量最多，主要是重要性稍次的遗迹、遗物和古人类化石，如“象鼻嘴汉墓”参见“长沙汉墓”，“兴隆铁范”参见“东周铁器”，“河套人”参见“萨拉乌苏遗址”。第二种数量不多，如阿房宫虽然知名度高，地位重要，但遗址未经大规模发掘，考古材料甚少，故将其设为参见条，内容参见“咸阳秦宫殿遗址”；磁山文化、裴李岗文化虽然内容重要，但它们都可归入华北早期新石器文化，而后者为20世纪70年代考古学界提出的新概念，在中国新石器时代考古研究中意义重大，故以此概念设条，让“磁山文化”“裴李岗文化”参见“华北早期新石器文化”。第三种目前尚未列入，准备由作者在撰稿时提出，统一审定后再编入条目表。上述3种参见条中，第二种参见条的主题虽然重要，但在被参见条目中不容易给它们安排定义，因此准备将它们作为“展开型参见条”处理，即在条头后面写出定义，其余内容由被参见条目介绍。

六、框架和条目的学科特点

《考古学》卷的框架和条目具有以下方面的学科特点：

（一）理论方法和应用技术部分比重较小

考古学不属于理论性强的学科，基本理论在学科知识中所占比重较小。在考古学中，大量进行的是对考古材料的发掘和研究，研究结论的得出依据材料说话，基本上不存在纯理论的研究，从这个意义上讲，考古学是一门实践性较强的学科。这种情况反映在《考古学》卷的框架和条目上，必然是理论部分所占比例较小。从目前情况看，【考古学概论】部分的理论条目，加上学科概观性文章“考古学”中预计的理论部分，总共仅约1万字。同《世界经济》卷中基本理论部分约25万字（据此卷条目表四稿统计），《法学》卷中一般理论部分达10余万字（据此卷条目总表未定稿统计）相比，悬殊颇大。从调查可知，考古学基本理论条目在日本平凡社《世界大百科事典》中约10 600字，《苏联大百科全书》第2版中有两条约1100字（均未计入“考古学”条中的理论部分），在考古学理论所占比例偏小这一点上，这两部百科全书的情况和我们一样。另外，考古学方法和考古学应用技术在《考古学》卷中所占比重也不大。考古学的调查、发掘、整理和研究虽然离不开方法和应用技术，但总的来说，考古学是对调查、发掘材料进行阐释的学科，不同于为工程制造服务的应用学科，因此方法和应用技术部分所占比例偏小也属于合理现象。

（二）学科研究对象部分按地域划分和按时代排列

考古学属于人文学科，这一类学科通常具有地域性，不但进行总体的研究，还要进行地区或国别的研究（例如历史学科和文学艺术各学科）。因此如前面所汇报的，《考古学》卷的学科研究对象部分，除去考古学概论分支中属于总体性的内容外，按地域分为中、外两大部分，其中的国外考古部分又按地区或国家作进一步的划分。

考古学是“根据实物史料研究人类社会历史的科学”，是“历史科学的一个部门”（《辞海》“考古学”条）。这一学科性质，决定了《考古学》卷学科研究对象部分的条目，在按地域划分后所采取的排列方式。具体来说就是：中国考古部分分为在时间上前后衔接的 5 个分支，其中跨越朝代的分支，内部按朝代的先后排序；国外考古部分每个地区或国家的内部，同样以时代先后为序排列。在每个时代或朝代的部分，古人类化石、遗迹、遗物、考古学文化条目，同样按年代的早晚列出。十分明显，这种把考古条目按时代归类，据年代早晚进行排列的结构形式，使《考古学》卷的条目系列，能够展示出人类物质文化和社会发展的历史脉络，从而在体系上符合作为历史科学一个部门的考古学的学科特点。可以作为参照的是，20 世纪 50 年代以来国内系统介绍考古学研究成果的科学著作，一般也都是按年代早晚进行内容的编排。除此之外需要说明的是，国内考古学研究的划分实际上并不限于目前框架中所列的 5 大分支，另外还有中国石窟寺考古分支，以及分别研究甲骨、碑刻、青铜器、陶瓷器等内容的分支。但《考古学》卷在制定框架时，并没有把它们独立出来，而是让它们归附于各自相关联的考古时代，纳入按时代排列的条目系统。例如让碑刻条目分属于【秦汉考古】和【三国两晋南北朝—明考古】两个分支，把中国石窟寺考古归入【三国两晋南北朝—明考古】分支等。这种分类方法，使《考古学》卷的条目框架和条目系统避免了结构关系上的混杂，在体系上实现了一元化，做到同考古学的学科性质完全相符。如果跟《中国历史》卷和《外国历史》卷进行比较，可以看出，《考古学》卷的框架结构和条目系统，在按时代排列方面，与它们属于同一种类型。

（三）学科研究对象条目按考古发掘和研究的单元或课题设立

《考古学》卷选收学科研究对象条目，以遗址、墓葬、遗物、古人类化石、石窟、古建筑、遗迹遗物类别、考古学文化、断代考古、考古学时代等为基本单位。它们或者是考古发掘、研究的基本单元（如遗址、墓地、墓葬），或者是考古研究中的基础性综合研究课题（如考古学文化、断代考古），均属于独立和有确定性的知识主题，且均有固定的词或词组（专名、术语）指称。以它们为单位设立条目，符合考古学知识的实际划分情况，较好地包容了考古发现和研究的成果，同时便于读者检索。可以说，这样的主题划分和条目设立形式，同样是由考古学的学科特点所决定。从调查可知，国外百科全书考古条目的主题，一般也不超出这一范围，在这一点上，《考古学》卷与它们基本相同。《中国历史》卷和《外国历史》卷以人物、事件、制度、职官、民族、王朝、国别史综述等为条目单位，《考古学》卷在这方面同它们不一样，明显地具有自身特点。

七、同国外百科全书考古条目的比较

因受到所掌握资料的局限，目前只能同《不列颠百科全书》第 15

版（以下简称《不列颠百科全书》）、《苏联大百科全书》第2版（以下简称《苏百》）、日本平凡社《世界大百科事典》1973年版（以下简称《事典》）进行粗略的比较，具体如下：

（一）本国考古条目所占比例方面的比较

在本国考古条目所占比例方面，这3部国外的百科全书大体分为两种类型。《不列颠百科全书》和《事典》情况相同，本国考古条目数量不多，前者只有数十条，后者仅占考古条目总数的23%，约138条。《苏百》属于另一种类型，本国考古条目的比例高达64%左右。造成这种差异的原因，显然在于对本国考古的研究在整个考古研究中所占的位置。《不列颠百科全书》最初在英国出版，后转至美国；《事典》为日本代表性的百科全书。这几个国家的古代文明相对来说不够发达，其中英、日两国的国土面积还很小，因此这几个国家的考古研究，不同程度上依赖于在国外（例如西亚、北非、南亚、拉丁美洲）进行的考古工作。基于这种情况，这两部百科全书中本国考古条目所占比例自然较小。苏联的情况不同，国土面积大，地下考古遗存相对丰富，从帝俄时代开始，便以发掘和研究本国的考古资料为主，因此在所出百科全书的考古部分，本国考古条目所占比例较大。《考古学》卷在本国考古条目的比重方面，和《苏百》属于同一类型，所占比例约为66%。中国是历史悠久的文明古国，考古发现数量之大在全世界首屈一指。中国的考古发掘完全是在本国国土上进行，考古研究的内容基本上不超出本国考古的范围。因此，在《考古学》卷中本国考古条目的比重大，完全符合这门学科在我国发展的实际状况。

（二）长中短条目比例关系方面的比较

前面已经汇报，在《考古学》卷所收条目中，长、中、短条目合理搭配，配备有必要数量的综述性条目。但《不列颠百科全书》和《苏百》的情况不完全是这样。《不列颠百科全书》从总体上看，是《详编》大条目和《简编》小条目互相补充，但考古部分比较特殊。在《详编》中没有给考古学以完全独立的地位，除收有“考古学”条和几个考古学家的条目外，其余同考古学有关的内容，散见于历史、地理、建筑、美术、宗教和服装等类条目之中。而绝大部分考古条目见于《简编》部分，它们开列甚详，却都是词典式条目，比较细碎。因此《不列颠百科全书》的考古条目在总体上以小条目为主。《苏百》所收考古条目也相当细琐，总共有 518 条，其中短条为 464 条，占总数的 89%。在《不列颠百科全书》的考古条目中，综述性条目不多。《苏百》中有“考古学”“石器时代”“青铜时代”“铁器时代”等几个比较大的综述性条目，以及数十个考古学文化条目，但没有断代考古和遗迹、遗物类别等综述性条目，总起来看，综述条的数量不够充足，种类也不齐全。

从上述情况不难看出，《考古学》卷所收条目，在知识的完整性和系统性方面超过《不列颠百科全书》和《苏百》，条目的框架结构比这两部百科全书的考古部分严密。出现这种情况的原因不外两点：第一，中国是历史悠久的文明古国，发掘出土的考古遗存再现了光辉的古代历史，因而考古条目是展现《全书》中国特色的重要部分，相对于《不列颠百科全书》和《苏百》来说，理应收录得比较详备。第二，同打通所有学科混合编排，不孤立着眼于某一个学科的《不列颠百科全书》和《苏百》不一样，《全书》是以学科立卷，《考古学》卷作为相对独立的卷册，所收的本学科知识必须完整和系统。为此，框架结构和条目设置要能够反映学科知识的体系，长、中、短条目的配置要考虑到系统介绍知识的要求，综述性条目的选收自然也会种类齐全。

当然，作为百科工具书，不应当忽略检索性标准。《考古学》卷在选收条目时，注意了这方面的要求：在长、中、短条目并存的情况下，让中、短条目在数量上占优势；凡是内容重要的中、下层位知识主题，一般都独立设条。这就是说，注意了方便读者检索的问题。总起来看，《考古学》卷设置条目，遵循了系统性和检索性二者兼顾的原则。

（三）条目体系结构方面的比较

与《不列颠百科全书》和《苏百》不同，《事典》考古部分注意了长、中、短条目的搭配，综述性条目占有一定的比例。但在条目的体系结构方面与《考古学》卷不一样。通过对《事典》考古条目的分析可以发现，《事典》对考古学研究对象的介绍在某种程度上可以分为两个系统：一个系统以考古学上的时代划分条目为主干条目，具体如“旧石器时代”“新石器时代”，以及日本考古学上的“先陶器时代”“绳纹式文化”（绳纹时代的文化）等，这属于以社会历史发展为线索的系统；另一个系统以贯通各时代，包罗各地区和国家的遗迹、遗物类别条目为主干条目，具体如“居住址”“青铜器”等，这是介绍遗迹、遗物发展演变的系统。后一个系统的规模很庞大，其中 4000 字以上的长条目有 11 个，同时还包括一系列中条目。

《事典》考古条目在介绍社会历史发展的系统之外，并存一个带有独立性的介绍遗迹、遗物演变的系统，这表明，《事典》的编者在注意了考古学的历史科学属性的同时，一定程度上是按照日本现代考古学创导人滨田耕作的见解，把考古学当作“只供给对于遗迹遗物的各个知识”，专门“研究过去人类的物质遗物”的学科来对待的。不难看出，《事典》考古条目所展现的学科体系，是一种带有混合性质、包含二元因素的体系。

《考古学》卷所收条目在体系结构方面与此有别，如前面所汇报的，对学科研究对象的介绍只存在一个系统——以社会历史发展为主线索的系统。在这个系统中，考古学时代条目、断代考古条目、考古学文化条目是主干条目，从总体上看它们规模庞大，数量充足。其中的考古学时代条目统领各地区、各时代的所有条目，立为实条者全部是长条目。断代考古条目分别统领各地区或国家不同时代的条目，中国考古部分的断代考古条目全部是长条目，国外考古部分的有长条目也有中条目。考古学文化条目的数量相当多，大多数为长、中条目的篇幅。以上几类条目，在《考古学》卷的条目系统中起了主要的支撑作用。《考古学》卷也有遗迹、遗物类别条目，但数量有限，多数为中条篇幅，附属在以社会历史发展为主线索的体系之内，不构成独立的条目系统，地位远不如《事典》中的遗迹、遗物类别条目那么重要。它们的任务是补断代介绍之不足，在历史发展主线索之中起辅助和配合的作用。《考古学》卷的条目采取上述体系结构，说明是把考古学当作“根据实物史料研究人类社会历史的科学”，“历史科学的一个部门”来对待的。与《事典》考古条目的体系带有混合性质、包含二元因素不同，《考古学》卷的条目体系是一元的，在设计上严格遵循了考古学的科学定义。

以上汇报不知是否正确，请领导审阅、批示。

（说明：本文是 1981 年《考古学》卷选条过程中为送审条目表而写的报告，选入本论文集进行修改时作了压缩精简。1981 年处于《全书》编撰初期阶段，因此报告中所论证的大多是学科卷选条中最为基础性的问题。其中所谈到的中条目在数量上占优势，源于执行当时社会科学编辑部领导的主张。后来笔者经过研究，放弃了对这一观点的支持）

本文修改完成于 2008 年 4 月

《中国大百科全书·考古学》编辑组四年工作总结

《中国大百科全书·考古学》（以下简称《考古学》卷）的编撰工作起步于1979年4月。在出版社、编辑部和全书总编委会的领导下，经过调研准备、组织编写队伍、制定框架和选收条目、组稿和撰稿几个阶段，已于今年1月进入审稿阶段。在此期间大体上完成了以下任务：①为编纂工作准备了一套外国百科全书考古条目方面的参考资料。②建立和逐步健全了社外编写组织。③完成了全卷条目框架（以下简称框架）和条目表的制定。④撰写出样条并准备了针对本卷编写的体例文件及讲解体例规则的宣传材料。⑤完成了全卷80%以上稿件的撰写。⑥初审了超过全部条目1/3的370多篇稿件。⑦复审了旧石器时代考古分支的35个条目的稿件。此外，还开始进行旧石器时代考古分支的配图和特约编辑改稿工作，以及全卷的专有名词译名统一和资料复核准备工作。

《考古学》卷编辑组的人员组成情况如下：在成立之初由张遵修同志负责，先后参加工作的有张荣庆、杨川、魏杰等同志。在此期间进行了调研和资料准备工作，并开始社外编写组织的筹建。1980年1月胡人瑞同志调进我社，参加这一卷的工作。同年因《中国大百科全书》（以下简称《全书》）的编纂工作逐渐铺开，大部分同志调去参加其他卷的工作，至下半年组内只剩下胡人瑞同志一人。1981年底，因工作需要，从贵州省博物馆借调来赵雅琴同志。1982年9月，从吉林大学考古系分配来翟德芳同志。到目前为止，《考古学》卷编辑组共有编辑人员3名，由胡人瑞同志担任责任编辑。

4年来，《考古学》卷编辑组的工作取得了一些成绩，也出现过某些缺点。目前我社正开展全社性的工作总结，借此机会对编辑组的工作认真进行回顾，找出经验，发现问题，无疑对今后的工作是有益的。

一、关于建立社外编写组织

《考古学》卷编辑组对建立社外编写组织的工作非常重视。早在这一卷上马之初，张遵修同志便赴西安参加中国考古学会成立大会和全国考古工作规划会议，联系专家，协商组建《考古学》卷分编委会事宜。此后编辑组一直把这项工作摆在重要位置。1979年5月，分编委会筹备组及各临时编写组成立，年底，拟订框架和选收条目的工作起动。1981年1月，经过调整和充实，分编委会及各编写组正式成立。此后在分编委会、编写组和编辑组的共同努力下，先后完成了制定学科条目表的工作和大部分撰稿工作。1983年初，在分编委会主持下，已有一个编写组召开了审稿会议。会后由编写组负责，开始了分支稿件的修改。4年来的工作使我们深切体会到，编撰《全书》这样的大型、高档百科全书离不开社外编写组织，学科分编委会和分支学科编写组的组成是否得当，直接关系到编撰工作的开展，以及学科卷的质量。

《考古学》卷的分编委会和编写组，在组成人员上以中国社会科学院考古研究所为主体，吸收了北京大学历史系考古专业（1982年改为考古系）、中国科学院古脊椎动物与古人类研究所、中国社会科学院历史研究所、吉林大学历史系、杭州大学历史系等单位的同志参加，集中了国内最著名的考古专家。分编委会主任、社科院考古所名誉所长夏鼐同志是考古学界元老，众望所归。分编委会成员中包括了裴文中、苏秉琦、贾兰坡等一批考古学界名宿。7个编写组的主编，或者年富力强，或者虽然年老但身体健康，能够从事实际工作。7名主编中，有6名（包括夏鼐）同时为分编委会核心领导成员，分任正、副主任，组成分编委会常务领导班子。这样一个编写组织，无疑具有权威性、实干性和组织工作的效能，既相对集中便于工作，又兼顾了广泛性，能够团结考古学界各方面的学者和专家。

为了便于开展工作，分编委会和编写组设置了事务班子：分编委会设秘书 2 人，各编写组成员（正、副主编以外的编写组组成人员）兼任本编写组秘书职务。他们皆为中年同志，有充沛的精力，虽不脱产，但作为秘书职责分明。这样的安排，使得编撰方面的事务工作有人抓，组织联系工作有人管，非常有利于工作的开展。

由于《考古学》卷的社外编写组织主要是以一个单位为依托而组成，分编委会和编写组明显地有一种类似于承包的责任感。分编委会领导即单位的领导，可以借助行政系统的力量提高编撰工作的效率，例如以布置工作的方式安排任务，给承担任务的同志提供时间上的保证，并督促任务的完成等。这无疑给《考古学》卷的编撰带来极大的便利。这样的分编委会工作主动，责任心强，在实际工作中，凡是同分编委会商定的事情，一般来说都能够落实，通过分编委会布置的任务，一般来说都有完成的保障。由于分编委会主任和编写组正、副主编都实际主持工作，在秘书的协助下完成工作任务，因此编撰工作进展得十分顺畅。又因为有两级秘书班子承担编撰事务工作和组织联系工作，大大减轻了《考古学》卷编辑组在这方面的负担，使得能把大部分精力投放到编辑业务工作上。此外，人员相对集中于一个单位，还避免了因单位分隔和学术界矛盾而造成的互相推诿、扯皮现象，从而使工作受阻、无法进展的情况不会发生。

《考古学》卷的分编委会和编写组，代表了国内考古学术的最高水平。分编委会主任夏鼐同志学识渊博，具有处理整个学科综合性、概观性问题的能力，编写组正、副主编都是本分支领域的学术权威，这些无疑为提高框架、条目的学术水平和稿件的学术质量，提供了有力的保证。1981 年产生的《考古学》卷条目总表，曾在全国考古、文物、博物馆、历史学界广泛征求意见，得到专家们的普遍认同。在不久前举行的旧石器时代考古分支审稿会上，正、副主编在稿件的学术把关方面起了十分关键的作用，对提交审查的35个条目稿件中的13个提出了重大或比较重大的修改意见，纠正和妥善处理了稿件中存在的学术质量问题。这些充分表明，真正有水平的编委会主任和编写组正、副主编，对于条目表的成功制定，稿件学术质量的提高，能够发挥多么大的威力。他们的这种作用，是任何其他人所难以起到的。

鉴于以上情况，我们认为：①组建一个有权威性、实干性和组织工作效能，既相对集中，又照顾“五湖四海”，真正代表本学科最高水平的社外编写组织，是保证编撰工作顺利开展，保证框架、条目和稿件在学术上具有高质量的根本条件。②在条件允许的情况下，完善组织机构，设立办事人员班子，是加强分编委会和编写组工作效能，提高编撰工作效率，并有助于出版社编辑人员集中精力做好编辑业务工作的一种有效途径。③主要依靠一个合适的学术单位建立编写组织，虽然有时在编撰计划的执行方面，会受到这个单位本身工作安排的某些影响，但总起来看，不失为一种对编撰工作十分有利的工作方式。

二、关于同社外专家的合作

在4年来的编撰工作中，《考古学》卷编辑组同社外专家进行了密切的合作。编辑组为贯彻出版社意图，执行出版社计划，认真地同分编委会和编写组协商，在工作中紧密配合。还通过会议讨论、书信来往和登门拜访的方式，同包括撰稿人在内的各方面专家交换意见。从工作进行的情况来看，无论是制订框架、选收条目，还是撰稿、审稿，专家都发挥了无可替代的作用。在工作中我们深切体会到，编纂百科全书必须依靠社外专家，假如没有他们的参与和热心支持，百科全书编辑将寸步难行。

不过因为百科全书编撰工作的特殊性，编辑在同专家合作时不应该忘记自己所担负的责任。在这方面我们的做法是，在尊重专家，借助他们的学识，充分发挥他们的力量的同时，坚持出版社在执行工作流程和贯彻编写体例方面的主导作用。毫无疑问，社外专家学识渊博，在本身的学科领域是权威，其中有的对百科全书也有一定程度的了解。但他们毕竟不专门从事百科全书编辑工作，不可能像百科编辑那样熟悉流程和体例。由于职业地位的缘故，他们考虑问题的角度往往同出版社存在差异。因此在编撰工作中编辑必须把握住方向。基于这种认识，《考古学》卷编辑组在同社外专家合作的过程中采取了以下具体做法：每一个重要的工作步骤，每一次会议的议题，每一个文件的内容，都由编辑组和分编委会共同研究，经过请示编辑部和出版社领导之后再予以确定，目的是确保按流程和体例的原则办事。在编撰过程中努力以各种方式贯彻体例要求，例如，对分编委会和编写组拟订的每一稿条目表，编辑组都着重从体例角度提出书面修改意见，其中第三稿还报请编辑部和出版社领导审阅检查；在组稿和撰稿阶段，采用多种方法向撰稿人进行体例宣传（详后），稿件撰写出来以后，从体例、文字、学术内容和政治内容方面写出初审意见，供编写组审改稿件时参考。分编委会最初曾提出编辑组不参加审稿，等专家把稿件审改完毕后再一齐交给出版社编辑加工。因考虑到如不进行体例控制，无法保证书稿质量符合出版社要求，编辑组便说服分编委会同意两家合作审稿。审稿中反映出来的问题表明，假如出版社不参与这项工作，发挥好把关作用，稿件在体例规范方面很难达标，其后果必然是，到以后的成书编辑阶段，出版社将陷入困难和被动的局面。

经过 4 年来的工作，我们的体会和认识是，学术上主要依靠专家，坚持出版社在执行流程、贯彻体例方面的主导作用，是百科全书编撰工作的一项重要原则。这项原则是由百科全书的性质和特点所决定的。从某种意义上说，编撰百科全书，就是学科知识和百科体例相结合的过程。百科全书编辑只有和专家密切合作，把双方的力量紧密地结合起来，充分发挥各自的长处，才有可能编出学术上高水平，体例上符合百科工具书要求的高质量的百科全书。

三、关于框架和条目的修订

《考古学》卷拟订框架和选收条目，经历了“合—分—合”的过程。首先是分编委会（最初是筹备组）根据国内考古学界通常沿用的分类方法确定框架的结构划分，并大体上规定出各分支学科在条目和字数上的比例关系；然后是各编写组分别拟订分支框架，进行条目选收；最后再由分编委会汇总修订，统一进行协调和平衡。其中后面的“分—合”过程一共反复了 3 次（后两次反复中的“分”，是对分支框架和所收条目进行局部调整），先后产生 4 稿学科条目表。在条目表的整个拟订过程中，各编写组做了大量基础性的工作；但体现分编委会统筹全局作用的前后两次“合”，对于保证框架正确反映考古学知识的整体结构，实现框架和条目总体上的和谐统一，显然起了关键性作用。

在拟订框架和选收条目的过程中，编辑组着重从以下方面进行检查和提出修改意见：①学科知识的完整性。②知识的系统性和可检索性。③条目主题的选择和参见条目的设置。④条名的设计及条名中术语、专名的统一。⑤突出中国特色和兼顾世界性。⑥考古新成果的选收及所收知识的稳定性。⑦双百方针的贯彻。⑧涉外问题的处理。⑨框架分类结构和层次划分的合理性。⑩全卷条目的协调和平衡。下面就学科知识的完整性和知识的系统性、可检索性两个方面，谈一下在编辑组提出意见后，框架和条目表所作修订的具体情况。

（一）学科知识完整性方面的修订

百科全书收录知识应当概而全，对于一个学科卷来说，就是要概要、完整（无重要遗漏）地介绍本学科的基本知识。为了做到这一点，修订《考古学》卷条目表时编辑组首先着眼于所收考古学知识在整体结构上的完善。初拟的框架和条目在这方面存在不足。例如，在大的知识构成方面，偏重于学科研究对象的介绍，过于弱化了考古学理论、方法和技术手段的介绍，以致在这些方面存在缺项。如关于基本理论只列了一个短条目，现代考古技术只列了年代测定技术方面的条目。另外，考古学史和学科研究对象方面的介绍也不够完整，前一部分未列考古机构、团体、刊物和国外考古学著作条目，后一部分缺少介绍我国中原以外地区古代少数民族文化遗存的条目，遗漏了蒙古人民共和国、缅甸、菲律宾、东非等地区旧石器时代以后的条目，以及欧洲、西亚、北非的中世纪考古条目。针对这些不足，编辑组提出修改意见，后来作了增补：①在框架中增设【考古学基本理论】部分，理论条目由 1 个增至 6 个，“考古学文化”条从短条升为中条。②把【年代测定技术】一项提升为【现代考古技术】，以便全面介绍现代科学技术在考古学中应用的情况。③增加【考古机构、团体和重要刊物】部分，收入了 16 个有关的条目。④在商周和秦汉考古部分，补入了“夏家店下层文化”“夏家店上层文化”“西团山文化”“桃红巴拉墓地”“西丰西岔沟墓地”“札赉诺尔墓地”“湖熟文化”“辛店文化”“寺洼文化”“沙井文化”“卡约文化”“巴蜀文化”“大波那墓葬”“万家坝墓葬”等一批中原以外地区的古代少数民族重要遗存条目。⑤在国外考古部分，对上述各地区的缺项一一进行补充，补入的条目如：介绍蒙古人民共和国境内匈奴、突厥、回鹘、蒙古族遗存的“诺彦乌拉墓地”“蒙古人民共和国境内突厥文碑铭”“哈拉巴勒嘎斯城址”“哈拉和林城址”，介绍东非苏丹共和国境内库什王国首都遗存的“麦罗埃遗址”，介绍欧洲、西亚中世纪考古知识的“罗马地下墓窟”“拜占廷时期考古”“古代罗斯城市”“萨珊王朝考古”等。经过修改，《考古学》卷的框架和条目在知识结构的完整方面有了改进。在进行上述修改的同时，还注意了非结构性的完整问题，力求不发生个别重要知识主题的缺漏。突出的如，经过编辑组建议，在中国新石器时代考古部分增补了“陕西龙山文化”条，在商周考古部分增设了“侯家庄商王陵区”条等。

（二）知识的系统性和可检索性方面的修订

《全书》是高档次的大型综合性百科全书，作为它的一个学科卷，《考古学》卷介绍的知识除应具备完整性外，还应具有系统性。为此，要按照考古学知识本身的层次和结构，建立一个反映整体系统性和内在联系性的多层次的条目系统；同时避免把知识切割得过碎，反映在条目设置上，就是要拥有一批篇幅为长条和中条的上、中层位综述性条目，由它们对所统领的各个部分作系统的综述。但在《考古学》卷初选的条目中，综述性条目数量不足，下层位小条目比重过大，影响了对知识的系统介绍。经过编辑组建议，修订中加大了综述条的比重，合并、减少了一部分不需要独立成条的小条目。

例如，在国外考古的亚洲、非洲、欧洲、美洲几个地区的旧石器时代部分，原来只分散设立了下层位的古人类化石和旧石器文化条目，缺少综述性的上层位领头条目。修订后增设了“北亚东北亚旧石器时代考古”“中亚旧石器时代考古”“南亚旧石器时代考古”“东南亚旧石器时代文化”“西亚旧石器时代考古”“非洲旧石器时代考古”“欧洲旧石器时代考古”“美洲旧石器时代考古”等综述性条目，从而使这些地区旧石器时代的综合面貌，包括古人类的进化和旧石器文化的发展等，分别能够获得系统的介绍。在此同时，适当减少了一部分下层位小条目。如美洲旧石器时代考古部分因已有条目进行综述，原来选收的一些古人类化石和旧石器文化因知名度不高，便不再独立成条，它们的内容被并入“美洲旧石器时代考古”条作简略介绍；澳大利亚石器时代部分的一些小条目也作了删减，内容并入原来已设置的“澳大利亚石器时代考古”条。

考古学知识的结构是多维的，除了在横的方向上设置进行断代系统介绍的综述条外，还可以在纵的方向上设置作跨时代系统介绍的遗迹、遗物类别综述条。但在原来所选条目中，后一类的数量严重不足，编辑组对此提出修改意见。经过修订，在考古学概论部分，于原有的“中国古代瓷器”条外，增补了“中国古代墓葬制度”“铜器”“铜镜”“铁器”“玉器”“金银器”“中国古代钱币”“中国古代漆器”“中国古代纺织品”等15个跨时代系统介绍的综述条（其中一小部分是由概念解释性小条目提升），从而不但在总体上增加了综述性条目的数量，而且使考古学知识在横、纵两个方向上展开，形成网络式的系统介绍格局。

另外，作为百科工具书，《考古学》卷设置的条目还应当具有可检索性。因此在进行上述修订加强系统性的同时，注意了防止另一种倾向，即避免把知识的块切割得过大，在增设上、中层位综述性条目时不适当地砍掉下层位小条目，过多地依赖上、中层位综述性条目对知识进行介绍。为此采取的做法是，凡重要的下层位知识主题一般都保持独立成条。这样就使大、中、小条目形成一种比较合理的搭配关系。例如，在增设了“非洲旧石器时代考古”综述条后，仍然保留了“南猿”“能人”“1470号人”“奥杜韦文化”“毛利坦人”等5个下属的重要古人类化石和旧石器文化条目。这样的条目结构，方便了对重要下层位小主题的检索，使系统性和可检索性的关系得到比较恰当的处理。

不过由于种种原因，目前《考古学》卷的框架和条目在完整性和系统性方面仍然遗留了一些问题。例如，国外的重要考古学著作至今未能补入；“旧石器时代”“中石器时代”“新石器时代”3个重要知识主题只列为参见条目，它们的内容被放在被参见的“史前考古学”条中介绍，这就使它们的内容很难写得完整和系统。编辑组打算在以后的编撰过程中，通过和分编委会协商，使这些问题得到妥善的解决。

四、关于贯彻体例的工作

《天文学》卷编撰工作的一条重要经验，是自始至终抓体例贯彻。《考古学》卷编辑组学习先行卷的长处，较早就开始了这项工作。内容主要包括 3 个方面：①准备体例材料。②在社外专家中培训贯彻体例的骨干队伍。③帮助撰稿人掌握体例规则。

还在制定框架和选收条目的阶段，编辑组便准备了“马衡”“考古图”“北京人”“满城汉墓”“盂鼎”5 个样条。并根据《全书》“编写体例”的总要求，拟订出规范本学科条目撰写的体例文件——“《中国大百科全书·考古学》卷编写要求”，其中包括了考古学时代条目、考古学文化条目、遗物类别条目、遗址条目、墓葬条目、器物条目等 10 个类型条目的典型编写提纲。后来又编写了详细讲解条目撰写要求的体例宣传材料。所有这些，随同《全书》“编写体例”，在组稿期间发至每位撰稿人手中。同样是在制定框架和选收条目阶段，还开始着手培养一支贯彻体例的社外编写骨干队伍。选中的目标，是分编委会和编写组中的中年专家，包括分编委会秘书、编写组成员，以及个别副主编。培养方式为提前发给他们体例材料，通过工作中个别接触进行口头宣传，在分编委成立会上请社领导和金常政先生为他们讲解《全书》体例，组稿之前由分编委会安排他们较深入地学习体例材料。目的是借助他们加强出版社进行体例工作的力量，包括组稿时协助向撰稿人解释体例，审稿时帮助进行体例把关，审稿后担任社外特约编辑时按照体例修改稿件等。贯彻体例工作中的一项重点，是在组稿阶段帮助撰稿人掌握体例规则。为此举行了为期 5 天的组稿会议，绝大部分撰稿人参加了这次培训。首先是在全体会议上请社领导和张遵修先生向大家讲解撰写条目的要求。此后主要是安排各分支学科分组学习，方式有讨论体例文件，解答有关问题，让撰稿人亲身实践，按照体例文件的规定修改不合格的试写条目等。分组会议由社外贯彻体例文件的骨干人员——分编委会秘书、编写组成员和一名副主编主持，由他们和编辑组同志一起向撰稿人进行体例辅导。因为这些同志本身就是有成就的学科专家，发表的意见对于撰稿人说服力强，所以他们在帮助撰稿人掌握体例规则方面发挥了很好的作用。

后来的稿件质量情况表明，上述撰稿前的体例准备工作产生了明显的效果。多数撰稿人能够根据条目在框架中的位置进行撰写，较好地处理了条目内容四至的问题。交来的稿件一般符合条目体裁的要求，即所写是百科全书的条目，而非科学报告或论文。不少同志做到按条目典型编写提纲的要求写稿，一部分撰稿人注意了安排定性叙述、设置层次标题、进行客观介绍这样一些规则。当然，仍有人对体例规定没有完全搞清，其中比较常见的是写不好定性叙述。另外，有些人没有掌握好综述性条目的写法，不会处理它们同下属子条目的交叉重复关系。甚至还有个别撰稿人对按体例要求写稿的必要性不理解，不愿意执行出版社制定的体例规则。对于撰稿中出现的这些情况，我们觉得可以理解，因为《全书》是国内多年来首次编撰的百科全书，不能要求大家立即就认识它的工具书性质，很快掌握好撰写条目的各种规则。何况百科全书的体例规定本来就很复杂，专家们要想一下子完全弄清楚确实比较困难。正因为如此，所以我们认为，百科全书的体例贯彻工作不可能毕其功于一役，在以后的稿件审改过程中需要继续抓紧，使之不断地深入下去。

需要提出的是，在稿件中还存在这样一种情况：一些烦琐费事，被视为额外负担的体例要求，撰稿人照章办理的为数极少。这主要包括提供译名原文，注明资料出处，设置文内参见，选择索引主题等。这除了对必要性认识不足之外，做起来麻烦，不能按劳付酬，可能也是重要原因。《科学社会主义》卷打算用经济手段解决让撰稿人进行资料核对的难题，这似应是解决这一类问题的可行方法。《考古学》卷准备学习这种方法，以提供劳务报酬的方式，激励撰稿人去完成他们所不愿意承担的工作。

来稿中存在的另外一些问题同样值得注意：一部分稿件带有某种程度的考古报告色彩，偏重于罗列出土材料，疏于说明和阐释，这使得释文缺乏应有的学术高度；对于年代分期、文化面貌、古人类体质特征、石器制作技术一类专业性较强的知识介绍过详，脱离了非专业读者的实际需要，从而降低了释文的可读性。十分明显，这些问题均同学科卷的知识内容相联系，《全书》“编写体例”没有也不可能针对这些学科性的问题作出规定。而编辑组因为事先估计不足，也未能在这些方面提出具体要求。例如，只是一般性地提出要注意考古条目和考古报告的区别，却没有指出二者究竟有哪些不同；只提出要防止释文内容过专、过深，却未能说明详略、深浅的分寸应当怎样掌握。这就造成撰稿人对这些问题并不明确。有鉴于此，我们深感，有必要让百科全书体例进一步贴近学科，在《全书》“编写体例”的指导下，不但像原来已经做过的那样，拟定本学科各类型条目的典型编写提纲，而且根据学科的具体情况，制定一系列有针对性的体例规则，以求更好地完成把学科内容纳入百科全书载体这一任务。

基于这一考虑，《考古学》卷编辑组在初审来稿时拟订了本卷的“编写补充要求”，以及专门针对一个分支学科的“旧石器时代考古条目编写补充要求”。并和分编委会和编写组的同志共同研究，怎样结合稿件的审改落实这些要求。又经分编委会同意，在旧石器时代考古分支审稿会议结束后不久，召开分编委扩大会议，通过总结这次审稿会的成绩和经验，进一步明确《考古学》卷条目的规范写法。此后，又根据审改条目的实际需要，拟定了一系列具体的规则，例如，在遗址和墓葬条目中介绍发掘单位、发掘主持人及同发掘有关的书刊的几种不同方式（规格），处理考古条目中政治性、政策性问题的若干规则，以及《考古学》卷不同类型条目配图的具体要求等。上述各种要求（或规则），在目前进行的审稿、改稿工作中已经产生作用。我们相信，通过这些工作，让百科全书的体例进一步针对学科，使体例原则和考古内容有机地结合，将有助于更好地把考古学知识纳入百科全书载体，使《考古学》卷对学科知识的介绍，更加符合百科全书条目的规范。

前述培养社外体例工作骨干力量的工作成效，在今年年初召开的旧石器时代考古分支审稿会上再次得到检验，这个编写组的两名成员在协助编辑组进行体例把关方面表现得非常出色。审稿会后，他们被聘为特约编辑，按照审稿会上大家所提的意见，对本分支的全部稿件进行修改。他们既是学科专家，又了解体例，在提高稿件质量方面起了很大的作用。他们对稿件精益求精，不少条目经过多次修改，个别稿件甚至由他们代劳重写。除了改稿，还负责进行资料核对、术语统一、英文条头检查，并配合美术编辑完成本分支的配图任务。他们的付出，为今后编辑组进行稿件的编辑加工打下了坚实的基础。

五、关于完成百科全书综合工程

阎明复同志在总结报告中说，百科全书的编辑出版工作是多阶段、多环节、多工序和多工种的，对此我们非常赞同。我们的体会是，为了让工作有序地进行，使整个编辑出版机器正常运转，需要把百科全书的编辑出版工作当作一项综合工程对待，从纵、横两个方面进行统一安排。

《考古学》卷编辑组的具体做法是：纵的方面，力求在一阶段的主要任务完成之后，再开始下一阶段的工作，防止因前面做的是夹生饭而造成后面返工。例如：等框架和条目落实了，再开始组稿、撰稿；撰稿任务基本完成，稿件初审获得通过，再召开审稿会。同时力求在前面的阶段为后面的阶段预作充分的准备，以避免临时仓促上阵。例如，在拟订框架和选收条目阶段，即为以后的组稿、撰稿工作进行贯彻体例的准备；撰稿阶段从收到稿件开始，便着手写初审意见，为下一阶段的审稿会议作好准备。横的方面，则力求对文稿编辑、图片配置、资料核对、译名统一等不同工作项目进行统筹安排，根据《全书》工作流程的要求和本卷实际情况，确定每一项工作进入流程的时间，根据各工作项目之间的关系和它们本身的工序要求，制订各项工作的计划，在抓住文稿编辑这一主体工程的同时，兼顾好《全书》综合工程的其他项目。另外，因为纵、横两方面不能截然分开，进行纵的安排时，必然牵扯横的方面的问题，横的方面的各个项目，内部又有纵的安排问题。因此，编辑组对纵、横两方面全面考虑，力求制订一个符合综合工程总体性要求的工作方案。

因为各工作项目是由社内不同的编辑部门负责，所以完成百科全书综合工程需要各部、室之间的配合。《考古学》卷编辑组在编撰过程中，曾主动邀请美术编辑室、地图编辑室、综合编辑部（负责译名统一工作）的同志参加本卷的会议，帮助他们了解考古学科的情况，请他们说明各自所负责项目的工作要求，同他们一起确定工作的安排。这些同志对《考古学》卷的工作非常支持，给予了许多有益的指导。

分编委会原来准备在各编写组审稿会上产生分支配图方案，等审稿会全部开完后再作统一审查，然后交美编室收集图片，进行制作。编辑组在同美编室的同志一起研究配图工作时了解到，制作一卷书的图片需要一年至一年半的时间，如果按原来的计划进行，很可能会使配图工作的完成滞后，从而推迟这一卷书的发稿日期。为了不延误出书，经过同分编委会协商，修改了计划，改为配图方案在分支审稿会上基本确定，会后即由美编室收集、制作，最后再由分编委会统一审查作适当调整。按照这一计划，美术编辑罗锡鹏同志在去年年末便进入《考古学》卷的工作，在今年年初举行的旧石器时代考古分支审稿会上，参与了对分支配图方案的研究，以及撰稿人所提供图片的审查，会后立即开始了图片的制作和进一步收集工作。

专有名词译名统一是一项细致、琐碎并且耗费时日的工作。综合编辑部的同志告诉我们：在撰稿结束之后就需要收集稿件中的专有名词译名，以便核实和统一；进行译名统一的关键性技术要求，是必须把译名原文（包括出处）全部提供给他们。根据上述要求，编辑组在稿件交来并打印完毕后，便向负责译名统一的同志提供了打印稿。由于多数来稿没有提供译名原文，又向分编委会提出在分支审稿过程中予以补齐的意见。分编委会答应在审稿会上完成这项工作。最近举行的旧石器时代考古分支审稿会上即按此要求执行：综合编辑部的刘小映同志参加了这次会议，带去译名卡片，交给参加会议的撰稿人填写，补齐了这一分支的译名原文。以后举行的各分支审稿会将继续照此方法办理。目前，刘小映同志已根据补齐的原文，着手这一分支译名的检查工作。

通过已有的工作实践，我们有以下体会，即在社内各有关部、室的协作配合中，学科编辑组客观上处于枢纽地位，它必须在出版社和编辑部的领导下，统筹考虑本卷各工作项目之间配合的问题。编辑组在工作中要主动同有关部、室联系，按照《全书》工作流程的规定，结合本卷的实际情况，同它们一起确定各项目的工作安排。在这些项目的技术性要求方面，编辑组要听从协作的部、室的指导。在工作过程中，要同这些部、室派到本卷工作的同志密切合作，为他们开展工作创造条件，同他们一起保证《全书》综合工程任务的完成。

六、贯彻执行《全书》“编辑方针”的体会

4 年来，在贯彻执行《全书》“编辑方针”的过程中，我们逐步明确了以下几点：

（一）必须把握好《全书》的大型百科工具书性质

根据“编辑方针”的界定，《全书》是“大型综合性百科全书”，概述各学科和知识门类已有成果的“完备的工具书”。我们的体会是：

对这句话必须认真领会，作为《全书》的编辑人员，一定要明确自己在编的是一部什么样的书。我们认为，在这句话里首先必须把握的，是《全书》的大型百科工具书性质。《全书》编辑人员务必牢记这一基本属性，假如在这一点上认识模糊，编撰工作便会失去方向。

基于这一看法，《考古学》卷编辑组力求贯彻好从这一基本属性衍生出来的各项编撰要求。例如，作为概述各学科和知识门类已有成果的大型百科工具书，知识内容应当完整和系统，充分记录下科研学术在目前所达到的水平；要具有科学性和权威性，客观地介绍知识，无论是条目设置还是释文格式均须便于检索。对于这些，《考古学》卷编辑组在制定框架，选收条目和组稿、撰稿、审稿的过程中，努力地加以贯彻，包括从所收条目的完整性、系统性、可检索性方面提出对条目表的修改意见，全心全意地依靠专家，以保证稿件的科学性和提高稿件的学术质量，力促客观介绍不同的学术观点，力求释文在结构形式上符合易检的标准等。另外，同样是为了达到易检性的要求，还提出条名必须使用规范化的术语和专名，如果所用专名已能确指所介绍的考古对象，不会发生混淆，前面不必冠以地名或朝代名，如称“大昭寺”而不称“拉萨大昭寺”，称“范文虎墓”而不称“元范文虎墓”等。除此之外，还充分重视同实现这些编撰要求有关的核实资料、建立参见系统、编制内容索引等方面的工作。我们的看法是，作为《全书》的编辑人员，必须认真学习“编辑方针”和“编写体例”，不断加深对《全书》基本性质的认识，不断提高贯彻执行这两个文件的自觉性。只有做到这一点，才能在工作中减少盲目性，有效地保证编撰工作不偏离正确的轨道，从而编撰出真正符合大型百科工具书要求的高质量的《中国大百科全书》。

（二）必须关心读者对象问题

我们的另一个体会是：作为编辑人员，必须弄清楚自己所编的书主要是给哪些人读的。在上述“编辑方针”所作界定中，明确指出

《全书》是概述各学科和知识门类已有成果的综合性百科全书。在其后关于读者对象的说明中，又明确规定《全书》主要适于高中以上，相当于大学文化程度的广大读者使用。这就告诉我们，《全书》面向的主要对象不是专业人员，而是广大非专业读者。“编辑方针”还指出，《全书》的目标，是为我国的社会主义现代化建设服务，为提高全国各族人民的科学文化水平服务。十分明显，要做好这两项服务，就必须关心读者对象问题，因为书籍只有通过读者才能实际发挥作用。

根据上述关于读者对象的规定，《考古学》卷编辑组在依靠专家确保条目内容的科学性和学术水平的同时，还要求他们掌握好释文撰写的详略、深浅分寸，以适合广大非专业读者阅读。我们参阅了几种国外百科全书的考古条目，发现它们的编撰者比较重视可读性方面的问题。目前《考古学》卷有一部分稿件在这方面注意得不够，所写的内容偏专、偏细、偏深，我们拿给本学科以外的同志读，他们看后觉得不容易理解。为了克服这一缺陷，在撰稿和审改旧石器时代考古分支稿件的过程中，编辑组针对存在的问题，向专家提出了修改的意见。例如，对于专业性较强的内容可扼要介绍，专业术语的使用以确实必要者为限，遇到读者不容易读懂的关键性术语要作适当解释，遇古人类体质特征、伴生的古动物化石等比较专僻的内容，要尽可能进行说明。在审稿会上和会后，编辑组和专家一起，努力落实这些要求。旧石器时代考古专家贾兰坡先生过去写过不少科普作品，在提高文章的可读性方面较有经验。他在撰写旧石器时代考古条目时，按照编辑组的要求作了加强可读性的尝试。例如，介绍古人类体质特征不是单纯描述，而是写出关于原始性和进步性的结论；对出土的古动物化石不是单纯列出名称，而是通过区分喜寒、喜暖，喜湿、喜旱的种类，对化石所反映的古自然环境作出通俗的说明。编辑组充分肯定了贾老的写法，要求撰稿人和特约编辑以之为样板进行稿件的修改。在这一分支审稿会后的分编委扩大会上，又请贾老现身说法，向大家讲解增强条目可读性的重要性，介绍他所采取的实现释文通俗化的方法。编辑组打算，在以后陆续进行的各分支稿件的审改中，继续进行加强条目可读性方面的努力。不难想象，稿件中这方面问题若能解决，《考古学》卷将会受到读者的欢迎，这无疑有利于考古知识的传播，并且可提高业余爱好者学习这一领域知识的积极性。

（三）必须注意思想性政治性标准

“编辑方针”中要求，“全书编撰工作以马克思主义、列宁主义、毛泽东思想为指导，坚持辩证唯物主义和历史唯物主义”。姜老在一次报告中又强调，要用党的观点，用马列主义观点，来编撰我国自己的百科全书。我们的体会是，对这方面的要求必须认真贯彻执行，《考古学》卷所介绍的，虽然不是同现实政治密切相关的内容，但同样存在贯穿什么指导思想的问题。《考古学》卷的条目，应当以辩证唯物主义和历史唯物主义为指导，对考古材料进行科学的说明。当然，此外在思想性方面，作为中国国家级大型百科全书的一个学科卷，还应当通过对考古出土物的介绍，展现光辉灿烂的中国古代文明，弘扬爱国主义的精神。尤其需要注意的是，在这一卷中还有一些条目涉及我国古代的疆域和民族关系，以及同邻国的文化关系问题，对于这些，都必须遵照党和国家的方针政策进行慎重的处理。另外有一些条目涉及 1949 年以前外国考古学家在中国的考古活动，其中又存在怎样恰当表述的问题。但目前在撰写出来的条目中，有相当一部分未能妥善处置这些问题。为此，《考古学》卷编辑组拟订出处理这一类问题的细则，在经过编辑部、出版社两级领导审批后，提交分编委会，要求在审稿、改稿中予以落实。具体要求如，在释文中出现沙俄侵占中国的领土上的地名时，凡有中国名称的，一律括注，如在乌苏里斯克后括注“（双城子）”。释文中涉及中、朝两国古代疆域问题，且朝鲜考古、历史学界和我国学者存在分歧时，不在释文中进行论争，但要客观摆明发掘材料，讲清事实（如

“乐浪汉墓”）。对于中国古代和周边地区的文化关系，不强调中国的影响，承认各国文化的本土性，具体表述时用文化交流一类词语。对于外国考古学家未经中国许可，私自挖走文物的行为，在释文中称之为“盗掘”或“掠夺”；凡是北洋政府或国民党政府聘请来发掘的，承认其合法性，用中性词语进行介绍。对日本侵华期间随军来华进行考古的日本考古学家，不进行个人行为的褒贬，只写明日本占领的历史背景。目前，分编委会已同意出版社的意见，正在审改稿件的工作中检查和落实。编辑组准备在审改工作结束之后，将涉及古代疆域问题的条目上报外交部审批。

（四）必须全面理解“编辑方针”的要求

“编辑方针”中规定，“全书要有中国的特点和风格，重视对我国历史文化遗产、科学技术成就和各方面情况的介绍”，“对世界各国和地区，不论其大小和政治制度如何，都应作适当的介绍”。这就是说，要在世界的背景中突出中国。但在一段时间里，我们对于上述要求理解得不够全面，不适当地领会了突出中国的一面。因此，当因国内考古学界对国外考古情况缺乏了解，致使国外考古部分在框架中所占比例偏小时（中、外字数之比为 4∶1），未能及时提出改进的意见。科学技术编辑部的同志向我们提出这个问题，引起了我们的注意。编辑组准备向分编委会提交增补国外考古条目的建议，以求使中、外考古部分有一个更加合理的比例关系。

以上总结不知是否正确，请领导审阅批示。

《考古学》卷编辑组

1983 年 4 月

（说明：本文在原总结基础上作了修改，主要是增加实例。总结中所谈加强知识系统性的一些做法，到编《全书》第二版时因考古部分不再独立成卷，其中有的已不适用。国外考古部分比例偏小的问题，后来经过努力未能解决，直到《全书》第二版选条阶段，增加国外考古条目仍然十分困难，可能比例偏小确实是受到客观条件的限制）

本文修改完成于 2008 年 5 月

避免考古学和文物学条目重复的方法
——有关《中国大百科全书》第二版选条的一个设想

考古学和文物学关系密切，内容有大范围重叠，在《中国大百科全书》（以下简称《全书》）第二版中必须设法避免这两个学科的条目出现重复。为此，本文在调查基础上对两学科的同异和交叉情况进行剖析，进而提出消除条目重复的方法。以往进行百科全书编纂研究常偏重于一般原则的研讨，但要使编纂原则真正落到实处，还需结合学科知识内容进行深入、具体的探索。本文意在进行这方面的尝试。

一、考古学和文物学的同异

两学科的同异可以从以下几方面去分辨：

（一）研究对象

两学科都研究人类历史上留下的实物遗存（在考古学中称“遗迹”“遗物”，文物学中称“文物”），这是二者的相同之处。但文物学还研究文物的保护和管理，这在考古学中是不包括的。另外，两学科研究实物遗存的范围不完全相同。从年代看：考古学的研究限于古代，各国标准不一，在我国，下限只及于明代；文物学则包括古代、近代和现代。从种类看：在不可移动实物方面，考古学主要研究古遗址和古墓葬，兼及石窟寺、古建筑、摩崖石刻和岩画等；文物学在此之外还研究历史纪念建筑物和革命遗址、革命纪念建筑物。可移动实物方面，考古学研究发掘出土的古器物和古文献；文物学在此之外还研究传世品，并研究考古学一般不涉足的古书画、古文具、古扇和古家具等。总起来看，文物学研究的对象比考古学要广泛。

（二）研究目的和学科性质

两学科研究实物遗存，目的是说明历史人文现象，两学科都属于人文学科。但文物学研究文物的管理和保护，目的是实际应用，从而使文物学又部分地带有应用学科的性质。此外，同是说明历史人文现象，两学科具体目标存在差异：考古学是通过遗迹、遗物复原人类社会历史，文物学虽然也涉及历史，但主要是对文物进行分门别类的研究。这就是说，考古学研究遗迹、遗物是把它们当作历史载体对待，考古学的研究以社会历史为纲；文物学研究文物主要是着眼于实物本身，文物学的研究可归入古物学亦即隶属于文化史研究的范畴。

（三）学科研究的方法和手段

两学科的研究方法和手段也是有异有同。考古学主要研究地下遗迹、遗物，所以野外调查、发掘是不可缺少的方法，为此曾有人把考古学称为“锹的考古学”。与此相应，野外发掘所依据的地层学在考古学中地位重要，随着现代科学技术的发展，同调查发掘有关的水下考古、环境考古、航空考古、遥感考古等也成为考古学的重要学科手段。文物学也研究地下文物，但它继承金石学传统，只研究现成的出土文物，学科方法中没有野外发掘一项。因此，像地层学、水下考古、环境考古、航空考古、遥感考古等也就同文物学无缘。从鉴定和检测的方法、技术看，两学科有不少是相同的。

二、考古学和文物学内容的交叉

本文目的是为《全书》第二版考古文物部分的选条提出方案，所以分析两学科内容交叉不脱离选条问题。

如前所述，考古学和文物学在研究对象、研究目的、学科性质和方法手段方面均有差异。故两学科不发生交叉的内容为数不少。例如，考古调查发掘和历史复原研究为考古学所独有，从选收条目的角度看，《全书》第二版文物部分自然不会收入“田野考古”“水下考古”一类同考古调查发掘有关的条目，也不会选列“新石器时代”“夏商周考古”“仰韶文化”“玛雅文明”等以实物史料综合反映社会历史的条目。又如，文物管理和文物保护属于文物学的专门研究项目，考古学研究实物遗存的范围不如文物学宽，所以，《全书》第二版的考古部分，也不必选收“文物管理法规”“文物保护技术”等文物管理保护方面的条目，一般也不选设明代以后的遗址和墓葬条目（如“圆明园遗址”“清东陵”），历史纪念建筑物（如“杜甫草堂”）、革命遗址（如“遵义会议会址”）和革命纪念建筑物（如“雨花台烈士陵园”）条目，以及古书画、古文具、古扇和古家具条目。

两学科交叉主要存在于研究对象方面。由于两学科研究的实物遗存有很大一部分相同，而且对实物遗存的研究在两学科中均居于主体地位，所以两学科的交叉重叠幅度很大。另外，金石学被视为中国考古学的前身，文物学同金石学又有渊源关系，一些学者兼为文物学家和考古学家，这就使两学科在人物和著作方面发生重叠。总起来看，两学科交叉主要表现在以下方面：

1. 古遗址和古城址　如两学科都可能设“丁村遗址”“半坡遗

址”“殷墟”“秦咸阳城”“巴比伦古城”等条目。

2. 古墓葬　如两学科都可能设“曾侯乙墓”“满城汉墓”“永泰公主墓”“明十三陵”“图坦哈蒙墓”等条目。

3. 古器物　指广义的古器物。如两学科都可能设“青铜器”“瓷器”“漆器”“简牍”“司母戊鼎”“商代甲骨”“马王堆帛书”“罗赛塔石碑”“复活节岛石雕像”等条目。

4. 石窟寺　如两学科都可能设“敦煌石窟”“麦积山石窟”“大足石刻”“阿旃陀石窟”“巴米扬石窟”等条目。

5. 古建筑　如两学科都可能设“长城”“佛光寺大殿”“永乐宫”“嵩岳寺塔”“岳阳楼”“卢克索神庙”等条目。

6. 人物和著作　如两学科都可能设“罗振玉”“王国维”“郭沫若”“夏鼐”“《考古图》”“《西清古鉴》”“《金石索》”“《商周彝器通考》”等条目。

不过，如果细加对照，可发现即使是交叉部分也存在着细微差别。例如，文物学关注的古墓葬中有些偏重于历史纪念意义，如黄帝陵、成吉思汗陵、岳飞墓等，而这些在考古学部分是不会收为条目的。文物学关注的国外古代文物主要是宫殿、神庙和教堂，考古学关注的却是史前和古代文明时期的遗址，因此在国外部分两学科设条也会存在差别。特别是古器物研究在文物学中成为独立部门，形成完整体系，在考古学中却分散在各考古时代的研究之中，不构成严密系统，两学科选收古器物条目，在数量和系统性方面会有较大差别。这些表明，尽管考古学和文物学存在大范围交叉重叠，但学科侧重点有别，研究体系不同，交叉部分不可能完全画等号。从学科关系的角度看，可说是异中有同，同中又有异。这就要求处理交叉重复问题不能简单从事，例如遇交叉部分不能简单地以一个学科代替另一个学科等。

三、避免考古学和文物学条目重复的方法

考古学和文物学内容的主体部分大范围重叠，在两学科各自独立选条的情况下删除重复条目，很难分别建构起合乎逻辑和系统性要求的条目系统。如果以一学科为主选收条目，从另一学科中择取内容作为补充，则虽能避免重复，却会使另一学科入选条目过于零散，学科特色不容易体现。根据本文以上分析，或可将两学科内容合为一体，统一进行分类，构拟选条框架，以求消除重复。即在框架中把两学科交叉的主体——实物遗存及其研究成果部分打通，重新组合，形成一种以实物史料反映社会历史和以实物遗存展现文化发展两系统并立的体系，同时对两学科其余部分也一并作统一处理。具体办法是通过将框架分为以下三个大的结构性部分，对两学科的交叉重复关系进行处置：

（一）以实物史料反映社会历史的部分

这一部分基本上采用考古学中的中外并列，国外按地区划分，一律以社会历史发展为线索进行排列（按时代排序），展现实物遗存发现和研究成果的知识体系，在具体安排上稍加变动。实物遗存中的古遗址、古城、古墓葬一般内涵丰富，涉及面广，所提供的资料对揭示古代社会历史有较大价值，选收为条目后放入这一部分。这些条目由时代综述条目及考古学文化条目统领，如“夏商周考古”条下列“殷墟”“新干商墓”“铜绿山古矿冶遗址”“临淄齐城”等条目，“仰韶文化”条下列“半坡遗址”“庙底沟遗址”“大河村遗址”等条目。在所有这些条目之上，还可选列“旧石器时代”“新石器时代”“青铜时代”“早期铁器时代”等涵盖中外的高层次时代综述条目——考古学时代条目，让它们担负起跨分支统领各自所隶属部分众多条目的任务。在进行选收时，不再区分考古学和文物学，凡古遗址、古城、

古墓葬一律归入这一系统统一排列。这样，两学科这部分条目之中的重复就能够完全消除。相对来说，古建筑、石窟寺、古器物等内涵比较单纯，故不放在此系统之中。因为以上所列已不是纯粹意义上的考古学条目体系，故文物学中超出考古学年代范围的清代遗址、陵墓，仅有历史纪念意义的古墓葬，历史纪念建筑物，革命遗址和革命纪念建筑物等，亦可归入其中。框架的这一部分或可标名为【实物史料反映的社会历史】。

（二）以实物遗存反映人类文化发展的部分

这一部分采用文物学中属于文化史研究的体系，加以改造。具体分为【遗迹类别】【古建筑】【石窟寺】【古器物】等部分。其中的【遗迹类别】一项，只收对遗迹分门别类总述的条目，如“巨石建筑”“贝丘”“金字塔”“崖墓”等。【古器物】一项，既保持文物学体系原来的特色，要求形成系统，又结合考古学的特点，择要列举，以免细琐。在按这几个部分选收条目时，同样是把考古学和文物学打通，统一收条，以消除条目重复。框架的这一部分或可标名为【实物遗存反映的人类文化】。

（三）考古文物概论部分

这一部分将两学科上述部分以外的内容合并，作一揽子处理。项目包括【学科和分支学科】【研究对象】【理论、方法和技术手段】【文物管理和文物保护】【文物收藏】【学者】【书刊】【机构和团体】等。它们多属于两学科无交叉重复的部分。其中的学者和书刊虽有交叉，但在同一标目下打通选条，条目重复亦可避免。这些项目合在一起或可标名为【考古文物概论】。

（两学科合并重组后无交叉重复的知识结构见文后附图）

假如采用以上方法，考古学和文物学条目重复的问题在《全书》

第二版中应可得到比较彻底的解决。而且，因为反映社会历史的体系和属于文化史范畴的体系并立，所以两学科虽合为一体，各自在研究方面的特色依然得以保留。合并之后，文物学兼有的应用学科性质及两学科各自方法和手段方面的特点也能够得到体现。由于具有这些优点，因此将这一方法提出，以供在《全书》第二版选条工作中参考。当然，以上设想仅限于考古、文物两学科交叉关系的处理。而在汇聚众多学科和知识门类的《全书》第二版中，考古学和文物学还同美术、建筑园林、宗教、历史、古文字、出版、轻工、矿冶等许多学科和门类有交叉重复。因此，在解决了考古、文物两学科条目重复的问题之后，为消除这部分条目同其他学科、门类条目的重复，还有许多工作要做。

附图：消除交叉重复后的考古学和文物学知识结构示意图

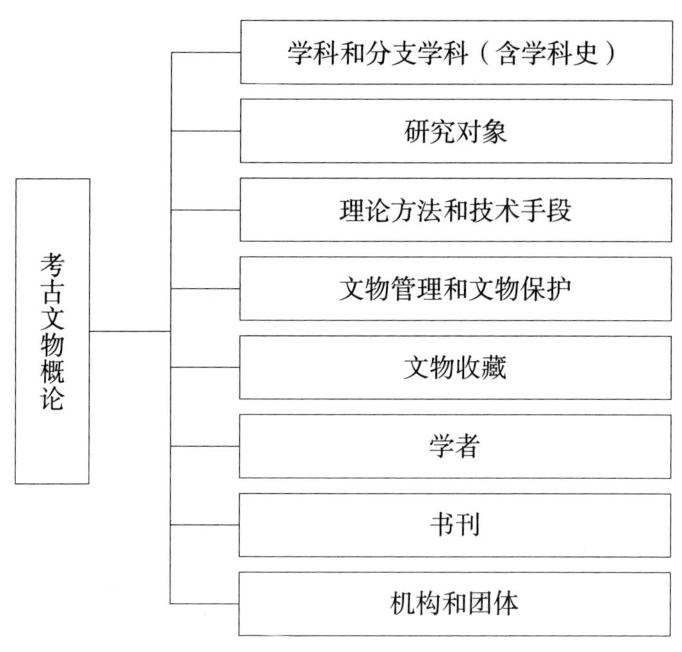

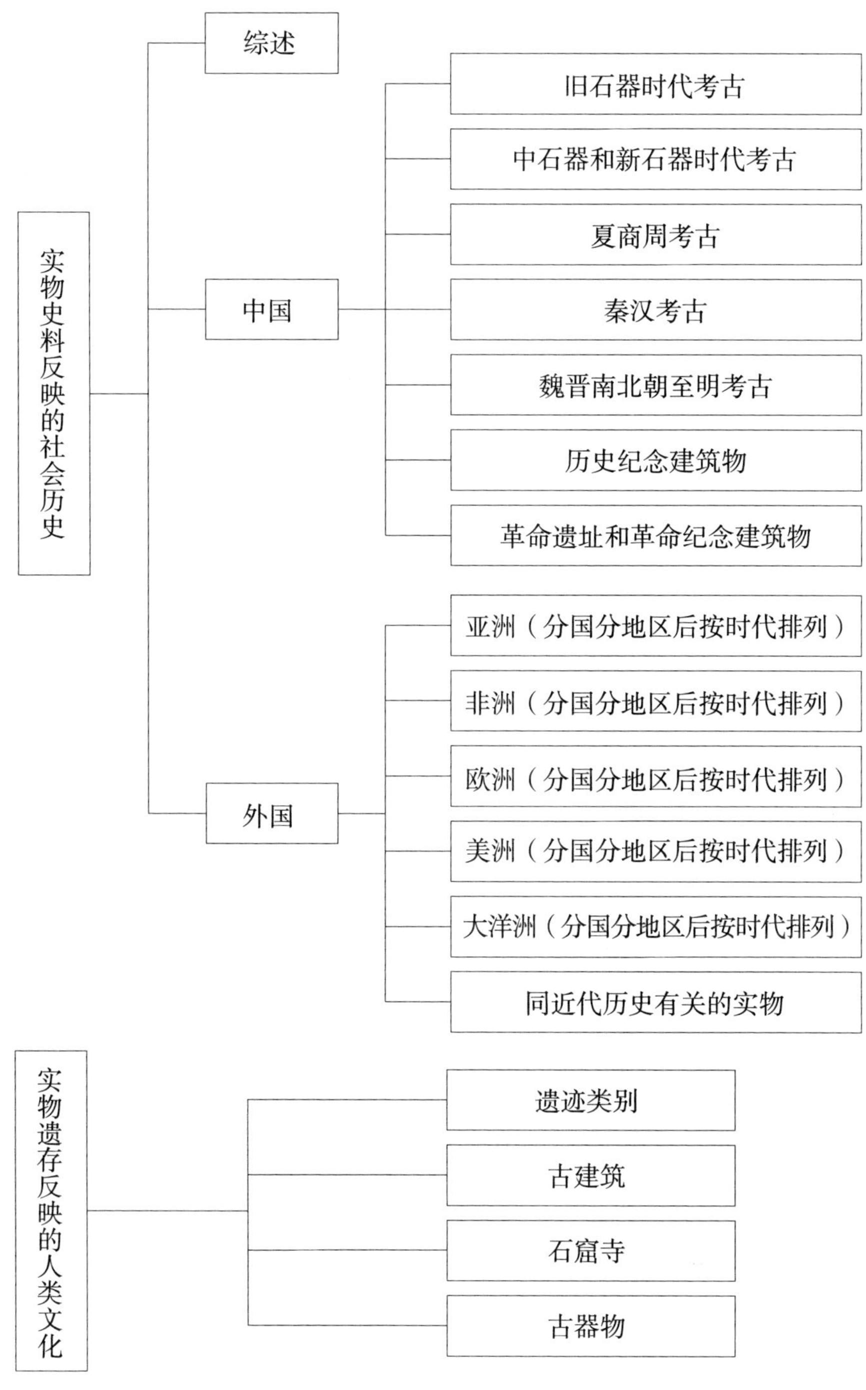

原载《探讨》（中国大百科全书出版社内部刊物）1996 年第 3 期

《中国大百科全书》第二版考古文物部分选条报告

《中国大百科全书》（以下简称《全书》）第二版考古文物部分的选条工作开始于 1996 年。在责任编辑初选的基础上，经过编辑部讨论，社外专家讨论，专题性增补，以及在考古、历史、博物馆学界广泛征求意见，至今已产生条目表第五稿。在此，就选条中的做法及体会作一汇报。

一、选条准备

选条的准备工作大致包括工作定位、学科定位和制定框架 3 个方面。

（一）工作定位

为了使选条不偏离大方向，在选条之前先进行工作定位，当时主要有 3 点考虑：

1.《全书》第二版是第一版的修订重编，选条必须在第一版基础上进行。这就是说，选收考古文物条目，要以第一版的《考古学》卷和《文物•博物馆》卷中的文物部分为底本，对原来的条目进行留、删、合、分、移、改、增，而不是脱离这两个卷去另起炉灶。

2. 第二版的编纂方针和编写体例与第一版不完全相同，从与选条有关的部分来看，主要有两点：一是强调综合性标准和读者对象目标，突出条目的非专业性质；二是强调工具书特点和检索性标准，要求贯彻好条目化原则。所以第二版选条不能因循第一版的老路，而是要力求贯彻好体例文件新规定。另外，第二版是面向21世纪的百科全书，要充分反映国内外科学文化的新发展。因此，选条时绝不可忽略对考古、文物工作中新的发现和研究成果进行补充。

3.《全书》第一版按学科和知识门类分卷，第二版改为将各学科和门类统编。因而在各学科和门类选条完成以后，还要把分科的条目表一齐放入全书总框架整合，包括理顺学科门类之间的交叉关系，增补跨学科门类的综合性条目等。这就是说，考古文物部分和其他学科、门类的选条，只是全书整个选条工作中的一个步骤。从这一点出发，就要在完成考古文物部分选条的基础上，调查清楚同相关学科、门类的交叉重复关系，提出处理这方面问题的初步意见，以供接下来编制全书总条目表时参考。另外，正因为不再独立成卷，就不必像编第一版时那样，为方便读者使用，把一些邻近学科的内容选收为条目（例如《考古学》卷收入了不属于本学科的“第四纪地质学”“体质人类学”等条目），因为这些邻近学科的条目在各学科、门类统编的第二版中都可以找到。

（二）学科定位

学科定位问题也很重要，这包括考古、文物的学科地位，在第二版中所占比例，以及是按学科还是知识门类的要求选收条目等。

1.考古学虽然属于历史科学的范畴，但依据文献得出的历史知识代替不了考古知识。特别是史前史和上古文明史的复原，主要是依靠考古学的成果。因此考古知识是人文科学知识中重要的组成部分。另外，有科学和艺术价值的古代实物反映了中华民族古代文化的光辉成就，这就使考古、文物知识成为第二版体现中国特色的不可缺少的部分。基于这两点，对于考古文物条目在第二版中的重要性不应当忽视。

但另一方面考古、文物毕竟是小学科，同另外一些基础性更强或更加贴近社会生活，因而更为广大读者所关注的学科（如物理学、化学、生物学、中外地理、中外历史、中外文学、经济学、法学等）相比，又多少显得有点“冷僻”，因此在第二版中所占比例又不宜过大。

2. 要确定考古文物部分在第二版中所占比例，有以下一些数据可供参考：①第一版有考古条目 1150 条、文物条目 1471 条，共 2621 条，约占全书总条数的 3.4%。②《中国大百科全书（简明版）》有考古、文物条目 600 余条，约占全书总条数的 1.9%。③在《简明不列颠百科全书》中，考古条目约占 1.4%。④在《苏联大百科全书》第 3 版和日本平凡社《世界大百科事典》1972 年版中，考古条目均占 1% 左右。在这些比例关系中，3.4% 的比重明显过大；但从中国是文明古国，第二版要突出中国特色考虑，1% 又显得偏小。因此当初选收条目时暂定的条数是 850 条左右，约占第二版总条数的 1.4%。这个比例同后来编辑部统一规划的考古文物部分在全书中所占比例基本上一致。

3. 考古部分在第一版中以学科立卷（《考古学》卷），文物部分按知识门类对待（同博物馆门类合为《文物 • 博物馆》卷）。考虑到第二版要突出非专业性质，向普通读者靠拢，所以在第二版选条时两学科均按知识门类对待。这样做的优点有二：一是按知识门类选条，可减少分支学科、理论、方法、技术等方面学科性条目的数量（详后），更多地选设读者感兴趣的发现和研究成果方面的条目。二是可减少以“学”立条的条目，例如可不设“水下考古学”“航空考古学”“考古年代学”，而是改为设“水下考古”“航空考古”“考古年代测定”。这样设条，便于在条目中侧重介绍适合于普通读者的一般考古知识，避免了从“学”的角度去讲读者并不怎么需要的专业化内容。

（三）制定框架

选列百科全书条目需要先制定选条框架，在框架的限定和指导下进行选收。不仅全书要有总框架，每个学科和门类还要有分框架，这样才能保证学科和门类的内容不发生遗漏和重复，并实现条目的合理和有序组合。考古、文物部分的选条也不例外。

第一版的考古、文物条目分处两卷，两部分框架自成体系。但两部分关系密切，条目交叉重复严重，仅重条即达 200 条以上，此外还存在大量不合理的暗交叉。为彻底理顺条目的交叉重复关系，消灭重条，处理好条目之间的暗交叉，这次制定框架采取了把考古、文物两部分打通，让两者合为一体的办法。具体做法是：把整个考古文物知识分成三大块：一是【考古文物概论】，二是【实物史料反映的人类历史】，三是【实物遗存反映的古代文化】。其中第二部分中外分列，以历史发展为线索，选设考古学时代、考古学文化、古城、遗址、墓葬、历史纪念建筑物、革命遗址、革命纪念建筑物条目；第三部分从文化史角度，对古建筑、石窟寺、古文献、古雕塑、古书画、古器物等分门别类设条介绍。这一框架的制定，使考古、文物两部分交叉重复的问题获得比较彻底的解决，得到社外专家的认可。另外，制定框架还包括确定各部分比例关系。这次对于考古、文物条目中的中、外两部分，确定维持原《考古学》卷中的比例关系，即纯中国内容条目约占 60%，纯外国内容条目约占 30%，剩下约 10% 为中外共有的条目。条目选收工作完成后，实际的比例关系为中、外两部分分别占 62% 和 28%。

二、选条

如前所述，《全书》第二版是第一版的修订重编，因而选条工作在很大程度上表现为对第一版原有的条目进行调整。考古、文物部分在进行这种调整时，除按照新拟定的两部分打通合一的选条框架删除重条，解决好交叉重复问题外，主要是遵从《全书》第二版编纂方针和编写体例的规定，对原来所设条目进行以下方面的更改和变动。

（一）合并删除多余的综述条目

同第一版许多学科卷一样，《考古学》卷和《文物·博物馆》卷存在综述条目多层重叠现象。第二版要为普通读者提供概要和基础性的知识，但如果综述条层层相叠，对知识的介绍将过于展开，容易使内容趋于专业化，并造成不必要的重复。因此，考古文物部分在对原有条目进行调整时，对于在第一版中设了条，但按第二版标准衡量属于多余的综述条目，作了较大幅度的合并或删减。

以考古学时代和文化分区条目为例，原来在“中国旧石器时代考古”条下，有“东北地区旧石器文化”“华北地区人类化石和旧石器文化”“华中地区人类化石和旧石器文化”等 6 个分区条，这次不再保留，一律并入“中国旧石器时代”母条。“非洲旧石器时代考古”“欧洲中石器时代考古”等条目也分别并入“旧石器时代”“中石器时代”母条。又如，原来不少类别的遗迹或遗物综述条也存在不合理的重叠。像《考古学》卷有“铜器”条，下面又分设“商代铜器”“西周铜器”“东周铜器”“汉代铜器”4 个断代条目；《文物·博物馆》卷有“中国古代青铜器”条，下面又分设“二里头青铜器”“商代早期青铜器”等 5 个断代条目，并在“春秋战国青铜器”条下，再细设“晋国青铜器”“虢国青铜器”等 12 个青铜器分区条目。这次选条，只在高层位设“青铜器”一条，其余一概并入母条或删除。

进行上述合并和删除，除了可防止专业化并消除不合理重复外，还有检索方面的原因。即高层位综述条的主题（如“旧石器时代”“青铜器”）多是通行的考古文物概念，有科学术语标示，低层位条目的主题多为具体的考古学文化和遗迹、遗物（如“仰韶文化”“半坡遗址”“司母戊鼎”），一般有规范的专名指称，它们均属于有通用、确定名称的独立知识主题，符合条目设立的条件。而处于中层位的综述条（如上述分区、断代条目）常常是一种人为的综合或过于专业化的划分，设为条目不便于读者检索。例如，按时代和地区划分，常常无固定分法，像时代的划分，就有商代、西周、东周、汉代，或商周、秦汉等不同的分法，读者不知道书中是怎么分的，因此难以查找。而上述 6 个中国旧石器时代分区条目的区域划分，更是专业上的区划概念。例如其中的所谓“华北”，包括除青海、陕西汉中以外的西北地区，乃至属于中南的河南淮河以北地带；所谓“西南”，西藏不在其中，却包括属于中南的广西。也就是说，它们并不相当于通常所说的六大行政区中的华北和西南。这种专业上的分区是普通读者所不知晓的，以之设条同样会给检索造成困难。既然对时代和地区怎样划分读者并不了解，以检索性标准衡量，这一类断代和分区条目自然不适合保留。

在选条过程中，总共合并、删除多余的综述条目近 180 条。

（二）减少无普遍检索价值的人物事物条目

第一版因分学科、门类编纂出书，选收人物、事物条目难免有偏专偏细倾向，考古、文物部分也不例外。这次作了大量删减合并，种类包括：

1. 人物、书刊、机构、团体条目。这部分条目的删减，主要是依据社会知名度原则，将仅在本学科范围为人知晓，普通读者不大可能去查找的人物、书刊、机构、团体删除。第一版考古、文物部分有人物条目 117 条，书刊条目 81 条，机构、团体条目 23 条，这次分别删减为 36 条、11 条、10 条。例如国内的考古、文物学者条目，仅保留了“罗振玉”“王国维”“郭沫若”“董作宾”“李济”“裴文中”“梁思永”“尹达”“夏鼐”“贾兰坡”“苏秉琦”“容庚”“胡厚宣”“张政烺”“宿白”“安志敏”“王仲殊”“石兴邦”等 18 条。

2. 分支学科条目。普通读者主要是对考古、文物工作中的发现及研究成果感兴趣，较少可能去查找专业色彩浓厚的分支学科条目。例如，他们或许会查“甲骨文”“古钱币”条，却不大可能去查“甲骨学”“古钱学”条。因此对原有的分支学科条目作了删减。第一版有 9 个考古学分支学科条目，这次仅保留了较重要的“史前考古学”和具有中国特色的“金石学”2 条，其余均并入考古部分的总条“考古学”条。

3. 学科应用知识条目。第一版文物部分选列了大量文物保护、文物管理、文物修复方面的条目，它们属于学科应用知识范围，仅对专业读者有用。这次删减 50 多条，删掉的如“考古发掘管理”“文物保护组织”“古建筑瓦顶维修技术”“石窟壁画修复技术”等。保留下来收入第二版的仅有“装裱”“拓片”“文物鉴定”“文物修复” 等少量条目。

4. 考古遗存和文物实物条目。对这部分条目进行删减，依据的是所介绍对象的历史、文化价值和社会知名度状况。在第一版中设条的遗址和墓葬，有些仅具纯专业研究价值（文化类型研究、年代分期研究方面的价值），并未出土有重要历史、文化价值的实物，很少可能在专业以外的书刊上提到，也不会被大众传媒当作热点报道，如东下冯遗址、烧沟汉墓等。另一些虽有一定的历史、文化价值，但未产生广泛的社会文化影响，如庙后山遗址、白浮西周墓等。还有些考古遗物和文物实物过于细琐，缺少知名度，如朱鹤松鹤笔筒、河姆渡船桨、西安元墓陶车等。对于属于这些情况的遗存和实物，这次均不再设为条目，总数在 1200 条左右。保留下来的，仅是那些有重要历史、文化价值和较高社会知名度的遗存和实物。在以它们设立的条目当中，突出的如“北京猿人”“半坡遗址”“殷墟”“司母戊鼎”“秦兵马俑”“马王堆汉墓”“敦煌石窟”“故宫”“中山陵”，次一级的如“郧县人”“大河村遗址”“盘龙城”“马踏飞鸟铜雕”“大葆台汉墓”“大足石刻”“皇史宬”“冉庄地道战遗址”等。

（三）淡化条目的专业色彩

克服专业化倾向还包括淡化条目的专业色彩。这次采取的主要做法有：

1. 加强条目的综合性。例如古城、宫殿条目的名称中不再加“遗址”或“城址”二字，而是直称“×× 古城”“×× 宫”。如第一版的“隋唐洛阳城遗址”“巴比伦城址”“大明宫遗址”，分别改名为“洛阳古城（隋唐）”“巴比伦古城”“大明宫”。经过这样的改动，这些条目便不再是对考古发现中的废墟进行介绍，而是直接讲述历史上的古城或宫殿。从而使条目的内涵更加丰富，在考古文物知识以外，还可更多地容纳以文献为基础的历史知识及古建筑方面的知识，乃至容纳同条目主题有关联的一般文化知识。这种内容带有综合性的条目，比起纯粹的考古条目来，当更加符合普通读者的需要。经过这种改造的条目共有80 条左右。

2. 变换设条的角度。例如，在第一版考古条目中，有“上林湖越窑址”“景德镇窑址”等成系列的瓷窑址条目。这次变换角度，不按“窑址”而按“窑口”设条，如设“越窑”“景德镇窑”等。这是因为按窑址设条、不但要介绍瓷器，还要讲窑址地层、窑炉、烧造工具等读者不甚关注的内容。而按“窑口”设条，可侧重于介绍瓷器和烧造工艺，适合于众多文物爱好者，特别是文物收藏者的需要。这种变换设条角度的条目共有 12 条。

3. 减弱条名的专业色彩。例如把第一版按考古学上的专业习惯定名的“中国旧石器时代考古”“中国新石器时代考古”“苏美尔—阿卡得时代考古”等条目，分别改名为“中国旧石器时代”“中国新石器时代”“苏美尔—阿卡得时代”等。但作这种更改的前提是改后的条名必须同条目原来的内涵相一致。因此，凡是牵涉历史朝代的条目，如“夏商周考古”“秦汉考古”等，便未作这样的改动，因为不论是把条名中的“考古”改为“时代”还是“文明”，条目内涵都将发生变化，同设条原旨不符，导致和历史朝代条目的内容发生重复。

（四）落实百科全书的条目化标准

这里的所谓条目化，是指所设条目要真正具备百科全书条目的特征，区别于文章的标题和章节，作为介绍知识的单元要便于完整汇聚知识，作为检索单元要便于检索，条目标题要名词化和简明化。这在第二版体例文件中已有规定。对于第一版考古、文物部分不符合此标准的条目，这次选条时进行了改造。

1. 取消非独立主题条目和无确定内涵的条目。例如“文物价值”“文物作用”“文物分类”是文物这一事物的不同侧面，不是独立主题，将它们并入“文物”条。“文物概论”内容过泛，无确定内涵，予以删除。共取消 4 条。

2. 改复合主题条目为单项主题条目。例如把“人殉和人牲”分为“人殉”“人牲”两条，“罗布泊魏晋遗迹和文书”分为“楼兰古城”“罗布泊文书”两条等。共分拆复合主题条目 9 条。

3. 更改不规范和不简明的条目名称。例如将“万里长城——八达岭”改为“八达岭长城”，“现代科学技术在考古上的应用”简化为“现代考古技术”等。还尽可能删掉条名中所冠的地点或时代，像把“晋宁石寨山滇墓”改为“石寨山滇墓”，“前蜀王建墓”改为“王建墓”等。经过这种改造的条目共 8 条。

4. 取消无规范名称标引而用出土单位名称标示的古器物条目。

取消的条目如“沂水春秋墓嵌金漆勺”“法门寺金银器”等。取消的理由是无规范名称不容易查找，会使所设条目成为死条。这一类古器物条目取消后，内容将并入原出土单位条目或能够包含它们的综述性条目介绍（如把法门寺金银器归入“法门寺塔基”条等）。前述被删除的 1200 个左右无普遍检索价值的考古遗存和文物实物条目中，有不少便属于这一类。

（五）增补各种类型的新条目

增补的条目包括：反映考古文物新发现、学科新进展的条目，适应这一领域国际交流日益增多新情况的条目，贴近社会生活的条目，面向非专业读者的概念解释条目。

1. 自第一版出版以来，考古、文物工作中的新发现数量极多。这次选条时，择要增补了 50 余条。国内的如“龙骨坡遗址”“玉蟾岩遗址”“牛河梁遗址”“兴隆洼文化”“偃师商城”“新干商墓”“南越王墓”“华清宫”“陈国公主墓”“法门寺塔基”等。国外的如“特卡纳男孩”（160 万年前的非洲直立人化石）、“澳洲早期岩画”“马格扎利亚遗址”（西亚）、“拉美西斯二世及其子之墓”（古埃及）、“奎特扎尔考特金字塔”（美洲）等。

2. 近年来，考古综合研究多获进展，这次选设“人类起源”“人类进化”“文明起源”“楚文化”“滇文化”等条目，力求予以反映。另外，考古方法和技术手段有很大进步，这次相应增设了“水下考古”“航空考古”“遥感考古”等条目。以上两类共增加 10 余条。

3. 为适应考古、文物领域国际交流增多，中国日益同国际接轨的新情况，增设了若干国际学术机构和国际条约条目。如“国际史前及原史科学协会”“国际古迹遗址理事会”“《关于被盗或非法出口文物的公约》”等。另外，国际上把古迹、遗址等不可移动文物称为“文化遗产”，把遗物等可移动文物称为“文化财产”，为向国内读者介绍这两个概念，这次将它们增设为条目。以上共增加 7 条。

4. 为贯彻非专业化原则，增设了一批贴近社会生活的条目。如：针对文物被破坏现象和文物收藏热而设置“文物保护”“文物收藏”条，从介绍旅游景点角度选收“慕田峪长城”“少林寺”“灵隐寺”条，为满足了解革命文物和革命纪念建筑物的需要而选设“歌乐山烈士陵园”“毛主席纪念堂”“巴士底狱”“列宁墓”条等。

5. 第一版考古、文物部分缺少概念解释条目。例如：有大量古人类化石条目，却没有“直立人”“智人”等介绍古人类进化阶段的概念解释条；有许多具体的石窟条目，却未设进行概念解释的“石窟寺”条。另外，还缺少“鼎”“爵”“尊”“璧”“琮”“彩陶”“唐三彩”等介绍中国古代著名器物种类的条目。对于缺少考古、文物知识的非专业读者来说，增设这一类条目十分必要，有助于满足他们释疑解惑的需要，这次作了大量增补。

以上 4、5 两项，新增条目总数超过 110 条。

三、后续工作

考古文物部分在内容上同其他学科、门类交叉重复的量很大。为了下一步制定《全书》第二版总条目表时能够更好地理顺学科门类之间的交叉关系，在这次选条基本结束后，对于届时可能需要进行哪些方面的合并处理提出了初步设想：

1. 第一版《考古学》卷和《生物学》卷有近 30 个古人类化石条目重复。编第二版时如果合并，似放在考古文物部分较妥。因为生物部分的古人类条目只介绍古人类体质特征，基本上不涉及古人类的文化，而在考古文物部分的古人类条目中两个部分都不可缺少。有关古人类文化的知识对于非专业读者比较适合，如果单纯写古人类体质特征则会偏于专业化。

2. 第一版《考古学》卷和《外国历史》卷都设有古代文明条目（如“印度河文明”“玛雅文明”），它们对于这两个学科来说都属于核心内容。第二版选条时，假如划归其中一个学科，另一个学科就会出现内容缺损。不过考古和外国历史的古代文明条目在内容、写法上并无多大区别，在第一版中，有些条目甚至由同一位作者撰写，加上这些条目数量有限，因此放在第二版的哪一个学科都无妨。至于这些条目由哪些撰稿人撰写，则可由两个学科共同商议确定。

3. 第一版文物部分和美术部分都有古书画条目，美术部分介绍古书画的内容和艺术特色，文物部分侧重于介绍古书画的流传和收藏。编第二版时，似可统一归入美术部分，撰写时适量补充原文物部分条目中关于流传和收藏方面的知识。另外，文物和出版部分都有古印本和古写本条目，建议在第二版中合并，划归出版部分。

4. 第一版考古、文物部分的古地图石刻条目（如“静江府城防图石刻”），和《地理学》卷的古地图条目（如“静江府城防图”）发生交叉。建议编第二版时将古地图石刻条目并入古地图条目，由地理部分撰写。因为就介绍地图知识而言，地理是主学科，读者更可能查的是古地图条目，而不是古地图石刻条目。

5. 第一版美术、建筑园林、宗教部分有不少古遗址、古墓葬、古建筑和石窟寺条目，美术部分还有青铜器、玉器、漆器、瓷器、岩画、俑、画像石、画像砖条目，矿冶部分也有青铜器、铁器条目，从而造成同考古、文物部分有大量交叉重复。编第二版时要处理好这部分交叉关系，似可根据传统的划分习惯规定几条原则：一条是从地下发掘出土的遗迹划归考古文物部分，保存在地上的遗迹划归美术或建筑园林部分，而宗教部分不再选设古代遗迹条目。据此，则古遗址、古墓葬由考古文物部分设条，古建筑由美术或建筑园林部分处置。石窟寺条目情况比较特殊，因牵涉到断代的科学性，似归入考古文物部分撰写较妥。另一条是遗物中的雕塑、绘画划归美术，一般古器物划归考古文物。如此，则除岩画、俑、画像石、画像砖外，其他均由考古文物部分设条。第一版矿冶部分的青铜器、铁器条目偏于介绍工艺技术，内容不如考古、文物部分的同类条目写得全面。因而矿冶部分的“司母戊鼎”“沧州铁狮”等条目，应以并入考古文物部分为妥。

以上设想仅供大家参考。学科、门类之间的交叉关系究竟怎样处理，需待所有学科、门类的条目全部选出之后，由各学科、门类的责编协商，在全书范围进行权衡和考量。只有到那时才能得出结论，产生最为合理的方案。

四、几点体会

通过这次考古文物部分选条，有以下几点体会：

（一）学科编辑要转换角色，真正做到从普通读者的角度考虑条目的取舍

第二版是综合性百科全书，选条要避免专业化，对此，自己一直觉得是有认识的。然而通过这次选条，发现问题并不那么简单，初选的条目就没有能够彻底摆脱专业化的影响。例如，当时在考古理论、方法部分列了“新考古学”“社会考古学”“认知考古学”“新马克思主义考古学”“考古学文化区系类型理论”“考古地层学”“考古类型学”等条目，明显地偏专偏细。所列考古学家、文物学家，有的只在本领域有知名度，普通读者查找的可能性不大。当条目表第一次在编辑部讨论时，有的同志指出了这方面的问题。后来吸取大家的意见，作了改进。

事后我进行反思：为什么自己一直力主非专业化，在制订条目表时却未能彻底贯彻这一标准。经过思索，发现原因很简单：因为我是学习考古专业的，在进行考古文物部分的选条时，自觉不自觉地便以专业的眼光去考虑取舍，以致受到羁绊。由此我觉察到，综合性百科全书的编辑仅仅一般性地具备非专业化理念还不够，在工作中还必须有意识地转换自我的角色，真正站在普通读者的立场考虑问题。就选条而言，便是要时时体察读者的实际需要，将此作为选条立目的依据。所选条目不应当只具有专业检索价值，而是应当具有普遍检索价值。

（二）学科编辑要依靠专家，在牵涉编纂方针和编写体例的问题上又不可盲目遵从专家

1. 关于依靠专家。百科全书的任务是介绍科学知识，在涉及学科专业的问题上，编辑代替不了专家。这次选条中的例子如：在条目表第一、第二稿中，选设了“西山古城”“秦公 1 号大墓”等考古新发现条目。前者为史前仰韶文化的古城，在 1997 年被评为全国十大考古发现之一；后者是已发现的先秦时代最大的一座古墓，媒体作过大量报道。但有些专家曾亲临这两处考察，指出前者的重要性并不突出，后者因早年被盗而出土文物很少。在专家讨论会上经过大家研究，删去了这两个条目。这说明，编辑虽然在一定程度上掌握学科动态，但专家身处学科前沿，有深入的调查和研究，在专业问题的判断上更加准确，因此我们在编纂百科全书时决不能放弃依靠专家。

在工作路径方面，专家也能为编辑出好主意。例如，由于国内考古学界缺乏对国外情况的研究，第一版的国外考古、文物部分比较薄弱。在讨论第二版考古文物条目的专家会上，大家一致认为第二版在这方面要有所改进，但又想不出增补条目的办法。会后，当时的考古所所长任式楠先生给我出主意，让我请一些近年来曾出国考察和学习的年轻专家帮忙，共同凑齐国外考古文物部分的条目。通过采取这一方法，在一定程度上解决了增补国外考古文物条目的难题。

2. 关于不盲从专家。专家精通学术，但对于编纂百科工具书的要求不一定完全理解。这次选条中的一个突出例子，就是多数专家认为考古文物部分的条目数量太少，希望大量增补。例如，原来设了总述的“长城”条，有的专家却从专业角度提出应分列为“战国长城”“秦始皇长城”“汉长城”，将已设的“长城”条改为只介绍明代长城。如果采纳这一意见，不但内容偏专偏细，而且条目名称不便于检索。还有人强调系统性，主张列了早期的就一定要列中、晚期的，不考虑检索率问题。

更有人认为，700 多个全国重点文物保护单位都应当上条目，然而这样的专题式、系列化选条规模，在综合性百科全书中显然是不可能实现的。对于设条方式也有不同看法：有人主张仿照国外的专业考古百科全书，设置“中国南方旧石器时代的卵石工具”一类十分专业化的条目，又提出设立包含地质、古生物和旧石器考古内容，但一般读者可能弄不清楚条目名称含义的“泥河湾”条。上述意见均不符合第二版的编纂方针和选条体例，在请示部、社领导并得到同意后未予采纳。对于专家所提意见，只吸收了其中合理的部分，适当增加了一些新条目，而没有放弃选条的基础性、概要性原则和检索率标准。在此要感谢社领导的支持：当徐总、梅老了解了情况后，指出对专家所提的增补意见不一定完全照办，应当具体分析，实事求是地对待，这就为学科编辑贯彻出版社意图提供了保证。

原载《探讨》（中国大百科全书出版社内部刊物）1999 年第 1 期

试探《中国大百科全书》第二版考古条目的写法

本文探讨《中国大百科全书》（以下简称《全书》）第二版考古条目的写法。既包括考古条目撰写中特有的问题，也包括虽为各学科和知识门类的条目所共有，但在考古条目中有着特殊表现的问题。撰写本文的目的，是直接为编纂《全书》第二版服务；同时也是为了把百科全书编纂学的研究，深入到综合性百科全书的学科和知识门类中去。以下为几点具体意见。

一、根据考古学研究目的确定条目撰写的主旨

作为广义历史学的组成部分，考古学进行研究的目的，是根据考古发现的实物遗存复原人类社会的历史。故此，《全书》第二版的考古条目，应当展示考古材料所反映的不同时代、不同民族历史的状貌，以及发展轨迹。这本来无须多讲，但因在以往百科全书考古条目的撰写中，或多或少存在一种罗列材料、忽略介绍研究成果的倾向，于是就有必要将此作为撰写条目的一项标准提出。然而仅有笼统的目标不够，要真正落实，还需针对不同种类的条目，规定若干具体的要求，以便于操作。

（一）考古时代条目

它们是“考古学”总条下的一级骨干条目。概括世界范围的如“旧石器时代”“青铜时代”“早期铁器时代”，概括一个国家或地区的如“中国新石器时代”“夏商周考古”“苏美尔—阿卡得时代”。这些条

目不但要说明本时代的年代范围、文化分布，以及在考古学上的特征，而且要依据考古材料概略地勾画出本时代的历史概貌，如物质文化和精神文化发展的水平，社会发展的状况等。若是史前时代，还需把原始人类的生存发展放在当时的自然环境中介绍；若是进入文明以后的时代，则不能忽略同文明发展和国家形成有关的一些问题。例如，对于旧石器时代，就应当介绍当时的气候、植被和动物群，概述古人类制作石器、从事采集和渔猎、用火及居住的情况，以及原始艺术和宗教意识萌芽的情况，兼及人类在世界范围分布和迁徙的状况等。对于夏商周时代，便需要介绍青铜冶铸和宫殿建筑所显示的技术进步，文字和工艺品所展现的精神文化发展，城市、墓葬和礼器所反映的国家统治和等级制度，方国和邦国文化所展示的文明多元一体的格局等。众所周知，人类的史前历史主要依靠考古发现去复原，文明初期历史的再现在很大程度上仰仗考古材料的补充。因而单纯的历史条目讲不清楚人类的上古历史。而如果有上述规格的考古时代条目同历史条目相配合，便可向读者提供比较完整的人类上古历史的概况。

（二）考古学文化条目

它们是“考古学”总条下的二级骨干条目。中国的如“河姆渡文化”“仰韶文化”“龙山文化”“二里头文化”，外国的如“阿舍利文化”“德里波利耶文化”“哈拉帕文化”（印度河文明）、“玛雅文化（玛雅文明）”。同考古时代条目的高层次、大范围概括不同，这一类条目仅涉及古代某个时期的某个居民集团。条目内容除文化的性质、起止年代、地域范围、文化的源流、与平行文化的关系外，同样应当包含历史复原的概述。例如，根据考古发现的材料，“仰韶文化”条可介绍当时居民的经济生活、聚落和建筑、墓地和葬俗、艺术品和符号，以及社会发展的状况等内容；“哈拉帕文化”条可概述当时的社会经济、城市建筑、文字和度量衡、艺术、宗教和葬俗等方面的情况。当然，在条件许可时，史前的考古学文化条目还应当说明居民的种属以及文化发展所依托的自然环境等。有了这样的介绍，读者就能够在考古时代条目总括性的历史复原知识之外，通过一个个考古学文化条目，对人类上古历史发展的多样性和生动性获得具体而且深入的了解。

（三）遗迹遗物类别条目

它们属于跨时代纵向介绍的考古骨干条目。既有内容涵盖中外的，也有只限于中国的。实例如“墓葬”“人殉”“石窟寺”“青铜器”“漆器”“明器”“唐三彩”“紫砂陶”等。这些条目主要是通过分门别类地介绍考古实物，展现人类物质文化和精神文化发展的不同侧面，撰写时要着重介绍考古实物所反映的技术进步、艺术风格演变和观念习俗变化等，其中有些条目还涉及社会关系和社会生活方面的问题。例如:“青铜器”条需介绍青铜冶铸技术的进步，青铜器风格的演变；“石窟寺”条需说明不同地区、不同时期石窟造像和石窟壁画的艺术特色，以及造像和壁画主题所反映的宗教教义；“墓葬”条可揭示不同时代葬制所折射的社会关系，埋葬方式所反映的社会习俗；“明器”条可通过明器种类和组合的变化，展现不同时期社会生活的面貌。如果说，考古时代和考古学文化条目是横向断代型条目，那么遗迹、遗物类别条目就是纵向贯穿型条目。两者互相配合，纵横交错，就可为读者提供考古材料所反映的关于人类社会历史的网络式知识。

（四）古人类化石和遗迹遗物条目

它们属于具体的考古发现对象条目，在考古条目中所占比重最大。实例如“北京人”“半坡遗址”“永泰公主墓”“龙门石窟”“马王堆帛书”“毛公鼎”“罗马古城”“世界七大奇观”等。一般而言，从单独的考古发现中很难得出系统的历史复原知识，因此这一类条目最容易写成发掘材料清单。尽管由于材料的局限，要防止对这些条目的撰写提不切实际的要求，特别是不允许在讲述研究结论时任意拔高，但在条件许可的范围内，还是应尽可能写出有限的考古材料所反映的社会历史方面的点滴情况。例如：遗址中出土的生产工具和动植物遗存反映的生产活动成果，古城遗迹显示的建筑水平和防卫技术，墓葬壁画展现的历史或生活场景，铭刻文字记录的历史事件或揭示的历史问题答案等。如果按照上述要求撰写，那么这些条目就能为读者提供一个个古代历史的“小品”，甚至个别的历史片断，从而使《全书》第二版考古条目所提供的历史复原知识更加丰富多彩。

需要说明的是，以上根据考古学研究目的确定考古条目写法的设想，同百科全书条目在介绍知识时所应达到的要求相一致。百科全书是讲述科学知识的书，它不但提供事实资料，还要介绍据此得出的科学结论，提供对客观世界的科学说明。因为只有这样，才能超越事物的表象，引导读者洞察客观世界的底蕴和奥秘，使他们获得智慧。否则百科全书就仅仅是资料库，而不能成为知识殿堂。因此，世界上一些著名百科全书的编纂者十分重视对资料的说明。他们有的强调“百科全书并不是简单地记录或拍摄”，必须“正确解释各种事件和事实”〔1〕；有的声明要“回答双重的咨询——一般情况和经过推理的学识”〔2〕。可见，上述关于在考古条目撰写中防止单纯罗列材料，注重依据考古发现的实物提供历史复原知识的设想，完全符合百科全书条目在介绍知识方面的要求。

---

〔1〕普罗霍罗夫，《百科全书反映什么》，苏联《真理报》1979年1月2日，引自中国大百科全书出版社《百科全书参考资料》第8期。

〔2〕法国拉鲁斯《大百科全书入门》，引自中国大百科全书出版社《百科全书参考资料》第 8 期。

二、按照综合汇聚原则安排条目的内容

在《全书》第二版这种统编而不是按学科和知识门类分卷的综合性百科全书中，几个学科、门类共有的条目只允许出现一次，这些条目在撰写时对于所对应的学科、门类的内容必须都照顾到（可以有所侧重）。从《全书》第一版可知，考古和其他学科、门类共有的条目为数不少，种类包括古城、一般遗址、墓葬、古器物、碑刻、古建筑、石窟寺、古人类化石和古代文明等，牵涉的学科和门类主要是文物、美术、建筑园林、宗教、中外地理、中外历史、旅游、古人类学和科技史。编第二版时，这些条目有相当一部分将会由考古学科负责撰写，写时一定要把应当包含的其他学科和门类的知识综合进去。例如古城条目（如“秦咸阳城”）要融入历史、古地理和古建筑知识，壁画墓、画像石墓条目（如“和林格尔汉壁画墓”“沂南画像石墓”）要融入美术方面的知识等。应当说明的是，在综合性百科全书中，这些条目包含几个学科、门类的内容，已不再是纯粹的考古条目，而属于综合类条目。但本文探讨考古条目的写法，这些条目以考古知识为基础，由考古学科负责撰写，因此下面暂把它们称为跨学科考古条目。

需要强调的是，考古学和历史学关系密切，要说清楚历史时代的考古遗迹、遗物常常离不开历史文献，因而在撰写跨学科考古条目，汇聚所包含的其他学科、门类的知识时，尤其不应当忽略以文献为基础的历史知识。历史文献在美术、建筑园林、宗教、地理等学科、门类中均受到倚重，但在考古学中往往因偏重于依靠考古材料而没有得到足够的重视，《全书》第一版的考古条目中便常常缺少文献知识。在撰写第二版跨学科考古条目时，应可通过融入上述有关学科、门类的知识，进行这方面的增补。补充的内容主要有：

（一）关于遗迹遗物背景的历史知识

例如，古城条目除根据现存的遗迹、遗物进行介绍外，还应依据历史文献说明古城在历史上的地位和作用，并介绍同古城有关的重要史事和掌故，而不限于一般性地介绍历史沿革。像介绍邺城，可说明它在东汉末年是曹操经营的军事据点，在曹操挟天子以令诸侯后，成为当时实际上的政治中心。讲到邺城的三台，还可提及铜雀台建成时，曹操命其子曹丕登台作赋的历史掌故。介绍元上都，可述及此城在蒙古统治重心南移和忽必烈夺取汗位的斗争中起过的作用，并说明后来它何以成为元朝的夏都。古建筑条目同样应讲述相关的历史知识。例如写大雁塔，可介绍玄奘法师同建塔的关系，并提到唐代大诗人杜甫、岑参游塔时赋诗，大书法家褚遂良书《雁塔圣教序》的盛事。而介绍岳阳楼，则不可忘记范仲淹那篇千古流传、脍炙人口的《岳阳楼记》。有些遗物也有值得讲述的背景知识。例如介绍利簋，可结合铭文讲述武王伐纣这一历史事件；介绍秦刻石，又可述及秦始皇统一六国之后巡行各地立纪功刻石的史实。如果背景知识介绍得当，在读者眼里，遗迹、遗物将不再是枯燥乏味的死东西，而是同生动的历史、具体的人物活动联系起来，具有了生命力。

（二）有助于进行复原介绍的文献记载

考古发现多零碎、残缺，想完全依据它们进行历史复原或遗迹复原往往很难如愿。而如果同文献记载相结合，则情况会有所改变。例如，介绍迈锡尼文明，单纯依据遗迹、遗物无法展示历史全貌，假如结合“荷马史诗”的记载，以及发掘所得的线形文字资料，便可进行比较全面的历史复原介绍。又如，已成为废墟的古城、宫殿、楼阁、园囿、寺庙等，在史书或古代地理著作中常有记述，完全根据考古遗存难以恢复昔日景观，而如果结合文献介绍，那么读者将不仅看到颓垣断壁、地基柱础、残砖碎瓦，还可重睹盛时的宏丽壮观景象。典型的如阿房宫早在秦末便已废毁，但如果引用《史记·秦始皇本纪》的记载，告诉读者，它“东西五百步，南北五十丈，上可以坐万人，下可以建五丈旗”，“周驰为阁道，自殿下直抵南山”，就可使读者了解它的雄伟气势。又如芙蓉园（曲江池）是唐长安城著名的园囿，早已湮没，仅存池址，如果结合文献，便能为读者描绘出全园以水景为主体，岸线曲折，池中种植荷花、菖蒲，可以荡舟，亭楼殿阁隐现于花木之中的美景。很显然，考古实物同文献记载相结合，能获得仅依据考古材料介绍所无法达到的复原效果。

总起来看，在考古条目中融入以文献为依据的历史知识，可弥补考古资料的缺陷，深化读者对考古实物的理解。还可增加条目的历史厚度，乃至提高读者的阅读兴趣。对于中国内容的条目来说，又可增添传统文化色彩，增加条目的中国特色。一般而言，历史知识超越学科和行业界线，比考古知识更加受到读者关注。多提供这方面的知识，当会受到广大读者的欢迎。

在增加考古条目历史内涵的同时，还不应忽视考古遗迹、遗物和现实生活的关联。这包括介绍它们的保护和利用情况，如是否进行了现场保存或修缮，有没有被列为世界遗产或全国重点文物保护单位的项目，是否建立了遗址博物馆，重要出土遗物收藏在何处等。对于那些已经成为游览景点的考古发现地，还可说明它们的人文景观价值和旅游价值。在条目中提供上述文物保护和旅游方面的知识，将使条目内容更加贴近生活，具有增强文物保护意识、指导旅游参观的作用，这对于读者显然是有益的。

三、依据非专业性标准把握条目的深浅度

综合性百科全书面向普通读者，是非专业性工具书，《全书》第二版也不例外。考古条目要体现这一性质，可从选材和表述两个方面着手。

（一）选材方面

考古条目选材应从读者的实际需要和接受能力出发，重点介绍那些读者关注且易于理解的知识，简化甚至割舍专业性过强、深奥难懂、对于读者没有多大意义的内容。前者如上述遗迹复原知识，历史复原知识，遗迹、遗物背景知识，此外还有考古遗存所具有的历史、艺术和科学价值等。后者主要是同地层学、类型学有关联的纯专业内容，例如地层堆积状况和年代分期，考古学文化的特征和文化之间的关系等。简化或省略这部分内容，是因为地层现象的描述和器物类型的比较烦琐乏味，所说明的问题同读者的关注点相距甚远。对于它们可采取以下方法处理：只简要说明考古学文化或遗址、墓群可划分为几期（几个发展阶段），而不去据层位和包含物进行细琐的推导；只列举一考古学文化最具特色的典型器物（如屈家岭文化为彩陶纺轮和高圈足豆），或将文化特征的介绍完全省略，而不是详细列出此文化具有哪些特征；只简单交代所介绍的考古学文化同哪些文化有源流关系或平行的相互影响关系，而不去细述证明这些文化相对早晚关系的地层依据，也不为了说明文化之间的联系去进行出土物的烦琐类型比较。

考古条目中可简化、省略的内容还有：①出土物种类。许多古器物名称对于普通读者来说是生僻术语，开列过多会造成读者困惑，择要列举则可减小术语密度。②古人类体质特征、石器制作工艺、古建筑结构、石窟造像特点。这些内容均较专深，包含许多专业术语，对它们可只作最扼要的介绍。③青铜器、碑刻的铭文和简牍文字。读者对它们一般不易读懂，多数情况下可不予照录（必要时节录），而只说明主题或要点。

在选材上如果掌握上述标准，就可使考古条目在实现非专业化方面迈出一大步。

关于条目内容的取舍，国外的百科全书编纂家有过精辟的论述。《不列颠百科全书》第 15 版主任总编辑 W. 普里斯在这一版的“编者序言”中指出：这部书要“具有易懂性和可读性”，“条目要超越纯专业的细节，在较高的普遍性水平上来安排处理”，“而不是硬将关于该课题已知的一切，全都塞进限定的篇幅内”。另一位百科全书专家，美国哥伦比亚大学学院院长 J. 巴森也曾强调，“公众的兴趣应是我们取舍的标准”。领会他们的思想，当有助于我们处理好条目选材问题。

（二）表述方面

表述方式对于实现考古条目非专业化同样具有重要意义。这大致包括求通俗和求简明两个方面。

求通俗即尽量做到深入浅出。《中国大百科全书》是高档工具书，不允许像科普著作那样，穿插大量对内容的通俗解释，迂回曲折地进行介绍，或在正题之外添加趣味性知识。而科学性的要求，又使得介绍中不可能完全避开难懂的专业术语。因此所谓深入浅出，在很大程度上是指对难词作简要的注释，以及在介绍知识时采取恰当的表述方式。例如：

1. 用附加定语或括注的方法注释难词。附加定语如，读者对古代陶器的名称比较生疏，介绍出土的陶器时假如加上定语，说“陶器中有炊煮食物的鬲、甑，盛放食物的簋、豆”，虽用语不多，却可在一定程度上为读者释疑解惑。括注如，汉穆拉比法典碑的碑文中讲到“同态复仇”，假如介绍时在后面括注“（以眼还眼，以牙还牙）”，便可让读者大致明白这一民族学、历史学术语的含义。条目中难解的术语常常不止一个，不可能都去说明，但对关键性的术语要尽可能注释，这同读者理解条目内容关系较大。

2. 用插入注释性短句的方法解释难词。例如，武威汉简中有王杖诏书令简，假若介绍时插入短句说“王杖是汉代政府授给 70 岁以上老人的手杖，持有者可享受官方对老人的优待”，便可消除读者对“王杖”

一词的疑惑，并使读者理解，为什么殴辱王杖持有者要被处以刑罚。又如，程桥东周贵族墓出土的编钟铭文记作器者为“攻敔仲终□之外孙”，如果介绍时先解释说，“‘攻敔’即‘攻吴’‘句吴’，是吴国的国号”，然后再指出墓主为吴国贵族，结论便容易被理解。

3. 用材料和结论紧密结合的方式使专业化的知识易被读懂。像介绍古人类体质特征，对原始性质和进步特征分开来描述，分别得出结论，便能收到较好的效果。例如介绍马坝人，说他“眉脊粗壮，眶后部位明显后缩，额骨比顶骨长，表现出与直立人相类似的原始性质。但颅骨骨壁较薄，颅穹窿较为隆起，脑量可能较大，又具有智人的进步特征”，眉目就比较清楚，读者即使对有些描述还不完全明白，也能产生豁然开朗之感。而如果材料和结论结合得不那么紧密，先笼统地进行描述，到最后才把兼具原始性质和进步特征的结论和盘托出，就不会收到这样的效果。其他像以动物化石说明古自然环境，以遗迹、遗物揭示古代社会生活等，都可以采取这种类似于夹叙夹议的方式。假如将这种方法同前述解释难词的方法结合起来运用，则尤其能收到好的效果。

求简明即介绍遗迹、遗物时摒弃繁详细琐，不采用专业上常用的分割式局部详细描述的方法，而是采取简洁明晰的总分结合、重点深入的介绍方式。采用前一种方法会使读者不得要领，采取后一种方式才能让读者对需要了解的对象获得清晰的认识。一般而言，采用后一种方式首先要交代整体概貌。例如，介绍原始聚落、古城或建筑群时先说明整体布局，介绍墓葬时先交代整体结构和随葬品种类，然后再作分项的局部介绍。展现局部时要抓住有意义的部分，防止主次不分，烦琐描述。后者如：介绍都城可重点讲述防卫设施和宫城，兼及主要的街道和商市；介绍古建筑可只重点述及能反映建筑水平和建筑风格的构造，对一般状况可省略或只作简单描述。提供数据也要避免烦琐，一般只交代整体尺寸，如古城的面积或周长，器物的通高和最大径等，细部数据如无特殊意义无须提及。毫无疑问，这种既有总体概述，又讲局部要点，简明扼要，精确而又略带模糊性的介绍方式，最适合普通读者的阅读需要。

《不列颠百科全书》第15版主任总编辑W.普里斯，在此书的“编者序言”里曾谈到表述问题的重要性。他说一位学者向此书的编者提出过警告，指出“一部综合性百科全书，只有在找到一种能用以沟通一切人的共同语言时，方得以存在下去”。《不列颠百科全书》第15版的编撰遵从了这位学者的见解。普里斯接下来在“序言”里还谈到编撰此书时所采用的让释文易被所有读者读懂的若干具体方法。本文关于撰写考古条目应求通俗、求简明的设想，同普里斯所谈的这些在精神实质上是完全一致的。

应当指出的是，考古学是一门专业性较强的学科，尽管在撰写考古条目时可采取一些实现非专业化的做法，但普通读者在查阅时仍可能会有读不懂的地方。不过这样做毕竟可为读者减少阅读障碍，提高他们阅读的兴趣，让他们即使在遇到艰深之处时，也能大体上理解条目中所讲的内容。

四、从民族精神和国家利益出发处理思想性和政治性问题

百科全书汇集人类科学文化知识，本质上是传播知识的书籍。但每一部百科全书都是特定时代和国家的产物，总是表现出某种思想倾向，并遵从一定的政治标准，这就使百科全书兼有了一种人文精神。鉴于这种情况，就要求我们在编纂《全书》第二版时，不但要注意知识性和科学性方面的要求，而且要处理好思想性、政治性方面的问题。对于考古条目来说，后者主要包括通过介绍考古发现弘扬民族优秀文化，妥善处置条目中同现实政治敏感问题有牵连的内容两个方面。

（一）弘扬民族优秀文化

为数不少的考古发现反映了我国古代的科技文化成就，考古条目应当通过对它们的介绍，使国内读者加深对祖国光辉历史的了解，激发他们的爱国主义情怀，并使国外读者了解古代中国对人类文明发展所做出的杰出贡献。

例如，商周时代青铜制造业达到很高的水平，冶铸规模巨大，技艺高超，安阳殷墟出土的后母戊鼎是世界上已知最大的古代青铜器，湖北随州出土的曾侯乙编钟采用了可产生最佳音响效果的铜、锡、铅合金比例，这些在古代青铜器制造中是了不起的成就，在相关条目中便不应当忽略对这些成就的说明。又如，考古发现表明，我国在春秋晚期就发明了生铁，比欧洲早了近两千年，至迟在西汉中期出现铸铁脱碳钢，到东汉又有了炒钢，这些也远非世界其他地区可比，对于这些成就，同样要介绍得充分。再如，我国是漆器、瓷器的故乡，在古代是丝绸王国，在漆器、瓷器和丝绸生产上取得过辉煌的成就，考古发掘中屡屡出土重要实物，介绍时就应不吝笔墨，把技术和艺术上达到的高水平展现在读者面前。其他无论是秦兵马俑、敦煌石窟和房山石经，还是唐长安城、元大都和历代长城，对于它们在人类文化史上的地位，都要有足够的表述。

弘扬民族文化，突出本国成就，是世界各国编纂百科全书所奉行的宗旨。我们在撰写《全书》第二版考古条目时，在这方面一定不可以忽略。

（二）妥善处理政治敏感问题

有些考古发现反映了我国古代的民族关系和疆域，同当前的民族、领土问题有关联。另外一些考古发现，若介绍不当，会损害我国的对外关系。对于这些必须特别注意。

例如，国外有人歪曲历史，主张西藏独立，而有的考古实物反映了古代藏汉民族关系，或西藏地方政权和中央政府的关系，这就要求在条目中结合历史文献作出清楚的交代。像介绍大昭寺，即应说明根据藏文史料记载，此寺是在吐蕃赞普松赞干布支持下，由唐朝文成公主和尼泊尔尺尊公主参与修建的，寺中有相传为文成公主带去的文物，自古以来此寺就是藏汉民族团结的象征。介绍萨迦寺，则应说明其中的南寺是在西藏正式归入中国版图后修建的，元朝中央政府曾给予资助，并从内地调集汉、蒙工匠帮助藏族工匠建寺。这样介绍，考古实物就成为历史的见证，从正面驳斥了别有用心者的歪曲。

又如，过去没有印度和巴基斯坦之分，通称印度，但自 1947 年起它们已是两个国家。然而克什米尔地区至今归属未定，不能因为过去曾包括在统称的印度之中，而忽略了它今日的特殊地位。因此，不应当把通行地区包括今巴基斯坦的古代文字称为“印度古文字”，而必须称作“古印度文字”。也不可把分布在克什米尔地区的古代文化称为“印度北方古代文化”，而必须称作“克什米尔地区古代文化”。对于这一类问题若有疏忽，将产生不良后果。另外，中国古代比周边地区先进，但不应过分强调对邻国的文化影响，要承认周边国家文化的本土性。在谈到中国和这些国家的文化关系时，一般应使用“文化联系”一类提法，而避免出现“影响”一词。介绍这些国家的考古成果，要实事求是地指出考古实物所反映的古代文化成就。对于这一类问题，撰写条目时也要加以注意。

在《全书》第二版中处理好同现实政治有关的问题非常重要。世界上不论哪一个国家，都不会允许在本国百科全书中出现违反国家利益的内容。考古条目虽然不像政治、经济、法律、军事、历史、民族、宗教条目那样牵涉大量的政治敏感问题，但撰写时同样不可疏忽大意，遇到问题一定要尊重历史和现状，同党的方针政策保持一致，必要时还须向上级有关领导部门请示。

以上意见仅供编纂中参考。

原载《探讨》（中国大百科全书出版社内部刊物）1998年第2期，曾辑入1998年国家社科基金项目成果《大型综合性百科全书编纂的理论与运作》

调研报告

《中国大百科全书·政治学》调研报告

《中国大百科全书·政治学》（以下简称《政治学》卷）于1992年9月由中国大百科全书出版社出版。编辑委员会主任为法学家、新闻学家、国际问题专家张友渔。1993年中国大百科全书出版社研究室安排胡人瑞对此卷进行调研，同年调研工作完成。现将调研结果报告如下。

一、基本情况

以下为《政治学》卷7个方面的统计情况：

（一）全卷条目数、字数和条均字数

全卷条目	970个
全卷版面字数	约166万字
条目正文字数	约139万字
条均字数	约1433字

（二）分支学科名称及各分支条目数

1. 政治学理论	117条
2. 中国政治思想史	139条
3. 外国政治思想史	142条
4. 政治制度	70条

5. 中国政治制度	56 条
6. 外国政治制度	74 条
7. 政党及政治团体	127 条
8. 行政学	143 条
9. 国际政治	126 条

（说明：因有 24 个条目同时属于两个分支，条数成倍叠加，故各分支的条数相加，比全卷实有条数多出 24 条）

（三）长、中、短和参见条目的数量及所占比重

长条目（4000 ～ 20 000 字）	51 条	占 5.3%
中条目（700 ～ 4000 字）	694 条	占 71.5%
短条目（700 字以下）	136 条	占 14.0%
参见条目	89 条	占 9.2%

（四）条目的类型及各类数量

人物类条目	148 条
书刊类条目	41 条
机构组织类条目	154 条
实物类条目	1 条
事件类条目	3 条
制度条约类条目	64 条
学科类条目	543 条
其他条目	16 条

（五）中外和世界性条目的数量及所占比重

中国内容条目	217 条	占 22.4%
外国内容条目	354 条	占 36.5%

世界性条目	399 条	占 41.1%

（六）图片和表格情况

全卷彩图插页数量	32 页，154 幅
（目列 151 幅，其中有 2 个图题分别含 2 和 3 幅）	
随文黑白图数量	321 幅
（包括照片 295 幅，线图 26 幅）	
随文黑白图数量和正文字数之比	1∶4348
随文黑白图数量和正文页数之比	1∶1.93
全卷表格数量	6 个

（七）内容索引情况

内容索引条数	3663 条
内容索引数量和全卷条目数量之比	3.8∶1

二、几点看法

《政治学》卷成功之处很多，以下所谈为比较突出的几点。书中亦有些许不足，本报告仅提出以供商榷。

（一）《政治学》卷内容丰富，资料翔实，不但充分反映了我国政治学的学科发展和研究成果，而且对于关心国内外政治生活的一般读者非常有用

这卷书的编纂出版，推动了我国政治学的发展。从《中国大百科全书》74 卷整体来看，这卷书对《外国历史》卷的当代部分有所补充。《政治学》卷为我国第一部以百科全书形式介绍政治学知识的著

作，由我国政治学界的专家学者经过 4 年的辛勤劳动写成。它的内容包括：政治学的基本概念、理论模式、研究方法，分支学科和研究团体；中外政治思想史及政治家、政治思想家、学者、著作；关于政治制度的一般知识及古往今来有代表性国家的政治制度；政党、政治团体的一般知识及各国政党、国际政党组织的概况；行政学和行政管理方面的知识及有代表性的国家在行政机构、人事制度方面的概况；国际政治的一般理论和原则，国际政治的思潮和政策主张，以及重要的国际组织和国际关系方面的重要文献。可以说，这卷书的内容在当前国内政治学专著中是最完整的，它充分反映出自 20 世纪 80 年代以来政治学在我国的发展状况，以及学界的研究成果。读者通过阅读此卷，可对这一学科的知识获得基本的了解。作为反映我国科学文化发展水平的《中国大百科全书》的一个学科卷，《政治学》卷较好地做到了全面系统地介绍学科知识。

《政治学》卷不但内容系统，理论性强，而且对于普通读者具有实用价值。书中列有许多同当前国内外政治生活有关的条目，如“民主”“自由”“人权”和“政治参与”，“社会民主主义”“西方马克思主义”和“福利国家论”，“联邦制”“邦联”和“总统制”“内阁制”“人民代表大会制度”，“国家元首”“政治首脑”“议会”“内阁”和“宪法法院”，“一党制”“多党制”和“中国共产党领导的多党合作和政治协商制度”，“种族主义”“霸权主义”“东西方关系”“南北关系”和“冷战”“缓和”，“世界难民问题”“世界宗教问题”和“国际恐怖主义”，“各国议会联盟”“七国经济最高级会议”和“伊斯兰会议组织”，“国际人口公约”“国际人权公约”和“防止核武器扩散条约”，等等。这一类条目可供关心时事政治的读者随时用于释疑解惑，具有普遍并且较高的检索价值。

这卷书的编纂出版，对我国的政治学发展产生了促进作用。在我国，政治学从 20 世纪 50 年代起长期受忽视，教学和研究处于停顿状态。到 80 年代才重新起步，以至目前研究尚不够充分，一些基本理论问题还没有获得解决。在这种情况下，这卷书首次较科学地界定了政治学的学科范围，得到学术界广泛的认同。此前因受极左思想束缚，政治学在相当程度上同历史唯物主义和科学社会主义界限不清。例如 1982 年出版的高等学校政治学教材，全书结构为：绪论、阶级论、国家论、政府论、政党论、革命论、民族论、国际社会，明显地带有历史唯物主义和科学社会主义的痕迹。而这次对学科范围的界定弥补了过去的缺陷，做到较好地把政治学当作一个具有自身特点的独立学科来看待。这对于今后政治学学科研究的开展，无疑非常有益。从具体内容来看，这卷书填补了不少空白。例如，“人权”这一概念在国内长期属于研究禁区，对它从未认真进行过学术探讨，这次在书中设了条目，作了比较全面的介绍。又如，“政治资源”“政治参与”“政治文化”“政治角色”等概念，都是新从西方政治学中引入，书中不但设有条目，撰写过程中还经过专家学者深入讨论。更有大量的西方政治学理论和研究方法，过去在国内鲜为人知，书中也作了初具规模的介绍。总之，可以毫不夸张地说，这卷书的编纂出版，为今后我国政治学的发展奠定了很好的基础。

这卷书的“国际政治”部分，重在当代，对《外国历史》卷的“国际关系史”部分有所补充。《外国历史》卷全面介绍古今，对当代部分难以进行更详细的介绍；出书在前（1990 年 1 月），收入新事物的年代下限要早于《政治学》卷。因而《外国历史》卷的“国际关系史”部分，内容不如《政治学》卷的“国际政治”部分完整。例如：《政治学》卷所列的“东西方关系”“国际和平与发展问题”“东南亚国家联盟”“美洲国家组织”“国际人权公约”等一批条目，就是《外国历史》卷中没有的；而及时反映 1989 ～ 1991 年东欧、苏联发生剧变的内容，更是

《外国历史》卷中不可能收入的。从《中国大百科全书》74卷整体来看，补入这些内容显然非常必要。

（二）这卷书把握住高档大型百科全书的特点，注重设置综述性条目以加强对知识的系统介绍，并在书中提供了一定数量的学术性知识

系统性是知识的固有属性，现代百科全书作为“全面概述”的工具书，对知识的表述理应系统。《中国大百科全书》是高档大型的百科全书，在知识的系统性方面更应该强调。为此，就需要设置数量充足的综述性条目以进行系统的介绍。这卷书在这一问题上十分注意。

书中的综述性条目数量很多，据粗略统计，共有近140条，约占条目总数的14%。以种类而言，有概念展开式综述条（如“国家”）、复杂事物综述条（如“英国政治”）、集合体事物综述条（如“美国政党”）、时代断面综述条（如“法国启蒙运动时期政治思想”）等。书中的一多半（接近60%）条目组群，均有领头的综述条进行概述，例如“政治”“中国古代政治思想”“日本政治制度”“德国政党”“财务行政”“国际政治”等。这些条目少则覆盖一个小组群，多则覆盖整个分支。此外还有许多分散的综述条，它们也在各自主题的范围内提供系统的知识。众多的综述条使这卷书在主题分割、以条目介绍知识的情况下，很大程度上保持了政治学知识的系统面貌。另外，这些综述条还容纳了政治学领域高层次、综合性的研究成果，为文化水平较高的读者提供了包含学术性内容的知识。众多综述条的存在，凸显出这卷书作为高档大型百科全书的学科卷所具有的特质。

这卷书除有众多综述条可容纳学术性内容外，还对大量一般性条目中的实质性内容加以展开。例如，介绍学科的条目展开讲述学科的基本内容、研究方法和研究状况，理论、学说条目展开说明理论或学说的主

旨，制度条目展开讲述制度的内容及在不同国家实行的具体情况，学者条目展开介绍学术成就和主要见解，著作条目展开说明著作的学术价值等。由于内容展开后或多或少也带有了学术性质，从而进一步增强了这卷书的高档大型百科全书学科卷的特色。

不过事情都有正反两个方面，如果对“度”掌握得不好，在形成优点的同时就会出现不足。突出高档大型百科全书的特点本来是正确的，但书中长、中、短条目的比例关系有些失调：中条目过多，占 71.5%；短条目偏少，只占 14%。这表明对现代百科全书的工具书性质有所忽略，在为读者提供便于速检的资料方面注意得不够。如果能对一部分人物、著作、机构、组织、协定以至概念（类概念）条目进行压缩，使长、中、短条目的比例关系趋于合理，这卷书的工具书效能就会发挥得更好。

（三）这卷书的条目交叉重复问题解决得较好，特别是母子祖孙条交叉关系的处理颇为得当

知识内部存在着横向和纵向的联系，在采用按主题分割形式介绍知识的百科全书中，条目之间出现内容交叉难以避免。百科全书编纂者所能够做到的，只是在不影响条目主题介绍的前提下，设法把交叉造成的重复减少到最低限度。这卷书在这方面的处理有可取之处。

书中横向交叉关系的处理如“内阁”和“内阁制”两条。“内阁”是介绍一类机构的条目，“内阁制”是介绍政体的条目，两者关系密切，其中“内阁”条中的“责任制内阁”部分同“内阁制”条存在内容交叉（内阁制国家设责任制内阁）。书中处理这两条关系的方法是牢牢把握住各自的侧重点：除责任制内阁掌有实权、对议会负责这一内容两条都无法回避外，“内阁”条侧重从机构角度介绍，谈世界上主要有哪些国家设责任制内阁，以英、日为例说明这种内阁的组成，并介绍这种内阁被赋予的不同名称；而“内阁制”条则着重从政体的角度介绍，较详细

地交代责任制内阁同议会和总统的关系，以及首相（或总理）的职责和权力。因为分工明确，两条避免了不必要的重复。

纵向母子祖孙条目交叉关系的处理，如“春秋战国时期政治思想”“墨家”“墨翟”“《墨子》”一组。全组共分上、中、下三个层次:“墨家”从属于“春秋战国时期政治思想”，“墨翟”和“《墨子》”从属于“墨家”。交叉集中在墨家和“墨翟”的政治主张上。三个层次、四个条目涉及同一方面的内容，处理起来颇为复杂。书中进行了如下的安排：

在“春秋战国时期政治思想”条中，把有关墨家和墨翟的政治主张，放在这一时期政治思想的总体发展中进行串述，又归入“君本与民本思想的争论”标题下，同儒、道、法诸家的主张作对比介绍。不但将之融入了超出墨家和墨翟本身的综述体系，成为更大范围主题的素材，而且讲述得极其扼要。

在“墨家”条中的写法完全不同，对墨家的政治思想作了专门的介绍。选取的角度是墨家对儒家的批判，通过批判展现墨家的观点，同时还分析了墨家政治见解对于当时社会现实的针对性。

在“墨翟”条中，则是以主要篇幅对墨翟的“兼爱”“非攻”“尚贤”“尚同”政治主张作详细说明。这一条写法的特点，是侧重于阐释墨翟政治学说本身的含义。

至于“《墨子》”条，虽然也涉及墨家和墨翟的政治观点，但基本上只介绍著作篇章，同前几条迥然有别。并且有些篇章所包含的，是后期墨家的认识论、逻辑学、科学观和军事思想，而这些在另外几条中是完全没有谈到的。

总起来看，这一组条目的交叉关系处理得很巧妙。同是墨家和墨翟的政治主张，在不同的条目中所服从的主题论述不同，本身的详略不同，展开的方面不同。既避免了简单重叠和不必要的重复，又使读者从不同角度、不同侧面，了解了有关墨家和墨翟政治见解的研究成果。

母子祖孙条目的交叉在百科全书中普遍存在。一般来说，如果处于上层的是概念解释条或综述条，处于下层的是具体的人、地、事、物等主题，那么要处理好交叉关系，关键在于上层条目的写法。这是因为个别的人、地、事、物条目，在按照辞书的要求作完整介绍时，写法上回旋余地不大；而上层的概念解释条和综述条对下层主题内容的涉及却有伸缩性，释文也可按多种方式进行组织。这卷书母子祖孙条目组群中的概念解释条和综述条，在处理同下属条目的关系方面，就大多比较出色，采取的写法有利于交叉重复关系的处理。

大体来说，条目组群中的上层概念解释条目，对所包含的下层条目主题，往往只是点到为止，或仅作提要式的三言两语介绍（如“专政”条）。这种写法对于减少重复效果明显。条目组群中的上层综述条目，则多不采用简单缀合下层主题内容的写法，而是进行有机的综合，前述“春秋战国时期政治思想”条便是一例。具体来说有机综合的方式包括：按历史发展线索作纵向的串联式综述；按时代断面或国家地区作横向的集纳式综述；归纳出问题后作专题式的综述；从总体上进行概括，按基本内容、共性、特点、功能等作总括式的综述；将众多下属主题隐含于总体之中，把总体当作单独对象处理，进行隐蔽式的综述等。在不少条目中，还把其中的几种结合起来运用。由于采取了上述写法，这卷书上层综述条中所包含的下属条目主题的内容多很简要，它们只是素材，是综述体系中的有机组成部分，不独立展现主题本身，它们同对应的下属条目无论在详略、角度还是介绍的方式上都不发生雷同。这就使上下层条目的交叉关系得到比较妥善的处理。

需要指出的是，这卷书的母子祖孙条目组群多是由同一位作者撰写，这显然是交叉关系处理得好的一个原因。但经验证明，这种措施并不能绝对保证问题的解决。因而更重要的原因，恐怕还在于编纂者重视，贯彻体例得力，同时得到社外专家的配合。

这卷书也有交叉关系处理得不好的例子。例如“中华民国政治制度”条同下属的“南京临时政府”和“北洋政府”条就重复太多，基本上是这两条内容的拼凑。不过这种情况只是个别的。

（四）这卷书配图注意文献性和资料性，所配线条图对读者理解知识内容甚有帮助

这卷书的彩图和黑白图，有许多是有价值的历史资料照片。例如彩照中的“河南内乡县清代县衙内景”，便是专程前往内乡拍摄的，这里是目前全国唯一真正保留原状的清代衙署，照片的文献和资料价值自不待言。又如彩照中关于柏林墙的照片有3幅：一幅是1961年8月修建时的现场，一幅是勃兰登堡门前的柏林墙，一幅是1989年11月拆除柏林墙的场面。3幅具有文献、资料价值的照片组合在一起，使读者看到历史演变的场景，编纂者收集和配置这组照片，显然花费了苦心。

书中不少有文献价值的历史资料照片在其他书刊或一些展览中曾经出现。例如1912年中华民国临时大总统孙中山召开第一次内阁会议的照片，1920年李大钊和北京大学马克思学说研究会部分成员的合影，1945年斯大林、罗斯福和丘吉尔在雅尔塔会议上的照片等。但这卷书的历史资料照片甚多，总数达150幅，起讫年代从19世纪至当代，范围包括中外，将它们汇集于一书，应属不易，无异于历史资料图照的集锦。它们和释文相配合，使读者超越时空，目睹中外历史的实况，丰富了历史知识。

这卷书还配有23幅线条示意图，如“联合国组织机构图”“矩阵型组织示意图”“法国政治制度示意图”“公文撰制和公文处理程序图”等。这些图片表现非实物对象，把阅读释文时不容易一下子弄清楚的内容，用简单明了、直观醒目的图形展示出来，产生了极佳的图文配合的效果。

顺带需要说明的是，这卷书图片数量偏少，黑白图平均近两页才有

一幅，这当同政治学的学科对象有关。政治学所涉及的，多是政治关系、政治行为、政治思想、政治制度、政治组织、行政组织、行政管理一类看不见摸不着的对象，图片配置能够达到目前状况，已经是很不容易了。

（五）这卷书分类目录的表达形式总体上得当，较清晰地展示出政治学知识的体系结构，从而方便了读者检索

《中国大百科全书》各分卷的条目分类目录，属于分类条目型目录。这种目录以条目标题的字体、字号和阶梯式排列，区分分支和条目组群（在有的卷中还区分学科），展现知识的体系结构。因此在这种目录中，同体系结构有关的条目层次必须分清，相同层次的条目标题（或层次标目）应字体一致，且对应的位置关系必须正确（标题前边的空格数一样）。这卷书的分类目录从总体上看符合这些要求。

在这卷书的分类目录中共划分有 6 个条目层次。第一层为“政治学”总条（概观性文章），第二层为各分支领头条或分支标目，以下各层为不同级别条目组群的领头条、层次标目，或从属于领头条的一般条目。按照《全书》统一格式，目录中的第一层总条和第二层分支领头条（或标目）分别使用小四号黑体字和五号黑体字，从第三层起使用五号仿宋体字。第一、二、三层条目标题的起始位置取平（因字体、字号不同，不会混淆），从第四层开始，条目标题随层次降低而逐层后缩。总的来看，这卷书目录中的条目层次井然有序，反映结构关系的层次基本上未予减省，领头条目或层次标目突出醒目，不同分支和条目组群很容易区分，从而使知识的体系结构展现得非常清晰。

值得提出的是，这卷书分类目录中条目的层次安排是经过统一设计的，这就使不同分支各结构部分的对应关系不容易发生错乱。大体来说，目录中的第六层为人物、著作条目和从属于第五层条目的其他小主题；第五层为组织、机构、团体条目，行为、活动条目（如“行政诉

讼”“审计”)，理论、研究方法、学说、学派条目，以及范围较窄和层次较低的制度、法规条目（如“科举考试制度”“行政法”）；第四层为范围较宽、层次较高的制度条目（如“君主制”）和细分的断代综述条目（如“元代政治思想”“法国启蒙运动时期政治思想”）；第三层为大段划分的中国断代综述条目（如“中国古代政治制度”）和外国的国别综述条目（如“英国政治制度”）。另外，不同级别的政治概念条目被分别放在第五、第四和第三层（如“平等”为第五层，“政治权利”为第四层，“政治”为第三层）。从总体上看，这卷书分类目录中的条目层次安排，在内容上保持了整体的协调统一性。

毫无疑问，分类目录中知识的体系结构展示得清楚，通过分类体系指导检索的效用就发挥得充分。因而对政治学稍有了解的读者使用这卷书的分类目录，就能够快速地按照条目主题的分类位置查到所需条目。例如，假使要查“九三学社”条，因分支和组群结构一目了然，很快就可以在【政党及政治团体】分支“政党”部分的“中国政党”下找到。同样，要查“无政府主义”条，很容易就能够在【外国政治思想史】分支的【学说】部分查到。相反，如果合并了有结构意义的条目层次，淡化了分类结构，条目标题密密麻麻一大片，查起来肯定就不会这么省事。另外，同样是因为有了结构清晰的分类目录，读者在进行系统阅读时也能够获得方便。

说分类目录总体上符合要求，是因为局部尚有不规范之处。这表现在：①“国际政治”分支部分的目录没有完全贯彻上述编排原则，简化了部分条目层次，在第三层以下，除两个条目为第五层外，其余一律排在第四层。实际上第四层条目还可以细分。例如，【国际政治理论及学说】标目下的条目如果同其他分支对应，本应放在第五层，“和平共处五项原则”条本来从属于“国际法基本原则”条，也应该放在第五层，在目录中它们却全都放在了第四层。②可能因为排版的错误，【政治学理论】分支末尾转栏后的 1 个层次标目和 9 个条目标题，统统都提高了一个层次，从第四层和第五层，变成了第三层和第四层。

（六）除上面已经提到的以外，这卷书还有以下一些不足

1. 参考书目过少，全卷仅 18 个条目有参考书目。参考书目是帮助读者进一步了解条目主题的图书线索，有助于条目知识内容的扩展和深化。国外百科全书一般对选列参考书目很重视，《中国大百科全书》体例文件中，也专门对此提出要求。书目列得过少，无疑阻断了读者进一步获取知识的路径。

2. 文内参见中，括号形式的随文参见（即在括号中注明见 ×× 条）数量过少，全卷仅有 58 个，有 3 个分支每分支只有 3 个。这使读者有时无法在查阅条目时获得本应得到的内容补充。例如，“资产阶级专政”和“无产阶级专政”两条和“专政”条并存，为避免不必要的重复，“专政”条释文在谈到这两种性质的专政时均未作展开说明。其中“无产阶级专政”条的条名在“专政”条释文中出现，排成楷体字形式的文内参见，读者可循此线索去了解有关的内容；而“资产阶级专政”条的条名在释文中未出现，本可加设括号形式的参见为读者提供查阅的线索，然而却没有设，以致使读者失去了通过文内参见进一步获取知识的机会。

3. 彩图参见设置过少。全卷有彩图插页 32 页，却只有彩图参见 13 个，而且其中有些是重复参见同一页的。这就导致大部分彩图插页和条目正文没有沟通起来，使读者在查阅条目释文时，无法对照参看同条目相配合的插页彩图。

4. 分类目录中【政治学理论】分支的标目概括不当，不能够完全包容此分支的实际内容。此分支的【政治学学科】、“政治学研究方法”、【政治学团体】等条目组群都不属于“理论”范围，分支标目或可改为【政治学总论】。另外在“行政学”分支中，“行政违法”和“行政诉讼”两条的页码有误：前一条在 414 页，误作 412 页；后一条在 412 页，

误作 414 页。

5. 内容索引中个别条目的名称不够精准，条名“殷周时期的政治思想”中多一“的”字。在条目正文、分类目录和条目笔画索引中此条条名均为“殷周时期政治思想”。

最后需要提到的是，这卷书没有设大事记，这可能在很大程度上是出于对国内政治学研究现状的考虑。目前国内政治学界对国外政治学发展的历史了解尚不充分，特别是对欧洲的情况所知更少。为防止挂一漏万，不设大事记，这或许是明智之举。

原载《探讨》（中国大百科全书出版社内部刊物）1994 年第 2、3 期

《中国大百科全书》第一版读者反映调研报告

《中国大百科全书》（以下简称《全书》）第二版编辑部于近日进行了《全书》第一版读者调查。目的是总结第一版的经验与不足，为编纂第二版作准备。调查的方式包括座谈会调查、专家问卷调查和面向社会的读者抽样问卷调查。本报告向大家汇报读者抽样问卷调查的统计情况和初步分析意见。

一、从问卷回收情况看《全书》第一版读者的层次分布

此次调查的抽样单位覆盖面广，代表性强。发放问卷的单位有44个（其中39个填写并寄回了问卷），既有高等院校和国家科研单位，也有图书馆、报社、出版社、文艺团体、医院、高科技企业、工程设计单位、中学、小学、区级文化单位、国家机关、法院、市政单位、党校、社会团体、军事院校、部队科研单位和部队机关，还有工厂、农场、商店和宾馆。此外又委托几家图书馆在本馆读者中代为调查，并安排专人在我社百科书店请顾客读者填写问卷。问卷回收的比例到目前约为1/3，即总共发出问卷2798张，除800余张仍在北京图书馆继续填写外，已回收960张。淘汰掉填写人身份不明或所填自相矛盾的废卷，截至写此报告前，共获得有效问卷741张。限于经费，这次抽样调查主要在北京地区进行（外地发放问卷的单位只有2处，其中厦门大学一处寄回），全国范围的普遍调查有

待日后开展。从问卷回收和填写的情况看，《全书》第一版读者的层次分布有以下两个特点：

（一）知识分子和干部占绝大多数，工人、农民和商业服务人员数量极少

问卷统计的结果充分显示出这一特点。

调查组发出问卷时，曾要求各单位的协办人注意发放对象的广泛性，如机关和事业单位应包括业务人员、行政人员、政工人员和工勤人员，工厂应包括技术人员、管理人员、政工人员和工人，商业单位应包括管理人员、政工人员和销售服务人员等。但在问卷的实际填写人中，未发现有机关和事业单位的工勤人员读者，工人、农民和商业服务人员读者的数量也极少。松下彩色显像管厂和隆福大厦的问卷回收率较高，但在松下厂没有工人填写问卷，隆福大厦的填表人中只有 1 名售货员读者。北京开关厂问卷回收率很低，有 2 名技术人员填写，据说厂里也没有工人看过《全书》。京伦饭店和东风农场因无《全书》的读者，问卷回收率均为 0。北京图书馆工具书阅览室共收回 97 张有效问卷，其中只有 3 张是由工人、售货员、宾馆服务员填写的。在我社百科书店，也只有 1 名农民建筑队的农民读者填写了问卷。总起来看，在 741 张有效问卷中，有 736 张是由业务人员、技术人员、行政人员、管理人员和政工人员读者填写，约占总数的 99.3%；只有 5 张是由工人、农民、商业服务人员读者填写，约占总数的 0.7%。以上情况表明，《全书》第一版的基本读者是知识分子和干部，在工人、农民、商业服务人员中读者极少。另外，最近从北京市个体劳动者协会了解到，发给该协会的问卷已填写了 5 张，填写人都是个体户读者。据此可知，在《全书》第一版的读者中还有少量个体经营者。

（二）就知识分子和干部而言，在科、教、文、卫工作者，技术人员和高等院校学生中读者较多，而在理论、宣传工作者，高中级领导干部和直接从事体制改革工作的人员中读者较少

以下几组材料大体上可透露出这种情况：

高等院校中的《全书》第一版读者人数相当集中。如北京大学图书馆工具书阅览室协助发出问卷200张，回收174张，回收率高达87%，填写人主要是教师、研究生和本科生。但高级党校的情况却大不一样，此校办公厅委托图书馆主任发放问卷30张，调查范围包括本校教师和研究生，以及省部级、地局级、县处级领导干部进修班学员，结果仅有1名研究生读者填表。值得注意的是，党校教师和学员跟高等院校师生不同，他们所从事的职业是紧密联系当前社会现实的。

在人民出版社共发放问卷50张，回收14张，回收率不算低。且据委托的经办人（总编室副主任）讲，因老同志工作忙，没有去向他们调查，主要是在年轻同志中填写，可见问卷回收率本应更高。但在《光明日报》社发放问卷30张，只回收2张。听委托的经办人说，他们那里是搞新闻的，不怎么用《中国大百科全书》，所以看的人很少。另外，发给《新闻出版报》社问卷10张，只收回1张，回收率也很低。两家报社的《全书》读者都比人民出版社少得多。从工作特点来看，同图书出版工作不一样，新闻工作也是紧密联系社会现实的。

这次还挑选国家体改委为抽样单位，原以为那里使用《全书》的人一定比较多。然而结果出乎意料，据体改委的同志讲，他们那里很少有人使用《全书》。继而去北京市体改委调查，所得情况和国家体改委的一样。毫无疑问体改委的工作同社会现实的联系当然也很

紧密。

此外，发放给地方和军队科研人员、图书馆工作人员、工厂技术人员、中学老师、群众文化工作者的问卷，也有一定的回收率。这些人员的工作都不是直接同社会现实发生联系的。

从以上情况可以看出，同本身工作紧密联系社会现实的党校教师、高中级领导干部、新闻工作者、体改委工作人员相比，从事一般科、教、文、卫工作和技术工作的人员，以及高等院校学生，使用《全书》的热情明显要高得多。可见《全书》第一版的读者，主要集中在相对来说工作内容同社会现实不发生直接联系的职业群体中，较少分布在那些工作紧密结合当前社会现实的职业群体里。

二、从问卷填写情况看读者的行为和反映

问卷上设有各种专栏，向读者调查购买、使用《全书》的情况，以及对《全书》的条目设置、知识繁简度和深浅度、图片配置、检索方式，乃至价格的反映。问卷回收后，除对读者的答复意见作总体上的分类统计外，还按职业、文化程度、专业、年龄段作分别统计。以下是统计所得结果。

（一）购买情况

在 741 张有效问卷的填写人员中，购买整套《全书》的有 67 人，占 9%，购买《全书》中单卷（一卷或数卷）的有 325 人，占 44%，二者合计超过半数。按职业统计，全书和单卷的合计购买率高于 70% 的，有小学教师、军人、医生、群众文化工作者和编辑记者；全书的购买率超过 20% 的有军人、小学教师、图书馆工作者和群众文化工作者。而购买率低的，主要是研究生、大学生和大专生，他们的全书和单卷合计购买率均不足 30%。

如果按专业区分，则文科读者购买率为 61%，理工科读者购买率不足 40%，文科读者的购买率高出理工科读者约 1/3。

（二）使用目的

工作需要在读者使用《全书》的各种目的中居首位，因工作需要而使用《全书》的读者有 522 人，占 741 人的 70%。抱学习进修目的使用《全书》的有 188 人，占 25.4%。因业余爱好而使用《全书》的有 186 人，占 25.1%。为生活实用目的使用《全书》的读者最少，仅 55 人，占 7%。由于每位读者可有一种以上的使用目的，故上述各种使用目的的统计人数，相加后超过总人数（以下使用方式和检索渠道利用情况的统计也存在这种情况）。

在不同职业层次中，使用目的及其排序情况存在差别。在从事科教文卫工作和技术工作的各读者层次中，一般来说工作需要位列前茅，学习进修排在业余爱好之前。但在其中的地方和军队科研人员、图书馆工作人员、编辑记者、中学教师中，业余爱好紧跟在工作需要之后，第三位才是学习进修。而在政工人员、机关和事业单位行政人员、工厂和商业单位管理人员中，业余爱好排在使用目的之首，第二位才是工作需要。另外，在小学教师中，排序第一的是生活实用，第二是业余爱好，第三是工作需要。在工人、售货员、宾馆服务员中，使用目的只有业余爱好和生活实用两种。在大学生和大专生中，学习进修均排在首位。在高中生里，则是业余爱好位列榜首。

文科读者和理工科读者使用目的的排序也略有不同：在文科读者中学习进修居于业余爱好之前，业余爱好所占比例为 21%；在理工科读者中学习进修居于业余爱好之后，业余爱好所占比例达到 29%。

（三）使用方式

在读者使用《全书》的各种方式中，查阅问题者高居首位，有 636

人因这一目的而使用过《全书》，所占比例为86%。排第二位的是浏览，采用过这种方式的有184人，比例为25%。系统阅读的人最少，仅61人，比例为8%。在大多数职业层次中，使用方式的排序同上述次序一致。但在地方政工人员和工人、商业服务人员中，浏览者较多，同查阅问题者数量持平；在军队行政政工人员和军队编辑记者中没有浏览的读者，都是用《全书》来查阅问题和系统阅读的。

（四）对条目设置的反映

认为《全书》第一版条目设置基本上能够满足要求的读者有368人，占50%；感到部分满足的323人，占44%；认为不能满足的38人，占5%。通常读者认为百科全书应当大而全，每个人都希望能从中查到自己所需要的任何条目，所以百科全书的条目设置不容易达到读者满意。然而读者对《全书》第一版条目设置的基本满足率超过部分满足率，两者合计达94%，应当说读者在这个问题上的反映是相当不错的。

对条目设置的反映同读者的文化程度有关。这表现在研究生文化程度读者的反映同读者总体上的反映不一致，部分满足率高于基本满足率（各种文化程度读者的统计范围均包括在校生）。其中博士生程度的读者尤为明显，认为能部分满足的达72%，基本满足的只占20%。在硕士生程度读者中两种比例接近一些，分别为50%和44%。从大学文化程度往下出现变化，基本满足率均超过部分满足率。这种情况表明，文化程度高的读者对于设条有着更高的要求。

对条目设置的反映还同职业有关。在以下几种职业的读者中，部分满足率高于基本满足率：

1. 科研人员和大学教师。前者的部分满足率为51%，基本满足率为38%；后者的部分满足率为49%，基本满足率为48%。这两类读者或许是出于工作需要，对设条有着偏专的要求。

2. 编辑记者、回答咨询的人员和群众文化工作者。他们的部分满足率和基本满足率分别为58%，39%；75%，25%；80%，20%。这三类读者在工作中什么样的问题都可能遇到，在设条方面自当有比较广博的要求。

3. 法律工作者和医生。他们的部分满足率和基本满足率分别为51%，31%；57%，43%。这两类读者从事的工作实践性强，在他们当中部分满足率高于基本满足率，或是因《全书》所设条目，不可能像工作手册那样直接满足他们实际操作的需要。可作为这一推测旁证的，是有些法律工作者在填写建议栏时提出，希望《全书》第二版侧重于审判实践，向工作手册靠拢（在《中国大百科全书·法学》卷编纂过程中，部分法律工作者也提出过类似的意见）。

在其他各种职业的读者中，对条目设置的基本满足率都超过部分满足率。其中基本满足率较高的，有军队行政政工人员、地方政工人员、商业管理人员、高科技企业经理、文艺工作者和高中生，基本满足率均接近或超过70%。

（五）对繁简和深浅问题的反映

认为《全书》第一版介绍知识繁简适宜的有476人，占64%；认为介绍偏简的199人，占27%；觉得过繁的36人，占5%。认为深浅适宜的有516人，占70%；认为偏浅的168人，占23%；觉得偏深的26人，占3.5%；觉得过深的5人，占0.7%。可知对于繁简和深浅，都是认为程度适宜的居大多数。由于有些读者并未填写这两个项目，所以对繁简度和深浅度持不同反映者的人数加在一起不足总数（以下图片评价、检索性评价、价格评价的统计也存在此种情况）。

问卷填写情况表明，对于繁简问题的反映同文化程度不直接相关，但同职业似有某种关联。认为介绍知识偏简者的比例超过总体平均值较多的群体有在校研究生和科研人员，偏简率分别达41%和

33%。这两类读者因学业或研究工作的需要，对知识在量上当有较高的要求。另外，在文艺工作者和小学教师中偏简率更高，前者达50%，后者达62%。这两类读者为什么会有这种反映，尚有待进一步调查了解。

对深浅问题的反映总起来看同文化水平有关。博士生和硕士生程度的读者认为偏浅的比例超过总体平均值，分别达32%和31%。从大学程度往下，认为偏浅的比例均低于平均值，而且随着文化程度降低，总的呈递减趋势。至高中程度的读者，认为偏浅的比例已降至15%。而认为偏深或过深者的比例，在博士生程度读者中为0，在硕士生程度读者中不到0.7%，在大学程度读者中略超过3%，在大专程度读者中接近6%，在中专程度读者中为6%，在高中程度读者中达27%，总起来看，随文化程度的降低呈明显递增趋势。特别是在中专程度和高中程度读者之间级差明显，这当同是否受过系统的专业知识教育有关。

在深浅问题上的反映同时又和职业有关联，而且有时还同文化水平状况呈现出不一致。例如，文化水平状况相近的大学教师和科研人员，对深浅问题的反映便很不相同，前者认为偏浅的只占11%，后者却达25%。这可能同研究工作对知识深度有更高的要求有关。又如，大学生和大专生认为偏浅的比例是29%，在研究生中这一比例为37%，均超过大学教师和科研人员。当然不能据此认为学生的水平在老师和专职科研人员之上，这或许反映出学生处在学习时期，对高深知识有着一种强烈的渴求。

另外，总体文化水平不算高，没有博士和硕士，大专毕业生人数超过大学毕业生人数的法律工作者，认为偏浅的比例竟也达29%。这可能是因为他们觉得司法实践知识讲得太浅。而硕士程度和大学程度的人所占比例不算小的图书馆工作者和编辑记者，认为偏浅的比例却并不高，都在总体平均值以下。这或许是因为这两种工作对于知识在广度上的要求超过在深度上的要求而造成。

文艺工作者和小学教师的文化程度都在大专以下，认为偏浅的比例也处于平均值以上。他们为何会有此种反映，也有待调查了解。

以上情况说明，读者在深浅问题上持这种或那种看法，除了文化程度的因素外，还同他们对知识的深度有着不同的需求（或追求）有关。

（六）对图片的评价

对《全书》第一版图片表示满意的读者有 208 人，占 28%。认为一般的读者 424 人，占 57%。不满意的 59 人，占 8%。前两项合计占到 85%。

对图片的评价似同文化程度无关。在不同职业群体中，对图片满意率比较高的，是军队行政政工人员、文艺工作者、技术人员、高中生，都在 40% 以上。比较低的有中学教师和群众文化工作者，都在 10% 以下。

（七）检索渠道的利用情况和检索性评价

1. 利用情况

问卷上共列出 6 种检索渠道：分类目录、书眉音序、笔画索引、外文索引、内容索引、文内参见。每位读者往往不止用过一种。从总体看，用得最多的是分类目录，使用者有 469 人，占 63%。其次是内容索引，有 345 人，占 47%。以后的排序为笔画索引 312 人，占 42%；书眉音序 211 人，占 28%；外文索引 138 人，占 19%；文内参见 99 人，占 13%。可以看出，外文索引的使用率不高，依靠文内参见扩大查阅范围的读者更少。

检索渠道的利用情况同职业和文化程度都有关联。从事专业技术色彩不明显的职业的读者，对分类目录的使用率低。如在商业管理人员中，分类目录的使用率排在第二位，用得最多的是书眉音序；在军队行政政工人员、地方政工人员、机关事业单位行政人员和工厂管理人员中，分类目录排序第三，在笔画索引和内容索引之后。

博士生程度读者的外文索引利用率高，达 36%，在各种检索渠道中排序第四。而在文化程度相对偏低的军队行政政工人员、地方政工人员、商业管理人员、中学老师、群众文化工作者，以及工人、售货员、饭店服务员读者中，无人使用外文索引。值得注意的是，随读者年龄段不同，外文索引的使用率存在差别，在 55 岁以上老年读者中使用率最高，排序第四，在 35 岁至 55 岁中年读者中使用率最低，排在末位，这种情况当是由历史原因所造成。

2. 评价

认为《全书》第一版便查的有 291 人，占 39%。认为方便程度一般的 388 人，占 52%。认为不便查的 18 人，占 2%。

认为便查者的比例总的说随文化程度的降低而缩小。在大学以上程度读者中便查率超过 40%，从大专程度往下，均不足 30%。认为不便查者的比例，在中专以上程度读者中变化不大，处于 2% 和 4% 之间。降至高中程度陡然上升，增至 38%。对检索性评价的高低，明显同读者对知识了解的程度有关。

（八）价格评价

认为《全书》第一版价格昂贵的读者有 291 人，占 39%。觉得价格可接受的 324 人，占 44%。认为价格适宜的 42 人，占 5.6%。所谓可接受，多少带有勉强的意味，因此读者总的倾向是认为价格不便宜。

认为昂贵者所占比例大的读者层次，有高中生、商管人员和地方政工人员，昂贵率均在 65% 以上。昂贵率超过总体平均数的，还有研究生、大学生、大专生和科研人员。认为昂贵者比例小的读者层次，有文艺工作者、小学教师、群众文化工作者、高科技企业经理、机关事业单位行政人员和工厂管理人员等，比例均在 25% 以下。学生认为贵当然是因为缺少经济能力。商管人员和地方政工人员觉得贵，除购买力因素外，可能还因为不愿为购书支付过多的钱。科研人员觉得贵，也许是因为他们需要买的书太多。

三、从问卷建议栏中填写的意见看读者关心的问题

问卷上有供读者提意见的建议栏。有效问卷中有355张填写了意见，占总数的45%。另外，填写者身份不明的无效问卷中有42张也写有意见。每位读者往往不止提出一条意见。因不需要按读者身份对意见作分类统计，所以把身份不明者问卷上的意见也归拢进来，对总共397张问卷上的意见按问题进行分类。这些意见牵涉的问题很多，各类意见按提出人数的多少排列，居于前6位的依次是：①知识更新问题；②价格问题；③繁简深浅问题；④编排方式和版本问题；⑤图片问题；⑥出版周期和连续修订或补卷修订问题。

（一）知识更新问题

提出这方面意见的读者共127人，在397名提意见者中占32%。一致的意见是《全书》第一版的内容有些已经陈旧，需要淘汰并在第二版中补进新知识。对第二版的希望有：吸收最新科研成果，反映国际国内新变化，补充新学科、新理论、新情况、新术语、新数据、新图片、新书目，补入自然科学新发现、社会新问题，结合改革开放潮流引进新知识，增补市场经济改革中出现的新问题、新现象等。近1/3提建议的人提出这方面意见，人数居于各种意见的首位，表明读者对第二版更新知识问题的重视。

（二）价格问题

有49人提出这方面意见，占提建议总人数的12.3%。比例不算大，

但在问卷中专门设有价格评价栏的情况下，有这么多读者又在建议栏里重复填写对价格的意见，可看出读者对此问题关心的程度。所提不外乎希望第二版降低成本，使个人能够购买，更多地进入家庭；同时认为购买整套书对于个人来说过于昂贵。对第二版售价的希望，提法有：适当、合理、持平、便宜、不要涨价、别太贵等。其中学生的意见常常带有感情色彩。例如有的大学生提出，第二版应降低成本，让更多的穷书生买得起；有的中学生提出，应千方百计降低成本，以飨广大穷学生；有的干脆对第一版只写一个“贵”字，后面打上一个大大的惊叹号。这些意见同“价格评价”栏中读者的反映总的说是一致的。为了能让更多的人购买，读者建议出版普及本、廉价本、简装本、缩印本等。

（三）繁简深浅问题

提这方面意见的有 42 人，占提建议总人数的 10.6%。关于繁简，认为第二版的内容应当更详细的有 10 人，要求简化的有 6 人，认为第一版繁简不均的有 1 人，主张增加条目信息量，但篇幅不宜过长的有 4 人。关于深浅，提出加深的有 12 人，主张改浅的有 9 人。繁简深浅问题在问卷中也有专栏，如前所述，2/3 左右的人认为第一版繁简、深浅适宜。在建议栏中表示看法的，大多是认为第一版偏繁、偏简或偏深、偏浅的读者。

（四）编排方式和版本问题

填写这方面意见的有 32 人，占提建议总人数的 8%。其中主张按汉语拼音音序统一编排的 12 人，理由是便于查找，可减少卷数，向国际看齐，学科间交叉渗透日益增多不便于分卷等。主张分学科编的 11 人，理由是便于查找，便于购买，符合国情，系统明晰等。提出同时按两种方式编排的有 3 人，其中有人建议分编本可按大类归并（如社会科学类、自然科学类）。

以上按两种方式编排出书的意见已涉及版本问题。此外还有 6 人专门提出版本方面的建议，方案包括出简明本、学科分支单行本、缩微本、光盘等。加上前面价格问题栏中填写的，则还有普及本、缩印本等。

（五）图片问题

图片特别是彩图，是百科全书的橱窗，容易引起人们的关注。这次有 27 人在建议栏中提出有关图片的具体意见，占填写建议栏总人数的 6.8%。

其中涉及图片质量的意见有，认为第一版图片色彩不佳，个别图片对于介绍知识用途不大（有读者对出书早的《天文学》卷的图片表示满意）。希望第二版图片达到高水平，图幅要大，清晰有真实感，对彩图进行精选精编等。关于图片数量的意见有，建议第二版加强可视性，让读者能够更多地对照形象化资料阅读，以帮助对内容的理解；多配彩图，增加珍贵罕见图片，重视地图、产业分布图、考古发现分布图等。

（六）出版周期和连续修订或补卷修订问题

提这方面意见的有 18 人，接近提建议总人数的 5%。具体看法有：第一版出书周期太长，第二版编纂不宜拖得太久。应将定期改版制和连续修订制结合起来，5 年修订一次，或出增补本及时补充等。

除上述六方面意见外，其他各种意见均比较零散，在此不一一归类详述。其中比较重要的有：第一版各卷有交叉重复，第二版应避免条目之间不合理的重复。第一版存在内容和文字错误，编第二版时要纠正史料、数据的错误，修改不正确的表述，消灭错字，加强校对，减少排印错误。第一版有些条目文字不够精练，第二版在这方面要有所提高。第一版不适应经济体制改革的需要，第二版要关注中国现实，跟上时代发展，防止钻入象牙之塔。第二版要解释准确，保证可信性和科学性，注意全书观点、事实和名词的统一。要介绍不同观点，做到评价客观、全面。减少八股味道，加强条目的可读性。第一版对参考书目重视不够，第二版在这方面应该加强。第二版要重视索引卷，补齐英文索引，根据中国读者特点编制简式内容索引。要在英文译名上下功夫，力求译得准确、规范，符合时尚，要对第一版的译名重新审定。第一版装订印刷质量欠佳，编第二版时要予以重视。要选有真才实学的人为第二版撰稿，杜绝拉关系及以权谋私。编写队伍要有连续性，要发挥老学者的作用，吸收中青年专家参加撰写。撰稿人应少而精，出版社要帮助他们吃透体例。

四、几点看法

根据上述统计情况和读者建议，提出以下几点看法：

（一）关于《全书》第二版的知识内容

如前所述，读者提出《全书》第一版不适应经济体制改革的需要，希望第二版补入社会新问题，反映国际国内新变化，跟上时代发展的步伐。对于这些意见我们必须予以重视。同这种情况有关联的是，虽然在一般科、教、文、卫工作者，技术人员和高等院校学生中，《全书》第一版的读者较多，但在工作紧密联系当前社会现实的党校教师、高中级领导干部、新闻工作者和体改委工作人员中，读者的数量较少。

对于这种情况从书的内容方面寻找原因，当可归结为《全书》第一版不能完全适应时代发展的需要，存在关注现实不够的倾向，以致使读者范围受到限制。这就要求我们编第二版时从传统的学科思路中摆脱出来，更多地考虑反映时代、贴近社会的问题。

例如，第一版经济学的内容就过于陈旧，第二版要像读者所建议的那样，注重介绍市场经济改革中出现的新情况和经济学新理论，根据当前人们参与和了解社会经济生活的实际需要增设新条目、增补新知识。此外，政治学可进一步结合现实需要，为人们参与国内政治生活，了解国际政治，甚至为领导干部决策提供有用的参考。在历史知识方面，对于近现代史的介绍应当加强，特别是要补入中华人民共和国史，加强现代国际关系史，充分反映20世纪90年代以来国内、国际发生的新变化。可以作为这方面旁证的是，据军科院的同志反映，为纪念反法西斯战争胜利50周年，不少人想了解第二次世界大战的历史，但有些知识在第一版中查不到，这就要求在第二版里进行补充。对外开放是当前中国的一大现实，过分强调中国特色，不把目光投向世界，就会脱离这个现实。因此，军事学科要纠正对国外军事知识和现代国际上发生的战争介绍欠充分的偏向。

又如，当前全球和国内发展中出现许多重大问题，如环境保护问题、粮食问题、能源问题、人口问题、老年问题、妇女问题、独生子女问题、民族和宗教冲突问题、难民问题、社会犯罪问题、吸毒问题、廉政问题、社会道德问题、价值观问题等，这些问题普遍为人们所关心。在改造自然和社会方面，当前有许多重要的科学活动和工程项目，它们同样受到人们的关注。对于这些，在第二版中都应当有所反映。

《全书》第二版如果能够面向现实，跟上国内外的发展，加强现、当代内容的介绍，就会比第一版更受读者欢迎。特别是可使那些工作同现实结合得比较紧密，原来对《全书》兴趣不大的同志，感受到使用这部书的必要性，从而扩大《全书》的读者范围。

当然，中国是有着悠久历史和光辉传统文化的国家，历史和传统永远是人们关心的主题。因此，我们在面向现实的时候不应当忽略过去，要像梅老讲的那样，“既兼顾过去，又重视现代”，采取二者并重的方针。这样，我们的第二版就能够比较全面地满足人们的需求，在争取到新读者的同时不失去老读者。

调查结果中还有一个情况值得注意，即在读者使用《全书》的目的中，业余爱好虽然排在学习进修之后，但所占比例和学习进修不相上下。而且业余爱好在科研人员、图书馆工作人员、编辑记者、中学教师的使用目的中，排序在学习进修之前，在地方行政和政工人员以及高中学生中，甚至居于排序的首位。因此，我们决不可忽视读者在业余爱好方面的需求，要通过吸引科学文化知识的业余爱好者，为第二版争取到更多的读者。从问卷上看，读者业余爱好的学科很多，按照爱好者的多少来排序，前 10 位依次是：文学、历史、军事、哲学、美术、体育、音乐、天文、电影、宗教。它们当中除天文学外都属于人文社会科学学科。毫无疑问，在第二版中应当加强对这些学科的介绍。在前一阶段关于第二版知识结构的研讨中，给天文学，特别是包括美术、音乐、电影在内的艺术门类的份额似乎偏小，建议重新进行研究，以作必要的调整。

另外，在有些职业群体中，生活实用在使用目的中排序靠前，个别的还占据首位。第二版如果补入饮食、服饰、室内装饰、家政、旅游等方面的内容，就有可能在这些职业群体中争取到更多的读者。假如在统编本之外将生活实用知识汇集成生活卷，需要者一定会踊跃购买。

总之，满足业余爱好者的需要，增加生活实用知识，将有助于实现第二版进入家庭的目标。

（二）关于深浅繁简

如前所述，70% 的读者认为《全书》第一版深浅适宜，另有 23% 的读者觉得偏浅。但我们并不能由此得出结论，说第二版在深浅方面应维持第一版的水平，或甚至再向专业方面靠拢一些。这是因为：

1. 国内初次出版综合性百科全书，读者对它的非专业性质尚不了解。问卷上“用过的分卷”一栏的填写情况表明，多数读者使用的都是与本人所学专业相同，或所从事工作相对应的学科卷。这就是说，由于第一版按学科分卷出书，相当多的读者是把它当作专业百科全书对待的。在建议栏中可见到这样的意见，“深入一点，圈内人觉得浅了”，或“偏浅，不适合专业人员阅读”，就表明了，有些读者觉得偏浅，是因为用专业标准来衡量。我们在分析深浅问题时，应当充分考虑到这种因素。

2. 这次调查虽然照顾了面，但委托发放问卷的高等院校图书馆数量偏多（7 个），再加上有中科院文献情报中心，从而使最后进入统计的问卷中，科研人员、研究生、大学生和大专生的比重偏大，共 291 人，接近全部有效问卷填写人数的 40%。这应是认为深浅适宜和偏浅的人所占比重偏高的另一个原因。

3. 这次主要在北京地区调查，北京读者的文化水平在全国是最高的，在分析关于深浅问题的调查结果时不能不把这种地区因素考虑进去。这次填写问卷的中学教师，无人觉得偏深，有 2 人认为偏浅。而编《天文学》卷时，我社曾用稿件去山东向中学教师调查，当时普遍认为偏深。这种反差必须引起我们的重视。

考虑到上述因素，着眼于《全书》的非专业性质，从它的长远发展和今后面向更广泛的读者出发，我们在确定第二版的深浅度时，还是应当按照原先的设想，把这部书切实地转到面向广大普通读者的综合性百科全书的轨道上来。

不过调查表明，《全书》读者绝大多数为大专以上文化程度，在 741 名有效问卷填写者中占了 677 人，比例达到 91%。第二版争取更多的读者，大概主要也是在这一文化层次中扩大范围。高中程度的人应该更适合使用《中国大百科全书（简明版）》这样的普通成人档百科全书，即使在他们当中新增加一些《全书》读者，人数恐怕也不会太多。而且，从调查情况看，读者使用《全书》主要是为了工作需要和学习进修。对于第二版来说，持这两种目的的读者恐怕仍然不会是少数，他们即便不是专业读者，也多半是查阅相近学科条目的隔行读者（不是外行读者）。他们抱着严肃的求知目的去查阅《全书》，对于所查的学科原来并非一无所知，必定不会满足于肤浅的介绍。另外，还要估计到因业余爱好而查看《全书》的读者应当亦非泛泛之辈，他们对于所爱好的知识亦当有一定的积累。何况，专业读者也希望从第二版中获益，我们不能完全不考虑他们的需求。

出于这些理由，在把第二版真正地转上综合性百科全书轨道的同时，似不应降低它作为高级成人档百科全书的知识档次，而与普及型的普通成人档百科全书相混同。解决深浅度问题，可主要在选材和深入浅出进行表述上下功夫。具体来说，就是要使条目超越纯专业的细节，避免介绍过于专僻的内容；但不能因为怕专深而不讲明白科学原理，求非专业化而不透辟分析自然和社会现象。关键是要花费笔墨对释文中关键性的知识难点和专业术语作出解释，尽可能用相对易懂的语言对条目主题进行陈述和阐释。这样就既照顾了隔行读者的水平，对于外行读者也具有某种程度的可读性，同时又不至于过分影响专业读者的使用（作为补救，或可仿效某些国外百科全书的做法，在供一般读者使用的推荐书目之外，有针对性地提供专业人员使用的书目）。

对知识档次掌握的尺度，或许可用大学的基础课教材为参照。若同国外的高档综合性百科全书相比照，则可参照《简明不列颠百科全书》的深浅度标准，同时在加强可读性方面，适当参考《美国百科全书》的做法。

采取以上做法，《全书》第二版的适应面就能加宽，既有利于争取隔行和外行读者，又不会使层次相对偏高的专业读者感到无用。

至于第一版的繁简度，填写问卷的读者中有 64% 的人认为适宜，27% 的人觉得偏简，5% 的人认为偏繁。所谓繁简度主要是知识量大小的问题，同表述也有关系。这次有读者提出，信息量要达到最大限度，叙述不必过详，这一建议很值得参考。综合读者反映，结合上述深浅方面的尺度，设想第二版条目的知识量，或可大体维持在第一版条目删除细琐专深内容以后的水平上，适量地补入贴近读者、贴近社会、贴近生活的内容。但应抓住精要，去除套话、废话，精练文字，在这方面第一版条目同样有压缩的余地。如按此方针办理，则第二版可比第一版缩小条目篇幅。不过字数不可能减少得太多，条均字数或可维持在 900 到 1000 字的规模（含图）。

（三）关于编排方式和版本

关于第二版的编排方式，赞成统编和分编的读者都有。从购买第一版的情况看，在 741 名有效问卷填写者中，买单卷的比例为 44%，买全书的只有 9%，人数相差甚多。读者买全书的积极性低，不单是受经济承受力制约，也因为必要性不大。按问卷上所填，绝大多数读者只用过一卷或数卷，多数读者不会为查询一个或几个学科的问题而去购买全书。这种情况到第二版编出时可能不会有大的改变。另外，分卷出书检索起来比较方便。所以理想的方案应当是统编本和重点学科分编本一起出。

我们必须重视读者购买力问题。39% 的读者认为第一版价格昂贵，44% 的读者觉得可以接受，真正认为价格合宜的只占 5.6%，可以想见，会有不少产生过购书念头的读者因看了定价而放弃购买。因此我们应当采纳读者建议，发行多种版本，不但有面向富裕阶层和海外的豪华本，更要有普及本和缩印本，以利于第二版的销售。

这次从北京图书馆工具书阅览室回收了 97 张有效问卷，填写者覆盖 15 种职业。其中研究生、大学生和大专生共 30 人，占总数的 31%。因为其他读者可自由支配的时间少，上公共图书馆的机会没有大专院校学生多，所以 31% 并不表明研究生、大学生和大专生在《全书》读者中实际占有的比例。但毫无疑问他们是《全书》的重要读者群。然而学生为经济能力所限，购买率明显低于总体的平均值。在这次调查的有效问卷中，99 名研究生，买全书的只有 1 人，略超过 1%；买单卷的 24 人，约占 24%。111 名大学生和大专生，买全书的 8 人，约占 7%；买单卷的 24 人，不足 22%。而总体的购买率，全书是 10%，单卷是 44%。出于同样的原因，研究生、大学生和大专生对《全书》价格的反应比较强烈，认为昂贵者的比例超过平均值，且如前所述，一些学生在建议栏中表示的意见明显带有感情色彩。这些情况表明，研究生、大学生和大专生是《全书》潜在的购买群体，如果第二版出价格低廉的普及本、缩印本，并且去大专院校推销，学生中的购买者肯定会大大增加。

商业管理人员和地方政工人员认为价格昂贵的比例比大专院校学生还要高：9 名商业管理人员全部觉得昂贵，19 名地方政工人员中有 74% 的人觉得昂贵。隆福大厦团委和工会两位同志的建议代表了这部分读者的看法，他们希望第二版改成简装，价格要便宜，纸张质量不一定高，以便于工薪阶层购买，使《全书》进入寻常百姓家庭。如果第二版出普及本和缩印本，在这些职业群体中应当也会增加购买者。有一种看法认为，书价贵一点不要紧，需要的人照样会买。其实这种看法不全面。我们要争取更多的读者，让第二版进入家庭，就不应该忽视那些购买力低，或虽有购买力但不愿支付过高书价的人的购买心理。

还有读者建议出光盘本。据最新消息，因光盘普及，《不列颠百科全书》在竞争中失利，公司陷入困境。目前国内电脑逐渐进入家庭，光盘降低售价的速度很快，在出光盘本的问题上我们要有超前意识。但出光盘容易被盗版。出还是不出，建议社里进行专门的研究。

（四）关于检索方式

在问卷的“检索性评价”栏中，认为便查和认为一般的合计比例高达 91%。而从检索渠道利用情况栏可看出，读者用得最多的是分类目录，使用者的比例为63%。这不能不引起我们思考：假如第二版不设分类目录，读者会不会因此而感到检索不便。分类是中国书籍自古以来的传统，国内读者习惯于分类检索，我们理应照顾读者的这一特点。然而统编本设分类目录，问题不那么简单，我们有没有力量像有的读者所提出的，编制一个《不列颠百科全书》第15版《百科类目》式的全书分类目录。假如这么做，会不会导致第二版的知识体系被抄袭。建议社里对此问题也进行专门的研究。

曾有人认为笔画索引用处不大。但在所列的第一版6种检索方式中，笔画索引的使用率位居第三，次于分类目录和内容索引，排在书眉音序之前。而且在专业性不强的职业群体中，笔画索引的使用率较高，尤其是在军队行政政工人员和地方行政政工人员读者中，使用率居于首位。这些情况表明，笔画索引实为有用的检索渠道。此外还应该估计到，说不好普通话，发音不准确，无法按音序检索的外地读者，对笔画索引也会有依赖性。因此建议第二版保留笔画索引。

文内参见在6种检索渠道中使用率最低，只有13%。从理论上讲，文内参见能把被条目分割的知识沟通起来，形成知识的网络，方便读者查阅。但使用率的数据表明，在实际使用中，绝大多数国内读者满足于查哪个条目便读哪个条目，不习惯，或觉得没有必要去穿堂过室，扩大查询范围。而我们的编辑设文内参见，如果要设得有水平，需要花费不少的功夫。第二版改为统编，更需跨学科设文内参见，难度和工作量比编第一版时肯定要大得多。因此在第二版怎样设文内参见的问题上，有必要斟酌。据金常政先生介绍，国外百科全书的文内参见，有多设、少设和适中三类。我们过去往往在遇到下列情况之一时设文内参见：①参见后能为本条目补充直接有关的内容；②参见后能获得背景材料或对比材料，加深对本条目的理解；③参见后能扫除阅读本条目所遇到的术语障碍；④参见后能扩大读者视野，使他们获得超出本条目范围，但又不完全脱节的知识。编第二版时可否从实际需要出发，采取尽量少设的方针。例如一般只在参见后能为本条目补充直接有关的内容或扫除术语障碍时才设，必要时为获得背景材料而设，而不是从主观的理念出发，盲目地去大量设置。这样做也许比较切合读者的实际，且可节省不少人力和时间。

同设文内参见相类似的问题，是要不要编制复式内容索引。从文内参见的使用率，可以推知读者一般对复式索引也不会感兴趣。长期的小生产方式和封闭社会，使中国读者的思维偏向于封闭和半封闭，对问题的关注常常是点状的，不习惯于由此及彼。这或许正是多数读者查哪条就限于读哪条的原因。正因为如此，所以财贸学院图书馆副馆长谭乃立先生的意见应可采纳，他建议根据中国读者的特点，出第二版时不采用复式索引。我们可否把编制复式索引的任务留给以后的编者，到那时随社会进步，人们的思维方式会发生变化，设复式索引的必要性或许会增加。由于编复式索引的工作量非常大，因此沿袭编第一版时的做法采用简式索引，对于减少投入，加快第二版出书十分有利。

（五）关于知识更新和连续修订

希望第二版更新知识的读者，占提建议读者的 32%，比提其他建议的读者比例要大得多。这说明读者在这方面要求的迫切。第二版是面向 21 世纪的新一代百科全书，在淘汰陈旧内容，补充新知识，介绍新成果方面，决不应令读者失望。

有不少读者建议缩短出版周期，这同样反映出读者求新的愿望。《全书》规模巨大，工程浩繁，出版周期长，这和及时介绍新知识存在矛盾。读者要求尽快得到新知识，心情可以理解。但客观点看，大型综合性百科全书的出版周期不可能太短，国外在出同类书时情况也是如此。特别是《全书》从第一版到第二版在结构上要作根本性改变，更非轻而易举可以实现。或许确定 10 年出书比较切合实际，周期已比出第一版缩短了 1/3。

为满足读者求新的愿望，似可采取特殊的编纂方法：在审稿工作完成后，分兵把口，由专人观察学科动态；到发排的半年前，把重要的新知识补入条目，必要时增设少量新条目。百科全书的编纂牵一发而动全身，在成书过程中增补新内容，会给工作增加很大的难度。但如果科学地安排工序，一次性地补入，同时对有牵连的方方面面（如释文、图片、文内参见、各种索引、中外文对照表、大事年表、各种表格等）无遗漏地进行相应的处理，则问题应能获得妥善的解决。

此外又有读者从长远考虑更新知识的问题，提出在《全书》第二版出版后进行连续修订或补卷修订。前者是在每次重印时修订少量条目，后者即出增补本。两种方法在国外都有采用，各有优点。但补卷修订于读者方便，花不多的钱买增补本就能解决问题。可以说，对于出版大型工具书来说，出增补本相当于售后服务，是对读者负责任，能让读者购买时放心。因此国外有的百科全书在书的“入门”中就明确宣布，以后将适时出版补充新知识的卷册，以避免读者因所购书中的资料过时而遭受损失。我们如果增加这种服务，并预先进行宣传，当可有助于第二版的销售。

在国外，连续修订和补卷修订是经过多年摸索才确定下来的制度。我们出《全书》第一版，从无到有。决定出第二版，建立起定期改版制度。如果再实行连续修订或补卷修订，《全书》就有了健全的出版制度。建议在第二版出书后，以 5 年为期出一次增补本。

以上是对抽样问卷调查材料的初步分析意见，仅供参考。

附件 1：《中国大百科全书》读者问卷调查抽样单位

北京图书馆
首都图书馆
北大图书馆
清华大学图书馆
北师大图书馆
首都师大图书馆
财贸学院图书馆
经济学院图书馆
中科院文献情报中心
社科院社会学所
《光明日报》社
《新闻出版报》社
人民出版社
科普出版社
北京人艺
人民医院
中日友好医院
北京市科委（高科技企业）
北京市政设计院
煤炭干部进修学院
北京教师进修学院
北京市邮政局
北京四中
海淀区实验小学
崇文区文化馆
国家体改委
北京市中级人民法院
全国妇联
全国工商联
中央党校
军事科学院
解放军后勤学院
解放军总政治部
松下彩色显像管厂
北京市开关厂
隆福大厦
东风农场
厦门大学
北京团市委
（以上为寄回问卷的单位）
新街口中学
全国总工会
京伦饭店
北京市个体劳动者协会
兰州大学
（以上为未寄回问卷的单位）

附件 2：《中国大百科全书》读者问卷调查统计

<table>
<tr><td rowspan="2">有效问卷填表人数</td><td rowspan="2" colspan="4">741 人</td><td rowspan="2" colspan="4">购买情况</td><td colspan="4">购买全书</td><td colspan="4">比例</td><td colspan="4">购买单卷</td><td colspan="4">比例</td></tr>
<tr><td colspan="4">67 人</td><td colspan="4">9%</td><td colspan="4">325 人</td><td colspan="4">44%</td></tr>
<tr><td rowspan="4">使用目的</td><td colspan="3">工作需要</td><td colspan="3">排序</td><td colspan="3">学习进修</td><td colspan="3">排序</td><td colspan="3">业余爱好</td><td colspan="3">排序</td><td colspan="3">生活实用</td><td colspan="3">排序</td></tr>
<tr><td colspan="3">522 人</td><td colspan="3">①</td><td colspan="3">188 人</td><td colspan="3">②</td><td colspan="3">186 人</td><td colspan="3">③</td><td colspan="3">55 人</td><td colspan="3">④</td></tr>
<tr><td colspan="4">查阅问题</td><td colspan="4">排序</td><td colspan="4">浏览</td><td colspan="4">排序</td><td colspan="4">系统阅读</td><td colspan="4">排序</td></tr>
<tr><td colspan="4">636 人</td><td colspan="4">①</td><td colspan="4">184 人</td><td colspan="4">②</td><td colspan="4">61 人</td><td colspan="4">③</td></tr>
<tr><td rowspan="2">条目设置能否满足要求</td><td colspan="4">基本满足</td><td colspan="4">比例</td><td colspan="4">部分满足</td><td colspan="4">比例</td><td colspan="4">不能满足</td><td colspan="4">比例</td></tr>
<tr><td colspan="4">368 人</td><td colspan="4">50%</td><td colspan="4">323 人</td><td colspan="4">44%</td><td colspan="4">38 人</td><td colspan="4">5%</td></tr>
<tr><td rowspan="2">知识量评价</td><td colspan="4">过繁</td><td colspan="4">比例</td><td colspan="4">适宜</td><td colspan="4">比例</td><td colspan="4">偏简</td><td colspan="4">比例</td></tr>
<tr><td colspan="4">36 人</td><td colspan="4">5%</td><td colspan="4">476 人</td><td colspan="4">64%</td><td colspan="4">199 人</td><td colspan="4">27%</td></tr>
<tr><td rowspan="2">深浅度评价</td><td colspan="3">过深</td><td colspan="3">比例</td><td colspan="3">偏深</td><td colspan="3">比例</td><td colspan="3">适宜</td><td colspan="3">比例</td><td colspan="3">偏浅</td><td colspan="3">比例</td></tr>
<tr><td colspan="3">5 人</td><td colspan="3">0.7%</td><td colspan="3">26 人</td><td colspan="3">3.5%</td><td colspan="3">516 人</td><td colspan="3">70%</td><td colspan="3">168 人</td><td colspan="3">23%</td></tr>
<tr><td rowspan="2">图片评价</td><td colspan="4">满意</td><td colspan="4">比例</td><td colspan="4">一般</td><td colspan="4">比例</td><td colspan="4">不满意</td><td colspan="4">比例</td></tr>
<tr><td colspan="4">208 人</td><td colspan="4">28%</td><td colspan="4">424 人</td><td colspan="4">57%</td><td colspan="4">59 人</td><td colspan="4">8%</td></tr>
<tr><td rowspan="4">检索渠道利用情况</td><td colspan="4">分类目录</td><td colspan="4">排序</td><td colspan="4">内容索引</td><td colspan="4">排序</td><td colspan="4">笔画索引</td><td colspan="4">排序</td></tr>
<tr><td colspan="4">469 人</td><td colspan="4">①</td><td colspan="4">345 人</td><td colspan="4">②</td><td colspan="4">312 人</td><td colspan="4">③</td></tr>
<tr><td colspan="4">书眉音序</td><td colspan="4">排序</td><td colspan="4">外文索引</td><td colspan="4">排序</td><td colspan="4">文内参见</td><td colspan="4">排序</td></tr>
<tr><td colspan="4">211 人</td><td colspan="4">④</td><td colspan="4">138 人</td><td colspan="4">⑤</td><td colspan="4">99 人</td><td colspan="4">⑥</td></tr>
<tr><td rowspan="2">检索性评价</td><td colspan="4">便查</td><td colspan="4">比例</td><td colspan="4">一般</td><td colspan="4">比例</td><td colspan="4">不便查</td><td colspan="4">比例</td></tr>
<tr><td colspan="4">291 人</td><td colspan="4">39%</td><td colspan="4">388 人</td><td colspan="4">52%</td><td colspan="4">18 人</td><td colspan="4">2%</td></tr>
<tr><td rowspan="2">价格评价</td><td colspan="4">昂贵</td><td colspan="4">比例</td><td colspan="4">可接受</td><td colspan="4">比例</td><td colspan="4">适宜</td><td colspan="4">比例</td></tr>
<tr><td colspan="4">291 人</td><td colspan="4">39%</td><td colspan="4">324 人</td><td colspan="4">44%</td><td colspan="4">42 人</td><td colspan="4">5.6%</td></tr>
</table>

原载《探讨》（中国大百科全书出版社内部刊物）1995 年第 7 期，由胡人瑞执笔。参加调查者还有侯澄之、李晓红、殷华雷等

《中国大百科全书》第一版人文科学社会科学条目交叉重复情况的调研

条目交叉重复是困扰百科全书编辑的一大难题。《中国大百科全书》（以下简称《全书》）第一版各学科卷的编辑，为处理好卷内的交叉重复问题，曾付出艰苦的劳动。编纂《全书》第二版要把近百个学科和知识门类统编到一起，需要解决的已不限于学科内部的交叉重复问题，而这势必使工作的难度极大地增加。面对这一复杂的任务，摸清第一版各学科卷之间交叉重复的情况，为编第二版寻找出处理学科门类之间交叉重复问题的方法，无疑是一项有意义的工作。为此，笔者于1994年至1996年，累计花费5个月时间，对第一版的人文科学、社会科学学科卷，以及自然科学和技术科学学科卷中具有人文、社科性质的部分，进行了交叉重复情况的调研，本文即此次调研的报告。

一、调查的范围和方法

此次调研的范围，包括第一版人文科学、社会科学学科26个卷，以及《地理学》《建筑•园林•城市规划》（以下简称《建•园•城》）和《心理学》三卷中具有人文、社科性质的部分（为了简便，以下将这两部分统一称作“人文科学、社会科学条目”）。既调查重条，也调查不属于重条的一般性交叉重复。因调查侧重于寻找解决问题的途径，而不是数量的统计，所以未把相对而言情况比较单纯的人物、书刊、机构、团体条目作为调查对象（法律文件、宗教经典除外）。除此之外对交叉重复作了普遍的调查。

调查重条以外的交叉重复条目，只以彼此有直接关联的为限，例如政治类条目对应政治类条目，古代遗存条目对应古代遗存条目，而不去同内容宽泛的大型综述条目（如国别史条目、朝代条目），或仅有远辐射关系的条目相攀连。并首先在不同卷的同层条目中寻找，如果已发现同层的交叉重复条目，便不再去追查和上、下层条目的交叉重复关系。采取上述做法，是为了避免找出的交叉关系过滥，而使问题复杂化，以致反而降低了对于处理第二版交叉重复问题的参考价值。

此次基本上以学科卷为单元进行情况调查和结果显示。但因为调查是为第二版的编纂服务，而编第二版时不会再把原《经济学》卷和《财政•税收•金融•价格》卷（以下简称《财•税•金•价》卷）的内容分开处理，另外，目前已把原《考古学》卷和《文物•博物馆》卷的文物部分合并，在此基础上统一选列第二版的考古、文物条目，所以，在调查中便分别将它们作为组合单元对待（以下简称为〖经济〗和〖考古文物〗），即只查它们和其他卷的交叉重复情况，而不去查组合单元内部两部分之间的交叉重复情况。为了方便使用，此次调查所得资料以表格形式显示。

二、卷际交叉重复条目的数量和类型

（一）数量

从调查可知，第一版有卷际交叉重复关系的人文科学、社会科学条目的数量相当可观，去掉人物、书刊、机构、团体条目后仍有 3251 条，其中重条为 1231 条。按学科卷、学科组合单元、学科卷分割单元统计（为了简便，在本文他处的叙述中一般以“卷”相称呼），以交叉的多少为序，排列如下表：

学科卷或学科单元名称	与异卷交叉条目的数量	与异卷重条的数量
〖考古文物〗	401	254
《中国历史》	300	197
《美术》	271	181
《建・园・城》	231	168
《军事》	227	154
《外国历史》	223	182
《政治学》	197	148
《民族》	177	166
〖经济〗	121	91
《宗教》	115	103
《语言・文字》	111	109
《中国地理》	100	76
《法学》	92	70
《哲学》	75	63
《社会学》	72	61
《音乐・舞蹈》	55	18
《世界地理》	46	37
《新闻・出版》	39	34
《图・情・档》	35	29
《教育》	35	22
《中国文学》	33	23
《戏曲・曲艺》	32	16
《心理学》	31	29
《地理学》	27	25
《外国文学》	25	14
《戏剧》	22	7
〖博物馆〗	20	20
《体育》	11	9
《电影》	10	3

（说明：因不同部分有重复计算，表中按卷统计的数字相加后大于前述总数）

因卷或单元的数量多，条目数量大，以上统计难免有遗漏，但基本上可反映出条目交叉重复在数量方面的状况。

（二）类型

从条目的相互关系看，卷际交叉重复条目大致可分为以下类型：

1. 同一型交叉

即条目主题完全相同而造成内容重复的交叉，也就是通常所说的重条。如《政治学》《法学》《哲学》卷均有“儒家”“道家”“墨家”“法家”条，〖考古文物〗《美术》《中国地理》部分均有“敦煌石窟”“云冈石窟”“龙门石窟”条等。在第一版按学科分卷出书的情况下，为保持各卷知识的完整，出现异卷重条不可避免。而第二版将实行统编，学科门类之间不再允许存在重条。

2. 总分型交叉

即因条目之间有统属、包容关系而使内容部分重复的交叉。如《美术》卷有“哥特式美术”“文艺复兴美术”条，《建•园•城》卷有“哥特式建筑”“文艺复兴建筑”条，前两条实际上分别是后两条的上位概念，彼此有统属、包容关系，〖考古文物〗有“望都汉墓”“和林格尔汉墓”条，《美术》卷有“望都汉墓壁画”“和林格尔汉墓壁画”条，前两条也分别是后两条的上位概念，彼此有统属、包容关系等。因知识可划分为不同的层次，在百科全书中存在总分型交叉重复条目本属正常现象。但各学科、门类统编于一书后，假如对学科门类之间的总分型交叉条目缺少统筹考虑，就会产生问题。例如，本来从统一角度考虑只需有总述条而不必设分述条，却因学科门类分割而出现总、分并存，即属于不合理现象。即使总述条、分述条都需要，但如果交叉部分的内容重复过量，亦应视为不合理。

3. 辐射型交叉

即条目彼此无直接关联，却因辐射关系而使内容相互纠缠、渗透的交叉。如《中国历史》卷“奴尔干都司”条和〖考古文物〗部分的“永宁寺碑”条为辐射型交叉条目（碑在奴尔干都司治所，碑文证明了此都司的管辖范围在明代为中国领土），《美术》卷“彩画”条和《建•园•城》卷“彩画作”条有辐射型交叉关系等。具有这种交叉重复关系的条目，主题为不同类别或不同范畴的事物，彼此无统属、包容关系，有时存在某种对应、并列关系（如“浪漫主义音乐”和“浪漫主义戏剧”）。它们的存在亦属正常现象，但同样不允许重复量失当，有些则不宜分列。

三种交叉重复条目中，同一型最多，总分型和辐射型略少。

三、卷际条目交叉重复中值得注意的现象

在人文科学、社会科学条目的卷际交叉重复中，有两种现象值得注意，同编纂工作关系较大。

（一）是否重条无法完全据条目名称分辨

不少条目虽然名称不同，却是重条（名异实同），这分为以下几种情况：①因分别使用全称和简称而造成。例如同一种运动会，《体育》卷称“中国人民解放军全军运动会”，《军事》卷称“全军体育运动大会”。②因有正名和俗名的区别而导致。例如同一座佛塔，《建•园•城》卷称“瑞德宫塔”，《宗教》卷称“仰光大金塔”。③因译名不同而出现。例如同一种雕像的名称，《美术》卷用音译“斯芬克斯”，〖考古文物〗部分用意译“狮身人面像”。④因本来就有不同的名称而形成。如《哲学》卷用“唯实宗”，《宗教》卷用“法相宗”。⑤因冠有或未冠国名、地名、时代名而造成。如《军事》卷有“朝鲜壬辰卫国战争”，《外国历史》卷为“壬辰卫国战争”；〖考古文物〗部分有“庆阳南北石窟寺”，《美术》卷为“南北石窟寺”；《中国文学》

卷有“唐宋古文运动”，《中国历史》卷为“古文运动”。⑥因学科研究的视角不同而出现。如《中国历史》卷设“邺”，《建·园·城》卷设“邺城”，〖考古文物〗部分设“邺城遗址”。⑦因定名带有随意性而导致。如《军事》卷称“越南抗法战争”，《外国历史》卷称“越南战后抗法战争”。⑧因条目名实不符而造成。如《教育》卷有“体育心理”，《心理学》卷有“体育心理学”，后者并未按分支学科条目或理论条目的要求写，仍是在讲体育心理，两条实际上并无区别。

与此相反的是，有少量条目，因一方或双方定名不当，虽然同名，却并非重条（名同实异）。例如，《外国文学》卷条目“印象主义”名实相符，全面介绍文学艺术领域的印象主义，《美术》卷的“印象主义”名实不符，局限于讲美术领域的印象主义，两条虽然同名，却是总分关系。又如，《外国文学》和《美术》卷都有“现代主义”，都只介绍各自领域的现代主义表现，虽然同名，却为有辐射型交叉关系的条目。

凡此种种，造成了识别重条的困难。

（二）有总分型或辐射型交叉关系的条目往往重复量较大

在有总分型或辐射型交叉关系的条目中，有些重复不明显。但有相当一部分因分处于不同的学科卷，各卷又要求相对独立性，而重复量较大。假如它们不是处在不同的学科卷，而是在一部统编的百科全书中，则明显属于重复失当。如前述《美术》卷的“哥特式美术”条和《建·园·城》卷的“哥特式建筑”条有总分型交叉关系，后者的内容是前者的一个局部。两条都介绍哥特式建筑的特征，分述法、英、德、意四国此类建筑的概况，甚至连所举实例也是大同小异。两条为不同卷的条目，无论是条目设置还是释文安排均无可指责之处；但若把两条放在一起，便显得十分重叠累赘。

尤其需要指出的是，有时一组有总分型或辐射型交叉关系的条目存在于两个以上的卷中，雷同的内容多次出现，重复量相当可观。如《图书馆学·情报学·档案学》（以下简称《图·情·档》）卷的“金文文献”条用约 40% 的篇幅、近 900 字介绍刻铭铜器的种类和铭文的长短及内容，《中国文学》卷“铜器铭文”条以约 70% 的篇幅、近 1700 字介绍大体上相同的知识，〖考古文物〗的“商代铜器”“西周铜器”“东周铜器”三条，又总共有近 1500 字涉及这些内容。大体上相同的知识，在不同的条目中反复出现，重复量这么大，假如是在一部统一的书中，简直可说是毫无章法。然而这还不是最极端的例子。

上述情况表明，卷与卷之间有总分型、辐射型交叉关系的条目，在内容上大量重复的现象非常突出。

四、卷际条目交叉重复状况给予我们的启示

上述调查结果虽然是人文科学、社会科学条目范围的，但对于全书来说，应具有代表性，因而可从中得出某些带普遍性的结论。

（一）编第二版时消灭重条的任务要靠电脑和人脑共同完成

在处理交叉重复问题时，重条是首先要防止的，不慎出现，即属于硬伤。然而如前所述，条目的名异实同和名同实异现象给重条的辨识带来很大的困难。众所周知，综合性百科全书选条必须从学科、门类做起。而只要各学科和门类分别选条，名异实同和名同实异的现象就很难避免。因此编第二版时，对于识别重条必须采取专门的措施。过去曾设想用计算机消灭重条。但名异实同和名同实异现象的存在表明，仅靠计算机不可能把重条消灭干净。在借助计算机删除重条之后，还必须组织人力认真核查。其方法大体上有：从知识的内在联系入手，按学科门类之间的内容交叉关系查找；从条目的种类入手，例如按人物、书刊、机

构、团体、会议、条约、理论和学说、事件、实物等不同的类别进行专项检查。在撰稿完成以后，还可以据条目实际包含的内容加以核查。总起来看，消灭重条无疑是一项非常艰苦细致的工作。

（二）应当重视跨学科门类非重条型交叉重复关系的处理

以往大家比较重视异卷重条问题，对于编第二版必须消灭学科门类之间的重条有足够的思想准备，但对非重条性质的跨学科门类交叉重复问题谈论得较少。然而前文所述情况表明，学科门类之间的总分型、辐射型条目交叉尽管只是局部交叉，却可能潜藏着不小的重复量。因此把这两类交叉条目的关系理顺，合并、删除因分学科门类选条而产生的多余条目，同时防止在保留下来的有交叉关系的条目中出现过量的内容重复，以杜绝篇幅的浪费，并保证第二版在整体上的协调，是一项不可忽略的工作。其实，总分型和辐射型交叉条目对于参加过第一版编辑工作的同志来说并不陌生，前者即当时所说的母子、祖孙条目，后者即横向交叉条目。编第一版时以学科卷为单位，在学科或门类内部对这两类条目的交叉关系作了处理。今天编第二版要超越学科、门类求得全书整体上的协调，就不能局限于编第一版时的那种在学科、门类分割情况下的处理方式，而是必须真正把全书当作一个统一的整体对待，像过去解决学科卷内部的交叉重复问题那样，把跨学科门类的总分型、辐射型条目交叉关系处理好。

（三）对理顺总分型辐射型条目交叉关系必须提出专门的工作要求

处理总分型、辐射型条目交叉重复问题并不是像对待重条那样一律合并或删除，而是要把相关联的条目找出来，理顺它们之间的关系。要完成好这项任务必须提出专门的工作要求。具体来说就是：在找出跨学科门类的总分型、辐射型交叉条目之后，从全书是一个整体出发进行判断，确定对交叉双方是否需要进行一方的删除，或者仅需对双方条目的内容进行某种协调关系的处理。目的是消除不必要的交叉条目，同时使保留下来的交叉条目即使不处于同一个学科或门类，双方也能够有明确的分工，从而把内容重复控制在合理的范围之内。第二版是统编型大型综合性百科全书，条目数量巨大，条目之间的关系错综复杂，如果不采取这种全局性措施，对全书条目的设置进行统一的考虑，在条目分工方面作出明确的安排，那么跨学科门类的总分型和辐射型条目交叉重复问题，将不可能获得完满的解决。

以上三点，对于第二版的编纂工作当具有参考价值。

五、关于结构性交叉

通过调查还可以发现，人文科学、社会科学条目之间的交叉重复并非无规律可循，交叉重复多存在于不同的卷（即不同学科、门类）有某种关联的条目组群（分支或类项）之间。例如，《社会学》《民族》《法学》三卷有“家庭”“婚姻”等条目重复，它们分别位于这几卷的【家政学】【家庭婚姻】【婚姻法】组群中，这些组群在内容上具有明显的对应关系，分别是对家庭和婚姻进行研究、规范的不同侧面。家庭又是人类社会的基本细胞，所以在《哲学》卷【历史唯物主义】部分的【人类社会】组群中也有重复的“家庭”条。又如，《中国历史》卷的“抗日民主根据地”条，同《军事》卷的“陕甘宁边区”“晋绥抗日民主根据地”等一组 18 个革命根据地条目有总分型交叉关系，它们分别位于所在卷的【中国共产党】组群和【革命根据地】组群，两个组群也有明显的内容上的联系。

以上情况告诉我们，卷和卷有交叉重复条目，同卷和卷（学科、门类和学科、门类）之间存在结构性交叉是联系在一起的，结构性交叉的表现就是不同的卷存在互有关联的条目组群。出现这种情况并不奇怪：

人文科学、社会科学各学科、门类（以及自然科学、技术科学中具有人文、社科性质的部分）以不同的视角研究同一个人类社会，研究中必然会出现搭界地带。不同学科、门类在选条时，就会分别在搭界地带选出从不同角度介绍相同事物的条目（如前述有多个“家庭”“婚姻”条），以及内容相互包含或相互纠缠渗透的条目（如前述“哥特式美术”和“哥特式建筑”条，“奴尔干都司”和“永宁寺碑”条）。表现在条目表或分类目录上，就是不同的卷存在相互关联的条目组群（也就是彼此发生交叉的结构性部分），组群之间存在彼此交叉重复的条目。我们在编第二版处理学科门类之间的交叉重复问题时，不可不注意和利用这种存在于条目交叉重复现象背后的结构性交叉关系。

上述结构性交叉现象，在人文科学、社会科学条目的范围以外当同样存在。

六、结构性交叉的类型

对于人文科学、社会科学条目范围内的跨学科门类结构性交叉，可以从不同角度区分类型。

（一）从知识内容的角度区分类型

第一类是覆盖性交叉。这包括两种。一种为总述和分述的交叉，如：《哲学》卷【历史唯物主义】部分的【人类社会】部分带有某种社会总论性质，同不少学科、门类存在交叉；《外国文学》卷分类目录最后一部分汇集的条目，部分地具有文学艺术通论性质，同各文学、艺术门类的相关部分（基本概念、流派、思潮等）也存在交叉。另一种为学科门类之间的包容关系造成的交叉。如：美术包括建筑园林艺术，《美术》卷同《建・园・城》卷的建筑、园林部分有覆盖性交叉；戏曲是戏剧的一部分，《戏剧》卷同《戏曲・曲艺》卷的【戏曲】部分也存在覆盖性交叉（在科技范围则有物理学和力学、轻工和纺织的交叉等）。

第二类是纵向历史性交叉。中、外历史学科包含社会各领域发展史，而经济、政治、法律、军事、民族、宗教和文学艺术各学科、门类都有本领域的专史，于是彼此出现交叉。具体的表现，就是《中国历史》卷的【社会经济】【典章制度】【民族】【历史地理】【文化】等分支和有关各卷相对应部分的交叉。另外，考古遗迹、遗物（或称文物）是历史的实物遗存，因而〖考古文物〗部分各分支，同《美术》《建·园·城》《宗教》《图·情·档》《新闻·出版》等卷包含古代实物遗存条目（如古建筑、石窟、简牍条目）的组群所发生的交叉，实质上也是纵向历史性交叉。

第三类是横向交叉。这既包括一些卷里与地理有关的内容，同《中国地理》和《世界地理》卷在空间意义上的交叉，也包括一般意义上的横向交叉。前者如《军事》卷的【军事要地】部分，同《中国地理》《世界地理》卷中的关隘、山口、岛屿、半岛、海洋、城市部分的交叉；〖考古文物〗部分和《美术》《建·园·城》《宗教》等卷的一些条目组群，同《中国地理》卷的【名胜、古迹、遗址】组群的交叉。后者即相关各卷非历史内容的平行交叉，如文学、艺术各卷的流派、思潮、体裁或形式部分的相互平行交叉，《新闻·出版》卷【出版物】部分同《图·情·档》卷【文献】部分的平行交叉等。

（二）从学科门类关系的角度区分类型

第一类是横断系列式交叉。即一学科或门类同一系列学科、门类发生渗透，出现交叉。典型的如，经济活动广泛存在于社会生活各领域，经济学同一系列学科、门类互相渗透，从而造成〖经济〗部分的【教育经济学】【建筑经济学】【城市经济学】【人口经济学】等分支，分别同《教育》《建·园·城》《地理学》《社会学》各卷的相应组群有交叉。社会生活各领域均有法律进行规范，从而导致《法学》卷的部门法、国际法、国际经济法等分支，分别同〖经济〗部分的【财政学】【会计学】【劳动经济学】【金融管理】【国际税收】，《政治学》卷的【行政学】，《新闻·出版》卷的出版概论，《军事》卷的【战争法规】等组群有交叉。前述中、外历史卷同有关各卷专史部分的交叉，从学科关系角度看，也属于横断系列式交叉。

第二类是双边或多边形式的交叉。即两个或两个以上的学科、门类，共同涉及某一方面内容而形成的交叉。如：《军事》卷的【军事测绘】部分和《地理学》卷的【地图学】部分都涉及军用地图，因而互有交叉；文献种类和出版物种类大体上为同一组事物从不同角度所作的归类，因而如前所述《图·情·档》卷【文献】部分和《新闻·出版》卷【出版物】部分存在交叉。

（三）从交叉的表现形式区分类型

第一类是整个分支重叠。如《心理学》卷的【社会心理学】分支和《社会学》卷的【社会心理学】分支重叠，《民族》卷的【中国少数民族语言文字】分支和《语言·文字》卷的【中国诸民族语言文字】分支重叠。虽然不同学科、门类的视角不完全相同，重叠的分支在意义上基本是相当的。

第二类是整个小组群重叠。如《法学》卷的【国际法】分支【战争】组群，同《军事》卷的【战争法规】分支【战争状态】组群重叠，《宗教》卷佛教圣地、名山、寺塔中的【寺塔】组群，同《美术》卷中国建筑艺术部分的【中国佛寺】【中国佛塔】组群重叠。重叠的小组群在意义上也是基本相当的。

第三类是意义不完全相当的小组群局部交叉。如《新闻·出版》卷的【出版物】组群和《中国历史》卷的【史学体裁】组群交叉，《美术》卷的【美术种类】组群和《音乐·舞蹈》卷的【舞蹈美术】组群交叉，交叉部分虽有联系但意义不完全相同。这是比较普遍的一种结构性交叉形式。

第四类是一卷的一个分支或组群，与另一卷散在的某个方面的条目有交叉，或两卷散在的某个方面的条目有交叉。前者如《政治学》卷的【外国政治制度】分支，同《外国历史》卷国别史部分散在的政治制度类条目有交叉，后者如《美术》卷【外国美术】部分散在的古代美术文物条目，同〖考古文物〗部分【国外考古】分支散在的古代美术遗存条目有交叉。这些属于半隐蔽或隐蔽式的结构性交叉。

上述类型划分，在人文科学、社会科学条目范围以外当可大体上适用。对它们加以把握，有助于编第二版时对条目交叉重复问题进行处理。

七、利用结构性交叉关系处理学科门类之间条目交叉重复问题的途径

第一版人文科学、社会科学条目在卷与卷之间存在结构性交叉给予我们的启示是，对于第二版学科门类之间的条目交叉重复问题，不应当就条目论条目地去分散孤立的解决，而是要从宏观着眼，从结构性交叉关系入手进行处理。采取后一种方法能收到事半功倍的效果，且有助于较彻底地解决问题。在此拟根据上述调研结果，设想一种在第二版人文科学、社会科学条目范围内，解决学科门类之间条目交叉重复问题的途径。

（一）利用结构性交叉关系处理条目交叉重复问题的若干方法

把握和利用结构性交叉关系给工作带来的明显好处，首先是可以便捷地找出有交叉重复关系的条目。第二版有近百个学科、门类，数万个条目，人文科学、社会科学条目占据了其中的半数以上，如果漫无边际

地寻找，费时费力，还不容易清查、处理得彻底。而有结构性交叉关系为“向导”，工作起来自然就会方便得多。借助结构性交叉关系还能够批量化或集中地进行条目交叉关系的处理。例如，可把分属不同学科、门类，意义相当的分支或小组群，通过合并，归入其中的一个学科或门类，批量化地解决它们之间的条目交叉重复问题；对分属不同学科、门类，局部重叠，意义不完全相当的分支或小组群，通过相关学科、门类的共同协商，集中地理顺它们之间的条目交叉重复关系。这种处理方式不仅提高了效率，还可使问题解决得更加有序和合理。而如果把握了结构性交叉的类型，又可以根据类型找出进行处理的最佳方式。

在前述对结构性交叉所作的各种类型划分中，对于理顺条目交叉关系最有用处的是从知识内容角度所作的划分。例如，了解了学科门类之间存在内容上的覆盖性交叉，便可采取下述方法处理：①对于其中总述和分述关系的交叉，通过设【总论】【概说】的途径理顺关系。例如在各艺术门类之上加设【艺术总论】，将带有总述性质的条目（如“浪漫主义”“导演”）统统归入其中，再把下属门类中同它们有隶属关系，以分割的形式出现，同它们发生交叉的条目（如“浪漫主义文学”“浪漫主义音乐”，“电影导演”“舞蹈导演”），分别归入总论的相应部分，与总论条目一起作一体化处理，解决好彼此交叉重复的问题。这样不但便于处理好条目交叉重复关系，还可解决因学科门类分割而导致的总述性条目遗漏的问题（如有“浪漫主义文学”“浪漫主义音乐”而无处安置“浪漫主义”）。另外，在人文科学、社会科学诸学科之上增设【人类社会概说】，或许也有助于理顺人文社科部分总述和分述条目的交叉关系。②对于因学科门类之间的包容关系造成的交叉，采取把局部并入整体的方法解决。最明显的例子，就是可取消建筑、园林的独立学科地位，把建筑园林艺术并入美术部分作统一处理（技术部分另划归土木工程）。此外还可把戏曲并入戏剧以作统一处理（如果在科技部分也进行这种方式的处理，或可把力学并入物理学，纺织并入轻工）。

又如，认识了纵向历史性交叉，便可设“大历史”学科进行处理。即把经济史、政治制度史、法制史、军事史、民族史、宗教史等统统归入历史学科，在有关的学科、门类中不再重复设条。但文学艺术史是文学艺术门类的主体，不宜划归“大历史”，否则这些门类的条目大部分将被抽空。另外，对于考古文物部分同美术、建筑园林、宗教、中外地理、新闻出版、图书档案中的古代文物部分的交叉，除将古代的绘画、雕刻依照习惯划归美术，古代的建筑、园林按照前述方法划归美术外，大多也可归入考古文物部分作统一处置，而在其他学科、门类之中不再重复设条。

再如，了解了横向交叉，便可以通过区分核心内容和非核心内容，把一些学科、门类中不属于核心的部分，交给与之交叉的对方去作统一处理。具体又可根据前面所说的交叉的不同表现形式，采取两种方法：①遇整个分支或小组群彼此重叠，可将整个分支或小组群让出。例如：民族学科的中国少数民族语言文字部分，可全部交给语言文字学科统一处理；教育学科的教育心理学分支，可全部划归心理学统一处置（或相反）；美术门类散在的博物馆条目（隐蔽的组群），可归由博物馆学科统一设条。②如果分支或小组群只是部分交叉重叠，可将重叠的部分让出。例如考古学理论部分涉及的“文化圈”和“文化传播论”，可让给社会学或民族学去设条等。从调查可知，各学科、门类所包含的知识内容在多数情况下是能够区分出核心部分和非核心部分的，这就为内容割让提供了条件。退一步说，即使交叉部分对于各方都很重要，也可以作硬性割让，以使问题获得解决。

从学科门类关系的角度所作的结构性交叉的类型划分，在处理交叉重复问题时也能够派上用处。例如，了解了学科门类之间存在横断系列式交叉，便可用是否学科的核心内容为标准，系列化地进行内容的分派。如可把一些学科、门类中涉及经济活动或法律法规的部分，统一交由经济学、法学设条，把民族学中的少数民族文学、艺术部分，统一交由相关的文学、艺术门类设条等。采取系列化的处理方式，可使问题的解决有章法，做到规范统一。

必须说明的是，无论采取上述哪一种方法，都不应当对内容进行简单的割让，在条目设置和释文内容安排上都必须反映出交叉各方的要求。否则就会因归并而使一些学科、门类的内容丢失。因此，借助结构性交叉关系处理条目交叉重复问题，要由各学科、门类的责任编辑通过协商完成。另外，在进行处理的过程中，对于确定下来的处置方案，包括条目怎样删除或合并，重条合并后包括哪几个学科、门类的内容，有总分型、辐射型交叉关系的条目怎样分工等，均须记录在案，为以后的撰稿和审稿工作留下依据。

（二）利用结构性交叉关系处理条目交叉重复问题的工艺

以上为一般性地提出利用结构性交叉关系处理人文科学、社会科学条目范围内学科门类之间的条目交叉重复问题的方法。在第二版的实际编纂中，需要把这些方法组配起来，纳入不同的工作阶段，使之形成一种可操作的工艺。参考我社过去在这方面的做法，借鉴国外的编纂经验，编第二版时，大致可采取如下工作步骤：

1. 在拟定全书总框架阶段，进行学科、门类以及总述性部分的合理设置。这就是前面所说的，把建筑园林艺术并入美术，把戏曲并入戏剧（如果在科技部分也采取这种方式处理，或可把力学、纺织分别并入物理学和轻工），从而为以后处理好它们之间的交叉重复关系打下基础；以及在总框架中设【艺术总论】和【人类社会概说】等部分，为以后理顺艺术和人类社会部分的总述性条目同下属各学科、门类之间的条目交叉重复关系做好准备。这些做法，同《中国大百科全书（简明版）》，以及日本的某些百科全书，在编纂中所采取的合并学科和在框架中专门立项的做法相一致，其中一些具体方案甚至有先例可循。从编《中国大百科全书（简明版）》时实行的效果来看，这些做法属于成功的经验。

2. 在分学科、门类选条的阶段，除在已经拟好的总框架内，具体地理顺美术和建筑园林艺术，戏剧和戏曲的条目交叉重复关系，以及【艺术总论】和【人类社会概说】同下属的各学科、门类之间的交叉重复关系外，进一步找出所有学科门类之间有结构性交叉关系的分支和小组群，根据情况，分别采取全部割让、部分割让等方式，把交叉各方有关联的条目集中到其中一个学科或门类，然后将它们的关系理顺。其中包括前面所说的设置"大历史"学科，把除文学艺术之外的相关联学科门类中的发展史部分并入其中进行统一处理，对考古文物与相关联学科门类之间互相交叉的古代文物条目按学科合理分派，然后进行统一处理，以及对学科门类之间有横向交叉关系的结构性交叉部分妥善处置等。

3. 上述两步工作，也许尚不足以彻底理顺学科门类之间的交叉重复关系。为防止留下漏洞，在各学科、门类的条目表产生以后，还可采取措施继续进行清理。在这方面，主要按学科（门类）群梳理交叉重复条目，进一步理顺关系，应是一种可行的方法。学科群由关系密切的学科门类组成。由于跨学科门类的交叉重叠多存在于关系密切的学科门类之间，故在这样的学科群中进行学科门类之间比对性的清查，当能在前述工作的基础上较彻底地清除掉遗留的问题。过去编《中国大百科全书（简明版）》，曾在人文科学、社会科学范围内以类似的方法作过交叉重复条目的清理，取得了不错的成绩。

上述在人文科学、社会科学条目范围内处理学科门类之间的条目交叉重复问题的方法，在自然科学、技术科学范围内或亦可参照使用。

以上所述利用结构性交叉关系处理学科门类之间条目交叉重复问题的方法，可说是解决这方面问题的一条捷径。这种方法的好处，是在原有的框架中零敲碎打地解决问题，比较简便易行。不足之处是以学科、门类为立足点，在它们之间双边或多边地进行处理，缺少对知识整体统观式的全方位考虑，无法形成总体上最佳的方案。零敲碎打有时会杂乱无序，兼之各学科、门类往往从自身出发考虑问题，较难充分做到兼顾对方学科、门类的要求，因此容易出现内容的丢失。为了避免这种方法的缺陷，还有一种可以采取的途径，那就是立足于全书解决学科门类之间的交叉重复问题。具体方法是在各学科分别选条，分科条目表产生以后，建立一个结构类似于《不列颠百科全书》第 15 版《百科类目》的条目整理框架，在框架的格局中利用结构性交叉关系进行学科门类之间交叉重复问题的处理。这种方法的最大好处，是可以全方位地进行规划，以获取最优化的处理方案，对于问题的解决也比较彻底。不过这种方法实行起来比较费事。

综上所述，提出结构性交叉概念，进行交叉类型的划分，可为编第二版时弄清学科门类之间的条目交叉重复状况，妥善处理跨学科门类的条目交叉重复问题，提供一条便捷明晰的路径。从这一点考虑，把理清结构性交叉关系作为一种方法，引入第二版制定框架和选收条目的工作，应该是一件有意义的事情。需要说明的是，理顺条目交叉重复关系的任务贯穿于编纂工作的始终，在选条结束，全书总条目表产生以后，这项工作将逐步深入到释文撰写和审稿、编辑加工、全书通读中去。不过这些已超出了本调研报告的范围。本报告所谈到的处理跨学科门类条目交叉重复问题的方法和工艺，主要是针对总体设计阶段选条工作的需要而提出。

以上调研结果仅供参考。

本文完成于 1998 年，曾辑入 1998 年国家社科基金项目成果《大型综合性百科全书编纂的理论与运作》

附：词典编纂研究

《考古学辞典》选词和释文编写的若干特点

《考古学辞典》是一部主要供中等及中等以上文化水平普通读者释疑解惑用的小型单科辞典。1991年4月由知识出版社出版，收录词条1622条，全部篇幅约50万字。

我国是有光辉历史的文明古国，近年来，随着考古事业的发展，埋藏于地下的古代实物被大量发现，它们屡屡见诸报道，展现了中华古代文化的灿烂面貌，日益引起人们的关注。在此同时，伴随着对外开放，国外的考古成果也陆续介绍到国内来，它们同样激起了人们的兴趣。这些情况引发了新的知识需求——面对过去并不熟悉的考古事物，人们需要更多地了解考古学知识。但目前国内尚没有专门介绍这方面知识的辞典，且现有的涉及考古知识的辞书，或者档次偏高，如《中国大百科全书·考古学》，或者知识的分量偏少，如《辞海》中的考古词条。因此，编纂出版一部规模和深浅度适宜的小型《考古学辞典》，向人们普及考古学知识，应说是适应了社会的需要。

这部辞典不同于包罗所有学科、面向普通读者的百科辞典，也不同于面向专业读者的专科辞典，作为一部单学科的普及性辞典，它在选词和释文编写方面相应具有自己的特点。

一、选词

作为一部单科辞典，《考古学辞典》所收词目，就系统性和完备性而言，理应超过综合性辞典和百科辞典中所收的考古词目。

为此，这部辞典较严格地按照考古学词汇的体系选词，为选词而设计的分类框架包括考古学概论、中国考古、国外考古三大部分。其中概论部分再分为分支学科、理论方法、时代划分、遗迹遗物类别、相邻学科、人物、书刊、机构团体、文物法令等项；中国考古部分划分为旧石器时代、中石器和新石器时代、商周、秦汉、魏晋至明五段，各段多再细分为遗址、墓葬、遗物等项；国外考古部分则分为亚洲、欧洲、非洲、美洲、大洋洲五个地区，各地区再进一步以时代早晚为序设项。按照这一框架选收的词目，在组合和排列上基本可反映考古学词汇内在的系统联系，结构比较合理。若同综合性辞典和百科辞典的考古部分相比，则在系统性和整体结构的完备方面，超过粗线条划分、限收最习见常用名词的综合性辞典《辞海》，以及华夏出版社出版的《中国百科大辞典》。从收词数量来看，这部辞典差不多是《辞海》考古词目的三倍，达到《中国百科大辞典》考古词目的三倍以上。

但因为主要是供隔行和外行读者使用，《考古学辞典》又必须在普及上做文章，在选词方面充分注意普通读者的实际检索需要。因此，在选收词目时不是从纯专业的角度决定取舍，而是着重从已经进入或可能进入一般科学文化领域，普通读者寻检可能性较大的词汇中选取。据此，选词时留意收入报纸、广播、电视和非专业书刊中经常出现的考古学术语和专名，此外还确定了下列几项选收标准：

1. 凡考古学使用的基本术语尽可能收入（包括常用的相邻学科术语）。如史前考古学、田野考古、考古学文化、放射性碳素断代、青铜时代、岩画、木椁墓、青瓷、甲骨、泥板文书、云雷纹，以及更新世、舍利、斗拱等。因为只要谈及考古事物，就离不开这些术语，即使在一般科学文化领域也不例外。

2. 反映考古学新分支、新理论、新方法的词汇尽量选列。如水下考古、新考古学、遥感考古、实验室考古等。在新学术新思想流行的今天，这些事物常为社会所关注。

3. 有突出贡献的考古学家的名字不使漏列。如谢里曼、利基、斐文中、贾兰坡等。这些学者在科学史上占有一定的地位，名声常超出本专业领域之外，一般读者有可能查索。

4. 在考古学发展中起过较大作用，或在当前社会上影响较大的考古机构、团体的专名，尽量选收。通常这些组织也会引起社会上一般人们的注意。

5. 在人类文化史上有重要地位，或为研究古代历史提供了有价值资料的考古遗存尽量收入。如北京人、半坡遗址、殷墟、铜绿山古矿冶遗址、后母戊鼎、马王堆汉墓、景德镇窑址、阿尔塔米拉洞穴壁画、耶利哥遗址、玛雅文明、吴哥寺等。这其中还包括一段时间以来成为宣传报道热点的国内考古新发现，如出土玉龙和女神像的红山文化牛河梁遗址，祭坛和墓地合一的良渚文化瑶山遗址，以及秦雍城遗址和扶风法门寺塔基等。这些遗存的名称进入一般科学文化领域的机会较多，读者寻检的可能性也较大。

6. 虽不属于上述范围，但知名度较高的考古遗存，它们的专名亦予以选收。例如：有些考古遗迹自古以来就是名胜古迹，虽然在学术上未必重要，但名气颇大，像铜雀台遗址等；有些遗址虽然发现物并不丰富，但在考古发现史上地位显著，在本专业以外领域也有可能被提到，如 20 世纪 20 年代发现的东北的昂昂溪遗址等；有的所谓考古遗存虽属伪造，但作为反面教材在科学史上有一定的知名度，像英国的皮尔当人等。由于知名度较高，这些事物的名称均有可能被一般读者查索。

7. 台湾地区和大陆少数民族地区古代遗存的专名，以及反映了古代中外文化关系的遗存的专名，在选词时亦注意选列。前者如左镇人、藏王墓、大昭寺等，后者如青龙寺遗址、东大寺等。在努力完成祖国统一大业，加强民族团结和国际友好交往的今天，这一类名称见诸宣传报道和一般文化书刊的机会无疑较多，因而也有可能成为读者检索的目标。

至于那些较少可能进入专业以外领域的考古词汇，包括过专、过偏、层次过低的考古学术语，如中心柱、象限发掘法等考古发掘术语，二层台、外藏椁等遗迹细部名称，复刃刮削器、长胡三穿戈等过细的遗物类名，还有不太知名的考古学家的名字，不太重要的考古组织的名称，以及重要性一般，或仅对解决文化类型、年代分期一类纯专业课题有价值的考古遗迹的专名等，这部辞典则多不收入。

除此之外，这部辞典在编撰过程中，还补收了少量在释文里频繁出现，而读者又可能不知其含义的考古学术语，以提高本辞典自我注释的功能（由文内参见指引查索）。这实际上也是选词照顾读者对象的一种做法。

总之，《考古学辞典》的选词，既注意了系统和完备的要求，又重视了非专业读者的实际检索需要。

二、释文编写

《考古学辞典》作为单科辞典应向读者提供比较丰富、深入的知识。为此释文需要具备一定的篇幅。因而条平均字数规定为 330 字，多于《辞海》考古词条的不足 200 字和《中国百科大辞典》考古词条的 200 字左右。然而释文的丰富和深入不仅取决于篇幅，还同内容的构成有关。所以这部辞典在编写时，又比另两部辞典的考古词条增加或更多地介绍了以下方面的内容：

1. 数据。在遗迹、遗物词条中多提供与所介绍对象有关的数据，以使读者得到量的概念。如城址的面积或周长、墓葬的长宽、器物的通高和口径等。对于一些遗迹的重要局部，如遗址中的主要建筑物，墓葬中有特色的棺椁，在必要时也讲明尺寸。

2. 遗迹、遗物的状貌。遇重要的遗迹和遗物，往往简述布局、形制、结构、纹样、图像等。如“西岔沟墓地”条介绍具有游牧民族特色的鎏金透雕铜饰板时说："上饰双牛、双马、双驼、双鹿、犬马、犬鹿、鹰虎等动物图案，有些铸有骑士出猎或骑马战士执剑捉俘虏场面。"这一类描述可使读者对出土物获得形象、具体的了解。

3. 渊源、发展，分布、地区特色。如学科和分支学科词条一般概述简史，遗迹、遗物类别词条（如"石窟寺""瓷器"）多说明最早出现的年代、演变的概况和地域分布、地区特色，城址、窑址、石窟词条常略述沿革或各时期的发展，考古时代词条（如"新石器时代"）往往陈述发展阶段和地区文化面貌等。这些知识可让读者通过纵向发展和横向比较去把握事物，深化认识。

4. 对考古材料的分析阐释。在研究成果比较充分的情况下，尽可能对考古材料进行阐释，以使释文深入并令人有充实感。如"马家窑文化"条介绍死者埋葬情况时说："中、晚期出现反映一夫一妻制婚姻形态的成年男女合葬墓。""晚期大墓随葬品比一般墓多十几倍，出现奴隶殉葬墓，说明阶级已产生，原始社会濒于瓦解。"这样就阐述了考古材料所反映的社会发展方面的问题。又如"伏俟城遗址"条说："城门和宫殿皆东向，当为沿袭'以穹庐为舍，东开向日'（《后汉书·乌桓传》）的旧习。"这是通过引用文献记载，指出考古实物所反映的游牧民族的传统习俗。

5. 同遗迹相关的历史情况或典故传说。例如："铜雀台遗址"条提到曹操曾命其子曹丕登台作赋；"永泰公主墓"条述及公主与其夫武延基为武则天所杖杀，唐中宗复位后陪葬乾陵；"菩提伽耶佛教遗迹"条讲述了释迦牟尼在此处菩提树下静坐 7 日后豁然悟道的传说。历史背景和典故传说本属于考古知识的组成部分，通过对它们的介绍，可增进读者对考古遗迹的了解。

6. 考古事物的意义和科学价值。例如："考古学"条指出，放射性碳素断代方法的应用，使史前年代学建立在可靠的绝对年代基础上，导致史前考古学的一场革命；"陶器"条指出，这种遗物可帮助判定时代和文化性质；“河姆渡文化”条说明，此文化的遗址中所出稻谷是世界上最古老的人工栽培稻之一；“铜绿山古矿冶遗址”条说明，这一遗址的发现填补了中国冶金史上的空白。指明意义或价值，可帮助读者以更宽阔的视角加深对考古事物的认识。

7. 重要的不同学术见解。介绍有代表性的不同学术见解能开阔读者的眼界，启发他们去思考，同时使释文更加丰富和深入。如“湖熟文化”条提到，有人认为此文化是受中原文化影响的土著文化，也有人认为它是当地的西周文化。

同选词一样，编写《考古学辞典》的释文也必须注意普通读者的特点。特别是它的释文比综合性辞典和百科辞典的考古词条包含了更多的专业内容，因此强调易懂、实用，并设法提高读者查阅的兴趣，就显得更有必要。由于成人普及型知识辞典不同于一般科普著作，不允许穿插大量对内容的通俗解释，以及在正题之外增添附加的趣味性知识，所以在编写中采用了另外一些方法来实现这一目标，它们主要有：

（一）进行恰当的选材

即简化或舍弃某些专业性过强、深奥难懂、枯燥乏味的内容，注重介绍对一般读者有用，较易为他们所接受，并能够引起兴趣的知识。

简化或舍弃的内容包括：

1. 地层堆积和年代分期。划分地层和进行分期是考古学确定相对年代的手段。但地层堆积状况、各期出土物特征等内容专业性过强，烦琐乏味，所以一般不予介绍，只直接告诉读者某个考古学文化或遗迹可以划分作几个发展期（阶段）的结论。

2. 考古学文化的特征。这方面内容同前一项有类似的特点，也不列为专项详述，仅在释文中顺带、扼要地提及。如“屈家岭文化”条在介绍制陶业情况时指出，陶器中的“彩陶纺轮、长颈圈足壶、高圈足豆为特征性器物”。考古学文化的特征主要表现于陶器，这里谈到出土了哪些有特色的陶器，便说明了所介绍文化的特征。

3. 考古学文化的相互关系。对此通常只简要点出文化间的传承或相互影响关系，省略掉为说明这些关系而进行的出土物类型的比较，理由同前。

4. 出土物种类。古器物类名有许多是生僻术语，开列过多徒增读者疑惑。故只择要列举，以减少术语密度。

5. 古人类体质特征、旧石器制作工艺、石窟造像特点、古建筑结构。这些方面的内容均较专深，包含许多费解的术语。所以可省略时便省略，即或有必要提及，亦仅作最扼要的介绍。

6. 青铜器和碑刻的铭文。古器物铭文一般很难被读者读懂，故在多数情况下不予照录（个别的节录），只简单说明铭刻的主题或要点。

注重介绍的内容包括：

1. 遗迹复原知识。考古遗迹多已残缺，据之进行支离破碎的描述，难以使读者了解原来的整体面貌，故凡有复原研究成果者，尽量予以介绍。如“平山中山王墓”条讲述战国中山王墓享堂时说“可复原为周绕回廊、上覆瓦顶的三层台榭式建筑”。此类介绍属于前述遗迹、遗物状貌知识的范围，它们对于读者来说无疑较易接受。

2. 历史复原知识和古人类生活环境复原知识。复原古代历史是考古学研究的目的。复原的内容包括古代的生产活动、生活状况、社会结构、文化艺术、观念习俗等。这些在考古学知识中属于读者比较容易理解的部分，且往往是读者关注的重点。通过对它们的介绍，读者可透过“死”的考古实物，看到丰富、生动的历史图景，有时还会令读者产生兴味。前举“马家窑文化”条、“伏侯城遗址”条两例即属于此。此外，对古人类生活环境进行复原，在考古学研究中亦常可见到，复原的内容包括气候、植被景观、动物群等，这些知识对于读者来说亦较容易掌握。以上方面的复原知识，均可归入前述对考古材料的分析阐释一项。

3. 遗迹背景知识。关于这项内容，在前文中已涉及。它们不但易懂，还可使释文生动。如果涉及的是读者原已熟知的历史人物或事件，则因和考古遗迹相关联，而尤能产生吸引读者的效果。

4. 有关考古发现物意义和价值的知识。这项内容在前文中也已涉及。它们常是读者查阅时的关注点，且一般来说不难读懂，所以也作为介绍的重点。

（二）讲求表述技巧

考古学没有过于深奥的理论，也很少符号和公式，读者不懂的专业名词和古文字铭刻是主要难点所在。专业上惯用的堆砌材料、一味描述的陈述方式，也会使读者不得要领。要做到深入浅出地进行介绍，就必须尽可能消除这些障碍，采取的具体方法是：

1. 用附加定语或括注的方法注释关键性的术语或专名。其中注释器物名称的如“石器以用于采集挖掘的三棱大尖状器最富特色”（“丁村遗址”条）。注释遗迹名称的如“界壕沿线还筑有戍卒居住的戍堡，官吏居住的边堡”（“金代界壕遗迹”条）。知识辞典使用精确的科学语言，在多数情况下专业术语很难用其他词语代替。因此用各种方式解释术语含义，便成为扫除阅读中“拦路虎”的主要手段。有时碰到难懂的专名也采用这种方法处理，如“汉穆拉比法典碑”条中提到“夏马西”，在后面括注“（日神和司公正之神）”加以解释。

2. 用穿插注释性短语的方式解释关键性的难点。其中解释术语的如“纸草纸是用尼罗河下游一种植物的茎切成薄片后压平制成”（“纸草学”条）。解说青铜器铭文的如“1 号墓编钟铭文记作器者系‘攻敔仲终□之外孙’。‘攻敔’即‘攻吴’‘句吴’，是吴国国号”（“程桥吴墓”条）。

3. 用材料和结论紧密结合的方式进行阐述。其中材料和结论穿插并列的如：“所出泥塑女像有眼、鼻而无口、颌，双手捧乳，臂部肥大，系强调母亲特征之意，可能与大地母神崇拜有关。”（“新尼科门德遗址”条）二者水乳交融、合为一体的如，“当时以石灰岩石球和木矛狩猎”，“猎取对象有猛犸象和洞熊等”（“莫斯特文化”条）。按对象的不同属性分述，分别得出结论的如：“上颌骨具有梨状孔下部较宽，鼻腔底部不如现代人弯曲，犬齿较发达等原始性质；但颌倾斜面不如北京人显著，鼻棘较窄前伸，颚面凹凸不平等，又属进步特征。”（“长阳人”条）这种材料和结论紧密结合的表述方式让释文易于理解，能给人以豁然开朗之感，在这部辞典中应用得比较广泛。即或有时读者阅后对细节描述尚未能完全弄懂，但至少已可从大的方面了解所要说明的问题。若将结论和材料分离，先罗列一堆材料，到最后再进行说明，则会因表述不够清晰而导致读者理解的困难。

（三）注意语言的运用

简约、平实是辞典语言的优点，不过有时会让人觉得平淡甚至枯燥。为增加读者查阅的兴趣，增强知识传播的效果，这部辞典在坚持辞典文体的前提下，采用了若干能提高可读性的方法。

例如，除不使用无须重复的词头主语外，尽量保持句子结构的常规完整性，以照顾读者的阅读习惯。在重视释文内在逻辑关系的同时，不排除使用“表明”“说明”“证明”等议论手法中常见的词语，以强化结论同材料之间的联系，增强揭示事物的力度，抓住读者的注意力（如前举“马家窑文化”条）。《考古学辞典》以单科成书，词条不算太多，有条件在节约文字方面略微放宽限制。

又如，在描述壁画、雕刻、工艺品、建筑物等古代艺术品时，不回避使用必要的华美辞藻，以准确地再现对象固有的美质、风格、气势、气韵。如“莲鹤方壶”条说，此器“是春秋青铜器的精品”，“富有动态和韵律感”，“底为双兽欲奔的花座，盖上骈列双层莲瓣，正中立一鹤展翅欲飞”。“晋祠献殿”条在介绍此殿的建筑风格时说，“斗拱简洁，出檐深远，整体结构轻巧稳固，风格柔美华丽”。这类描述可增加释文的感染力，产生某种吸引读者的效果。

应当指出，考古学是一门专业性较强的学科，因而尽管在编写释文时应用了上述方法，可能仍然不能使普通读者完全读懂所有的内容。这或许是以辞典形式普及科学知识的一种局限。不过这些方法毕竟为读者减少了阅读障碍，或多或少增加了他们查阅的兴趣，使之即使遇到艰深之处，也能领悟其中大概的意思。

总之，《考古学辞典》的释文编写，在力求内容丰富、深入的同时，从普通读者的特点出发，注意增强可读性，并设法提高他们查阅的兴趣。

原载《辞书研究》1993 年第 1 期

试探百科类词典与百科全书的同异
——写在《中国百科词典》开始编撰之时

百科类词典属于知识词典，它包括百科词典和专科词典等。在词典中划分出这一种类，是因为另有与它对称的收录语文词条的语文词典。百科类词典和我们曾经编纂的百科全书都属于辞书；除它们之外，辞书还包括许多其他种类的词典。

对于辞书的类型划分问题，辞书学界一直在讨论，尚无统一意见。许多同志主张交叉分类，按性质、规模、读者对象、编排形式等标准进行多种划分。例如按性质分为百科全书、百科词典、专科词典、术语词典、人名词典、地名词典、单语词典、双语词典、综合性词典、特种词典，按规模分为大、中、小型词典等。但不论有多少种分法，按照内容所属领域以及社会功能，把除特种词典外的辞书分为知识和语文两大类型，是一种最基本的划分。其中知识类辞书包括介绍百科性知识的百科类词典和百科全书，介绍专题性知识的人名词典和地名词典等，语文类辞书包括单语词典和双语词典等。而综合性词典（如《辞海》）则兼收百科词条和语文词条，是两大类型相结合的中间类型。此外术语词典也兼有知识和语文两大类型的特点。关于辞书的两个基本类型问题，国内外的辞书学家都有论著述及。[1]

百科类词典和百科全书既然同属一个大类，都以介绍百科性知识为目标，当然具有共同的特征：

——

〔1〕拉迪斯拉夫•兹古斯塔主编，《词典学概论》，商务印书馆，1983 年；王德春，《论词典的类型》，《辞书研究》1980年第1辑。

1. 它们都以语言以外的客观世界为对象，选收或用以标引条目主题的是百科类词汇（科学术语、专名或以之为主干的组合词），它们的共同目标是揭示词所标示的事物或概念的科学内涵，并对之展开进行必要的科学说明（即所谓作百科性解释），从而满足社会对于传播知识的需求。而不像语文词典之以语言世界为对象，选收社会通用的普通词汇（包括已经进入普通词汇范围的专业词汇），对它们作语词性的解释，满足社会在语言交际方面的需要。这是百科类词典和百科全书最基本的共同点，是它们区别于语文类辞书的最根本的特征。

2. 因为不是解释“指物符号”——词，而是解释“所指之物”——词所标示的事物和概念，所以不论是百科类词典的选收词，还是百科全书的条目标引词，都具有和语文词典词目不同的性质，即它们不是“对象物”，而只是一种起指示作用的符号标记。

3. 由于都是解释词所标示的事物和概念，二者在词条或条目释文的内容方面也有共同之处。语文词典的释文比较单纯，如普通语文词典主要是以语词定义解释词义，同时说明用法等。读者了解了词义，问题便基本上获得解决。这是由语言世界词语本身的特点所决定的。而百科类词典和百科全书释文的内容则比较丰富，这是因为事物或概念所包含的内容是多侧面的，下定义往往只是了解某个事物或概念的起始，如果不展开解说，进一步揭示科学内容，所介绍的知识就不完全。其中百科全书的知识含量大，自不待言，即便词条简短的百科类词典也是如此。例如：在语文词典中对“函购”一词作语词性解释，只需要说明它的含义是“用通信方式向生产或经营单位购买”（《现代汉语词典》），读者看了便可明白；而在百科词典中介绍“萨拉热窝事件”，假如只说明是“第一次世界大战的导火线”（定义），则读者查阅后仍会感到茫然，需待进一步介绍事件的背景起因、经过、结果，以及时间、地点和参与者之后，读者才会真正弄清楚什么是萨拉热窝事件。在我国的辞书编纂中，通常借用新闻学中的新闻六要素 what——何事、when——何时、where——何地、who——何人、why——何故、how——如何，来概括百科类词典词条和百科全书条目释文所应包括的内容，而认为语文词典的释文只需要对所释语词的词义，亦即 what——何事这一要素进行说明即可。这无疑是对百科类词典和百科全书在释文内容方面不同于语文词典之处的正确认识。不同的百科类词典或百科全书可根据自身的性质、规模，以及具体词条或条目的需要和有无资料等，全部或部分回答这六个方面的问题，但均要以读者能基本弄清楚所说明的对象为原则。

与此有关联的是，即便是释文比百科全书简短的百科类词典，释文的篇幅一般也较语文词典的释文为长（后者以义项为单位作比较），这正是由事物和概念包含的科学内容的丰富性所决定的。

以上几点是百科类词典和百科全书的主要相同之处。在这些方面，百科类词典并不因为具有“词典”的名称以及采用收词的编纂方法，而同百科全书不一样。

尽管如此，二者毕竟因为性质不完全相同而存在许多差别，这主要表现在：

1. 百科类词典从语文词典脱胎而来，它袭用了语文词典因词立目的做法，从科学术语和专有名词中产生词目，“选题”过程是由词到概念。然而每个学科的术语、专名并不能涵盖学科的全部知识，因此百科类词典即使收词全面系统，所介绍的知识也不可能是完整的。百科全书则与之不同，它的选条是对所介绍范围内知识整体的一种切割，是按照完整介绍知识的要求选出知识主题，再以贴切的词或词组进行标引，“选题”过程是由概念到词，因此百科全书的条目系列能够做到全面覆盖知识。在此重要的是，需对收词全和知识覆盖面全两个概念加以区分，以明确百科类词典和百科全书各自所能担负的任务。对于习惯编百科全书的同志来说，就是要如金常政先生所说的那样树立起“词典意识”〔1〕，明确词典的“选题”过程是由词到概念，有多少现成的术语、专名，就只介绍多少知识。从而转变编百科全书时那种“全”的观念，避免把没有现成术语、专名指称的知识主题尤其是综述性主题，通过组合词汇进行标引的方式，硬塞进百科类词典的词目表中来。

2. 术语、专名是定型化的词或固定词组，百科类词典的词目一般不允许超出这一范围。百科全书的标引词则不受这一限制，可以是词或固定词组，如“太阳系”“法人”“瓦当”“曾侯乙墓”，也可以是并未凝固定型、结构较为松散的自由词组，如“中国天文学史”“教学组织形式”“清代戏曲”。百科全书中允许以自由词组为标引词的原因在于：词和固定词组反映的对象常常是单体的，自由词组却便于反映复合内容；百科全书需要容纳百科类词典所不收录的综述性条目，而综述性条目内涵复杂，有时需要用自由词组进行标引。这就是说，百科全书的条头词中包括自由词组，是知识内容对于语言形式的一种要求。

弄清楚百科类词典词目和百科全书条头词的上述区别，是树立“词典意识”的又一个重要方面，这就是通常所说的选词立目要遵循“词目化”标准。对于什么是百科类词典的词目可以有若干限定，但最核心的一条语言学角度的限定，即词目必须是词或在使用上已经定型的固定词组（名词性的词和固定词组）；不但不允许是句子，而且也不应当是没有凝固定型的自由词组。词目化的问题同前述百科类词典不可能全面介绍知识的问题相关联，百科全书编辑如果编纂百科类词典，在词目化的问题上也必须有清醒的认识。在这里附带介绍一种区分词、固定词组和自由词组的简易方法：在词或固定词组中是不能添加结构助词“的”字的，如把“太阳系”“法人”变成“太阳的系”“法的人”便不通，把“曾侯乙墓”改成“曾侯乙的墓”也不成其为专名；而自由词组却不存

〔1〕刘志荣整理，《总社第二次〈中国百科词典〉编纂研讨会议综合简报》，1987 年 8 月 22 日。

在这个问题，把“中国天文学史”变成“中国的天文学史”，“清代戏曲”改成“清代的戏曲”，除不够紧缩外，并无不当之处。

3. 因为不能全面系统地介绍知识，词目系统中缺少知识的许多结合部和关节点，所以百科类词典无法像百科全书那样反映出知识的体系结构。在它的词目系统中区分不出百科全书那样的分支和组群，词目表基本上是“词的单子”，只能作简单的分类，不可能像百科全书的条目表那样有严格的框架体系。基于同样的原因，百科类词典的词条相互间虽然也存在关联，但做不到像百科全书的条目系统那样完整地展现出知识内部的多维联系。撰写词条在说清楚自身的基础上，只限于交代主要的从属关系和联系紧密的对称关系等，而不必像编写百科全书那样，还需要把相关条目串联起来，尽量交代出承继发展关系和各种侧向联系，以编织出知识的网络。

4. 就总体比较而言，百科类词典的词条和百科全书的条目在信息量和深浅度上有别。前者是据科学性和知识性的要求对科学内容所作的一种最概略的介绍，撰写时要进行高度的提炼，抓住最突出的要点，割舍大量的一般内容和细节，乃至虽然重要但并非最突出的东西。后者则知识内涵丰富，内容要素相对完备，并且提供学术讨论中的各种重要见解。高档次百科全书的部分条目在撰写时，除遵照科学性和知识性的标准外，还需要兼顾学术性。此外，词条和条目在构成上也不完全相同，前者一般没有参考书目，释文没有深浅递进的层次结构；后者可开列参考书目，在多数情况下都安排定性叙述，整个释文呈现知识内容纵深展开的二级或三级结构。

需要指出的是，从二者的上述比较中，并不能简单地得出撰写词条比撰写条目容易的结论。毫无疑问，要从资料中分辨出主次，把握住要领，三言两语准确地勾画出轮廓，点明要义，如果对所介绍对象缺乏深入的理解是无法做到的。此外还必须掌握提炼的技巧，可以说提炼是撰写词条的一项基本功。总之，改变百科全书式的详尽介绍的习惯，着眼于提炼，肯于割舍，也是树立“词典意识”的一个重要方面。

5. 释文长短的不同，决定了百科类词典和百科全书在文体方面有别。二者都采用说明文体，要求简洁，但百科类词典使用的词典体更加凝练，百科全书的文体则稍微舒展。具体来说，与百科全书不同，百科类词典的释文一般不分段落；除非会发生歧义或出于修辞上的特别需要，均省略主语直述而不重复词头主词；更强调句句无“虚”字，字字有“实”意，不用或少用诸如“不但”“而且”，“因为”“所以”，“虽然”“但是”之类的关联词，以及表示时态的“着”“了”等助词和表示趋向的“起来”“下去”等动词。另外，为了对客观对象进行深入揭示，百科全书中允许有适量的评述（议论），或在陈述事实后加以解释。百科类词典的释文则一般不作此种展开，而是尽量采用在陈述中用恰当词语表明对象性质和内外关系的“一字褒贬”的“春秋笔法”，以及将事实和解说自然穿插使之融为一体的凝练表达方式（这两种手法在百科全书中也大量运用），并且尽量避免出现按语式的尾巴。总起来看，百科类词典的释文显得更加紧凑，浑然一体。

6. 百科类词典的附加成分不如百科全书复杂，没有分类目录和内容索引，即使有文内参见也多比较简单，图片和表格的数量相对较少。因此编纂工作同百科全书相比显得单纯，对各工作项目之间牵连、配合关系的处理也相对难度较小。

7. 结构、成分、内容的单纯，使百科类词典的体例规定不像百科全书那样复杂。一般来说，选词原则、撰写要求和技术规格是它的主要部分，各部分的内容也相对简单。这相应减少了贯彻体例工作的难度。而编纂百科全书，为使专家把丰富的学术内容纳入严格复杂的体例规范，编辑需要付出艰苦得多的努力。

除此之外，百科类词典作为汇集词汇的词典，注释单位的标题通常被称为“词目”（相对于释文时称作“词头”），标题和释文组成的整体被称为“词条”，而在百科全书中注释单位的标题及标题和释文组成的整体都可称作“条目”，标题相对于释文则称作“条头”（亦有将“词条”称为“条目”的，反之则不可）。这或许也应算作百科类词典和百科全书的不同之处。因为存在这种区别，所以对“词目表”和“条目表”在称呼上最好也加以区分。

综上所述，百科类词典和百科全书同属知识类辞书，都承担介绍百科性知识的任务；它们既有共同的特征，又各自有不同的“个性”。毫无疑问，了解它们的同异，包括编纂时的不同要求，会有助于编纂工作的实践。我社目前正着手编纂数种百科类词典，为保证编纂的成功，建议进一步开展对这方面问题的研讨。

原载《探讨》（中国大百科全书出版社内部刊物）1987 年第 4 期

关于百科词典的编纂

《中国大百科全书》（以下简称《全书》）的编纂目前已近尾声，我社正酝酿在这部书的基础上编纂出版一部百科词典。在此提出一些看法和建议，以供日后进行编纂时可作为参考。

一、编纂的难度

利用《全书》成果编纂百科词典必然会给编纂工作带来方便，然而不能将这种编纂看作是简单的摘录和缩写，它实际上是一项具有相当难度的带有创造性的工作。这至少表现在 5 个方面：

1. 要把知识的体系改造成专业词汇的体系。众所周知，百科全书全面介绍知识，它的条目体系反映知识的体系。而百科词典不承担全面介绍知识的任务，仅系统地收录专业词汇作百科性解释。因此若是编纂百科词典，其词目表的产生，不是照搬或简单地修补《全书》的条目表，而是需要依据百科词典的这一特性作实质性的改变。其一是将原条目表中条头词不属于单体术语、专名的综述性条目删除（如“中国考古学史”“隋唐五代建筑”），因为百科词典一般只选收属于词和固定词组的现成的术语和专名，不收录由若干术语、专名组合而成的结构松散的自由词组。其二是借助于原《全书》条目表所展示的学科内容的划分，在可以保留的原来条头词的基础上，进一步汇集术语、专名，设为词目，以使所收词目在总体上形成专业词汇的系统。新增加的词目既包括原《全书》综述条中所包含的下属概念和事物的名称，也包括原《全书》条目中所涉及的其他有检索价值的专业词汇，还包括参考他处所得，完全是新补充的术语和专名。而这些任务，都不是轻而易举所能够完成。

2. 由于百科词典词条的篇幅比百科全书条目的篇幅简短，因此，对于《全书》中有，所编百科词典中也收录的条目（词条），要进行缩写或改写。然而怎样取舍材料，把握住要点，三言两语抓住特征，把对象勾画清楚，这并非易事，需要下很大的功夫。另外，目前的《全书》为分学科卷出版，一些在几个卷中都有的条目（如“郭沫若”“浪漫主义”），在一个学科卷中仅限于介绍与本学科有关的内容。而百科词典是将所有的学科统一编排，凡是几个学科都有的词条在书中只允许出现一次，这些词条涉及几个学科，内容应当是“全息”的，在改写时就必须对原来分散在不同学科的内容进行综合（一般以其中一个学科为主），这样才能无遗漏地把词条中所应包含的多学科的知识介绍给读者。而这项工作做起来也很费事。

3. 从原《全书》综述条中分解出来的那一部分词条，内容在综述条中虽然已经讲到，但因为原来只是综述条的局部，本身不构成完整的系统，所以内容常常是残缺零碎的。如果作为独立的检索单位列出来，就需要补充内容，使其完善。例如“武官村大墓”，在原综述条里只谈到发掘年代和殉人情况，独立成条后，除加写定性语和地点外，还需要补入墓葬形制和随葬品方面的知识。对于需要补充的资料，撰稿时就必须花时间去查找。而对于由《全书》条目中所涉及的其他有检查价值的专业词汇构成的词条，以及参考他处所得，由新补充的术语和专名构成的词条，更是必须从头组稿撰写，从头查找资料。

4. 科学成果日新月异，在《全书》基础上编纂百科词典，必须增补反映新成果的词条。即使原来在《全书》中有条目的词条，有些也需要更改过时的内容或补充新资料。例如，考古工作中新发现了红山文化的“女神庙”和大型积石冢，在探索中国古代文明起源方面有重要价值，而这些在《中国大百科全书·考古学》卷的“红山文化”条中是没有的，假如不进行补充，此条的知识显然就陈旧了。而要完成反映新成果的工作，同样需要花费时间。

5. 因为都是百科工具书，百科词典和《全书》在体例上有相通之处，但释文结构和文体等会有所不同。要把按百科全书体例撰写的知识内容，重新纳入百科词典的规范，自然需要下一番功夫。其他如词条间的平衡，交叉关系的处理，文内参见的设置和名词统一等，现在均不限于一学科的范围，比起原来编纂《全书》学科卷时，也会增加难度。

二、编辑工作

我社没有编纂百科词典的经验，参考国内外编纂百科类词典的做法，以及我社编纂《全书》的经验，届时编纂百科词典，对于以下几个工作环节，可能需要特别加以注意：

（一）体例控制

这是一项不容忽视的工作，因为辞书高度规范化的要求和词条分散、作者众多的矛盾，在这部词典的编纂过程中无例外地也会存在。特别是届时参加这次工作的同志，可能大多数为我社原来编纂《全书》的人员，因初次编纂词典，对于词典的体例尚不熟悉，所以在体例控制方面更加不能疏忽大意。为此需要在调研国内外其他百科词典的基础上制定完备的体例文件，其中包括各种类型词条的典型编写提纲（详后）。参加编纂的人员必须树立起词典意识，认真学习和掌握体例规则，在组稿、撰稿、审稿和编辑加工过程中严格进行体例把关。

与《全书》分学科编纂不同，百科词典是将各学科合并统编，这就对整部词典体例的统一提出了更高的要求。为此，可能需要设立类似于苏联百科全书出版社“科学体例审读编辑室”那样的机构，在编纂过程中对全书贯彻体例的工作统一实行监控，以保证整部词典在落实体例规范方面不出现漏洞。

（二）学科编辑一审

同编纂任何辞书一样，学科编辑一审将是这部百科词典编辑工作的基础环节，在很大程度上决定着这部词典编纂的成败，因此必须予以重视。在编纂过程中，从科学内容、政治内容和体例执行情况的审订，到文字加工、词条间平衡和交叉关系的处理，以及资料核实和专业名词统一，这些均属于学科编辑一审的任务，唯有这些工作完成得好，词典的质量才能有保证。因此要防止把一审编辑变成收集稿件的中转站，而是要使他们成为稿件质量的真正“把关人”。尤其是届时多半不可能像目前编纂《全书》那样建立严密的社外编写组织，学科编辑对科学内容把关的任务将会加重，这就使他们担负的责任更加重大。鉴于一审编辑任务的繁重，建议届时付与同他们所承担工作相称的报酬。

（三）社外专家审稿和资料核实

科学性是词典的生命，内容有误就谈不上为读者提供知识的依据，因此在编纂时要严格把关，把科学内容的审查放在首要位置。对于发现的《全书》中原有的错误，绝不允许再带入这部词典。凡是在《全书》中没有对应条目的新词条，在撰写出来以后，为了慎重，一般宜请社外专家帮助审阅。资料核实工作同样应当受到重视，特别是遇到《全书》中没有的新资料，一定要认真核查。

三、词条的典型编写提纲

从国内外一些百科类词典的编纂经验来看，制定词条的典型编写提纲在百科词典的编纂中是一项不容忽视的工作。以下对此予以说明，并提出若干具体设想。

（一）制定典型编写提纲的必要性

不同类型词条的典型编写提纲是词典编写体例的核心，它既规定释文的内容，又规定内容的顺序。从现有的资料来看，许多百科类词典在编撰过程中，都拟定了典型编写提纲，有的将它称为“释文程式”，有的称作“行文模式”，《苏联百科词典》的体例文件则称之为“词条的典型编写提纲”。据调查，国内的《纺织词典》共规定有7种纯学科性词条的典型编写提纲；《科技专科词典》也有典型编写提纲，仅在关于此词典的介绍文章中列举的就有13种之多。《苏联百科词典》更是规定了22个门类136种词条的典型编写提纲，加上国家词条、学科和分支学科词条，以及各种人物词条，总数多达148种。这些词典的编纂者如此重视典型编写提纲，足以说明它在词典编撰中的重要性。

典型编写提纲是什么，对它应当怎样下定义，这值得深入研究。但至少有3点是可以大体上确定的：第一，它是对不同类型词条所介绍对象的内容的科学归纳，不是凭空产生、人为拼凑的。第二，不同的词典有着详略有别、侧重点不同的典型编写提纲，这就是说，它还要依据各部词典的性质、读者对象和词条的篇幅来制定。第三，它在词典的编纂中起着特殊作用，过去所讲的百科全书条目典型编写提纲的作用有，实现释文的规范化，避免跨疆越界，防止重要遗漏，有助于处理交叉关系等，这些对于词典的典型编写提纲也都适用。

关于词条典型编写提纲的作用，现在看起来还可以补充以下几项：①不同词典有着适合本词典要求的不同规格的典型编写提纲，因此典型编写提纲成为保证词条的撰写不偏离本部词典性质和读者对象目标的一种手段。例如，面向专业读者的大型专科词典的词条，所要求的内容项目较多，且注重较为专深的学术性内容；面向普通读者的百科词典的词条，所要求的内容项目较少，多偏重于介绍一般性的知识等。因此制定典型编写提纲，有助于使词典释文在详略、深浅上得当。如果没有这种约束，放任百科词典的词条去写专深冷僻的内容，或学术争论的情况，那就会超出普通读者的需要，背离这类词典的性质。②从实现词条之间平衡的角度来看，典型编写提纲也是不可或缺的工具。例如人物词条的平衡关系，在有的百科词典中就处理得很混乱：对于级别相仿的政治人物，有的有评价，有的却没有；知名度很高的学者、艺术家，有的只介绍著作，而重要性次于他们的同类人物，有的却写了简历和作品风格，甚至进行评价。这种现象显然同缺少典型编写提纲的指导直接有关。《苏联百科词典》人物词条的典型编写提纲规定得非常具体，分为历史人物，政治、国务和社会活动家，科学家，军事人物，作家，画家、雕塑家和建筑家，作曲家、音乐指挥和导演，生产革新者，运动员等，一共9类，各有不同的要求。例如，对政治人物规定介绍简历和担任过的高级职务，科学和文化人物则一般不要求写。同一类人物又有档次的区分，例如，对一般科学、文化人物，只要求介绍贡献或有价值的著作，而对于特别杰出者，则要求有评价。正是因为有了这种严格、具体的规定，《苏联百科词典》人物词条的平衡关系处理得相当好。③由于规定了词条的内容项目及其先后次序，典型编写提纲对撰写者选择和组织材料，把握一类词条的共同撰写要求甚有帮助，可以说它是帮助词条撰写的一根拐杖。此外，它还可使释文层次分明、条理清晰。有了它，在审稿、改稿中编辑也有章可循。由于词条典型编写提纲对于词典编纂的上述重要性，建议届时编纂百科词典应给予它们足够的重视。

当然，词条的典型编写提纲不是死板的教条，它的名称就表明是词条编写的典型形态和模式，因此必须贯彻原则性和灵活性相结合的原则，结合每一个词条内容的实际加以运用。但它绝不是可有可无的东西，它的指导作用不是熟悉词条内容和一般性地具有撰写词条的经验所能代替。它的作用超出一个学科的范围，对于一部词典来说具有全局意义。因此着手编纂时或可参考《苏联百科词典》的做法，不仅设计出覆盖整部词典的人物、著作、刊物、社团机构、学科或分支学科、学派或流派等一般性词条的典型编写提纲，而且设计出各学科的学科性词条的典型编写提纲，以及不同身份和档次人物的典型编写提纲。在产生的具体方法上，一般性词条的典型编写提纲可组织专人统一设计，分学科词条的典型编写提纲则宜由各学科分别拟订，再从总体上进行平衡。这应是这部百科词典编纂过程中体例工作不可缺少的内容。

（二）百科词典词条典型编写提纲的总体规格

一般而言，百科词典的词条简短，读者对象的层次相对偏低（中等文化水平），典型编写提纲的内容项目不宜过详。有人将专科词典的典型编写提纲分作简式、基式、详式 3 个级别：简式只有定义、又名、所属范围；基式在此之外对科学内容作简要说明；详式则还要加上演变发展、学术争论等，主要适用于大型专科词典。这种分法值得参考。建议参照《辞海》中百科词条和《苏联百科词典》中词条的规格，将词条的典型编写提纲规定为主要采取基式，项目包括：①定义或定性语；②词源，简称，又名；③科学内容的简要说明。其中第③项，相当于《全书》条目中“基本事实”部分的简化。各类词条简化到何种程度，可进行具体设计。对于详式中的“演变发展”（相当于《全书》条目中的“沿革”“简史”），除国家和重要政党词条，介绍大学科的词条，以及少量带有史的性质的词条或可简述外，大多数词条应可不涉及。详式中的“学术争论”属于学术性较强的内容，一般也应省略。基式之外，少数级别较低的词条还可采用简式。其中无词源、简称、又名可写的，甚至可只写一句定义（或定性语）。

四、有关释文定义的几个问题

定义是词典释文的重要组成部分。以下就有关百科词典定义的几个问题阐述看法：

（一）区分定义和定性叙述

在辞书学术语中，通常将辞书释文开端揭示语词含义或概念内涵的部分称作定义。我社编纂《全书》时，因考虑到条目篇幅较长，有可能也有必要以一段容量较大的文字开宗明义，于是提出了“定性叙述”的概念，即以定性叙述提纲挈领全篇，为释文点出要旨甚至划定范围。尽管定性叙述实际上包含了定义，但从总体上看，这一概念的提出，是对传统的以定义开宗明义形式的一种发展。编纂百科词典则不一样，它的词条简短，不可能也没有必要安排百科全书式的定性叙述。虽然个别词条无法直接下定义，也以类似于引言式定性叙述的形式开始，但其数量有限，且采取引言式的目的，仅是为了说明“是什么”，而不是提示要旨、纲领全篇。因此必须将百科词典的定义和百科全书的定性叙述加以区分，以避免概念上的混乱。

另外，同编纂《全书》时遇到的情况一样，定义不可能成为百科词典释文起始部分的唯一形式，一些人物、著作、刊物、机构、团体、学派、地名词条无法下定义，在释文开始处需以定性语代替，指出对象所属的范围。如“张仲景”：“汉代医学家”；“《商周彝器通考》”：“中国现代考古学著作”。可以说，定义和定性语将是届时所编百科词典释文开端的两种基本形式。

（二）定义在百科词典释文中的重要性

定义在百科词典释文中的地位十分重要。①从所占比重和所起作用来看：在百科全书中，定义或单独构成定性叙述，或是定性叙述的组成部分，而定性叙述仅是释文的起点、引子。在百科词典的释文中，定义占有大得多的分量，是释文的核心，其余部分只是简要的展开说明，有些词条的释文甚至完全由定义构成。②从两种工具书的不同功用来看：百科全书提供充足的知识，读者查阅百科全书，有时是要通过定义了解所查的对象“是什么”，但更多是想获取丰富的知识内容和资料，例如了解事物的历史和现状，或了解有关课题的学术研究状况等。而百科词典以词为单位介绍知识，读者常常是在工作、学习和生活中遇到陌生的专业词汇时，向百科词典求教。他们通常需要了解的，是某一词汇所指称的概念或事物“是什么”，因此定义是他们主要关注的目标。

正是因为定义的这种重要性，所以有人把它称作词典“释文的根本”。一个词条的定义写得好不好，对于此词条撰写是否成功起着关键性的作用。认识到这一点，对于届时写好百科词典的词条，无疑十分重要。

（三）《中国百科词典》定义的语言形式

由于百科词典的词条是以词所指称的概念和事物为对象，定义的用语，宜针对概念和事物直述。例如“带钩”的定义为“古代扣接腰间革带的钩”，把话说全了就是，带钩这种东西是古代用来扣接腰间革带的钩，不难看出它解释的是“物”。而在有的词典中百科词条定义的语言形式不甚统一，直述之外，一种在句前加“指”字，如“电力电容器”：“指电力系统中的大功率电容器”；还有一种说是什么的“名”，如“金错刀”：“中国古代钱币名”。这两种形式都没有同语词解释划清界限，“指”什么，说全了就是这个词指的是什么，什么的“名”，即这个词是什么的名称，它们都是在释“名”（词），而不是释“物”。

当然，在难以下严格的百科形式定义的情况下，也可以借用释词的方式下定义。如“漕运”，因概念有过变化，不易采取直述形式，《辞海》中释为，“本意指水路运输，后专指中国历代政府将所征粮食解往京师或其他地点的运输”，定义中便用了“指”字，就很合宜。一般情况下则无须加“指”字，或说是什么的“名”。

另外，有的词典中的百科词条，凡有又名的，都将其放在释文起始处介绍，后接定义。这或多或少也反映出首先关注的是词，是名称，而不是概念和事物本身。应当说，以定义（或定性语）开宗明义，才更加符合百科词典这种百科类辞书的性质。

综上所述，建议届时对释文中定义的语言形式也要加以规范。

五、编纂过程中需注意的几个问题

除以上所谈之外，在编纂过程中似还需留意以下几方面的问题：

（一）防止出现内容错误

如前所述，科学性是百科工具书的生命。因此，内容正确无误是编纂中首先要注意的问题。即使是《全书》中已有的内容，改编时如不注意也会出现差错。前面提到过的一部百科词典，一部分考古词条是据《全书》的《考古学》卷选拟和改写的，设条和撰写便出现了错误。例如，《考古学》卷的条目中原有“夏家店下层文化”和“夏家店上层文化”两条，这部词典错误地将它们合在一起，标以“夏家店文化”的名称。其实两种文化的性质有别，名称中都有“夏家店”是一种偶合（夏家店是地名，两种文化都发现于此地，故都以“夏家店”命名），历史上并不存在“夏家店文化”这一事物。编写者随意捏合，犯了生造概念和专业名词的错误。又如，这部词典的“文化”条中，有一个义项是“考古学文化”，其中谈到有的考古学文化以特征性的出土物命名。对此，《考古学》卷“考古学文化”条中举的例子是“彩陶文化”“钟杯战斧文化”。这部词典的编写者大概是为了避免雷同，换了例子，举的是“旧石器文化”和“青铜文化”，于是闹了笑话，因为它们根本不是考古学中所说的考古学文化，而是对旧石器时代和青铜时代考古学文化的泛称。这说明即使是进行改编，也需要小心留意。

（二）控制词条的篇幅

如前所述，百科词典词条的篇幅比百科全书的条目要短。要在简短的篇幅内对概念和事物进行说明，释文必须高度概括和精练。因此，在撰写时要紧扣主题，突出重点，简明扼要，不容许掺杂半点水分。为实现这一目标，以下提出几种具体的方法，以供撰写时参考：①把握好词条同百科全书条目的区别，减少释文的内容项目，改变方方面面都要讲到的求全做法；②抓住每一内容项目中最突出的重点介绍，克服事事处处都想顾及的求全心理；③采取对问题点到为止的写法，避免把一件事展开说细；④改变总分结合的介绍方式，对包含分项的事物仅作总体上的说明；⑤摆脱对每一词条都完整表述的模式，对一部分重要性稍次的词条，只择取事物标志性的特征介绍给读者；⑥树立词条分工意识，通过设置文内参见，避免词条间不必要的重复。此外，词条中凡是能不用的字词应尽量省略。例如：除非会产生歧义，或出于修辞上的需要，在释文中一般不出现与词头相同的主语。行文时不用或少用“不但”“而且”“因为”“所以”等关联词，以及“着”“了”等表示时态的助词。当然，对于废词废字，更必须予以杜绝。总之，要千方百计把词条的字数控制住。

（三）防止内容遗漏和交代不清

在控制词条篇幅、压缩字数时，要避免发生两种偏差，一是丢失重要内容，一是交代不清。在这方面，前述的那部百科词典中也有失误的例子。如有的词条遗漏了重要事实：对于汪精卫，未讲曾经与蒋介石合流，发动“七一五”反革命政变；讲述细胞，未说明大小、形状和繁殖方式。有的遗漏了重要的又名：对于西安事变，未提及又称“双十二事变”。有的遗漏了重要背景：讲述五口通商，未讲清发生在鸦片战争失败之后。有的遗漏了重要典故：介绍王维，未提到苏轼的评价——“诗中有画，画中有诗”。有的遗漏了起源知识：对于物种，未介绍是怎样形成的。有的交代得不明不白：对血吸虫病的传染途径，只含混地说是通过人体接触疫水传染的；介绍明末抗清的崖山战役，竟使人读后不知打的是一场海战。为了避免这两类失误，在撰写词条时一定要仔细分析材料，慎重地决定内容的取舍，防止重要内容丢失，并务求把事情讲清楚，切不可为控制字数而草率从事。

本文据笔者在一次百科词典编纂工作会议上的发言整理成文。原载《探讨》（中国大百科全书出版社内部刊物）1988 年第 4 期，发表时和赵雅琴共同署名，2018 年修改